To Bill,
Congratulations as you celebrate your 25th anniversary!
With love and friendship,
Scott

Scott Normand Brodeur sj

Il cuore di Paolo è il cuore di Cristo

Studio introduttivo esegetico-teologico
delle lettere paoline

PRIMA PARTE

Vidimus et approbamus ad normam Statutorum Universitatis
Romae, die 30 mensis martii, anni 2010
Vice-Rector: Francisco J Egaña, Sj

Progetto grafico di copertina: Serena Aureli
Impaginazione: Servizi Grafici Editoriali Srl - Roma

© 2010 Gregorian & Biblical Press
Piazza della Pilotta 35, 00187 - Roma
books@biblicum.com - www.gbpress.net

ISBN: 978-88-7839-**176**-5

Legenda

a.C.
avanti Cristo

A.D.
Anno Domini

al.
alii (altri autori)

AL
Alessandria

AnBib
Analecta Biblica

AncBD
Freedman, D. - *al.*, ed., *Anchor Bible Dictionary*, I-VI, New York 1992.

AncBD
Anchor Bible Dictionary

AncYB
Anchor Yale Bible

Ap
Apocalisse di Giovanni

At
Atti degli Apostoli

AT
Antico Testamento

ATR
Anglican Theological Review

B.C.
Before Christ

BCE
Before the common era

BCR
Biblioteca di cultura religiosa

BD
Blass, F. – Debrunner, A., *Grammatik des neutestamentlichen Griechisch*, Gottingen 1976¹⁴; trad. italiana, *Grammatica del greco del Nuovo Testamento*, SGLNT 3, Brescia 1982¹⁴.

BDAG
Bauer, W. – Danker, F.W. – Arndt, W.F. – Gingrich, F.W., *A Greek-English Lexicon of the New Testament and other Early Christian Literature*, Chicago – London 1957, 2000³.

BETL
Bibliotheca ephemeridum theologicarum lovaniensium

BH
Biblioteca Herder

Bib
Biblica

BJ
Bible de Jérusalem

BNM
La Bibbia nelle nostre mani

BNP
Salazar, C.F., English edition ed.,

Brill's New Pauly. Encyclopaedia of the Ancient Word. Antiquity, I-XV, Leiden – Boston 2002-2010; German orig., H. Cancik – H. Schneider, ed., *Der Neue Pauly. Enzyklopadie der Antike*, I-XVI, Stuttgart 1996-2003.

BNTC
Black's New Testament Commentaries

BP
Bibbia e Preghiera

BRH.III.M
Biblioteca románica hispánica. III. Manuales

BS
La Bibbia nella storia

BSB
Biblioteca di studi biblici

BSSTB
Biblioteca di storia e storiografia dei tempi biblici

BUR
Biblioteca Universale Rizzoli

BVM
Beata Vergine Maria

ca.
circa

cap./capp.
capitolo/capitoli

CBQ
Catholic Biblical Quarterly

CC
Concordia Commentary

CCR
Cambridge Companions to Religion

CE
Common Era

CEI
Conferenza episcopale italiana

cfr.
confronta

CNT
Commentaire du Nouveau Testament

Col
Lettera ai Colossesi

CSEANT.NT
Commentario storico ed esegetico all'Antico e al Nuovo Testamento. Nuovo Testamento

CTNT
Commentario teologico del NT

CTS:LCT
Collezione di testi e di studi: linguistica e critica letteraria

DB
Deutsche Bibel

Legenda

DBV
DE VIRGILIO, G., ed., *Dizionario Biblico della Vocazione*, Roma 2007.

d.C.
dopo Cristo

DENT/EDNT
BALZ, H. – SCHNEIDER, G., ed., *Exegetisches Wörterbuch zum Neuen Testament*, Stuttgart 1981; trad. italiana, *Dizionario esegetico del Nuovo Testamento*, a cura di O. SOFFRITTI, I-II, Brescia 1995, 1998; English trans., *Exegetical Dictionary of the New Testament*, I-III, Grand Rapids 1990-1993.

DGL
De Gruyter Lehrbuch

DLNTD
MARTIN, R.P. – DAVIDS, P.H., *Dictionary of the Later New Testament and its Development*, Downers Grove – Leicester 1997.

Dn
Daniele

D-L-P.LDP
Dabar-Logos-Parola. Lectio divina popolare

DMAC
GISLON, M.– PALAZZI, R., *Dizionario di mitologia e dell'antichità classica*, Bologna 1997.

DO
SODI, M. – TRIACCA, A.M., ed., *Dizionario di Omiletica*, Torino – Bergamo 1998.

DUS
Donne e uomini nella storia

Eb
Lettera agli Ebrei

EB
Études bibliques

EB.NS
Études bibliques. Nouvelle série

Ef
Lettera agli Efesini

EF
Erträge der Forschung

EKKNT
Evangelisch-Katholischer Kommentar zum Neuen Testament

Es
Esodo

es.
esempio

Esd
Esdra

Est
Ester

Ep
Epistola

EP
Epistolario paolino

Expos
Expositor

7

Ez
Ezechiele

FC
Fede e Comunicazione

FF.NT
Foundations and Facets. New Testament

Fil
Lettera ai Filippesi

Fm
Lettera a Filemone

Fs.
Festschrift (opera in onore di)

Gal
Lettera ai Galati

Gb
Giobbe

Gc
Lettera di Giacomo

Gd
Lettera di Giuda

Gdc
Giudici

GDIS
RICCIO, A., ed., *Grande dizionario illustrato dei santi*, Casale Monferrato (AL) 1990; English orig., *The Book of Saints. A Dictionary of Servants of God Canonized by the Catholic Church*, London 1989.

GEIB
PRATO, G.L., ed., *Grande enciclopedia illustrata della Bibbia*, I-III, Torino 1997; opera di riferimento, H. BURKHARDT – al., ed., *Das Grosse Bibellexikon*, Wuppertal – Zürich 1987-1989.

Ger
Geremia

Gl
Gioele

Gn
Genesi

GNS
Good News Studies

gr.
greco

Gs
Giosuè

Gv
Vangelo secondo Giovanni

HBC
MAYS, J.L., ed., *Harper's Bible Commentary*, San Francisco 1988.

Herm
Hermeneia

HTKNT.S
Herders Theologischer Kommentar zum Neuen Testament. Supplementband

Legenda

HTR
Harvard Theological Review

HTTP
Hypertext Transfer Protocol

Ibid.
Ibidem (la stessa pubblicazione)

Id.
Idem (lo stesso autore)

IEB
Instrumentos para el estudio de la Biblia

Int
Interpretation

IntEB
Introducción al estudio de la Biblia

Is
Isaia

ISB
Introduzione allo studio della Bibbia

ISB.S
Introduzione allo studio della Bibbia. Supplementi

JSNT
Journal for the Study of the New Testament

KEKNT
Kritisch-exegetischer Kommentar über das Neue Testament

Km
chilometri

KPG
Knox Preaching Guides

KRB
Kleine Reihe zur Bibel

lat.
latino

LB.NT
I Libri Biblici. Nuovo Testamento

Lc
Vangelo secondo Luca

L.CSB
Logos. Corso di Studi Biblici

LD
Lectio divino

Lev
Levitico

LNTS
Library of New Testament Studies

LoB
Leggere oggi la Bibbia

LP
Lettere Pastorali

LXX
Settanta

Mc
Vangelo second Marco

mi
miles

MI
Milano

Mic
Michea

mss.
manoscritti

Mt
Vangelo secondo Matteo

n.
nota

NA²⁷
NESTLE, E. – ALAND, K., ed., *Novum Testamentum Graece*, Stuttgart 1898, 1993²⁷.

NAB
New American Bible

NCBC
New Century Bible Commentary

NClarB.NT
New Clarendon Bible. New Testament

NDIEC
HORSLEY, G.H.R. – LLEWELYN, S.R., ed., *New Documents Illustrating Early Christianity*, I-VIII, Grand Rapids 1976-1998.

NDTB
ROSSANO, P. – RAVASI, G. – GIRLANDA, A., ed., *Nuovo dizionario di teologia biblica*, Cinisello Balsamo (MI) 1988, 1996⁶.

Ne
Neemia

NEB
New English Bible

NGCB/ NGCBQ
BROWN, R.E. – FITZMYER, J.A. – MURPHY, R.E., ed., *Nuovo Grande Commentario Biblico*, ed. italiana a cura di F. DALLA VECCHIA – G. SEGALLA – M. VIRONDA, Brescia 1997, 2002²; English orig., *New Jerome Biblical Commentary*, Englewood Cliffs 1990.

NICNT
The New International Commentary on the New Testament

NIDB
DOOB SAKENFELD, K. – al., ed., *The New Interpreter's Dictionary of the Bible*, I-V, Nashville 2006-2009.

NIGTC
The New International Greek Testament Commentary

NJBC
BROWN, R.E. – FITZMYER, J.A. – MURPHY, R.E., ed., *New Jerome Biblical Commentary*, Englewood Cliffs 1990; trad. italiana, *Nuovo Grande Commentario Biblico*, ed. italiana a cura di F. DALLA VECCHIA – G. SEGALLA – M. VIRONDA, Brescia 1997, 2002².

Legenda

Nm
Numeri

NRSV
New Revised Standard Version

NT
Nuovo Testamento

NT
Novum Testamentum

NTC
Il Nuovo Testamento commentato

NT – CES
Nuovo Testamento – commento esegetico e spirituale

NTM
New Testament Message

NTS
New Testament Studies

NTS.GBS
New Testament Series. Guides to Biblical Scholarship

NTT
New Testament Theology

NVBTO
Nuovissima versione della Bibbia dai testi originali

NVE
Nuove vie dell'esegesi

OBC
Bartin, J. – Muddiman, J., ed., *The Oxford Bible Commentary*, Oxford 2001.

OBT
Overtures to Biblical Theology

OCD
Hornblower, S. – Spawforth, A., ed., *The Oxford Classical Dictionary*, Oxford 1996.

orig.
originale

p./pp.
pagina/pagine

PBT
Piccola biblioteca teologica

PC
Penguin Classics

PCB
Pontificia Commissione Biblica

PEL
Penguin English Library

pers.
persona

PFES
Publications of the Finnish Exegetical Society

PG
Patrologia Graeca

Phlm
Letter to Philemon

PRS
Perspectives in Religious Studies

Prv
  Proverbi

PS
  Pauline Studies

PsClem
  Pseudo-Clementine

RB
  Revue Biblique

Recueil
  Recueil Lucien Cerfaux (I-III, Gembloux 1954-1962)

RHR
  Revue de l'histoire des religions

RivB
  Rivista Biblica

RNT
  Regensburger Neues Testament

Rm
  Lettera ai Romani

RSB
  Ricerche Storico Bibliche

RSR
  Recherches de Science Religieuse

RSV
  Revised Standard Version

Sal
  Salmi

Sap
  Sapienza

SB
  Studi biblici

SBF
  Studium Biblicum Franciscanum

SBFLA
  Studii Biblici Franciscani Liber Annuus

SBLSBS
  Society of Biblical Literature Sources for Biblical Studies

SBTF
  La Sainte Bible traduite en français

SC
  Spiritual Commentaries

sec.
  secolo/secoli

SGLNT
  Supplementi al grande lessico del Nuovo Testamento

SHAW,PH
  Sitzungsberichte der Heidelberger Akademie der Wissenschaften, Philosophisch-Historische Klasse

Sir
  Siracide (Ecclesiastico)

SN.S
  Studia neotestamentica. Subsidia

Legenda

SNTSMS
Society for New Testament Studies Monograph Series

SOCr
Scritti delle origini cristiane

SP
Sacra Pagina

SR
Studies in Religion

SR
Studies in Religion / Sciences Religieuses

SRB
Supplementi alla rivista biblica

ss.
seguenti

SS.
Santissima

TDig
Theology Digest

TEA
Tascabili degli Editori Associati

TG.T
Tesi Gregoriana. Serie Teologia

THNTC
The Two Horizons New Testament Commentary

TLG
Thesaurus Linguae Graecae

TLZ
Theologische Literaturzeitung

TM
Testo Massoretico

TO
Tempo ordinario

tr.
traduttore / translator

trad.
traduzione

trans.
translation

TS
Teologisk Serie

Tt
Lettera a Tito

TZT
Theologische Zeitschrift

UT
Universo teologia

UTB
Uni-Taschenbücher

v. / vv.
versetto / versetti

vol. / voll.
volume / volumi

WBC
Word Biblical Commentary

WP
World perspectives

WUNT
Wissenschaftliche Untersuchungen zum Neuen Testament

ZBNT
Zürcher Bibelkommentare Neue Testament

Zc
Zaccaria

ZNW
Zeitschrift für die neutestamentliche Wissenschaft

ZThK
Zeitschrift für Theologie und Kirche

2Bar
Secondo Libro di Baruc

1Cor
Prima Lettera ai Corinzi

2Cor
Seconda Lettera ai Corinzi

1Cr
Primo Libro delle Cronache

2Cr
Secondo Libro delle Cronache

4Esd
Quarto Libro di Esdra

1Gv
Prima Lettera di Giovanni

2Gv
Seconda Lettera di Giovanni

3Gv
Terza Lettera di Giovanni

1Pt
Prima Lettera di Pietro

2Pt
Seconda Lettera di Pietro

1Re
Primo Libro dei Re

2Re
Secondo Libro dei Re

2Sam
Secondo Libro di Samuele

1Tm
Prima Lettera a Timoteo

2Tm
Seconda Lettera a Timoteo

1Ts
Prima Lettera ai Tessalonicesi

2Ts
Seconda Lettera ai Tessalonicesi

§/§§
sezione/sezioni

Introduzione

Introduzione

Attraverso i secoli la Chiesa è stata benedetta in abbondanza da molti grandi commentatori della sacra pagina, ma pochi hanno offerto il contributo straordinario di Giovanni Crisostomo. Penetrante e acuto esegeta e teologo questo grande padre orientale della Chiesa ha scoperto e assimilato la straordinaria ricchezza della penetrazione di Paolo nei confronti del Vangelo di Gesù Cristo. Crisostomo può davvero affermare: "Ma vive in me Cristo. Dunque il cuore di lui [Cristo] era il cuore di Paolo"[1]. *Il cuore di Paolo è il cuore di Cristo* — la prospettiva di Crisostomo ci fornisce un meraviglioso titolo per il nostro libro introduttivo sul *corpus* paolino.

Cominciamo questo studio introduttivo delle lettere paoline presentando i contenuti e la metodologia del lavoro che ci attende. Il lavoro di questo capitolo prende le mosse da un breve e schematico profilo del libro e dalla descrizione del modo di procedere impiegato nelle prossime pagine. Nell'ambito dello studio complessivo del *corpus* paolino il nostro approccio a compiti teologici e esegetici esigenti ma al tempo stesso gratificanti sarà progressivo. In secondo luogo, in questo capitolo introduttivo intraprenderemo un breve ma dettagliato esame del genere letterario del *corpus* paolino[2]. Ad esempio la composizione della lettera alla luce di tutta la Bibbia. È essenziale esaminare il *corpus* paolino nei suoi due contesti, canonico e storico, per apprezzare il suo contributo innovativo e unico alla proclamazione e alla diffusione del Vangelo di Dio. L'Apostolo delle genti dopotutto non ha scritto delle poesie o dei romanzi, o dei dialoghi filosofici, egli ha dettato piuttosto delle lettere personali alle sue comunità al fine di confermare e rafforzare la loro fede nel Signore Gesù Cristo. Questa considerazione essenziale ci spinge ad intraprendere un esame attento della forma delle lettere paoline, i cui dettagli saranno in-

---

[1] *In Epistolam ad Romanos:* TLG 155.60.680; PG 61.
[2] "La parola latina *corpus*, passata tale e quale in italiano, designa l'insieme dei testi appartenenti ad un medesimo ambito: il *corpus* profetico, vale a dire tutti i libri profetici dell'Antico Testamento, e il *corpus* paolino, vale a dire tutte le epistole attribuite a Paolo, o ancora il *corpus* giovanneo, vale a dire gli scritti attribuiti a Giovanni" (J.-N. ALETTI – *al.*, *Lessico ragionato dell'esegesi biblica*, 16).

dispensabili nei capitoli successivi, soprattutto nello studio del contesto letterario di ogni singola epistola. Gli studiosi oggi continuano a studiare la forma delle lettere dell'antichità e la loro ricerca può veramente arricchire la nostra comprensione individuando la maniera unica e creativa con cui Paolo componeva le sue missive. In terzo luogo, con lo scopo di ottenere una più grande comprensione della figura di Paolo e il suo effetto duraturo sulla Chiesa di ogni epoca, termineremo questa introduzione rivolgendo un originale invito all'approfondimento proponendo la testimonianza dei santi come stimolo ad un'attualizzazione. Vogliamo proporre una presentazione sintetica di come alcune figure esponenziali nella storia della Chiesa si sono rapportate a Paolo attraverso i loro scritti. Poiché l'Apostolo delle genti ha toccato, influenzato e trasformato profondamente le vite di moltissimi cristiani attraverso i secoli sarebbe una mancanza per noi non prenderli in seria considerazione come chiave ermeneutica essenziale. Sebbene l'Apostolo abbia scritto messaggi personali e particolari a comunità specifiche durante il I secolo, è come se le sue lettere continuino a trovare nuovi destinatari lungo il corso della storia: il suo messaggio vibrante e la sua testimonianza energica continuano a toccare il cuore di persone di ogni età. I lettori incontrano non solo il messaggio vivificante di Paolo ma innanzitutto Paolo in persona — ciò che è precisamente la forza del genere epistolare. Naturalmente la testimonianza dei santi fornisce sempre una dimostrazione consolante della potenza di Dio, una forza dinamica guaritrice e vivificante che san Paolo stesso ha sperimentato personalmente (soprattutto sulla strada di Damasco dove ha incontrato il Signore Risorto) e ha coraggiosamente annunciato durante tutto il suo ministero apostolico. Abbiamo scelto sette santi dall'epoca dei Padri della Chiesa fino al XX secolo, come figure importanti per la nostra sintesi: san Giovanni Crisostomo, sant'Agostino d'Ippona, san Domenico di Guzmán, san Bernardino da Siena, san Vincenzo de' Paoli, santa Teresa di Gesù Bambino e sant'Alberto Hurtado. Questa selezione — molto personale dal momento che molti altri santi avrebbero potuto essere inclusi — ci permette di riflettere sulla citazione relativa alla moltitudine di testimoni di Eb 12,1 che ci hanno preceduti nel segno della fede. L'esempio eroico dei santi fornisce le istruzioni per l'uso a quanti desiderano leggere il Vangelo di Paolo con attenzione e con una mente aperta: se noi lo faremo con la grazia di Dio, ancora oggi profonde trasformazioni potranno compiersi in ciascuno di noi!

Introduzione

1. Studio introduttivo

Il sottotitolo di questo libro ci offre un sommario prospettico del suo obiettivo e metodo: *Studio introduttivo esegetico-teologico delle lettere paoline*. Nelle pagine che seguono presentiamo un'introduzione allo studio delle lettere paoline. Questo lavoro è rivolto innanzitutto agli studenti che hanno una conoscenza elementare del greco della koinè, che stanno approfondendo la conoscenza dell'Apostolo Paolo per la prima volta nel loro piano di studi accademico e che non hanno una conoscenza anteriore delle caratteristiche della sua vita e del suo insegnamento. In questo senso questo libro è realmente uno "studio introduttivo": non si rivolge a degli esegeti esperti né pretende di trattare gli altri libri biblici. Per facilitare e promuovere l'incontro fra principianti e il testo paolino abbiamo privilegiato deliberatamente un approccio interdisciplinare nei capitoli che seguono. In questi volumi letteratura, storia, spiritualità, musica e arte arricchiranno la nostra lettura della Sacra Pagina e ci accompagneranno nel nostro studio dell'epistolario paolino. Inoltre, questo libro adotta anche un approccio "esegetico-teologico": si tratta di un'introduzione che mette il lettore in diretto contatto con le lettere di Paolo. Molte introduzioni allo studio di Paolo affrontano la sua vita e il suo pensiero ma, per quanto sappiamo, nessuno si è proposto di presentare al tempo stesso informazioni fondamentali e il contatto diretto con il testo biblico. Tuttavia noi presenteremo un panorama dettagliato di ciò che gli studiosi dicono di Paolo, delle sue comunità, del suo sistema di pensiero e al stesso tempo un'esegesi accurata e precisa di alcune pericopi delle sue lettere. Così proprio nel giusto equilibrio tra la presentazione introduttiva di una certa lettera e l'analisi esegetica di un'importante pericope della lettera sta la singolarità di quest'opera. Allo stesso modo gli studenti del primo ciclo di teologia che conoscono il *background* del NT potranno trarre un grande profitto da questo libro. I più volenterosi saranno stimolati ad ampliare maggiormente la loro conoscenza partecipando alle discussioni accademiche, come viene presentato nelle *footnotes*. Il nostro approccio pedagogico vuole stimolare il lettore verso letture e ricerche ulteriori che non escludano corsi di livello avanzato del greco della koinè, l'esegesi del Nuovo Testamento e la conoscenza del mondo greco-romano. Per questo motivo abbiamo incluso in ogni capitolo un'importante sezione intitolata "invito all'approfondimento". Questi testi scritti allo stesso tempo da autori contemporanei e classici sono presentati con l'intenzione di approfondire la discussione attraverso l'aggiunta di altre importanti voci nel dibattito accademico. In questo modo gli orizzonti intellettuali degli studenti verranno ampliati ed essi saranno in grado di penetrare meglio il mondo di Paolo e di apprezzare la sua teologia con un interesse e un entusiasmo maggiori. Nell'esegesi, come in ogni scienza, la pluralità delle opinioni e degli approcci potrebbe paralizzare e ostacolare l'apprendimento; tuttavia ciò potrebbe anche invitarci ad entrare nel dibattito e confrontare i *pro* e i *contra*. Gli studenti del I ciclo, sia quelli ben preparati che quelli con difficoltà, potranno avanzare nella misura in cui si confronteranno con la sfida intellettuale loro proposta.

Nella pagine che seguono esamineremo gli aspetti generali dei più importanti dibattiti accademici intorno a Paolo, alla sua persona, alla sua missione, alle sue lettere. Il primo volume è stato concepito nella seguente maniera.

Sguardo panoramico degli argomenti principali

Introduzione
Cap. I. Figura di Paolo di Tarso
Cap. II. Prima Lettera ai Tessalonicesi
Cap. III. Lettera ai Galati
Cap. IV. Lettere dalla prigionia
Cap. V. Lettera ai Filippesi
Cap. VI. Lettera a Filemone

Il prossimo volume presenterà invece i restanti libri del *corpus* paolino e una sintesi teologica essenziale del vangelo paolino, cioè il quadro sincronico del pensiero di Paolo nei suoi temi centrali: Dio e il suo progetto salvifico, il Vangelo che è Cristo, lo Spirito Santo, la fede in Cristo Gesù, la giustizia di Dio e la giustificazione gratuita *sola fide*, Chiesa ed escatologia. Esso terminerà con un capitolo finale che offrirà qualche spunto sull'attualizzazione ermeneutica.

Studieremo le lettere attraverso una lettura esegetica dettagliata di una pericope principale per ogni lettera: 1Ts 4,13-18 (la parusia del Signore); Gal 4,1-7 (la redenzione e l'adozione a figli); Fil 2,6-11 (elogio di Cristo [inno cristologico]); Fm 10b-11 (*nomen omen*: il nome è un presagio). Il volume II esaminerà 1Cor 15,1-11 (risurrezione di Cristo, rivelazione e tra-

Introduzione

dizione ecclesiale); 2Cor 12,1-10 (visioni e rivelazioni di Paolo: ritratto dell'apostolo); Rm 8,5-13 (vita secondo la carne, vita secondo lo Spirito: dimora dello Spirito di Dio e di Cristo).

Lo schema di lavoro da utilizzare relativamente ai passi delle lettere succitate sarà il seguente (la Prima Lettera ai Tessalonicesi come esempio):

I. Notizie sulla Prima Lettera ai Tessalonicesi
  A. La Lettera nella liturgia
  B. Occasione, destinatari, luogo e data di composizione
  C. Contenuto
    1. Critica letteraria
    2. Composizione
    3. Teologia
II. Contatto diretto col testo biblico: 1Ts 4,13-18
  La Parusia del Signore

In breve ogni pericope paolina verrà trattata in due principali sezioni. Dapprima prenderemo in considerazione le notizie essenziali e l'occasione di ogni lettera. Intitoleremo questa parte "notizie sulla lettera". In secondo luogo, intraprenderemo una lettura dettagliata del testo biblico, versetto per versetto, sintagma per sintagma[3]. Chiamiamo questa sezione "contatto diretto col testo biblico". La novità di questo lavoro sta nell'affrontare insieme questi approcci presentando allo studente di primo ciclo o anche dei cicli successivi un'autentica sfida intellettuale. Un lavoro di introduzione che presenta un sommario di ciò che gli esegeti contemporanei dicono potrebbero mettere in sordina la voce autentica di Paolo, lasciando il lettore deluso e frustrato. Allo stesso modo una lettura attenta del testo greco senza una presentazione dettagliata del mondo di Paolo potrebbe determinare una lettura astorica e fondamentalista della Bibbia. Dopotutto l'Apostolo ha scritto alle sue comunità in momenti particolari

---

[3] "Come dice il suo nome (di origine greca, *sýn* = insieme, *tágma* = ordine) un sintagma è una disposizione di parole che forma una unità in una organizzazione gerarchizzata (sintattica). I sintagmi sono nominati a partire dalla prima parola che li compone. Si parla così di sintagma nominale ('corpo del Cristo'), verbale ('lavorare duro', 'procedere con costanza'), aggettivale ('santi e immacolati', 'grande sotto ogni aspetto')" (J.-N. ALETTI – *al.*, *Lessico ragionato dell'esegesi biblica*, 130-131).

della sua vita, trattando argomenti *ad hoc* di interesse comune. In sintonia con la Pontificia Commissione Biblica anche noi vogliamo "arrivare a un'interpretazione della Bibbia la più fedele possibile al suo carattere insieme umano e divino"[4]. Questo *Studio introduttivo esegetico-teologico delle lettere paoline* cerca di conseguire questo obiettivo.

Una parola conclusiva è necessaria circa l'ordine degli argomenti presentati nelle "notizie sulla lettera". Il nostro intento è di iniziare lo studio di ogni epistola paolina facendo attenzione al suo utilizzo nella liturgia della Chiesa. Questa nuova chiave di lettura considera il testo biblico come Parola di Dio che è offerta a noi *dalla* Chiesa ed è celebrata nel culto. Questa intuizione viene dal commentario di P. Iovino sulla Prima Lettera ai Tessalonicesi.

Paolo stesso scrive:

> Fratelli, pregate anche per noi. Salutate tutti i fratelli con il bacio santo. Vi scongiuro, per il Signore, che si legga questa lettera a tutti i fratelli. (1Ts 5,25-27)

Nei suoi commenti su questi importanti versetti P. Iovino fa notare che:

> La preghiera, il bacio di pace e adesso la lettura della sua lettera hanno infatti senso solo se sono espressione autentica di una comunanza vitale di affetti donata ed esistenzialmente vissuta, cioè dell'essere chiesa, nel caso specifico, comunità radunata per il culto. Infatti, come nella richiesta della preghiera d'intercessione e come nell'invito a scambiarsi il bacio di pace, così anche nel desiderio che la lettera sia letta a tutti, Paolo ha presente la comunità riunita nel culto. Alla sua lettera, perché apostolica e diretta a tutti i membri del popolo di Dio, egli annette l'importanza di un segno idoneo a *edificare* l'assemblea, allo stesso titolo della profezia o della didascalia[5].

Iovino giustamente evidenzia una triade molto significativa nel testo paolino: scrivere-leggere-conoscere, triade che terremo molto presente nel corso del nostro lavoro.

---

[4] PONTIFICIA COMMISSIONE BIBLICA, *L'interpretazione della Bibbia nella Chiesa*, Collana "Documenti Vaticani", 28.

[5] P. IOVINO, *La Prima Lettera ai Tessalonicesi*, 292-293.

Introduzione

2. Epistolografia

2.1 Teorie epistolografiche

Cominciamo la nostra investigazione dell'epistolario paolino partendo dal campo di significato dell'epistolografia. Dall'antichità fino ad oggi gli esseri umani fisicamente distanti tra loro hanno scelto di scrivere delle lettere. Questa pratica rappresenta infatti uno dei più comuni e più importanti esempi di composizione di testi scritti nell'antichità[6]. Le epistole giunte fino a noi dal passato furono redatte da contadini e da re, da schiavi e da imperatori, da segretari anonimi e da filosofi famosi. Questi testi trasmettono argomenti personali e privati tra familiari e amici, come pure questioni pubbliche e comuni tra governanti e sudditi. La descrizione di eventi ordinari e comuni e la sintesi di riflessioni filosofiche profonde venivano redatti sottoforma di lettera e scambiati tra individui che desideravano o necessitavano di rimanere in contatto con altri. I teorici dell'epistolografia affermano che la lettera è contrassegnata da tre importanti caratteristiche: la sua qualità *ad hoc*, la sua abilità di comunicare una presenza personale, la sua capacità di includere altri generi letterari[7]. La società civile, così come ci è nota, non sarebbe esistita senza la stesura di lettere[8]; addirittura la letteratura sarebbe inconcepibile senza gli innu-

---

[6] Vedi S.K. STOWERS, "Letters (Greek and Latin)", *AncBD*, IV, 290. Per maggiori informazioni circa l'antica composizione delle lettere cfr. L.C.A. ALEXANDER, "Hellenistic Letter-Forms and the Structure of Philippians", 87-101; A. DEISSMANN, *Licht vom Osten*; W.D. DOTY, "Pauline Letters", 21-47; R. JEWETT, "Romans as an Ambassadorial Letter", 5-20; H.J. KLAUCK, *Die Antike Briefliteratur und das Neue Testament*; A.J. MALHERBE, *Ancient Epistolary Theorists*; J. MURPHY-O'CONNOR, *Paul the Letter-Writer*; M.L. STIREWALT, Jr., *Paul, the Letter Writer*; ID., "The Form and Function of the Greek Letter-Essay", 147-171; S.K. STOWERS, *Letter Writing in Greco-Roman Antiquity*; ID., "Social Typification and the Classification of Ancient Letters", 78-90; J.L. WHITE, *Light from Ancient Letters*; ID., "Ancient Greek Letters", 85-105.

[7] "Three important characteristics of the letter are its occasionality, its fiction of personal presence, and its ability to absorb other genres" (S.K. STOWERS, "Letters (Greek and Latin)", *AncBD*, IV, 290).

[8] Nell'antichità senza le lettere come avrebbero potuto i re pubblicare importanti decreti e renderli noti ai loro sudditi? Come i governanti avrebbero potuto comunicare i loro ordini ai generali in tempo di guerra o stipulare dei trattati di pace con altri governanti al termine della guerra? Senza le lettere come avrebbero potuto imporre delle tasse sui loro popoli o decretare giorni di festa e di solennità ai quali i loro sudditi dovevano aderire? Come gli ambasciatori avrebbero potuto presentare le loro prove credenziali a re stranieri e ai loro colleghi diplomatici a corte? Perfino nel XXI secolo è una prassi della democrazia che dopo il loro arrivo in una terra straniera gli ambasciatori presentino le loro lettere credenziali al capo di Stato di quella nazione

21

merevoli resoconti che descrivono l'abbozzo, lo scambio e la lettura di lettere[9]. Antiche e moderne teorie epistolari continuano ad affascinare studenti e specialisti, indirizzando i biblisti verso una maggiore capacità di scavo delle Scritture. Se il desiderio di restare in contatto con altri esseri umani attraverso la parola scritta resta una costante oggi come sempre, l'arte di comporre lettere sta subendo invece una profonda trasforma-

---

durante una cerimonia formalmente prescritta. Per i decreti all'interno di uno Stato come pure per i decreti fra gli Stati, la composizione di lettere è sempre stata essenziale al giusto funzionamento della società civile e alla pacifica coesistenza delle nazioni.

[9] Dal momento che andremmo troppo lontano dando lo sguardo a questo soggetto nella letteratura occidentale, basterebbe a tal fine menzionare uno dei più grandi classici della letteratura mondiale, ad esempio *Pride and Prejudice* di Jane Austen (Penguin Classics Edition) [trad. it. *Orgoglio e pregiudizio*, Barbera 2007]. Il romanzo fa riferimento a quarantaquattro lettere che includono molti riferimenti alla vibrante corrispondenza fra Elizabeth Bennet e la sua amica Charlotte Lucas come pure lettere scambiate tra Elizabeth e la sorella Jane con la signora Gardiner. Forse la scena più importante dell'intero romanzo si trova nel cap. 35 dove il signor Darcy fa un dettagliato resoconto delle sue azioni e ragioni in una lettera ad Elizabeth piuttosto estesa. La sua lettera in effetti completa il resto del capitolo e la sua lunghezza rivela che egli ha impiegato un grande lasso di tempo riflettendo sugli argomenti a portata di mano e successivamente componendolo con molta cura. La prosa della Austen, fermandosi nella sua elegante semplicità e chiarezza, porta delle citazioni qui. "But the person who advanced, was now near enough to see her, and stepping forward with eagerness, pronounced her name. She had turned away, but on hearing herself called, though in a voice which proved it to be Mr Darcy, she moved again towards the gate. He had at that time reached it also, and holding out a letter, which she instinctively took, said with a haughty composure, 'I have been walking in the grove some time in the hope of meeting you. Will you do me the honour of reading that letter?' – And then, with a slight bow, turned again into the plantation, and was soon out of sight. With no expectation of pleasure, but with the strongest curiosity, Elizabeth opened the letter, and to her still increasing wonder, perceived an envelope containing two sheets of letter paper, written quite through, in a very close hand. – The envelope itself was likewise full. – Pursuing her way along the lane, she then began it. It was dated from Rosings, at eight o'clock in the morning, and it was as follows" (*Ibid.*, 226-227). Nei suoi commenti introduttivi su questo importante lavoro di *English fiction*, il critico T. Tanner sviluppa alcune utili indicazioni circa l'arte di scrivere (e leggere) lettere. "In essence a letter is written and read in retirement from the social scene; this is certainly true of Darcy's major epistolary clarification. The letter enables him to formulate things and convey information in a way which would not be possible on a social occasion where public modes of utterance necessarily restrict the more private ones. A letter is also a transforming of action into words which may then be reflected on in a way which is impossible while one is actually involved in the action. 'Introspection is retrospection' said Sartre, and so is letter-writing, even if the letter seems to be written in the midst of some anxious situation. Jane Austen has deftly set before us a basic truth — that we are both performing selves and reflective selves" (ID., "Introduction and Notes" to *Pride and Prejudice* (Penguin Classics Edition), 26).

Introduzione

zione grazie alla nascita di nuove tecnologie. I giovani (e non solo) stanno sempre più utilizzando e dipendendo da pc, notebooks, telefoni cellulari, smart phones e una schiera progressive di dispositivi portatili per inviare emails, messaggi di testo, brevi annunci, fotografie, ecc. restando in contatto in modo continuo con altre persone per mezzo di Facebook, Twitter e simili social networks[10]. Penne, inchiostro e carta sembra appartengano ormai all'epoca della pietra, papiri e pergamena, rimpiazzati sempre più da tastiere, phone pads e touch screens[11]. Consci del fatto che viviamo in un periodo di rapido e drammatico cambiamento nei confronti della pratica di composizione delle lettere[12], focalizziamo ora la nostra attenzione sul mondo biblico e esaminiamo come alcuni degli scrittori sacri hanno composto i loro testi con l'aiuto del genere letterario epistolare. Una tale impresa si rivela indispensabile per comprendere il ruolo unico di san Paolo nello sviluppo del cristianesimo primitivo.

2.2 *Lettere bibliche*

2.2.1 Lettere veterotestamentarie

Dai libri storici dell'Antico Testamento (cfr. 2Sam 11,14ss. come primo esempio biblico) fino alle lettere cattoliche[13] nel Nuovo Testamento (cfr. 2Pt 3,16 come ultimo esempio), la Sacra Scrittura contiene molti esempi di lettere, narra resoconti di molti scambi epistolari e fa frequenti riferimenti ad essi. Nell'Antico Testamento i re pagani e i re d'Israele commissionavano delle lettere e le inviavano ai loro simili con lo scopo di fare

---

[10] Vedi W. POWERS, *Hamlet's BlackBerry. A Practical Philosophy for Building a Good Life in the Digital Age*, New York 2010.

[11] Le giovani generazioni che crescono nel comporre dei testi con le odierne tecnologie saranno in grado di comporre lettere nella forma tradizionale nel prossimo futuro? Forse il sempre crescente numero di emails e messaggi di testo toglie agli individui il tempo essenziale e necessario per riflettere su ciò che si comunica e su come è meglio rispondere alla mole di dati? Siamo come una società globalizzata che trascura l'importanza dell'equilibrio salutare tra i nostri "performing selves and reflective selves" (T. TANNER, "Introduction and Notes" to *Pride and Prejudice* (Penguin Classics Edition), 26)?

[12] Per maggiori informazioni sulle lettere antiche vedi A.J. MALHERBE, *Ancient Epistolary Theorists*, SBLSBS 19, Atlanta 1988.

[13] "7 *epistole cattoliche*: Giacomo, 1 e 2 Pietro, 1, 2 e 3 Giovanni, Giuda, il cui titolo menziona l'autore al quale il libro è attribuito" (J.-N. ALETTI – al., *Lessico ragionato dell'esegesi biblica*, 15).

richieste o comunicare delle informazioni[14]. Nel Nuovo Testamento, inoltre, la lettera è di certo il genere letterario prevalente — in effetti tra i 36 libri contenuti 21 sono delle lettere[15]: quattordici sono riconosciute come lettere paoline[16] e sette come lettere cattoliche. Diamo uno sguardo d'insieme a questo vasto campo di attività epistolare individuando il primo riferimento dell'Antico Testamento ad una composizione di lettera[17] nel Secondo Libro di Samuele. Senza dubbio una lettura unitaria della Bibbia ci aiuta a considerare meglio l'attività di composizione letteraria di Paolo come un elemento cruciale delle sue fatiche apostoliche.

Cominciamo con il primo esempio di lettera presente nell'Antico Testamento. Il re Davide s'innamora di Betsabea, una donna bellissima, che

---

[14] Vedi A. H. PODANY, *Brotherhood of Kings. How International Relations Shaped the Ancient Near East*, New York 2010.

[15] In questo libro useremo il termine "lettera" e "epistola" in modo intercambiabile. "Gli scritti di Paolo, Giacomo, Pietro sono chiamati lettere dagli uni ed epistole dagli altri. Di per sé, la distinzione non esiste, perché il termine *epistola* traduce il latino *epistula*, che designa le lettere. In realtà sono state chiamate *lettere* gli scritti in genere più breve, inviati per rispondere a problemi concreti affrontati dai credenti di allora (e ciò varrebbe per 1 Ts, Fil, Gal, 1 Cor, 2 Cor), ed epistole gli scritti più lunghi che assomigliano maggiormente a dei piccoli trattati di teologia (ad es., Rom). Per gli specialisti queste distinzioni sono artificiali, perché tutti questi scritti di Paolo obbediscono alle regole della epistolografia di allora, ed è meglio attenersi all'appellativo di *lettera*" (J.-N. ALETTI – al., *Lessico ragionato dell'esegesi biblica*, 105).

[16] "14 *epistole paoline*, indirizzate a comunità cristiane o ad alcune personalità; sono collocate secondo il loro ordine di lunghezza, fatta eccezione per la quattordicesima epistola, quella agli Ebrei, la quale non viene attribuita a Paolo, ma si ispira alla sua teologia; si ha così l'epistola ai Romani, 1 e 2 ai Corinzi, 1 ai Galati, 1 agli Efesini, 1 ai Filippesi, 1 ai Colossesi, 2 ai Tessalonicesi, 2 a Timoteo, 1 a Tito, 1 a Filemone e 1 agli Ebrei" (J.-N. ALETTI – al., *Lessico ragionato dell'esegesi biblica*, 14-15).

[17] Nell'Antico Testamento non c'è un termine tecnico per "lettera". La parola usata a volte per designare uno scritto è כְּתָב/γραφή. Per esempio, in tre occasioni troviamo בְּמִכְתָּב/ἐν γραπτῷ o מִכְתָּב/ἐγγραφή per esprimere l'annuncio scritto di un decreto regale. Cfr. "Nell'anno prima del regno di Ciro, re di Persia, perché si adempisse la parola che il Signore aveva detto per bocca di Geremia, il Signore destò lo spirito di Ciro re di Persia, il quale fece passare quest'ordine in tutto il suo regno, anche con lettera בְּמִכְתָּב/ἐν γραπτῷ)" (Esd 1,1); "Gli giunse da parte del profeta Elia uno scritto (מִכְתָּב /ἐγγραφή) che diceva: 'Dice il Signore, Dio di Davide tuo padre: Perché non hai seguito la condotta di Giosafat tuo padre né la condotta di Asa re di Giuda" (2Cr 21,12); "Nell'anno prima di Ciro, re di Persia, a compimento della parola del Signore predetta per bocca di Geremia, il Signore suscitò lo spirito di Ciro re di Persia, che fece proclamare per tutto il regno, a voce e per scritto בְּמִכְתָּב/ἐν γραπτῷ" (2Cr 36,22). In altri passaggi dell'Antico Testamento troviamo invece la parola סֵפֶר/βιβλίον per indicare un rotolo, una forma comune di testo. Cfr. ad es. 2Sam 11,14-15; 2Re 5,5-7; 10,2.6.7; 19,14. Infine l'Antico Testamento designa anche una comunicazione scritta con la parola אִגֶּרֶת/ἐπιστολή. Cfr. Esd 4,11; 5,6; Ne 2,8; 6,5 ecc.

Introduzione

vede dalla terrazza del suo palazzo. Dopo averla sedotta, scopre che essa aspetta un bambino da lui. Al fine di coprire il peccato di adulterio, il re decide di richiamare dalla guerra Uria l'Ittita, marito di Betsabea, e farlo tornare a Gerusalemme perché resti a casa con la moglie per un po' di tempo. Una volta rientrato nella capitale, Uria rifiuta l'ordine del re e dorme nel luogo riservato ai servi del re, mostrando solidarietà ai suoi compagni del fronte e tenendosi lontano dalla moglie e dalla sua casa. Frustrato dalla sua incapacità di spingere Uria a dormire con Betsabea, il re Davide escogita di poter eliminare Uria piazzandolo nel punto più pericoloso del campo di battaglia.

> ¹⁴ La mattina dopo Davide scrisse una lettera a Ioab e gliela mandò per mano di Uria. ¹⁵ Nella lettera aveva scritto così: «Ponete Uria sul fronte della battaglia più dura; poi ritiratevi da lui perché resti colpito e muoia». ¹⁶ Allora Ioab, che assediava la città, pose Uria nel luogo dove sapeva che c'erano uomini valorosi. ¹⁷ Gli uomini della città fecero una sortita e attaccarono Ioab; caddero parecchi della truppa e dei servi di Davide e però anche Uria l'Ittita. ¹⁸ Ioab mandò ad annunciare a Davide tutte le cose che erano avvenute nella battaglia [...] ²⁶ La moglie di Uria, saputo che Uria, suo marito, era morto, fece il lamento per il suo signore. ²⁷ Passati i giorni del lutto, Davide la mandò a prendere e l'aggregò alla sua casa. Ella diventò sua moglie e gli partorì un figlio. Ma ciò che Davide aveva fatto era male agli occhi del Signore (2Sam 11,14-18.26-27).

Il re manda una lettera confidenziale a uno dei suoi principali ufficiali — in qualità di corrispondenza regale, il suo contenuto non poteva essere reso pubblico nelle varie circostanze — e Ioab, il destinatario, deve obbedire all'ordine impartito dal suo signore e comandante. Il povero Uria, latore della lettera, non ha alcuna idea che egli stesso sta consegnando la missiva che finirà per condannarlo ad una morte violenta. Il re Davide commette due gravi peccati infrangendo due comandamenti: "Non commetterai adulterio" (Es 20,14) e "Non ucciderai" (Es 20,13). La sua offesa non piacque agli occhi del Signore e per questo il re non scamperà alla punizione delle sue trasgressioni contro la volontà del Signore: il bambino di Davide e Betsabea morirà.

La seconda lettera menzionata nell'Antico Testamento rivelerà un'intenzione sinistra con risultati ugualmente tragici. Nel Primo Libro dei Re

25

leggiamo che Acab e la sua malvagia regina Gezabele desiderano una vigna che si trova nei pressi del palazzo regale. Tuttavia, c'è un piccolo problema: la vigna appartiene ad un uomo giusto e pio di nome Nabot, che non vuole cederla. Dopo il tentativo fallimentare del re di prendere possesso della proprietà di Nabot, Gezabele umilia il re, suo marito, interferendo nei suoi affari: la regina stila delle lettere a nome di Acab e le invia agli anziani e ai capi della città di Nabot. Sebbene il re e la regina desiderino insieme entrare in possesso della vigna di Nabot, in realtà è la regina che farà di tutto per ottenerla.

> [8] Ella [Gezabele] scrisse lettere con il nome di Acab, le sigillò con il suo sigillo, quindi le spedì agli anziani e ai notabili della città, che abitavano vicino a Nabot. [9] Nelle lettere scrisse: «Bandite un digiuno e fate sedere Nabot alla testa del popolo. [10] Di fronte a lui fate sedere due uomini perversi, i quali l'accusino: "Hai maledetto Dio e il re!". Quindi conducetelo fuori e lapidatelo ed egli muoia». [11] Gli uomini della città di Nabot, gli anziani e i notabili che abitavano nella sua città, fecero come aveva ordinato loro Gezabele, ossia come era scritto nelle lettere che aveva loro spedito. [12] Bandirono un digiuno e fecero sedere Nabot alla testa del popolo. [13] Giunsero i due uomini perversi, che si sedettero di fronte a lui. Costoro accusarono Nabot davanti al popolo affermando: "Nabot ha maledetto Dio e il re". Lo condussero fuori della città e lo lapidarono ed egli morì. [14] Quindi mandarono a dire a Gezabele: "Nabot è stato lapidato ed è morto". [15] Appena Gezabele sentì che Nabot era stato lapidato ed era morto, disse ad Acab: "Su, prendi possesso della vigna di Nabot di Izreèl, il quale ha rifiutato di dartela in cambio di denaro, perché Nabot non vive più, è morto". [16] Quando sentì che Nabot era morto, Acab si alzò per scendere nella vigna di Nabot di Izreèl a prenderne possesso. [17] Allora la parola del Signore fu rivolta a Elia il Tisbita: [18] "Su, scendi incontro ad Acab, re d'Israele, che abita a Samaria; ecco, è nella vigna di Nabot, ove è sceso a prenderne possesso. [19] Poi parlerai a lui dicendo: "Così dice il Signore: Hai assassinato e ora usurpi!". Gli dirai anche: "Così dice il Signore: Nel luogo ove lambirono il sangue di Nabot, i cani lambiranno anche il tuo sangue". [20] Acab disse a Elia: "Mi hai dunque trovato, o mio nemico?". Quello soggiunse: "Ti ho trovato, perchè ti sei venduto per fare ciò che è male agli occhi del Signore" (1Re 21,8-20).

Introduzione

Dopo aver messo a morte un uomo innocente, la coppia reale sigilla il suo proprio destino. Esattamente come Davide prima di loro, essi hanno commesso dei crimini ignobili davanti al Signore sì da meritare una condanna. Essi infatti hanno infranto ben tre comandamenti: "Non desidererai la casa del tuo prossimo. Non desidererai la moglie del tuo prossimo, né il suo schiavo né la sua schiava, né il suo bue né il suo asino, né alcuna cosa che appartenga al tuo prossimo" (Es 20,17); "Non ucciderai" (Es 20,13); "Non ruberai" (Es 20,15). Come punizione, ogni maschio, libero o schiavo, sarà eliminato dal re e la sua casa sarà completamente distrutta. Quanto a Gezabele, sarà divorata dai cani (cfr. 1Re 21,23)[18] — sciagura più ripugnante e terribile in assoluto all'epoca della Bibbia. Così, decretando la morte di un israelita innocente e prendendo possesso della sua vigna, il re e la regina e la loro famiglia vengono distrutti completamente dal Signore Dio.

La terza lettera menzionata nell'Antico Testamento ci offre uno spaccato sulla situazione politica e sociale di un altro paese del Vicino Oriente Antico. Questa storia accattivante ha a che fare con un pagano di nome Naaman, capo dell'esercito del re di Aram. Naaman era un ufficiale senza dubbio abituato ad un corretto esercizio del potere politico e dell'autorità militare nella terra natia. Egli però soffre di una terribile malattia che ancora oggi spaventa quanti la contraggono: la lebbra. La lebbra non era spaventosa solo a causa della distruzione che procurava ai corpi di coloro che la contraevano, ma anche perché essa emarginava completamente i malati dalla vita della comunità e li estraniava da familiari e amici. Soffrendo di questa malattia debilitante i lebbrosi quindi erano trattati come sventurati e reietti dalla società e considerati impuri sul piano religioso, maledetti da Dio. Non stupisce pertanto che i lebbrosi avrebbero fatto tutto ciò che era in loro potere per rimediare alla loro condizione miserevole. Ed è appunto ciò che Naaman fa nel testo seguente del Secondo Libro dei Re.

---

[18] "Dogs, like pigs, lived as scavengers. Feral pariah dogs roamed in packs on the outskirts of towns (Ps 59:6, 14; cf. Rev 22:15), where refuse was plentiful. Inside the towns, dogs also lived by scavenging (cf. ANET, 209, 228; cf. 1 Kgs 14:11). Even today one sees feral or nearly feral dogs scavenging in the streets of Cairo. Today we commonly speak of the dog as 'man's best friend.' In the Bible, however, the dog is always spoken of in contempt" (E. FIRMAGE, "Zoology (Animal Profiles)", *AncBD*, VI, 1143).

> ¹ Naamàn, comandante dell'esercito del re di Aram, era un personaggio autorevole presso il suo signore e stimato, perché per suo mezzo il Signore aveva concesso la salvezza agli Aramei. Ma quest'uomo prode era lebbroso. ² Ora bande aramee avevano condotto via prigioniera dalla terra d'Israele una ragazza, che era finita al servizio della moglie di Naamàn. ³ Lei disse alla padrona: "Oh, se il mio signore potesse presentarsi al profeta che è a Samaria, certo lo libererebbe dalla sua lebbra". ⁴ Naamàn andò a riferire al suo signore: "La ragazza che proviene dalla terra d'Israele ha detto così e così". ⁵ Il re di Aram gli disse: "Va' pure, io stesso invierò una lettera al re d'Israele". Partì dunque, prendendo con sé dieci talenti d'argento, seimila sicli d'oro e dieci mute di abiti. ⁶ Portò la lettera al re d'Israele, nella quale si diceva: "Orbene, insieme con questa lettera ho mandato da te Naamàn, mio ministro, perché tu lo liberi dalla sua lebbra". ⁷ Letta la lettera, il re d'Israele si stracciò le vesti dicendo: "Sono forse Dio per dare la morte o la vita, perché costui mi ordini di liberare un uomo dalla sua lebbra? Riconoscete e vedete che egli evidentemente cerca pretesti contro di me" (2Re 5,1-7).

Il re di Aram invia al re d'Israele la sua lettera personale circa il suo servo Naaman, insieme a Naaman stesso, latore della lettera. Ancora una volta notiamo la prerogativa regale di consegnare delle lettere allo scopo di comunicare ad altri importanti ordini e richieste. In questo caso sia il mittente che il destinatario sono dei re, il primo un pagano, il secondo un israelita. Sia la lettera sia il latore attraversano delle frontiere, viaggiano da un regno ad un altro. Una volta giunto in Israele, al comando di Eliseo, uomo di Dio, Naaman si lava nel Giordano sette volte ed è guarito. Grato per il miracolo ottenuto, Naaman decide di ritornare dall'uomo di Dio, con l'intenzione di fargli un dono prezioso. Riconoscendo che è il Signore che ha mondato Naaman, Eliseo rifiuta di accettare doni dall'ufficiale pagano. Giunto il tempo di tornare a casa, Naaman carica due muli con del terreno preso dal paese di Israele come gesto di gratitudine verso il Signore e riconoscenza verso la sua potenza salvifica. D'ora in poi, nel territorio d'Israele, come pure in Aram, la sua terra natale, Naaman offrirà i suoi personali olocausti e le offerte solo al Signore Dio d'Israele[19].

---

[19] Inoltre l'Antico Testamento contiene altre tre brevi menzioni di lettere reali. Cfr. "Ezechia prese la lettera dalla mano dei messaggeri e la lesse, poi salì al tempio del Signore, l'aprì davanti al Signore" (2Re 19,14); "In quel tempo Merodac-Baladàn, figlio di Baladàn, re di Babilonia, mandò

Introduzione

Che cosa si può dedurre da queste tre composizioni epistolari dell'antico Israele? Nel caso di Davide, Acab e Gezabele, essi compiono il male nei confronti del Signore desiderando ciò che non gli appartiene e complottando di uccidere le proprie vittime per mezzo delle lettere che hanno inviato. I capi in questione hanno chiaramente infranto l'alleanza sancita dal Signore con il suo popolo. Al contrario, il re di Aram fa un atto di fede nel Dio d'Israele. Egli, un pagano, crede che il Signore Dio, attraverso la mediazione del re d'Israele, può davvero guarire il suo servo Naaman dalla lebbra. Così come atto di fede in Dio egli invia una lettera insieme ad una generosa offerta di "dieci talenti d'argento, seimila sicli d'oro e dieci mute di abiti" (2Re 5,5). L'ironia di queste differenti situazioni epistolari era chiara agli antichi israeliti: mentre i loro capi hanno commesso il male agli occhi del Signore infrangendo i suoi comandamenti, uno straniero, un re pagano, esprime la sua fede nel Signore Dio, chiedendo un miracolo per il proprio servo. Nei regni di Israele e di Aram, le lettere comunicano ed eseguono la volontà di coloro che governano. Simili decreti regali in forma epistolare si trovano altrove nell'Antico Testamento: cfr. Esd 4,7.8.11.18.23; 5,5.6; 7,11; Ne 2,8; 6,5; Est 1,22; 3,13; 9,26.29; Is 37,14.

Concludendo la composizione epistolare nell'Antico Testamento attesta le prerogative regali di re e regine. Allo stesso modo la composizione epistolare rappresenta uno strumento essenziale nel governare i propri sudditi, un supporto da impiegare per fini politici sia buoni che cattivi. A questo proposito i re di Israele non appaiono diversi dai re pagani limitrofi. Le lettere erano usate anche per comunicare con governanti stranieri, come possiamo notare nel caso del re di Aram. Dunque sia governati giudei che pagani componevano e mandavano lettere con fini nazionali e internazionali[20]. È interessante notare che anche il profeta Geremia sembra adottare una prerogativa regale, inviando una lettera da Gerusalemme ai deportati in Babilonia.

---

lettere e un dono a Ezechia, perché aveva sentito che Ezechia era stato malato" (2Re 20,12); "Sennàcherib aveva scritto anche lettere insultando il Signore, Dio d'Israele, e parlando contro di lui in questi termini: 'Come gli dèi delle nazioni del mondo non hanno potuto liberare i loro popoli dalla mia mano, così il Dio di Ezechia non libererà dalla mia mano il suo popolo'" (2Cr 32,17).

[20] Per maggiori informazioni che riguardano l'epistolografia nel mondo biblico, cfr. D. PARDEE, "Hebrew Letters", AncBD, IV, 282-285; P.E. DION, "Aramaic Letters", AncBD, IV, 285-290; S.K. STOWERS, "Greek and Latin Letters", AncBD, IV, 290-293.

¹ Queste sono le parole della lettera che il profeta Geremia mandò da Gerusalemme al resto degli anziani in esilio, ai sacerdoti, ai profeti e a tutto il popolo che Nabucodònosor aveva deportato da Gerusalemme a Babilonia; ² la mandò dopo che il re Ieconìa, la regina madre, i dignitari di corte, i capi di Giuda e di Gerusalemme, gli artigiani e i fabbri erano partiti da Gerusalemme. ³ Fu recata per mezzo di Elasà, figlio di Safan, e di Ghemaria, figlio di Chelkia, che Sedecìa, re di Giuda, aveva inviati a Nabucodònosor, re di Babilonia, a Babilonia. Essa diceva: ⁴ "Così dice il Signore degli eserciti, Dio d'Israele, a tutti gli esuli che ho fatto deportare da Gerusalemme a Babilonia: ⁵ Costruite case e abitatele, piantate orti e mangiatene i frutti; ⁶ prendete moglie e mettete al mondo figli e figlie, scegliete mogli per i figli e maritate le figlie, e costoro abbiano figlie e figli. Lì moltiplicatevi e non diminuite. ⁷ Cercate il benessere del paese in cui vi ho fatto deportare, e pregate per esso il Signore, perché dal benessere suo dipende il vostro. ⁸ Così dice il Signore degli eserciti, Dio d'Israele: Non vi traggano in errore i profeti che sono in mezzo a voi e i vostri indovini; non date retta ai sogni che essi sognano, ⁹ perché falsamente profetizzano nel mio nome: io non li ho inviati. Oracolo del Signore. ¹⁰ Pertanto così dice il Signore: Quando saranno compiuti a Babilonia settant'anni, vi visiterò e realizzerò la mia buona promessa di ricondurvi in questo luogo. ¹¹ Io conosco i progetti che ho fatto a vostro riguardo — oracolo del Signore —, progetti di pace e non di sventura, per concedervi un futuro pieno di speranza. ¹² Voi mi invocherete e ricorrerete a me e io vi esaudirò. ¹³ Mi cercherete e mi troverete, perché mi cercherete con tutto il cuore; ¹⁴ mi lascerò trovare da voi. Oracolo del Signore. Cambierò in meglio la vostra sorte e vi radunerò da tutte le nazioni e da tutti i luoghi dove vi ho disperso. Oracolo del Signore. Vi ricondurrò nel luogo da dove vi ho fatto deportare. ¹⁵ Voi dite: "Il Signore ci ha suscitato profeti a Babilonia". ¹⁶ Ebbene, così dice il Signore al re che siede sul trono di Davide e a tutto il popolo che abita in questa città, ai vostri fratelli che non sono partiti con voi nella deportazione: ¹⁷ Così dice il Signore degli eserciti: Ecco, manderò contro di loro la spada, la fame e la peste e li renderò come i fichi guasti, che non si possono mangiare tanto sono cattivi. ¹⁸ Li perseguiterò con la spada, la fame e la peste; li renderò un esempio terrificante per tutti i regni della terra, e maledizione, stupore, scherno e obbrobrio in tutte le nazioni nelle quali li ho dispersi, ¹⁹ perché non hanno ascoltato le mie parole — oracolo del Signore — quando con assidua premura mandavo loro i miei servi, i profeti, ed essi non hanno

Introduzione

ascoltato. Oracolo del Signore. [20] Voi però, deportati tutti, che ho mandato da Gerusalemme a Babilonia, ascoltate la parola del Signore. [21] Così dice il Signore degli eserciti, Dio d'Israele, riguardo ad Acab, figlio di Kolaià, e a Sedecìa, figlio di Maasìa, che vi profetizzano menzogne nel mio nome: Ecco, li darò in mano a Nabucodònosor, re di Babilonia, che li ucciderà sotto i vostri occhi. [22] E se ne trarrà una formula di maledizione che si diffonderà presso tutti i deportati di Giuda a Babilonia; si dirà: "Ti tratti il Signore come Sedecìa e Acab, che il re di Babilonia fece arrostire sul fuoco!". [23] Poiché essi hanno operato cose nefande a Gerusalemme, hanno commesso adulterio con le mogli del prossimo, hanno proferito nel mio nome parole menzognere senza che io avessi dato loro alcun ordine. Io stesso lo so bene e ne sono testimone. Oracolo del Signore. [24] E dirai a Semaià, il Nechelamita: [25] "Così dice il Signore degli eserciti, Dio d'Israele: Hai mandato nel tuo nome lettere a tutto il popolo di Gerusalemme e a Sofonia, figlio di Maasìa, il sacerdote, e a tutti i sacerdoti, dicendo: [26] Il Signore ti ha costituito sacerdote al posto del sacerdote Ioiadà, perché fossi sovrintendente nel tempio del Signore, per reprimere qualunque forsennato che fa il profeta, ponendolo in ceppi e in catene: [27] orbene, perché non reprimi Geremia di Anatòt, che fa profezie fra di voi? [28] Infatti egli ci ha mandato a dire a Babilonia: Durerà a lungo la vostra situazione! Costruite case e abitatele, piantate orti e mangiatene i frutti!". [29] Il sacerdote Sofonia lesse questa lettera in presenza del profeta Geremia. [30] Allora la parola del Signore fu rivolta a Geremia: [31] "Invia questo messaggio a tutti i deportati: Così dice il Signore riguardo a Semaià, il Nechelamita: Poiché Semaià ha parlato a voi come profeta mentre io non l'avevo mandato e vi ha fatto confidare nella menzogna, [32] per questo dice il Signore: Ecco, punirò Semaià, il Nechelamita, e la sua discendenza; nessuno dei suoi dimorerà in mezzo a questo popolo, né vedrà il bene che farò al mio popolo — oracolo del Signore —, perché ha predicato la ribellione al Signore" (Ger 29,1-32).

Geremia accorcia la distanza che lo separa dai suoi connazionali per mezzo di una composizione epistolare. Fedele al Signore Dio e alla missione che ha ricevuto dall'Altissimo, il profeta invia un messaggio personale per rinsaldare la fede e la speranza degli esiliati (cfr. specialmente i vv. 10-11) e per tenerli insieme come popolo unito e fedele alle tradizioni dei loro padri, a differenza degli insegnamenti fuorvianti e illusori dei falsi profeti. Anche l'Apostolo Paolo decide di restare in contatto con le comunità da lui fondate attraverso composizioni epistolari, per edificarli nella fede, nella speranza e nella carità (cfr. 1Ts 1,3), tenendoli uniti come famiglia di Dio perfino di fronte alle ostilità e alle persecuzioni. Proprio come durante l'esilio babilonese Israele era una piccola nazione in mezzo ai pagani ostili, così adesso i cristiani (sia ebrei sia pagani) vivono in mezzo a una generazione malvagia e perversa, nella quale devono splendere come astri nel mondo, tenendo salda la parola di vita (cfr. Fil 2,15b-16a). Alla luce di ciò, sembrerebbe che nell'Antico Testamento, la lettera di Geremia agli esiliati in Babilonia (Ger 29,1-32) fornisce l'esempio più vicino alle lettere paoline. Entrambe le figure desiderano inviare una parola di consolazione e di supporto ai loro destinatari che si trovano in situazioni difficili e spesso conflittuali. Sono in gioco il benessere e il futuro della comunità. Per proclamare la parola di Dio e dare testimonianza credibile della grazia del Signore entrambi sono stati messi a parte per il servizio sacro sin dalla nascita[21].

---

[21] Per un'autodescrizione sintetica delle loro missioni divine cfr. la vocazione di Geremia fino ad arrivare a quella di Paolo. Geremia descrive la chiamata del Signore in questi termini:

[4] Mi fu rivolta questa parola del Signore: [5] "Prima di formarti nel grembo materno, ti ho conosciuto, prima che tu uscissi alla luce, ti ho consacrato; ti ho stabilito profeta delle nazioni". [6] Risposi: "Ahimè, Signore Dio! Ecco, io non so parlare, perché sono giovane". [7] Ma il Signore mi disse: "Non dire: 'Sono giovane'. Tu andrai da tutti coloro a cui ti manderò e dirai tutto quello che io ti ordinerò. [8] Non aver paura di fronte a loro, perché io sono con te per proteggerti". Oracolo del Signore. [9] Il Signore stese la mano e mi toccò la bocca, e il Signore mi disse: "Ecco, io metto le mie parole sulla tua bocca. [10] Vedi, oggi ti do autorità sopra le nazioni e sopra i regni per sradicare e demolire, per distruggere e abbattere, per edificare e piantare" (Ger 1,4-11).

Dal canto suo anche Paolo si trova messo a parte per grazia sin dalla nascita. Egli è stato chiamato a servizio del Dio vivo e vero che si è rivelato nel suo proprio Figlio, Gesù Cristo, il Redentore.

[1] Paolo, servo di Cristo Gesù, apostolo per chiamata, scelto per annunciare il vangelo di Dio (Rm 1,1).

[11] Vi dichiaro, fratelli, che il Vangelo da me annunciato non segue un modello umano; [12] infatti io non l'ho ricevuto né l'ho imparato da uomini, ma per rivelazione di Gesù Cristo. [13] Voi avete certamente sentito parlare della mia condotta di un tempo nel giudaismo: perseguitavo ferocemente la Chiesa di Dio e la devastavo, [14] superando nel giudaismo la maggior parte dei miei coetanei e connazionali, accanito com'ero nel sostenere le tradizioni dei padri. [15] Ma quando Dio, che mi scelse fin dal seno di mia madre e mi chiamò con la sua grazia, si compiacque [16] di rivelare in me il Figlio suo perché lo annunciassi in mezzo alle genti, subito, senza chiedere consiglio a nessuno, [17] senza andare a Gerusalemme da coloro che erano apostoli prima di me, mi recai in Arabia e poi ritornai a Damasco (Gal 1,11-17).

Introduzione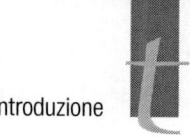

2.2.2 *Lettere paoline*

Dal tempo in cui Alessandro Magno sale al potere e conquista gran parte del Vicino Oriente Antico, i giudei della Palestina e della Diaspora cominciano a subire un graduale ma inesorabile periodo di ellenizzazione[22]. Il greco — non più l'aramaico — diventa lentamente ma progressivamente la lingua di questi popoli semitici caduti sotto l'egemonia della conquista macedone ed ellenica. Nel II secolo a.C. Roma a sua volta stabilisce il suo dominio su molti di questi popoli permettendo loro di mantenere il greco come lingua della cultura e dell'attività quotidiana. È alla luce di queste trasformazioni culturali e religiose che anche la società civile subisce un notevole cambiamento mediante la composizione di lettere che è uno degli esempio di mutamento che interessa la società a tutti i livelli. Nel mondo greco-romano infatti le lettere sono composte e inviati a tutti i tipi di persone — non più soltanto da re e ufficiali di corte. Le lettere permettono agli amici di restare in contatto, agli affari di essere portati avanti e al commercio di fiorire nonostante la distanza geografica. Allo stesso modo anche le autorità centrali che risiedono nella capitale hanno bisogno di comunicare con i loro consoli e proconsoli in tutte le provincie — per non parlare dell'esercito, dei generali, degli ufficiali e di numerosi legioni, che devono restare in stretto contatto gli uni con gli altri attraverso lo scambio continuo di rapporti e di ordini comunicati per mezzo di lettere. Così scrivere delle lettere appare lo strumento essenziale per la conquista, il controllo e il governo ordinario dell'impero come pure per il commercio, gli affari e il lavoro; esso permette a famiglia e amici di rimanere in contatto e di condividere notizie personali e informazioni varie grazie alla "finzione della presenza personale"[23] che è alla base di ogni corrispondenza epistolare[24].

---

[22] Vedi L.I. LEVINE, *Judaism and Hellenism in Antiquity. Conflict or Confluence*, Seattle – London 1998.

[23] S.K. STOWERS, "Letters (Greek and Latin)", *AncBD*, IV, 290.

[24] "When evaluating the nature of an ancient Greek letter, most fall within one of two broad categories: personal correspondence, between friends or family, and official correspondence between, to or from government officials, business relationships, etc. This is not to say that there is no overlap between these two categories, rather that these two categories provide a helpful initial differentiation to prepare the reader for the type of content and method for expressing that content" (S.E. ADAMS, "Paul's Letter Opening and Greek Epistolography", 35-36).

Paolo di Tarso, come vedremo più dettagliatamente nel prossimo capitolo, si trova davvero a suo agio nell'impero romano del I secolo. Per capire bene come egli adatti e comunichi il suo pensiero ai sentimenti dei suoi destinatari è importante comprendere come le persone di quell'epoca componessero e organizzassero le loro lettere. Come uomo del suo tempo, l'Apostolo si rifaceva di certo agli stili di composizione e agli standard dei suoi contemporanei per redigere le sue lettere. Ci occupiamo ora di come organizzasse le sue lettere per cogliere la loro specifica composizione letteraria.

Forma della lettera paolina[25]

Le lettere paoline hanno parecchie caratteristiche in comune con le lettere greco-romane e semitiche del I secolo[26]. Esse possiedono quattro elementi: formula di apertura, ringraziamento, corpo e formula conclusiva. La composizione tipica di ogni lettera[27] dell'Apostolo delle genti è la seguente.

1. Formula di apertura/prescritto (*praescriptum*)[28]

La formula di apertura è un ampliamento della forma ellenistica con utilizzazione di elementi semitici. Essa presenta tre elementi: *superscriptio*, *adscriptio* e *salutatio*. La *superscriptio* fornisce il nome del mittente della lettera (a volte anche i nomi dei mittenti, cioè i collaboratori dell'Apostolo, se ci sono), spesso con un titolo o con più titoli: "Paolo, schiavo di Cristo Gesù, apostolo per vocazione, prescelto per annunziare il Vangelo di Dio" (Rm 1,1). La *adscriptio* descrive i desti-

---

[25] Vedi A. PITTA, *Sinossi paolina*, Cinisello Balsamo (MI) 1994. Cfr. J.A. FITZMYER, "The New Testament Epistles", *NJBC*, 769-770; trad. italiana "Introduzione alle epistole del Nuovo Testamento", *NGCB*, 1006; P.T. O'BRIEN, "Letters, Letter Forms", *DPL*, 550-553; trad. italiana "Lettere, forme epistolari", *DPL*, 951-955; J. MURPHY-O'CONNOR, *Paul the Letter-Writer. His World, His Options, His Skills*, Collegeville 1995; trad. française, *Paul et l'art épistolaire. Contexte et structure littéraires*, Paris 1994.

[26] "Nelle lettere antiche si rilevano tre componenti quasi sempre presenti, il *praescriptum*, il corpo della lettera e il *postscriptum*" (J.-N. ALETTI – al., *Lessico ragionato dell'esegesi biblica*, 105).

[27] Eccezione fatta per il caso della Gal che manca del ringraziamento.

[28] Vedi P.L. TATE, "How to Begin, and Why? Diverse Functions of the Pauline Prescript within a Greco-Roman Context", 57-99.

natari della lettera, a volte con aggiunta di epiteti che chiariscono la relazione tra il mittente/i mittenti e il destinatario/i destinatari: "a quanti sono in Roma amati da Dio e santi per vocazione" (Rm 1,7a). La *salutatio*, o saluto iniziale, esprime un desiderio del tutto cristiano inclusivo nella formula: "grazia a voi e pace" o "grazia a voi e pace da Dio, Padre nostro, e dal Signore Gesù Cristo" (Rm 1,7b). Questa frase viene presa in prestito dal giudaismo e fatta propria da Paolo alla luce dell'evento Cristo[29].

2. Ringraziamento/rendimento di grazie[30]

In questa sezione l'apostolo di Tarso prega per i suoi destinatari, ringraziando Dio per la loro fede in Cristo. La forma è tipicamente greco-romana, ma i sentimenti e i desideri espressi sono formulati secondo moduli eucaristici giudaici.

3. Corpo/Messaggio[31]

Questa parte presenta l'argomento principale della lettera. Essa rappresenta il componente più lungo e più nutrito della lettera e al solito consta di due elementi: dottrinale (presentazione ordinata delle verità del Vangelo) e esortatorio (istruzioni per la condotta cristiana, cioè paraclesi[32] o parenesi[33]).

---

[29] Per un'eccellente esposizione di questi elementi cfr. J.-N. ALETTI – *al.*, *Lessico ragionato dell'esegesi biblica*, 105 e A. PITTA, *Sinossi paolina*, 24-25.

[30] Cfr. D.W. PAO, "Gospel within the Constraints of an Epistolary Form: Pauline Introductory Thanksgivings and Paul's Theology of Thanksgiving", 101-127; P. ARTZ-GRABNER, "Paul's Letter Thanksgiving", 129-158; R.F. COLLINS, "A Significant Decade: The Trajectory of the Hellenistic Epistolary Thanksgiving", 159-184.

[31] Vedi T.W. MARTIN, "Investigating the Pauline Letter Body: Issues, Methods, and Approaches", 185-212.

[32] "Il vocabolo *paraclesi* (dal greco *paráklēsis*, esortazione, consolazione) designa l'insieme delle esortazioni (relative alla vita nella Chiesa e nel mondo) che si trovano negli scritti paolini. Nelle lettere paoline le paraclesi sono molto numerose e iniziano spesso con il verbo *parakaléō*, che significa 'esortare'" (J.-N. ALETTI – *al.*, *Lessico ragionato dell'esegesi biblica*, 107).

[33] "Il termine *parenesi*, che viene dal verbo greco *parainéō* (esortare), è spesso usato in esegesi per designare le esortazioni di Paolo. Ma poiché l'apostolo usa uniformemente il verbo *parakaléō*, sono numerosi quelli che preferiscono parlare di paraclesi" (J.-N. ALETTI – *al.*, *Lessico ragionato dell'esegesi biblica*, 107-108). Cfr. Y.C. WHANG, "Paul's Letter Paraenesis", 253-268; A.W. PITTS, "Philosophical and Epistolary Contexts for Pauline Paraenesis", 269-306.

4. Formula conclusiva/conclusione/"post-scritto" (*postscriptum*)[34]
L'ultima sezione della lettera paolina contiene notizie personali e consigli specifici a tutta la comunità e a individui della comunità. Segue il saluto finale dell'Apostolo, spesso con la sua firma (la *subscriptio*)[35] come prova di autenticità.
Indirizzando il suo messaggio alle varie comunità, nel suo epistolario Paolo sente l'esigenza di pensare agli elementi positivi che si trovano in esse e li offre subito a Dio. Tali aspetti incoraggianti permettono all'Apostolo di entrare subito in sintonia con le comunità cristiane. Per aiutare meglio la chiesa particolare in questione l'Apostolo non pensa prima al male (che pure egli stigmatizza e condanna), bensì al bene in essa presente.

Concludendo possiamo definire il genere letterario del *corpus paulinum* come eminentemente epistolare, come attesta benissimo il lessico succitato dell'analisi dei vari componenti delle lettere paoline.
Riportiamo il testo di G. Biguzzi per poter apprezzare meglio le caratteristiche specifiche e innovative della lettera e del suo impiego all'interno dell'epistolario paolino.

Invito all'approfondimento
G. BIGUZZI, *Paolo, comunicatore. Tra interculturalità e globalizzazione*, 51-54.
La lettera come sostituto della persona

Come strumento di comunicazione, la lettera è antica forse quanto la scrittura: i segni tracciati ai primordi dell'umanità sulla corteccia di un grosso albero o sulla roccia di un crocevia avranno infatti indicato a un interlocutore assente che cosa fare o dove dirigersi. Ma se è stata sempre strumento di comunicazione, la lettera si rese particolarmente utile nell'epoca ellenistica: la vastità dell'impero di Alessandro Magno aveva infatti creato l'esigenza di superare le grandi distanze nell'esercizio del commercio, della guerra, della cultura, della propaganda, ecc. Anche nell'ambito dell'impero romano la lettera fu uno strumento di comunicazione insostituibile, tanto è vero che "l'episto-

---
[34] Vedi J.A.D. WEIMA, "Sincerely, Paul: The Significance of the Pauline Letter Closings", 307-345.
[35] Cfr. Rm 15,33; 1Cor 16,19-24; 2Cor 13,13; Gal 6,18; Ef 6,23-24; Fil 4,23; Col 4,18; 1Ts 5,28.

Introduzione

lografia rappresenta, insieme con la satira, il più originale contributo di Roma alla letteratura mondiale"[56].

Nell'antichità la lettera fu messa al servizio anche della saggistica e della filosofia: Isocrate, Platone, Aristotele, Demostene, Epicuro, Archimede, Dionigi di Alicarnasso, ecc., scrissero veri e propri trattati in forma di lettera, così che il genere epistolare, assolutamente modesto dal punto di vista culturale, superò se stesso e assurse a dignità letteraria. La sua consacrazione definitiva come pezzo di letteratura si ebbe con la pubblicazione dell'epistolario di Cicerone (106-43 a.C.), probabilmente un secolo dopo la sua morte[57].

Nel mondo ellenistico ci furono perfino studiosi e teorici del genere epistolare: un certo Anemone, che si vuole abbia pubblicato le lettere di Aristotele, definiva la lettera "l'altra parte del dialogo" *(to héteron méros tou dialógou)*[58]. La definizione è quanto mai pittoresca e pertinente nello stesso momento: poter mettere mano su di una lettera significa strappare all'oblio una battuta dello sterminato dialogo che gli uomini intessono senza sosta lungo la loro storia. Ma molte volte possiamo ricuperare soltanto ipoteticamente il frammento di dialogo che ci manca, deducendolo dalla parte che abbiamo. E questo è vero ovviamente anche per le lettere di Paolo.

Gli aspetti tecnici della stesura delle lettere nell'antichità non sono nient'affatto irrilevanti. La posizione dello scrivente era molto scomoda: sedeva a terra e senza tavolo, con la sinistra teneva il foglio e con la destra scriveva[59]. La ruvidezza del papiro poi rendeva faticosa e lenta la scrittura. Secondo i calcoli, forse troppo pessimistici, di O. Roller (1933), si riuscivano a scrivere tre sillabe al minuto e 72 parole all'ora. In base a questi calcoli sarebbero state necessarie 98 ore continuate per scrivere la lettera ai Romani, che ha 7.101 parole, mentre la lettera a Filemone, che ha 335 parole, avrebbe richiesto 4 o 5 ore[60].

Le lettere antiche erano di lunghezza variabile: Roller, che ne ha passate in rassegna ben 15.000, dà queste statistiche: le lettere private erano generalmente molto brevi, contando da 18 a 209 parole, le 769 lettere di Cicerone hanno una inedia di 295 parole, mentre le 13 dell'epistolario paolino hanno una media di 2.500 parole. La 3Giovanni è la lettera più breve del NT con le sue sole 185 parole, e quella di Paolo ai Romani è la più lunga del NT e di tutta l'antichità.

Quanto alle esigenze più prettamente umane cui la lettera dava soddisfazione nella cosmopolita civiltà ellenistica, secondo H. Koskenniemi (1956), esse sono anzitutto l'affettuosità e cortesia, perché la lettera è o dev'essere come "il dono scritto" di se stesso; poi il farsi presente perché, quando si è lontani, la lettera avvicina l'uno all'altro per ravvivare l'amicizia; e infine il dialogo e lo scambio perché, anche quando si è fisicamente separati, la lettera permette di raccontarsi a vicenda gioie e angustie[61].

In particolare, che la lettera rappresenti il mittente e sia sostituto della sua presenza fisica, è così vero che a volte ciò viene dichiarato esplicitamente. Si potrebbe al proposito citare uno scritto giudaico di pochi anni posteriore a Paolo, nel quale una lettera si chiude con le parole: "Ricordatevi di me per mezzo di questa lettera, come anch'io mi ricordo di voi, in essa e sempre" (2Baruch 86,3). Ma un esempio particolarmente efficace è quello di san Girolamo. Dal 375 al 378 d.C. egli se ne andò a vivere da asceta nel deserto di Calcide, città presso l'attuale Aleppo, nel nord della Siria, e là egli sentiva i morsi della solitudine[62]. Tra le lettere che Girolamo ha scritto dalla Calcide, una decina sono sopravvissute[63], e in esse prega e supplica i suoi corrispondenti a farsi vivi con qualche riga, perché una lettera è "l'unico mezzo per rendere presente la persona lontana", dando "l'illusione della presenza". Delle proprie lettere lui stesso poi dice: "... al mio posto ti mando questa lettera" e imbastisce un lungo paragrafo per dire che egli è bensì "assente nel corpo... " ma che, con la sua lettera, egli si fa presente[64].

Quanto a Paolo, la lettera è un ripiego — come si è detto —, e tuttavia la comunicazione epistolare è per lui in qualche modo equivalente alla sua presenza fisica: "... Quel tale sappia che, quali noi siamo con le parole di una lettera, tali saremo anche con i fatti della presenza fisica" (2Cor 10,11); «Per questo vi scrivo queste cose da lontano, per non dovere poi, presente fisicamente, agire con severità con il potere che il Signore mi ha dato per edificare e non per distruggere» (2Cor 13,10)[65].

---

[56] R.G.C. LEVENS, «Epistolografia romana», in N.G.L. HAMMOND e H.H. SCULLARD (a cura di), *Dizionario di Antichità Classiche,* Cinisello Balsamo, Milano 1995 (Oxford 1970), p. 809. L'autore aggiunge: "Quando Roma divenne il pernio *[sic]* del Mediterraneo, le comunicazioni scritte aumentarono d'importanza. I possidenti terrieri che visitavano le loro tenute in Italia, i senatori con incarichi militari o amministrativi nelle province, i mercanti e gli appaltatori delle tasse, gli studiosi e gli esuli, tutti avevano bisogno di tenersi in contatto con la capitale, e ogni viaggiatore portava con sé numerose lettere da consegnare, spesso in cambio di lettere di presentazione".

⁵⁷ L'epistolario di Cicerone è composto di 931 lettere: 769 *di* lui, le altre *a* lui. Si discute sulla data della pubblicazione: cfr. R.G.C. Levens, "Epistolografia romana", n. 2; e J.P. Baldson, "Cicerone/4» nel *Dizionario di Antichità Classiche*, p. 457.

⁵⁸ La notizia si ricava dal trattato *Perì hermêneias (Sullo stile)* di un Demetrio vissuto probabilmente tra epoca ellenistica ed epoca romana.

⁵⁹ Cfr. le molte immagini di scribi pervenute a noi dalla civiltà egizia, ma anche quelle medievali.

⁶⁰ O. ROLLER, *Das Formular der paulinischen Briefe*, Stuttgart 1933, pp. 321-325.

⁶¹ H. KOSKENNIEMI, *Studien zur Idee und Phraseologie des griechischen Briefes bis 400 n. Chr.*, Helsinki 1956, pp. 35-47. 1 termini greci sono *philophrónêsis* e, rispettivamente, *parousìa*, e *diàlogos* o *homilìa*.

⁶² E pensare che Girolamo si era immaginato il deserto come "la città più fascinosa di ogni altra" (Ep. II, a Teodosio e agli altri anacoreti).

⁶³ Le lettere dell'epistolario geronimiano sono 154; cfr. san Girolamo, *Le lettere*. Traduzione e note di Silvano Cola, 1-4, Roma 1962-1964.

⁶⁴ Le citazioni sono tratte dalle lettere di Girolamo a Niceta *(Ep* VIII), a Rufino *(Ep* III, I) e a Fiorentino *(Ep* V, I).

⁶⁵ Cfr. R.W. FUNK, "The Apostolic *Parousia*", in W.R. Farmer (a cura di), *Christian History and Interpretation. Fs Knox,* Cambridge 1967, pp. 249-268.

3. Attualizzazione del Vangelo:
"I santi sono la vera interpretazione della Sacra Scrittura" (Benedetto XVI)³⁶

La vita dell'apostolo Paolo può essere assimilata a una lampada posta sul lucerniere della Chiesa e del mondo per illuminare e diffondere la luce di Cristo attraverso la predicazione della parola di Dio, le sue lettere e tutte le espressioni concrete della sua esistenza. Per poter illuminare gli altri questo campione della fede si è lasciato "accendere" dalla fiamma viva dello Spirito di Dio. Si stima che Paolo abbia percorso circa 15 mila chilometri, davvero tanti se pensiamo ai mezzi di trasporto dell'epoca! Questo perché egli fu un uomo d'azione, un uomo "in corsa", che ricevuto un tesoro e non lo tiene per sé, ma si adopera per condividerlo.

---

³⁶ BENEDETTO XVI, *Udienza del 19 agosto 2009*, http://www.va/holy_father/benedict_xvi/audiences/2009/documents/hf_ben-xvi_aud_20090819_it.html.

Per questo l'amore di Cristo lo possiede (cfr. 2Cor 5,14), spingendolo oltre le pareti della sua casa, oltre le sue comodità, oltre le sue sicurezze. Poiché la parola è il più importante mezzo di comunicazione che permette di manifestare il cuore e di tessere relazioni, quello della parola diventa il ministero cui l'apostolo Paolo si dedica a tempo pieno, non per trasmettere un suo messaggio, ma per comunicare la Parola di Dio, parola che dall'alto del cielo ha raggiunto le tenebre della sua mente e gli ha trafitto il cuore. Nelle sue lettere infatti è questa parola viva che palpita e che comunica lo Spirito che l'ha ispirata. Paolo vede nella Parola di Dio la potenza operante, la *dynamis* di Dio (cfr. Rm 1,16) che manifesta concretamente i suoi effetti. Per Paolo annunciare Cristo non è fare sfoggio della propria eloquenza. L'annuncio della parola di Dio mostra la sua efficacia non già grazie alle parole umane, ma alla potenza di Dio (cfr. 1Cor 3,2-5) che è all'opera nel cuore e nella vita di chi le pronuncia. Per questo la parola può diffondersi anche attraverso le catene dell'Apostolo: nessuno infatti può mettere in catene la parola di Dio (cfr. 2Tm 2,9)! Essa sfugge ad ogni presa, è più forte di ogni ostacolo, essa è della stessa natura dello Spirito Santo che l'ha ispirata. Come lo Spirito, essa è fuoco che brucia; è vento che nessuno può arrestare; è acqua che nessuno può afferrare.

Oggi viviamo in una società dove la parola è spesso "abusata". Risuonano parole a basso costo, cariche di promesse che lasciano il cuore vuoto, suoni che mascherano ampi spazi di solitudini e voragini di incomunicabilità. Tra queste valanghe di parole, la Bibbia ci propone parole di altra natura, che vengono sì dall'uomo, ma partono da Dio come da sorgente purissima. Esse sono umane e divine, perché manifestano il connubio tra il cielo e la terra, l'alleanza eterna tra Dio e l'uomo. Queste parole che provengono da Dio Creatore hanno il potere di "toccare" l'uomo in profondità e rivelargli il suo cuore, i suoi bisogni e le sue attese, i suoi peccati e la bellezza dei suoi doni. È da questa parola che Paolo trae il suo nutrimento e la sua forza. Questa parola diventa la sua arma vincente perché mai una parola è stata così vicina all'uomo da farsi carne ed abitare il suolo degli uomini.

Paolo scrive la Parola di Dio e si nutre della Parola che lo ha preceduto, se ne fa interprete con il movimento della sua esistenza, come ha ricordato il Papa all'apertura del sinodo sulla Parola: "l'esegesi, la vera lettura della Sacra Scrittura, non è solamente un fenomeno letterario, non è sol-

Introduzione

tanto la lettura di un testo. È il movimento della mia esistenza. È muoversi verso la Parola di Dio nelle parole umane. Solo conformandoci al mistero di Dio, al Signore che è la Parola, possiamo entrare all'interno della Parola, possiamo trovare veramente in parole umane la Parola di Dio"[37]. Questo approccio alla Parola di Dio ha due effetti: l'ingresso nell'"universo divino" e l'ingresso nella realtà universale, nella comunione ecclesiale, nella fraternità con l'intera umanità:

> ... la sua Parola è universale e non conosce confine. Entrando quindi nella Parola di Dio, entriamo realmente nell'universo divino. Usciamo dalla limitatezza delle nostre esperienze e entriamo nella realtà che, è veramente universale. Entrando nella comunione con la Parola di Dio, entriamo nella comunione della Chiesa che vive la Parola di Dio. Non entriamo in un piccolo gruppo, nella regola di un piccolo gruppo, ma usciamo dai nostri limiti. Usciamo verso il largo, nella vera larghezza dell'unica verità, la grande verità di Dio. Siamo realmente nell'universale. E così usciamo nella comunione di tutti i fratelli e le sorelle, di tutta l'umanità, perché nel cuore nostro si nasconde il desiderio della Parola di Dio che è una. Perciò anche l'evangelizzazione, l'annuncio del Vangelo, la missione non sono una specie di colonialismo ecclesiale, con cui vogliamo inserire altri nel nostro gruppo. È uscire dai limiti delle singole culture nella universalità che collega tutti, unisce tutti, ci fa tutti fratelli[38].

Il contatto di Paolo con la Parola ha procurato un "impatto" così forte da spingerlo a valicare i confini della sua terra e della sua cultura per poter parlare al cuore degli uomini e presentare Cristo al mondo al fine di guadagnare il maggior numero (cfr. 1Cor 9,22). Per intensificare e prolungare la sua missione, Paolo ama affiancare alla sua predicazione orale del Vangelo di Gesù Cristo un supporto scritto che manifesta e prolunga la sua presenza all'interno delle comunità cristiane. Ricorre così alla lettera, secondo la prassi del tempo, al fine di accorciare ogni distanza e

---

[37] BENEDETTO XVI, *Meditazione nel corso della prima congregazione generale della XII Assemblea del Sinodo dei vescovi*, http://www.va/holy_father/benedict_xvi/speeches/2008/october/documents/hf_ben-xvi_spe_20081006_sinodo_it.html.

[38] BENEDETTO XVI, *Meditazione nel corso della prima congregazione generale della XII Assemblea del Sinodo dei vescovi*, http://www.va/holy_father/benedict_xvi/speeches/2008/october/documents/hf_ben-xvi_spe_20081006_sinodo_it.html.

permettere al legame di amicizia con ciascuna delle comunità toccate dal suo raggio di azione di crescere e consolidarsi. Strumento privilegiato per insegnare, convincere, correggere (cfr. 2Tm 3,16) e rafforzare i vincoli di comunione ecclesiale, la lettera appare a Paolo un mezzo efficace per la comunicazione, grazie alla sua capacità di trascendere i limiti delle coordinate spazio-temporali. Questa intuizione ha permesso davvero alle sue lettere di attraversare i secoli e realizzare un "impatto" forte con i suoi lettori tanto da trasfigurare la loro vita. È il caso di molti santi che nel leggere Paolo hanno trovato Cristo e spinti dal suo esempio hanno tradotto nella società la valenza della fede cristiana, declinando in modo sempre nuovo la dinamica salvifica dell'incarnazione.

Per mostrare l'efficacia del messaggio paolino abbiamo scelto di inserire alcuni testi selezionati di santi che "passeggiando" nell'epistolario paolino hanno trovato un'oasi, un approdo, un trampolino di lancio ... una spinta ad ascendere a Cristo. Questa Parola racchiusa nelle epistole di Paolo ha permesso a molti di capire che "era Cristo che parlava in lui"[39] e ha provocato cambiamenti notevoli in santi — come Francesco, Agostino, Teresina — ed ha invitato altrettanti — come Crisostomo, Bernardino, Hurtado — a imitare Paolo nel desiderio di sperimentare la fecondità della sua vita.

Forti della convinzione che "i santi sono la vera interpretazione della Sacra Scrittura", presentiamo una breve antologia di testi che dalla loro penna sono giunti a noi, rivelandoci il tratto di "eternità" racchiuso nelle parole dell'Apostolo delle genti che trasmettono ad ogni generazione di credenti la parola di Dio "viva, efficace e tagliente" (Eb 4,12).

3.1 Giovanni Crisostomo, vescovo e dottore della Chiesa (347-407)[40]
Paolo sopportò ogni cosa per amore di Cristo; ho combattuto la buona battaglia

Che cosa sia l'uomo e quanta la nobiltà della nostra natura, di quanta forza sia capace questo essere pensante lo mostra in un modo del tutto particolare Paolo. Ogni giorno saliva più in alto, ogni giorno sorgeva più ardente

---

[39] GREGORIO DI NISSA, *L'ideale perfetto del cristiano*, PG 46, 254.
[40] "Nato nel 347 e morto il 14 settembre 407. Fu soprannominato 'Chrysostom' (dalla bocca d'oro) per la sua grande eloquenza. Nato ad Antiochia, da giovane si minò la salute tentando la vita monastica e poi fu ordinato sacerdote; fu mentre svolgeva il suo ministero ad Antiochia

Introduzione

e combatteva con sempre maggior coraggio contro le difficoltà che incontrava. Alludendo a questo diceva: Dimentico il passato e sono proteso verso il futuro (cfr. Fil 3,13). Vedendo che la morte era ormai imminente, invitava tutti alla comunione di quella sua gioia dicendo: «Gioite e rallegratevi con me» (Fil 2,18). Esulta ugualmente anche di fronte ai pericoli incombenti, alle offese e a qualsiasi ingiuria e, scrivendo ai Corinzi, dice: Sono contento delle mie infermità, degli affronti e delle persecuzioni (cfr. 2Cor 12,10). Aggiunge che queste sono le armi della giustizia e mostra come proprio di qui gli venga il maggior frutto, e sia vittorioso dei nemici. Battuto ovunque con verghe, colpito da ingiurie e insulti, si comporta come se celebrasse trionfi gloriosi o elevasse in alto trofei. Si vanta e ringrazia Dio, dicendo: Siano rese grazie a Dio che trionfa sempre in noi (cfr. 2Cor 2,14). Per questo, animato dal suo zelo di apostolo, gradiva di più l'altrui freddezza e le ingiurie che l'onore, di cui invece noi siamo così avidi. Preferiva la morte alla vita, la povertà alla ricchezza e desiderava assai di più la fatica che non il riposo. Una cosa detestava e rigettava: l'offesa a Dio, al quale per parte sua voleva piacere in ogni cosa.

Godere dell'amore di Cristo era il culmine delle sue aspirazioni e, godendo di questo suo tesoro, si sentiva più felice di tutti. Senza di esso al contrario nulla per lui significava l'amicizia dei potenti e dei principi. Preferiva essere l'ultimo di tutti, anzi un condannato però con l'amore di Cristo, piuttosto che trovarsi fra i più grandi e i più potenti del mondo, ma privo di quel tesoro.

Il più grande ed unico tormento per lui sarebbe stato perdere questo amore. Ciò sarebbe stato per lui la geenna, l'unica sola pena, il più grande e il più insopportabile dei supplizi.

---

che pronunciò le serie di sermoni che lo resero famoso in tutto l'Oriente. Nel 398, in netto contrasto con la sua volontà, fu eletto patriarca di Costantinopoli, dove il suo zelo ardente che non conosceva compromessi attirò su di lui l'ira imperiale: nel 403, in un raduno di vescovi conosciuto come il Sinodo della Quercia, egli fu deposto ed esiliato, ma l'opinione pubblica era così fortemente a suo favore che la corte non riuscì ad impedire il suo trionfale ritorno. Due mesi dopo, tuttavia, a causa di un'altra delle sue esplicite denunce del vizio, Giovanni fu nuovamente esiliato in Armenia, benché il papa avesse difeso strenuamente la sua causa; morì in esilio il 14 settembre 407. Oltre ad essere il più prolifico dei dottori greci, San Giovanni fu celebre per la sua revisione della lingua greca" (*GDIS*, 382-383).

Il godere dell'amore di Cristo era per lui tutto: vita, mondo, condizione angelica, presente, futuro, e ogni altro bene. All'infuori di questo, niente reputava bello, niente gioioso. Ecco perché guardava alle cose sensibili come ad erba avvizzita. Gli stessi tiranni e le rivoluzioni di popoli perdevano ogni mordente. Pensava infine che la morte, la sofferenza e mille supplizi diventassero come giochi da bambini quando si trattava di sopportarli per Cristo.

Paolo se ne stava nel carcere come se stesse in cielo e riceveva percosse e ferite più volentieri di coloro che ricevono il palio nelle gare: amava i dolori non meno dei premi, perché stimava gli stessi dolori come fossero ricompense; perciò li chiamava anche una grazia divina. Ma sta' bene attento in qual senso lo diceva. Certo era un premio essere sciolto dal corpo ed essere con Cristo (cfr. Fil 1,23), mentre restare nel corpo era una lotta continua; tuttavia per amore di Cristo rimandava il premio per poter combattere: cosa che giudicava ancora più necessaria.

L'essere separato da Cristo costituiva per lui lotta e dolore, anzi assai più che lotta e dolore. Essere con Cristo era l'unico premio al di sopra di ogni cosa. Paolo per amore di Cristo preferì la prima cosa alla seconda.

Certamente qui qualcuno potrebbe obiettare che Paolo riteneva tutte queste realtà soavi per amore di Cristo. Certo, anch'io ammetto questo, perché quelle cose che per noi sono fonti di tristezza, per lui erano invece fonte di grandissimo piacere. Ma perché io ricordo i pericoli ed i travagli? Poiché egli si trovava in grandissima afflizione e per questo diceva: "Chi è debole, che anch'io non lo sia? Chi riceve scandalo che io non ne frema?" (2Cor 11,29).

Ora, vi prego, non ammiriamo soltanto, ma anche imitiamo questo esempio così magnifico di virtù. Solo così infatti potremo essere partecipi dei suoi trionfi.

Se qualcuno si meraviglia perché abbiamo parlato così, cioè che chiunque avrà i meriti di Paolo avrà anche i medesimi premi, può ascoltare lo stesso Apostolo che dice: «Ho combattuto la buona battaglia, ho terminato la mia corsa, ho conservato la fede. Ora mi resta solo la corona di giustizia che il Signore, giusto giudice, mi consegnerà in quel giorno, e non solo a me, ma anche a tutti coloro che attendono con amore la sua manifestazione» (2Tm 4,7-8). Puoi vedere chiaramente come chiama tutti alla partecipazione della medesima gloria.

Introduzione

Ora, poiché viene presentata a tutti la medesima corona di gloria, cerchiamo tutti di diventare degni di quei beni che sono stati promessi.

Non dobbiamo inoltre considerare in lui solamente la grandezza e la sublimità delle virtù e la tempra forte e decisa del suo animo, per la quale ha meritato di arrivare ad una gloria così grande, ma anche la comunanza di natura, per cui egli è come noi in tutto. Così anche le cose assai difficili ci sembreranno facili e leggere e, affaticandoci in questo tempo così breve, porteremo quella corona incorruttibile ed immortale, per grazia e misericordia del Signore nostro Gesù Cristo, a cui appartiene la gloria e la potenza ora e sempre, nei secoli dei secoli. Amen[41].

3.2 Agostino d'Ippona, vescovo e dottore della Chiesa (354-430)[42]
Rivestitevi del Signore Gesù Cristo

Quando infine, dopo un'approfondita meditazione, ebbi la forza di far emergere dal fondo segreto di me stesso e di radunare davanti agli occhi del mio cuore (cfr. Sal 15,8; 18,15; At 2,25) tutta la mia miseria, l'anima mia fu scossa da una grande tempesta che provocò un'abbondante pioggia di lacrime. E per potermi completamente abbandonare al pianto e ai sin-

---

[41] Giovanni Crisostomo, *Omelie 2. Panegirico di san Paolo*, PG 50,477-484.
[42] "13 novembre 354 - 28 agosto 430. Era nativo di Tagaste nell'Africa settentrionale. Nonostante l'educazione religiosa impartitagli subito da sua madre, Santa Monica, egli passò una gioventù scapestrata e giunse quasi a farsi manicheo. Di professione era insegnante di retorica ed insegnò successivamente a Tagaste, Cartagine, Roma (383) e Milano (384-386); sotto l'influenza di Sant'Ambrogio, delle Epistole di San Paolo e di alcuni scritti neoplatonici si convertì e fu battezzato a trentadue anni da Sant'Ambrogio, nella Pasqua del 387. In quello stesso anno partì per l'Africa; sua madre morì ad Ostia. Dal 388 al 391 condusse una sorta di vita monastica, presso Tagaste, insieme a pochi amici; nel 381 fu ordinato sacerdote ad Ippona e tre anni più tardi vescovo coadiutore della stessa città. Da quel momento dedicò tutta la sua energia e tutte le sue straordinarie doti intellettuali alla difesa della fede e della morale cristiana ed alla lotta contro l'eresia e gli scismi, giungendo così in conflitto con i manichei, i priscilliani, i donatisti, i pelagiani e semipelagiani ed i vandali ariani. Le sue idee fondamentali ed i suoi principi di vita religiosa sono ancora seguiti da numerosi canonici, frati, eremiti e monache. Sant'Agostino è uno dei più prolifici, e certamente il più influente, fra tutti i dottori della Chiesa; le sue opere 'Le Confessioni' e 'La città di Dio' sono considerate classici della letteratura mondiale. La sua vita è un miracolo della grazia divina, dal momento che persino il figlio del suo peccato, Adeodato, è ora venerato come santo. Le reliquie di Sant'Agostino sono conservate nella basilica di San Pietro in Ciel d'Oro a Pavia" (*GDIS*, 30-31).

ghiozzi, mi alzai e mi allontanai da Alipio — trovando che la solitudine era più adatta al mio bisogno di piangere — e me ne andai in un luogo più appartato, quel tanto che bastava perché la sua presenza non mi fosse di peso.

Questo era il mio stato d'animo e lui se n'era accorto, anche perché doveva essermi sfuggito non so bene che cosa che nel suono tradiva la mia voce ormai rotta dal pianto. Così mi ero alzato. Egli rimase lì dov'eravamo seduti, nel più completo stupore. Non so come, mi stesi a terra sotto un fico e lì diede sfogo alle lacrime. Strariparono allora i fiumi dei miei occhi, sacrificio a te gradito (Sal 50,19), e il mio cuore si confidò a lungo con te rivolgendoti, se non proprio queste parole, questi stessi sentimenti: e tu, Signore, fino a quando? Fino a quando (Sal 6,4), Signore, durerà la tua collera? Non tener conto delle nostre passate iniquità (Sal 78,5-8). Perché avvertivo che non me ne ero del tutto liberato. E imploravo tra mille lamenti: per quanto tempo, per quanto tempo ancora? Quando sarà questo domani, domani? Perché non adesso? Perché non in questo stesso istante la fine della mia vergogna?

Mentre dicevo queste cose e piangevo, nella pena infinita del mio cuore affranto, ad un tratto mi parve di udire da una casa vicina una voce (cfr. Ap 14,2) — di bambino o di bambina, non saprei dire — che cantava ripetendo più volte: prendi, leggi, prendi, leggi. Cambiai aspetto all'improvviso e subito cominciai a pensare intensamente per ricordare se quella era una cantilena che faceva abitualmente i bambini in qualche loro gioco: ma non mi veniva in mente di averla mai ascoltata da nessuna parte. Trattenendo le lacrime, mi alzai, convinto che l'unico ordine che mi era stato impartito dal cielo era di aprire il libro e di leggere il primo capitolo che mi fosse capitato davanti. Mi era stato detto, in realtà, che proprio da una lettura del Vangelo alla quale aveva assistito per caso, Antonio si era sentito personalmente investire dall'esortazione di queste parole: va', vendi tutto quello che hai, dallo ai poveri e avrai un tesoro nei cieli; poi vieni e seguimi (Mt 19,21): parole che ebbero subito l'effetto di convertirlo a te.

Corsi allora verso il luogo dov'era seduto Alipio perché là avevo lasciato il libro dell'Apostolo nel momento in cui mi ero alzato. Lo presi in mano, lo aprii e, in silenzio, lessi il primo brano che mi cadde sotto gli occhi: "Non state nelle gozzoviglie e nelle orge, non nelle lussurie e nelle impudicizie, non nei litigi e nelle gelosie, ma rivestitevi del Signore Gesù Cristo, e non assecondate la carne nelle sue concupiscenze" (Rm 13,13-14). Non volli leg-

Introduzione

gere altro, né altro era necessario. Perché, dopo aver letto queste ultime parole, tutte le tenebre del dubbio scomparvero, come se il mio cuore fosse stato inondato da una luce di certezza[43].

3.3 Domenico di Guzmán, sacerdote (1170-1221)[44]
O parlava con Dio, o parlava di Dio

Domenico era dotato di grande santità ed era sostenuto sempre da un intenso impeto di fervore divino. Bastava vederlo per rendersi conto di essere di fronte a un privilegiato della grazia.

V'era in lui un'ammirabile inalterabilità di carattere, che si turbava solo per solidarietà col dolore altrui. E poiché il cuore gioioso rende sereno il volto, tradiva la placida compostezza dell'uomo interiore con la bontà esterna e la giovialità dell'aspetto.

Si dimostrava dappertutto uomo secondo il Vangelo, nelle parole e nelle opere. Durante il giorno nessuno era più socievole, nessuno più affabile con i fratelli e con gli altri. Di notte nessuno era più assiduo e più impegnato nel vegliare e pregare.

Era assai parco di parole e, se apriva la bocca, era o per parlare con Dio nella preghiera o per parlare di Dio. Questa era la norma che seguiva e questa pure raccomandava ai fratelli.

---

[43] AGOSTINO D'IPPONA, *Le confessioni*, a cura di G. VIGINI, Cinisello Balsamo (MI) 2001, VIII, 12.28 – 12.29 (pp. 209.211).

[44] "Nativo di Calaruega in provincia di Burgos (Vecchia Castiglia), era canonico regolare agostiniano nella cattedrale di Osma; nel 1203 accompagnò il suo vescovo, il beato Diego di Azevedo, nel sud della Francia, a quel tempo devastato dagli albigesi. Domenico iniziò il suo apostolato fra gli eretici, che sarebbe durato tutta la vita, e nel 1206 riuscì ad aprire a Prouille un convento per monache convertite dall'eresia albigese. Esso fu il germe del suo ordine di frati conosciuti come frati predicatori, che Domenico mandò ovunque a predicare e a insegnare. L'ordine fu approvato nel 1216 ed entro pochi anni si diffuse in tutta l'Europa; insieme a quello fondato da San Francesco e conosciuto come Ordine dei Frati Minori, l'Ordine dei Predicatori segna il culmine di quella potente ondata di ascetismo cristiano iniziata a Cluny e proseguita a Cîteaux. Con il suo fascino personale San Domenico si conquistò l'entusiastico affetto dei suoi seguaci; morì a Bologna e fu canonizzato nel 1234. Nell'arte veste l'abito del suo ordine, una tunica bianca con scapolare e cappuccio neri, e tiene in mano un giglio; spesso una stella risplende sulla sua testa. Talvolta ha accanto a sé un cane, un globo e del fuoco, oppure porta un rosario e tiene un'alta croce" (*GDIS*, 233).

La grazia che più insistentemente chiedeva a Dio era quella di una carità ardente, che lo spingesse a operare efficacemente alla salvezza degli uomini. Riteneva infatti di poter arrivare a essere membro perfetto del corpo di Cristo solo qualora si fosse dedicato totalmente e con tutte le forze a conquistare anime. Voleva imitare in ciò il Salvatore, offertosi tutto per la nostra salvezza.

A questo fine, ispirato da Dio, fondò l'Ordine dei Frati Predicatori, attuando un progetto provvidenziale da lungo accarezzato.

Esortava spesso i fratelli, a voce e per lettera, a studiare sempre l'Antico e il Nuovo Testamento. Portava continuamente con sé il vangelo di Matteo e le lettere di san Paolo, e meditava così lungamente queste ultime da arrivare a saperle quasi a memoria.

Due o tre volte fu eletto vescovo; ma egli sempre rifiutò, volendo piuttosto vivere con i suoi fratelli in povertà. Conservò illibato sino alla fine lo splendore della sua verginità.

Desiderava di essere flagellato, fatto a pezzi e morire per la fede di Cristo. Gregorio IX ebbe a dire di lui: "Conosco un uomo, che seguì in tutto e per tutto il modo di vivere degli apostoli; non v'è dubbio che egli in cielo sia associato alla loro gloria"[45].

3.4 Bernardino da Siena, sacerdote (1380-1444)[46]
Il nome di Gesù, splendore dei predicatori

Il nome di Gesù è la luce dei predicatori, perché illumini di splendore l'annunzio e l'ascolto della sue parole. Donde credi si sia diffuse in tutto il mondo una luce di fede così grande, repentina e ardente, se non perché fu predicato

---

[45] DOMENICO DI GUZMÁN, «Storia dell'Ordine dei Predicatori», in *Libellus de Principiis O.P.; Acta canoniz. sancti Dominici*; Monumenta O.P. Mist. 16, Romae 1935, pp. 30 ss., 146-147.

[46] "1380-1444. Nacque l'8 settembre a Massa Marittima, presso Siena, dalla famiglia degli Albizzeschi; prese l'abito francescano (8 settembre 1402), fu ordinato sacerdote (8 settembre 1404) e dopo che ebbe pronunciato il suo primo sermone (8 settembre 1417) continuò a predicare sino alla morte. Fu considerato il più importante missionario italiano del XV secolo; era particolarmente eloquente quando predicava sul Santo Nome di Gesù, alla cui devozione diede grande diffusione. Fu anche responsabile della restaurazione della disciplina tra i francescani, e dal 1438 al 1442 fu vicario generale dell'ordine. Fu canonizzato nel 1450. Nell'arte è raffigurato in atto di mostrare un simbolo raggiante che porta la scritta IHS; è vestito da frate, con tre mitrie ai suoi piedi" (*GDIS*, 129).

Introduzione

Gesù? Non ci ha Dio "chiamati alla sua ammirabile luce" (1Pt 2,9) con la luce e il sapore di questo nome? Ha ragione l'Apostolo di dire a coloro che sono stati illuminati e in questa luce vedono la luce: "Se un tempo eravate tenebra, ore siete luce nel Signore: comportatevi perciò come figli della luce" (Ef 5,8).

Perciò si deve annunziare questo nome perché risplenda, non tenerlo nascosto. E tuttavia nella predicazione non lo si deve proclamare con un cuore vile o con una bocca profanata, ma lo si deve custodire e diffondere come da un vaso prezioso.

Per questo il Signore dice dell'Apostolo: Egli è per me un vaso eletto per portare il mio nome davanti ai popoli, ai re e ai figli di Israele (cfr. At 9,15). Un vaso eletto, dice dove si espone un dolcissimo liquore da vendere, perché rosseggiando e splendendo in vasi preziosi, inviti a bere; per portare, soggiunge, il mio nome.

Infatti come per ripulire i campi si distruggono con il fuoco le spine e i rovi secchi e inutili e come al sorgere del sole, mentre le tenebre vengono respinte, i ladri e i nottambuli e gli scassinatori si dileguano: così quando la bocca di Paolo predicava ai popoli, come per il fragore di un gran tuono, o per l'avvampare irruente di un incendio o per il sorgere luminoso del sole, l'infedeltà era distrutta, la falsità periva, la verità splendeva, come cera liquefatta dalle fiamme di un fuoco veemente.

L'Apostolo portava dovunque il nome di Gesù con le parole, con le lettere, con i miracoli e con gli esempi. Infatti lodava sempre il nome di Gesù e gli cantava inni con riconoscenza (cfr. Sir 51, 12; Ef 5, 19-20).

E di più, san Paolo presentava questo nome, come una luce, "davanti ai re, ai popoli e ai figli di Israele" (At 9,15) e illuminava le nazioni e proclamava dovunque: "La notte è avanzata, il giorno è vicino. Gettiamo via perciò le opere delle tenebre e indossiamo le armi della luce. Comportiamoci onestamente come in pieno giorno" (Rm 13,12). E mostrava a tutti la lampada ardente e splendente sul candelabro, annunziando in ogni luogo "Gesù, e questo crocifisso" (1Cor 2,2).

Perciò la Chiesa, sposa di Cristo, sempre appoggiata alla sua testimonianza, giubila con il Profeta, dicendo: "Tu mi hai istruito, o Dio, fin dalla giovinezza, e ancora oggi proclamo i tuoi prodigi" (Sal 70,17), cioè sempre. E anche il profeta esorta a questo, dicendo: "Cantate al Signore, benedite il suo nome, annunziate di giorno in giorno la sua salvezza" (Sal 95,2) cioè Gesù salvatore[47].

3.5 Vincenzo de' Paoli, sacerdote (1581-1660)[48]
Servire Cristo nei poveri

Non dobbiamo regolare il nostro atteggiamento verso i poveri da ciò che appare esternamente in essi e neppure in base alle loro qualità interiori. Dobbiamo piuttosto considerarli al lume della fede. Il Figlio di Dio ha voluto essere povero, ed essere rappresentato dai poveri. Nella sua passione non aveva quasi la figura di uomo; appariva un folle davanti ai gentili, una pietra di scandalo per i Giudei; eppure egli si qualifica l'evangelizzatore dei poveri: «Mi ha mandato per annunziare ai poveri un lieto messaggio» (Lc 4,18).

Dobbiamo entrare in questi sentimenti e fare ciò che Gesù ha fatto: curare i poveri, consolarli, soccorrerli, raccomandarli.

Egli stesso volle nascere povero, ricevere nella sua compagnia i poveri, servire i poveri, mettersi al posto dei poveri, fino a dire che il bene o il male che noi faremo ai poveri lo terrà come fatto alla sua persona divina. Dio ama i poveri, e, per conseguenza, ama quelli che amano i poveri. In realtà quando si ama molto qualcuno, si porta affetto ai suoi amici e ai suoi servitori. Così abbiamo ragione di sperare che, per amore di essi, Dio amerà anche noi.

---

[47] BERNARDINO DA SIENA, "Discorso 49, sul glorioso nome di Gesù Cristo", cap. 2; *opera omnia*, 4, 505-506.

[48] "1581-1660. Nato a Ranquine nella Francia sud-occidentale (oggi la città port ail suo nome), studiò brillantemente a Tolosa e a vent'anni fu ordinato sacerdote; nel 1605 cadde nelle mani di una banda di corsari e fu portato prigioniero a Tunisi, ma riuscì a fuggire ed andò a Parigi. Là, sotto la guida del Padre de Bérulle, iniziò quella attività caritativa, che avrebbe portato avanti per tutta la vita. Nessuno era escluso dalla sua assistenza: orfani, abbandonati, bambini malati, donne perdute, poveri, ciechi, pazzi. Cominciò a predicare missioni a ritiri e per questo lavoro si procurò l'aiuto di un certo numero di preti che nel 1625 organizzò in un nuovo istituto religioso, quello dei Lazzaristi o Vincenziani (Preti della Missione, in latino 'Congregatio Missionis'); nel 1633 organizzò anche la congregazione delle Suore della Carità, che da allora si sono diffuse in tutto il mondo. Vincenzo fu canonizzato nel 1737 ed è stato dichiarato patrono di tutte le società che si dedicano ad opera di carità; nell'arte è raffigurato con l'abito di un chierico del sedicesimo secolo, mentre compie qualche opera di misericordia, o con un bambino tra le braccia, o circondato da Suore della Carità" (*GDIS*, 794-795).

Introduction

Quando andiamo a visitarli, cerchiamo di capirli per soffrire con loro, e di metterci nella disposizione interiore dell'Apostolo che diceva: «Mi sono fatto tutto a tutti» (1Cor 9,22). Sforziamoci perciò di diventare sensibili alle sofferenze e alle miserie del prossimo. Preghiamo Dio, per questo, che ci doni lo spirito di misericordia e di amore, che ce ne riempia e che ce lo conservi.

Il servizio dei poveri deve essere preferito a tutto. Non ci devono essere ritardi. Se nell'ora dell'orazione avete da portare una medicina o un soccorso a un povero, andatevi tranquillamente.

Offrite a Dio la vostra azione, unendovi l'intenzione dell'orazione. Non dovete preoccuparvi e credere di aver mancato, se per il servizio dei poveri avete lasciato l'orazione. Non è lasciare Dio, quando si lascia Dio per Iddio, ossia un'opera di Dio per farne un'altra. Se lasciate l'orazione per assistere un povero, sappiate che far questo è servire Dio. La carità è superiore a tutte le regole, e tutto deve riferirsi ad essa. È una grande signora: bisogna fare ciò che comanda.

Tutti quelli che ameranno i poveri in vita non avranno alcun timore della morte. Serviamo dunque con rinnovato amore i poveri e cerchiamo i più abbandonati. Essi sono i nostri signori e padroni[49].

3.6 Teresa del Bambin Gesù, vergine (1873-1897)[50]
Nel cuore della Chiesa io sarò l'amore

Siccome le mie immense aspirazioni erano per me un martirio, mi rivolsi alle lettere di san Paolo, per trovarvi finalmente una risposta. Gli occhi mi caddero per caso sui capitoli 12 e 13 della prima lettera ai Corinzi, e lessi

---

[49] VINCENZO DE' PAOLI, "Lettera 2546"; *Correspondance, entretiens, documents*, Paris 1922-1925.
[50] "1873-1897. Marie Françoise Thérèse Martin (il suo nome religioso era Teresa del Bambin Gesù) nacque ad Alançon; all'età di quindici anni entrò nell'ordine carmelitano a Lisieux e fece tali progressi nella vita spirituale che a ventidue anni fu nominata maestra delle novizie. Due anni dopo morì; la sua breve vita era stata straordinaria per l'umiltà, la semplicità e l'eroico silenzio con cui sopportava le sofferenza. Dall'anno della sua morte ella ha compiuto innumerevoli miracoli ed il suo culto si è diffuso in tutto il mondo; Pio XI l'ha dichiarata patrona delle missioni estere insieme a San Francesco Saverio e l'ha canonizzata nel 1925, e nel 1947 è stata dichiarata co-protettrice della Francia insieme a Santa Giovanna d'Arco. Nei paesi di lingua inglese è spesso chiamata 'il piccolo fiore di Gesù'; nell'arte è raffigurata con l'abito di carmelitana scalza con un mazzo di rose in mano, o con rose sparse ai suoi piedi" (*GDIS*, 749).

nel primo che tutti non possono essere al tempo stesso apostoli, profeti e dottori e che la Chiesa si compone di varie membra e che l'occhio non può essere contemporaneamente la mano. Una risposta certo chiara, ma non tale da appagare i miei desideri e di darmi la pace.

Continuai nella lettura e non mi perdetti d'animo. Trovai così una frase che mi diede sollievo: "Aspirate ai carismi più grandi. E io vi mostrerò una via migliore di tutte" (1Cor 12,31). L'Apostolo infatti dichiara che anche i carismi migliori sono un nulla senza la carità, e che questa medesima carità è la via più perfetta che conduce con sicurezza a Dio. Avevo trovato finalmente la pace.

Considerando il corpo mistico della Chiesa, non mi ritrovavo in nessuna delle membra che san Paolo aveva descritto, o meglio, volevo vedermi in tutte. La carità mi offrì il cardine della mia vocazione. Compresi che la Chiesa ha un corpo composto di varie membra, ma che in questo corpo non può mancare il membro necessario e più nobile. Compresi che la Chiesa ha un cuore, un cuore bruciato dall'amore. Capii che solo l'amore spinge all'azione le membra della Chiesa e che, spento questo amore, gli apostoli non avrebbero più annunziato il Vangelo, i martiri non avrebbero più versato il loro sangue. Compresi e conobbi che l'amore abbraccia in sé tutte le vocazioni, che l'amore è tutto, che si estende a tutti i tempi e a tutti i luoghi, in una parola, che, l'amore è eterno.

Allora con somma gioia ed estasi dell'animo gridai: O Gesù, mio amore, ho trovato finalmente la mia vocazione. La mia vocazione è l'amore. Sì, ho trovato il mio posto nella Chiesa, e questo posto me lo hai dato tu, o mio Dio.

Nel cuore della Chiesa, mia madre, io sarò l'amore ed in tal modo sarò tutto e il mio desiderio si tradurrà in realtà[51].

3.7 Alberto Hurtado, sacerdote (1901-1952)[52]

"Già non vi appartenete". Meditazione sulla generosità apostolica

I. L'Apostolo già no si appartiene

"Già non vi appartenete" (cfr. 1Cor 6,19-20). L'apostolo già non si appartiene più. Si vendette, si donò al suo Maestro. Per lui vive, per lui lavora,

---

[51] TERESA DI GESÙ BAMBINO, *Autobiografia*, Lisieux 1957, 227-229; orig. français, *Histoire d'une âme. Manuscrits autobiographiques*.
[52] "1. Nascita, infanzia e gioventù. Era un giorno d'estate in Cile. Il 22 di gennaio del 1901, nasce a Viña del Mar Alberto Hurtado Cruchaga. [...] Nel 1909 Alberto entra al Collegio

Introduzione

per lui soffre. Il punto di vista del Maestro viene ad essere l'importante. Le mie preoccupazioni, i miei interessi lasciano il posto agli interessi del Maestro.

Che lavoro scegliere? Non quello che il gusto, il capriccio, l'utilità o la comodità mi indicano, se non quello con il quale possa servire meglio. Il servizio più urgente, il più utile, il più considerevole, il più universale. Quello del Maestro!

Con quale atteggiamento? Si lavora tanto se piace come se non piace, a me e agli altri. È il servizio di Vostra Maestà. Dobbiamo andare avanti, dilagare, abbandonarci, ma non per ambizione umana, bisogno di azione, o conquista di influenze, ma perché è l'opera del Maestro. Fare come Lui farebbe.

Per quest'opera si subordina tutto, incluso la salute, la gioia spirituale, il riposo e il trionfo. Secondo San Paolo: "Sono preso infatti fra queste due brame: desidero andarmene ad essere con Cristo, cosa di gran lunga mi-

---

Sant'Ignazio, diretto dai Padri Gesuiti. [...] Alberto entra all'Università Cattolica per studiare Giurisprudenza. [...] Nel 1923 diventa avvocato. 2. Religioso gesuita. Fortunatamente, la situazione economica della famiglia Hurtado Cruchaga migliora e ciò permette ad Alberto di realizzare il suo desiderio di entrare nella Compagnia di Gesù il 14 di agosto del 1923 a Chillàn (Cile). La lunga formazione religiosa lo allontanerà da sua madre e dal suo Paese per 11 anni. Studia in Argentina, a Barcellona e per finire a Lovanio in Belgio [...] 3. Educatore e apostolo dei giovani e delle vocazioni sacerdotali. Quando torna in Cile, nel febbraio del 1936, il giovane sacerdote inizia un intenso apostolato. [...] 4. La sua spiritualità. Per Alberto Hurtado, Cristo è semplicemente tutto: la sua ragione di vita, la forza di sperare, l'amico per cui e con cui affrontare le imprese più ardue per la gloria di Dio. Vede Cristo in ogni uomo e in ogni donna, specialmente se poveri: "Il povero è Cristo". [...] 5. La sua opera sociale: l'hogar de cristo e l'Asich. Padre Hurtado è sempre stato in cuor suo particolarmente sensibile alle sofferenze dei poveri e degli emarginati. Si sente spinto con una gran forza a lottare per annunciare loro il messaggio di Cristo e cambiare la loro situazione. [...] La passione e la sofferenza che Padre Hurtado manifesta, in un ritiro dato ad alcune signore il 16 di ottobre del 1944, parlando della realtà di tanti poveri cileni, si incarna tre giorni dopo in una delle sue opere più note: l'Hogar de Cristo, casa di accoglienza e centro di formazione per gli emarginati. [...] 6. La sua opera culturale: la rivista "Mensaje" [...] nel 1951, quando ormai la malattia stava prendendo il sopravvento su di lui, P. Hurtado fonda la rivista "Mensaje" che uscì il primo di ottobre di quello stesso anno nella sua prima edizione in 20.000 copie. Esaurisce le sue forze cercando collaboratori e articoli, scrivendo lui stesso e ottenendo abbonati. 7. Malattia e morte. La salute di P. Hurtado peggiora rapidamente. Il 19 di maggio del 1952 celebra la sua ultima Messa nel Noviziato di Loyola (Cile), [...] Due giorni dopo soffre un grave e doloroso infarto polmonare. [...] Abbandona le sue spoglie mortali, in pace e serenità, il 18 di agosto del 1952, a soli 51 anni." ("Una visita de Dio in Cile", http://padrealbertohurtado.cl/italiano/index.php?pp=san_alberto).

gliore, ma d'altra parte il rimanere ancora nella carne è più necessario per il vostro bene. Persuaso di questo, so che rimarrò e continuerò a rimanere in mezzo a voi tutti" (Fil 1,23).

È un lavoro amoroso, non di schiavo. Non ci si lamenta, se non che ci si rallegra del donarsi, come la madre per suo figlio ammalato. È un dono totale all'opera del Maestro che si abbraccia con tenerezza, di modo che arriva ad essere più sacrificio il non sacrificarsi: Ama il suo dolore.

II. La Pace apostolica

Il mondo vuole darci la pace con l'assenza di tutti i mali sensibili e la riunione di tutti i piaceri. La pace che Gesù promette ai suoi discepoli è diversa. Si basa non sull'assenza di ogni sofferenza e di ogni preoccupazione, se non sull'assenza di ogni divisione interiore profonda; si basa sull'unità del nostro atteggiamento verso Dio, verso di noi, e verso gli altri.

Questa è la pace nel lavoro-senza-riposo: Il Padre mio non ha lasciato di operare fino al presente, ed io pure opero (cfr. Gv 5,17). Il vero lavoro di Dio, che consiste nel dare la vita e conservarla, attira ogni essere verso il suo proprio bene, non cessa, ne può cessare. Così quelli che in verità sono associati al lavoro divino non possono riposarsi mai, perché niente è servile in questo lavoro. Un apostolo lavora quando dorme, quando riposa, quando si diverte […] Tutto questo è santo, è apostolato, è collaborazione al piano divino.

La pace cristiana è fondata su questa unificazione di tutte le nostre capacità di lavoro e di resistenza, di tutti i nostri desideri e ambizioni […] Colui che dal principio è così uno e che poco a poco mette in pratica questa unificazione, questo ha la pace.

III. Il cielo di Paolo

L'apostolo è un martire o rimane sterile. Cerca, predicando lo zelo, l'abnegazione, l'eroismo, che siano virtù cristiane che nascano dall'esempio e dalla dottrina di Cristo. Lo zelo delle anime è una passione ardente. Si basa sull'amore; è il loro aspetto conquistatore e aggressivo, e quando si tocca la persona amata, si tocca lui. Così Paolo: "sono crocifisso con Cristo" (Gal

Introduzione

2,19), diventa furioso quando si tocca la fede dei suoi Galati [...] perché è identificato a Cristo: toccare quella fede, è toccarlo. "Non sono più io che vivo è Cristo che vive in me. Questa vita nella carne, io la vivo nella fede del Figlio di Dio, che mi ha amato e ha dato se stesso per me" (Gal 2,20). Non si tocca Cristo, se non passando per Paolo[53].

---

[53] ALBERTO HURTADO, *Un fuoco che brucia altri fuochi*,
http://padrealbertohurtado.cl/italiano/index.php?pp=legado&qq=publicaciones&rr=publ_01_43.
Vedi il testo originale: ID., *Un fuego que enciende otros fuegos*, Santiago del Chile, 2004, 2005[7], 161-162.

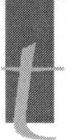

CAPITOLO I

FIGURA DI PAOLO DI TARSO

Introduzione

La figura di Paolo ha suscitato e continua a suscitare a tutt'oggi prese di posizione favorevoli, ma anche reazioni negative da parte di credenti e non credenti. Chi è quest'uomo tanto amato e tanto odiato, quasi sempre poco conosciuto, troppo spesso trascurato dai cristiani? Chi è "l'Apostolo delle genti", l'uomo chiamato da Dio per essere testimone coraggioso del Cristo risorto? Pastore premuroso e uomo d'azione, oppure teologo sistematico e pensatore astratto? Siamo di fronte al vero fondatore del cristianesimo — come attualmente sostengono alcuni biblisti — oppure a un missionario intrepido del Figlio di Dio, apparsogli per mandarlo come apostolo ai popoli dell'impero romano? La religiosità ascetica di Paolo, fondata spiritualmente sulla abnegazione e sulla crocifissione di Cristo, lo rende famosissimo nella Chiesa primitiva come un uomo che faceva miracoli e grandi prodigi, come un celibe che essendo completamente dedicato all'annuncio del Vangelo di Dio amava Cristo con tutto il cuore, come un martire che ha offerto liberamente la propria vita a Cristo per l'edificazione dei fratelli e sorelle[1]. Chi è dunque Paolo per noi, autore delle lettere neotestamentarie che leggiamo quasi ogni domenica quando ci incontriamo in Chiesa per ascoltare la Parola di Dio e comunicare con il corpo e il sangue di Cristo?

Paolo proveniente da famiglia ebraica trascorre parte della giovinezza a Tarso[2], illustre città dell'Asia Minore e importante centro culturale per quanto attiene alla civiltà ellenistica. Successivamente si reca a Gerusa-

---

[1] Vedi C.J. ROETZEL, *Paul*, 152-177.
[2] "Tarsus (Ταρσός / *Tarsós*, Ταρσοί / *Tarsoí*, Latin *Tarsus*). City with river port in the west of Cilicia Pedias on the lower Cydnus, modern Tarsus in Turkey. T. was located on the route from Antiochia [1] through the Cilician Gates [1] to the western coast of Asia Minor, to Constantinopolis and to the Pontus Euxinus (Black Sea) at Amisus. In the 15th cent. BC, royal residence of the Kingdom of → Kizzuwatna, then under Hittite dominion (Tarša), in the 9th cent. probably in the

lemme e lì frequenta la scuola di Gamaliele[3] per ricevere la sua formazione di fariseo[4]. Secondo Luca, Paolo era "un giudeo, nato a Tarso in Cilicia, istruito ai piedi di Gamaliele" (At 22,3). È vero però che l'Apostolo nel suo epistolario non menziona mai quel periodo giovanile trascorso nella città santa. La Lettera ai Filippesi offre questa descrizione della sua identità ebraica: "Sono stato circonciso all'età di otto giorni, sono della stirpe d'Israele, della tribù di Beniamino, ebreo figlio di ebrei, fariseo quanto alla legge, quanto allo zelo persecutore della Chiesa; quanto alla giustizia che deriva dall'osservanza della legge, sono irreprensibile" (Fil 3,5-6). Gli eventi di Gesù si collocano negli anni 30; i primi scritti paolini risalgono agli inizi degli anni 50 (cfr. 1Ts): sono quindi i più antichi del NT.

I. LA VITA

A. *Cronologia*
È abbastanza facile delineare il quadro generale della vita di Paolo. Nato al principio dell'era cristiana (5-10 d.C.), circa l'anno 36 d.C. si converte ed entra a far parte dei seguaci di Gesù Cristo; sale ripetutamente a Gerusalemme, dove incontra Pietro e partecipa al concilio degli apostoli; un'intensa attività missionaria lo rende pellegrino in tutta l'area che

---

Late Hittite Empire of Mopsus of → Karatepe, from 713 to 663 Assyrian [1] with Greek colonisation. From 612 to 333, it was the royal residence of the Kingdom of Cilicia which expanded all the way to Cappadocia and the Euphrates (from 401 to 333 as a Persian satrapy). After the death of Alexander [4] the Great, it became Seleucid with the name of Antiochia on the Cydnus. During Pompeius' [I 3] re-organisation of the East, T. became the capital of the major Roman province of → Cilicia in 66 BC (along with Cyprus and Pamphylia), named Iuliopolis in honour of Caesar (Cass. Dio 47,26). The Apostle Paulus → [II 2] (Acts 21,39) came from the Jewish community of T. In AD 72 T. became the capital of the newly established province of Cilicia. The city was the seat of the provincial parliament (*koinòn Kilikías*), it was the centre of the Imperial cult, the location of several schools (university), of numerous temples (among them the so-called Dönüktaş) and of important festivals. The Hüyük Gözlü Kulesi was the site of an acropolis (also the site of pre-historic excavations [2]) with a theatre in a hillside hollow. Furthermore, there was the late Roman city wall with the 'Cleopatra Gate'. It is due to the continued settlement of T. that monuments have been lost almost completely" (F. HILD, "Tarsus", *BNP*, XIV, 155-156).

[3] Gamaliele il Vecchio — Figlio di Hillel, fu caposcuola dei farisei nella prima metà del I secolo d.C. Uomo di grande equilibrio e saggezza, si oppose alla persecuzione degli apostoli.

[4] Questa è la posizione della maggioranza di biblisti oggi. Per questa ricostruzione vedi M. HENGEL, *The Pre-Christian Paul*, London – Philadelphia 1991; trad. italiana, *Il Paolo precristiano*, Brescia 1992.

Figura di Paolo di Tarso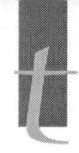

si affaccia sul Mediterraneo orientale, con soste prolungate ad Antiochia di Siria, a Corinto, a Efeso e a Roma, dove muore martire sotto Nerone circa l'anno 64. Riesce difficile invece collocare in ordine cronologico gli episodi della vita, i viaggi e la stessa morte, che viene fissata da alcuni con l'avvento al trono di Nerone, da altri alla fine del suo governo. Il punto di riferimento più sicuro e importante per la biografia di Paolo è l'iscrizione di Delfi, da cui risulta che il proconsole romano Gallione nel 50-51 (o al più tardi nel 51-52) risiedeva a Corinto. Secondo gli Atti (18,12ss.) Paolo incontrò Gallione a Corinto, non sappiamo se all'inizio o alla fine del proconsolato. In ogni caso si può assumere che verso l'anno 50 Paolo si trovava a Corinto. Da questa data in poi si sta cercando di ordinare cronologicamente la biografia di Paolo. Negli ultimi anni il problema della cronologia paolina è stato attentamente vagliato con la prospettazione di ipotesi non tutte condivisibili, alcune delle quali però hanno portato a conclusioni sorprendenti. Non è il caso di entrare nei particolari; ci limiteremo ad accennare a due schemi cronologici della vita di Paolo: quello tradizionale classico che si basa soprattutto sugli Atti degli Apostoli e quello critico o revisionista che privilegia i dati offerti dalle lettere[5].

La prima ricostruzione (legata alla cronologia tradizionale) scandisce la missione di Paolo in tre grandi viaggi principali: il primo dal 46 al 49, il secondo dal 50 al 52, il terzo dal 54 al 58; pone il concilio di Gerusalemme nel 49 dopo il primo viaggio; la prigionia a Cesarea Maritima nel "biennio" 58-60; nel 61-63 il "biennio" della prigionia a Roma; e il martirio fuori della capitale nel 64 (o poco dopo).

Il secondo scenario (disegnato sulla scorta della cronologia revisionista) colloca il concilio di Gerusalemme nel 47-51, dopo il primo e il secondo viaggio missionario che dal 37 al 43 aveva portato Paolo in Asia Minore e in Grecia; il soggiorno ad Efeso nel 48-55, come appendice del secondo viaggio missionario; l'arresto a Gerusalemme e la prigionia a Cesarea dal 52 al 55 oppure dal 56 al 58. Da quella data in poi il dibattito tra i revisionisti li porta ad avvicinarsi alla cronologia tradizionale.

---

[5] Per una chiara presentazione dei due schemi si veda R.E. BROWN, *Introduction to the New Testament*, 428-429, che espone con la consueta lucidità la discussione odierna tra biblisti sull'argomento. Per cronologie leggermente discordanti cfr. A. SACCHI, *Lettere paoline*, 66-68; J. SÁNCHEZ-BOSCH, *Escritos paulinos*, 18-19.

B. *La cristofania sulla via di Damasco: conversione, vocazione-rivelazione, trasformazione o conversione-chiamata?*

Che Paolo sia stato un fiero avversario della comunità cristiana nascente si ricava sia dalle sue lettere sia dagli Atti. "Oltre ogni misura perseguitavo la Chiesa di Dio cercando di distruggerla" (Gal 1,13) confessa egli stesso nella Lettera ai Galati. Gli Atti annotano: "Saulo era compiaciuto della soppressione di Stefano" (At 8,1). Dagli uni e dalle altre risulta però che nella vita di Paolo si verificò una svolta improvvisa e decisiva che lo trasformò da persecutore in apostolo e missionario. L'Autore degli Atti presenta l'evento per ben tre volte: nel cap. 9 si dà il racconto in terza persona; nel cap. 22 Paolo stesso ne riferisce in maniera autobiografica davanti alla folla ostile di Gerusalemme; nel cap. 26 è ancora Paolo a parlarne nella deposizione davanti a Festo e ad Agrippa. Le tre narrazioni attestano con grande rilievo la cristofania sulla via di Damasco, il tu per tu di Cristo con Paolo, la nuova percezione che Paolo ha di Gesù di Nazaret e di se stesso, la missione straordinaria che gli viene affidata tra i gentili, missione che segnò la grande affermazione del cristianesimo. Nelle lettere l'uomo di Tarso vi ritorna in modo ora apologetico ora polemico, per difendere se stesso dagli avversari e indicare lo snodo profondo su cui si regge la sua vita. Così nella Prima Lettera ai Corinzi: "(Gesù Cristo) È apparso anche a me come a un feto abortivo" (1Cor 15,8); nella Lettera ai Galati per rivendicare l'investitura divina della sua missione e l'origine autentica del suo Vangelo: "(Il Signore) si compiacque di rivelare a me suo Figlio perché l'annunziassi in mezzo ai pagani" (Gal 1,15-16); nella Lettera ai Filippesi, in polemica con gli avversari giudaizzanti e rovesciando l'idea della giustificazione mediante la legge: "Sono stato io stesso afferrato da Cristo Gesù" (Fil 3,12). Nonostante il carattere autobiografico, sia le tre narrazioni degli Atti, sia i tre riferimenti delle lettere paoline appaiono sensibilmente teologizzati e riflettono una lettura retrospettiva dell'evento alla luce di tutta la vita dell'Apostolo e del cammino della Chiesa. Ma lungi dall'infirmarne il valore storico, ciò evidenzia il carattere epocale dell'avvenimento. Come si può definire questa svolta decisiva accaduta sulla via di Damasco: una vera conversione oppure una vocazione-rivelazione? Il termine usuale che si trova nella tradizione cristiana è "conversione" (nel calendario della Chiesa per esempio il 25 gennaio è la festa della "Conversione di san Paolo"), ma è davvero giusto utilizzare questo vocabolo dal

momento che Paolo stesso non lo utilizza mai per descrivere il proprio incontro con il Signore risorto? La discussione tra esegeti ferve tuttora[6].
Fil 3,7-11 infatti ha offerto lo spunto agli studiosi per dibattere sulla natura dell'incontro di Paolo con Gesù sulla via di Damasco.

> [7] Ma quello che poteva essere per me un guadagno, l'ho considerato una perdita a motivo di Cristo. [8] Anzi, tutto ormai io reputo una perdita di fronte alla sublimità della conoscenza di Cristo Gesù, mio Signore, per il quale ho lasciato perdere tutte queste cose e le considero come spazzatura, al fine di guadagnare Cristo [9] e di essere trovato in lui, non con una mia giustizia derivante dalla legge, ma con quella che deriva dalla fede in Cristo, cioè con la giustizia che deriva da Dio, basata sulla fede. [10] E questo perché io possa conoscere lui, la potenza della sua risurrezione, la partecipazione alle sue sofferenze, diventandogli conforme nella morte, [11] con la speranza di giungere alla risurrezione dai morti (Fil 3,7-11).

È giusto però affermare che quei versetti siano sicuramente allusivi circa tale esperienza e che il termine "conversione" sia inconfutabilmente esatto? Nella tradizione tale vocabolo era stato accettato e i commenti relativi avevano cercato di suffragare quella posizione mettendo in rilievo qualunque punto del testo offrisse la possibilità di leggere in tal senso l'esperienza di Paolo[7]. Nell'ultimo cinquantennio invece la prospettiva è mutata, per cui lungi dal sentire nelle parole dell'Apostolo delle genti il contrasto fra il prima e il dopo Damasco si è tentato di giudicare il comportamento di Paolo come una prosecuzione delle chiamate profetiche veterotestamentarie[8] in attesa del Messia e la chiamata di Paolo da parte di Gesù, il Messia storicamente venuto sulla terra.

---

[6] Per un eccellente sommario del dibattito attuale fra gli esegeti sul significato della cristofania sulla via di Damasco vedi M. BYRNES, *Conformation to the Death of Christ*, 251-257.

[7] Vedi R.E. BROWN, *Introduction to the New Testament*, 426ss. B. CORLEY, "Interpreting Paul's Conversion", 1-17; J.A. FITZMYER, "Paul", *NJBC*, 1333; A.F. SEGAL, *Paul the Convert*, 6ss.

[8] "Prima di tutto è significativo che Paolo non utilizzi mai la terminologia della 'conversione' per parlare della sua esperienza di Damasco. Il rimando esplicito alla chiamata dei profeti, quando nel testo di Gal 1,15-17 evoca la rivelazione di Damasco, fa intendere che egli rilegge la sua esperienza alla luce della storia di alleanza di Dio con il suo popolo. Paolo non abbandona la sua fede ebraica e neppure la sua convinzione che nella Scrittura è attesta la fedeltà di Dio al popolo di Israele. Tuttavia si deve dire che la fede ebraica di Paolo nell'evento di Damasco ha avuto una svolta radicale" (R. FABRIS – S. ROMANELLO, *Introduzione alla lettura di Paolo*, 59).

Molti biblisti sostengono che non si può parlare di una conversione religiosa, poiché il cristianesimo primitivo, quello conosciuto da Paolo e dai credenti delle sue comunità, apparteneva ancora al giudaismo[9]: Paolo infatti non ha mai cessato di credere nel Dio dei suoi padri. Quando usiamo tale termine pensiamo alle persone che da atei sono diventati credenti. Oppure a un individuo prima protestante, poi cattolico (o viceversa), o a qualcuno che era buddista, ma adesso è cristiano (o viceversa). Secondo questa opinione Paolo non sarebbe passato da una religione all'altra, e nemmeno da una vita di peccato alla vita della grazia. Per queste ragioni alcuni autori oggi propendono per il termine "vocazione" o "rivelazione-vocazione"[10]. Come i profeti Geremia e Isaia dell'Antico Testamento, Paolo si sente chiamato da Dio già nel seno di sua madre. Vedi la Lettera ai Galati ove scrive:

> [15] Quando poi piacque a colui, che mi aveva separato fin dal seno di mia madre e mi aveva chiamato in forza della sua grazia, [16] di rivelare il Figlio suo in me, affinché io lo annunziassi ai pagani, subito fin da allora non consultai alcun uomo (Gal 1,15-16).

Questo suo primo incontro con il Signore risorto, evento unico e altamente personale, collega indissolubilmente e intimamente la sua chiamata (v. 15) al suo apostolato presso i popoli (v. 16). Con le proprie parole Paolo si autoproclama come chiamato da Dio per annunciare la Buona Novella ai gentili. San Luca descrive l'Apostolo delle genti in termini simili:

> [17] Per questo ti libererò dal popolo e dai pagani, ai quali io ti mando, [18] per aprire loro gli occhi perché si convertano dalle tenebre alla luce e dal potere di satana a Dio, perché ottengano per la fede in me la remissione dei peccati e partecipino all'eredità dei santi (At 26,17-18).

---

[9] Numerosi biblisti oggi non pensano che sia adatto parlare di 'conversione' per descrivere la cristofania sulla via di Damasco. Vedi per esempio l'opinione di R. Fabris e S. Romanello: "Per ora è importante ritenere che la prospettiva della 'conversione' non sembra adeguata per interpretare in modo coerente i brani autobiografici delle lettere autentiche di Paolo, dove egli parla della sua esperienza damascena" (ID., *Introduzione alla lettura di Paolo*, 60-61). Cfr. A. PITTA, "Paolo", *GEIB*, III, 24-25.

[10] Vedi A. PITTA, "Paolo", *GEIB*, III, 25; ID., *Paolo*, 13-17; R. FABRIS – S. ROMANELLO, *Introduzione alla lettura di Paolo*, 52-58; H. RÄISÄNEN, "Paul's Call Experience", 15. Per un sommario del dibattito attuale vedi L.W. HURTADO, "Convert, Apostate or Apostle", 274.

Figura di Paolo di Tarso

In forza delle sue argomentazioni Pitta afferma che è opportuno descrivere il primo incontro di Paolo con Cristo risorto come "una rivelazione ed una vocazione direttamente relazionate alla sua missione storica, ben verificabile presso i gentili"[11].

Altri biblisti, pur ammettendo il radicale cambiamento di Paolo dopo Damasco, non parlano di conversione, bensì di trasformazione o *reconfiguration*[12]. Nel primo caso sembra di capire che si cerchi di attenuare il cambiamento sopravvenuto in Paolo come un prevedibile sviluppo tra un atteggiamento, un comportamento dell'Apostolo, il quale a un certo punto della sua vita ha maturato in se stesso le motivazioni inconsce che l'avevano spinto a perseguitare i primi cristiani, come se la loro esistenza esercitasse una segreta attrazione non voluta da Paolo e tuttavia più forte delle ragioni che lo spingevano a detestarli, a opporsi all'evidenza della giustezza dei fatti che si stavano svolgendo sotto i suoi occhi, provocando in lui tanto turbamento e sconvolgimento. Si tratta dunque di un cammino di graduale avvicinamento al suo modo di affrontare la questione dei cristiani. Il suo carattere generoso, ricco di slanci altruistici era già presente "prima": semmai avrà tratto maggiore impulso una volta imboccata la strada che finalmente egli sentiva come veramente giusta. Nel Paolo precedente all'incontro di Damasco oltre alle indubbie doti di adamantina onestà nei comportamenti, oltre al sincero ossequio alla legge giudaica possiamo sospettare un senso non ben definito di irrequietezza dovuto al senso di insoddisfazione nell'adempimento dei suoi doveri, l'impressione vaga ma persistente della mancanza di qualcosa: egli è veramente uomo di un'età nuova, quella appunto inaugurata dall'evento Cristo. Quindi trasformazione come riconoscimento che — nel solco dell'Antico Testamento, — permette a Paolo di percepire Gesù come l'Unto di Dio tanto atteso da Israele. Perciò, l'iniziale incomprensione che aveva spinto l'irruento Paolo a perseguitare i cristiani si risolve nella felice perfetta intesa tra lui e Gesù, di cui diventerà l'assertore più convinto e integrale[13].

---

[11] Vedi A. Pitta, "Paolo", *GEIB*, III, 25.

[12] Vedi B.R. Gaventa, *From Darkness to Light*, 40; T.L. Donaldson, "Introduction to the Pauline Corpus", *OBC*, 1066. Utilizziamo il vocabolo inglese *reconfiguration* perché non esiste il suo equivalente esatto in italiano.

[13] Metafora del bruco-crisalide-farfalla a proposito del vocabolo "trasformazione". La farfalla apparentemente è diversa, ma in potenza essa era già presente nel bruco. Trasformazione o metamorfosi: c'è un legame stretto tra il prima e il dopo.

Il cuore di Paolo è il cuore di Cristo

Per quanto concerne il termine *reconfiguration* riteniamo sia verosimile immaginare un'assunzione responsabile di particolari requisiti grazie ai quali l'Apostolo si sentirebbe degno rispetto a Cristo di divenirne messaggero e inviato[14]. Con un atto di grande coraggio morale egli abbraccia in tutto e per tutto il Vangelo, ne diviene acceso annunciatore: insomma Paolo si è spiritualmente "configurato di nuovo", "riformato" a imitazione di Cristo, avendolo preso come modello.

Altra posizione è quella di chi tende a catalogare l'incontro di Damasco sia come conversione sia come chiamata[15]. Tale conciliazione potrebbe essere accettata qualora subordinassimo al concetto di chiamata quello della conversione: necessariamente una chiamata simile a quella ricevuta: "Saulo, Saulo, perché mi perseguiti?" (At 9,4), seguiti da alcuni giorni di cecità, che esprime l'impatto travolgente sulla vita dell'Apostolo delle genti, non può non lasciare un segno indelebile riguardo alle scelte future da parte di chi è stato investito da questo ciclone divino. Perciò la conversione ne verrò di conseguenza. Durante le ore di forzata inattività Paolo avrà avuto modo di riflettere, di ripensare al percorso esistenziale da lui tenuto fino a quel momento. Alla cecità fisica, manifestazione della sua condizione spirituale sotto il regime mosaico del giudaismo farisaico del I secolo, fa da contraltare l'illuminazione dello Spirito di Cristo. E quindi conversione come radicale cambiamento: da persecutore della Chiesa di Dio[16] a zelante ambasciatore[17] e coraggioso combattente[18] per la causa del Vangelo; da nemico ad amico, fratello, padre amoroso, protettore e sostenitore dei primi seguaci di Gesù.

---

[14] Paolo infatti non fa parte dei Dodici scelti da Gesù durante il suo ministero pubblico.

[15] Vedi J.D.G. DUNN, *The Theology of Paul the Apostle*, 77-79; J.M. EVERTS, "Conversion and Call", 161; L.W. HURTADO, "Convert, Apostate or Apostle", 283; R.N. LONGENECKER, "A Realized Hope", 28.

[16] "Io infatti sono l'infimo degli apostoli, e non sono degno neppure di essere chiamato apostolo, perché ho perseguitato la Chiesa di Dio" (1Cor 15,9).

[17] "Noi fungiamo quindi da ambasciatori di Cristo, come se Dio esortasse per mezzo nostro" (2Cor 5,20a).

[18] "In realtà, noi viviamo nella carne ma non militiamo secondo la carne. Infatti le armi della nostra battaglia non sono carnali, ma hanno da Dio la potenza di abbattere le fortezze, distruggendo i ragionamenti e ogni baluardo che si leva contro la conoscenza di Dio, e rendendo ogni intelligenza soggetta all'obbedienza al Cristo" (2Cor 10,3-5)

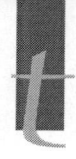

Figura di Paolo di Tarso

Concludendo benché l'Apostolo non utilizzi il termine "conversione", è lecito sostenere che il sostantivo colga e interpreti un maggior numero di elementi atti a comprendere l'incontro sulla via di Damasco. L'apparizione del Risorto ha completamente cambiato, mutato e trasformato la prospettiva di Paolo[19]: il fariseo praticante e zelante che aspettava l'arrivo del Messia in un'epoca futura riesce a capire che gli ultimi giorni sono già cominciati in grazia della vita, morte e risurrezione di Gesù di Nazaret. Il Messia tanto atteso da Paolo e dal suo popolo era infatti arrivato appunto nella persona di Gesù di Nazaret. Sulla via di Damasco l'uomo di Tarso si rese conto che colui che stava per venire era colui che era già venuto e aveva camminato per le strade della Galilea, della Samaria e della Giudea: un uomo come noi, ma che godeva di un rapporto unico con Dio. D'ora in poi Paolo si rivolge solo verso Cristo, il quale ha piegato il giovane fariseo mediante la forza del suo amore. In Gesù il Redentore Paolo ha capito che Dio ha gratuitamente giustificato tutti quelli — sia ebrei, sia gentili — che credono nel suo Figlio morto e risorto per gli uomini: una giustificazione mediante la fede e non mediante la legge mosaica. Questa nuova prospettiva veramente radicale[20] e sconvolgente — un vero mutamento di riflessioni teologiche, religiose e spirituali che ribalta l'intero impianto della sua vita con tutto il bagaglio delle azioni compiute fino a quel momento — viene accolta e abbracciata con grande umiltà e coraggio morale, dimostrato ampiamente dall'esplicita autocritica della quale pochi sarebbero capaci[21]. L'Apostolo è ormai completo e integro in Cristo, capace di adempiere urgentemente, vivamente e fortemente la sua missione presso i popoli. A nostro giudizio la presentazione

---

[19] "... egli ha fatto esperienza di un incontro e ha maturato una convinzione che ha ribaltato la sua esistenza, sia resettando l'intero suo patrimonio ideale sia riorientando le sue energie verso un nuovo scopo" (R. PENNA, "Paolo", *DBV*, 660).

[20] "... possiamo dunque affermare che l'esperienza del Risorto fatta da Paolo provoca in lui un cambiamento radicale con la comprensione che la salvezza ormai dipende dal legame con Cristo, di cui poi egli capisce di essere divenuto annunciatore. In questo avvenimento si trova *in nuce* il principio cristologico che va a strutturare tutto il suo pensiero, il quale sarà sviluppato a contatto personale dell'esperienza paolina e quella universale dei suoi destinatari, e, in definitiva, di tutti gli uomini chiamati alla salvezza per mezzo della fede in Cristo" (F. BIANCHINI, "Alla ricerca dell'identità dell'apostolo Paolo", 54-55).

[21] "Per grazia di Dio però sono quello che sono, e la sua grazia in me non è stata vana; anzi, ho faticato più di tutti loro, non io però, ma la grazia di Dio che è con me" (1Cor 15,10).

del termine conversione risulta molto aderente alla figura autentica di Paolo, quale si scaturisce dalla lettura delle sue lettere. Conversione come trasformazione di tutta la propria natura: "Quindi se uno è in Cristo, è una creatura nuova; le cose vecchie sono passate, ecco, ne sono nate di nuovo" (2Cor 5,17). Conversione come cambiamento improvviso e mutamento radicale, ma soprattutto come illuminazione: è appunto la "luce dal cielo" (At 9,3) che fisicamente ha accecato Paolo ma gli ha fatto vedere, conoscere ed abbracciare il Risorto come principio e meta della vita eterna. Paolo ormai gira verso Cristo e solo Cristo, gira tutto intorno a Cristo, trovando la sua nuova orbita nella sfera divina del suo Redentore e Salvatore, il suo unico sole e stella polare. In forza di dette argomentazioni e insieme con Fitzmyer[22], con Brown[23] e con Bianchini[24] non esitiamo a utilizzare il vocabolo "conversione", ancora oggi preferito dalla maggioranza dei biblisti e teologi cattolici[25].

---

[22] Vedi J.A. FITZMYER, "Paul", *NJBC*, 1333 § 21: "Paul clearly regarded the experience near Damascus as the turning point in his life and in that sense a 'conversion'". Per la trad. italiana, vedi "Paolo", *NGCB*, § 21: "Paolo chiaramente considerava l'esperienza sulla via di Damasco come la svolta nella sua vita e in questo senso una 'conversione'".

[23] Vedi R.E. BROWN, *Introduction to the New Testament*, 426-430.

[24] "... a nostro parere, l'antica denominazione di 'conversione', pur tenendo conto che né Atti né le lettere paoline usano il campo semantico ad essa relativo, può essere ancora utilizzata se con questo termine si esclude un passaggio da una religione all'altra e si comprende invece un cambiamento radicale di esistenza" (F. BIANCHINI, "Alla ricerca dell'identità dell'apostolo Paolo", 54).

[25] "Paul never once interprets this moment as an event of conversion. Why? There are many hypotheses, but for me the reason is very clear. This turning point in his life, this transformation of his whole being was not the fruit of a psychological process, of a maturation or intellectual and moral development. Rather it came from the outside: it was the fruit, not of his thought, but of his encounter with Jesus Christ. In this sense it was not simply a conversion, a development of his 'ego', but rather a death and resurrection of Paul himself. One existence died, and another, new one was born with the risen Christ. There is no other way in which to explain this renewal of Paul. None of the psychological analyses can clarify or solve the problem. This event alone, this powerful encounter with Christ, is the key to understanding what had happened: death and resurrection, renewal by the One who had shown himself and had spoken to him. In this deeper sense we can and we must speak of conversion. This encounter is a real renewal that changed all his parameters. Now he could say that what had been essential and fundamental for him earlier had become 'refuse' for him; it was no longer 'gain' but loss, because henceforth the only thing that counted for him was life in Christ" (BENEDICT XVI, *Saint Paul*, 24-25).

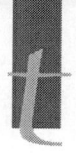

Figura di Paolo di Tarso

C. *Uomo di tre culture*

Paolo è stato definito da A. Deissmann "un cosmopolita". In realtà nella sua persona e nella sua opera si incrociano tre mondi e tre culture: 1) ebreo per nascita e per religione egli 2) si esprime nella lingua e nelle forme dell'ellenismo; 3) è un cittadino romano che si inquadra lealmente nel quadro politico-amministrativo dell'impero[26]. R. Wallace e W. Williams preferiscono parlare di tre livelli culturali fondamentali. Nella loro visuale una cultura non esclude l'altra, e Paolo partecipava di tutte e tre insieme. L'identità dell'Apostolo è il risultato di una costruzione complessa basata sulla sua cultura nativa alimentata dalla multiforme cultura ellenistica che dominava tutto l'oriente e dalla cultura emanata e diffusa dal potere dominante: Roma. Paolo era in una volta ebreo, ellenista e romano.

L'ebraismo lo segna indelebilmente fin dalla nascita[27]. "Sono un ebreo di Tarso in Cilicia" (At 21,39) dichiara al tribuno romano che gli chiede le generalità al momento dell'arresto a Gerusalemme, indicando così di appartenere alla diaspora ebraica sparsa nel mondo ellenizzato. Di fronte ai detrattori di Corinto, che ne contestano l'autorità apostolica, egli rivendica polemicamente la propria ascendenza ebraica: "Sono essi ebrei? Anch'io. Sono israeliti? Anch'io. Sono stirpe di Abramo? Anch'io" (2Cor 11,22). "Circonciso l'ottavo giorno, della stirpe d'Israele della tribù di Beniamino, ebreo da ebrei, fariseo secondo la legge" (Fil 3,5-6), così ai filippesi, calcando sulle parole per dare risalto al nuovo stato in cui si trova dopo essere stato afferrato dal Cristo.

I Farisei rendono semplice il loro modo di vivere non facendo alcuna concessione alla mollezza. Seguono quanto la loro dottrina ha scelto e trasmesso come buono, dando la massima importanza a quegli ordinamenti che considerano adatti e dettati per loro. Hanno rispetto e deferenza per i loro anziani,

---

[26] Per un'ottima presentazione di queste tre dimensioni dell'Apostolo, vedi R. WALLACE – W. WILLIAMS, *The Three Worlds of Paul of Tarsus*, London 1998; C.J. ROETZEL, *The World that Shaped the NT*, Louisville 1985, 2002²; F. BIANCHINI, "Alla ricerca dell'identità dell'apostolo Paolo", 45-53.

[27] Per il rapporto tra Paolo e l'ebraismo del I secolo cfr. G. BOCCACCINI, *Il Medio Giudaismo. Per una storia del pensiero giudaico tra il terzo secolo a.e.v. e il secondo secolo e.v.*, Genova 1993; R. PENNA, "Un fariseo del Secolo I. Paolo di Tarso", *RSR* (1999) 65-88; A. PITTA, "Paolo e il giudaismo farisaico", *RSR* (1999) 89-108; C. TALBERT, "Paul, Judaism and the Revisionists", *CBQ* 63 (2001) 1-22; J.-N. ALETTI, "Où en sont les études sur Saint Paul ? Enjeux et propositions", *RSR* 90/3 (2002) 339-343.

e non ardiscono contraddire le loro proposte. Ritengono che ogni cosa sia governato dal Destino, ma non vietano alla volontà umana di fare quanto è in suo potere, essendo piaciuto a Dio che si realizzasse una fusione: che il volere dell'uomo, con la sua virtù e il suo vizio, fosse ammesso nella camera di consiglio del Destino. Credono alla immortalità delle anime, e che sotto terra vi siano ricompense e punizioni per coloro che seguirono la virtù o il vizio: eterno castigo è la sorte delle anime cattive, mentre le anime buone ricevono un facile transito a una nuova vita. Per questi (insegnamenti) hanno un reale ed estremamente autorevole influsso presso il popolo; e tutte le preghiere e i sacri riti del culto divino sono eseguiti conforme alle loro disposizioni. La pratica dei loro altissimi ideali sia nel modo di vivere sia nei ragionamenti, è l'eminente tributo che gli abitanti delle città pagano all'eccellenza dei Farisei[28].

Nella Lettera ai Romani appare la lucida consapevolezza teologica di appartenere per nascita al popolo chiamato da Dio per un disegno di salvezza a favore di tutta l'umanità: "Vorrei essere io stesso maledetto da Dio, separato da Cristo per i miei fratelli della mia stirpe che sono israeliti, possiedono l'adozione a figli, la gloria, le alleanze, la legge, il culto, le promesse, i patriarchi, e dai quali è nato Cristo secondo la carne" (Rm 9,3-5). In un passo affiora addirittura l'orgoglio separatista "per natura ebrei e non come le genti peccatori" (Gal 2,15). Pur sentendosi radicalmente convertito a Cristo, Paolo vive in un clima spirituale ebraico: quando fissa date o scadenze di tempo lo fa in termini di calendario ebraico (cfr. 1Cor 16,8); due volte gli Atti lo presentano impegnato nel voto di nazireato (cfr. At 18,18; 21,17-26). La Bibbia è il suo libro (cioè la LXX), che egli usa e tratta alla maniera dei rabbini, seguendone metodi di lettura e di interpretazione[29]. Gli Atti contengono la notizia della sua crescita a Gerusalemme e della sua formazione "alla scuola di Gamaliele" (At 22,3) in conformità alle più rigide norme della legge dei padri. Si deve alla tradizione ebraica anche l'aver egli appreso un mestiere, per motivi etici oltre che utilitaristici, il quale nel caso di Paolo era quello di "fabbricatore di tende" (termine generico che dà adito a diverse interpretazioni):

---

[28] G. FLAVIO, *Antichità giudaiche*, Libro XVIII, 12-15.
[29] Per esempio *midrash* (cfr. 1Cor 10,1-10) e *gezerah shawah* (cfr. Gal 3,10-14; Rom 4,3-8; 9,25-28). Il primo descrive ogni tipo di ricerca sulla Scrittura, mentre il secondo è una delle regole d'interpretazione per due passi della Scrittura che hanno uno o più termini in comune.

tessitore di peli di capra utilizzati a vario titolo per formare stoffe ruvide dagli usi più svariati, come il cilicio (così detto dalla regione di Cilicia, dove veniva confezionato) oppure lavoratore di pelli e cuoio, impiegati per fabbricare tende di varia destinazione[30]. Questo ebreo era di Tarso, una "non oscura città della Cilicia" (At 21,39), come egli stesso con compiaciuta litote la definisce. Tarso, sul fiume Cidno, era a quel tempo all'apogeo del suo splendore di città ellenistica e cosmopolita. Insomma l'identità ebraica di Paolo costituisce l'humus principale in cui germogliano tutte le sue *insights* sulla figura, sulla missione e sul regno di Gesù Messia[31].

Tutto il quadro della sua attività si colloca in una temperie culturale ellenistica[32]. Tarso era una delle patrie dello stoicismo: Paolo ebbe certamente l'opportunità di conoscere questo tipo di pensiero e ne assimilò certi tratti etici, come l'ideale dell'autosufficienza (αὐτάρκεια; cfr. Fil 4,11; 2Cor 9,8; 1Tm 6,6) e del dominio di sé (ἐγκράτεια; cfr. 1Cor 7,9; 9,25; Gal 5,23), e alcuni concetti filosofico - religiosi, come la trasparenza di Dio nel mondo (cfr. Rm

---

[30] "Scholars have usually accepted the evidence of Acts that Paul's trade was tentmaking but have gone on to debate whether Paul's trade involved making tents from goats' hair, linen, or leather. The first two options are more likely if, as is usually assumed, Paul learned his trade at home while a boy, as I argued previously, for goats' hair, that is, *cilicium*, would connect his trade to his province of Cilicia, whereas linen would, too, since it was a principal commodity of his hometown of Tarsus. But this connection with Tarsus does not work for Aquila and Priscilla, Paul's fellow tentmakers, since Aquila at least was from Pontus (Acts 18:2), and it would not work for Paul either, if he learned his trade after leaving Tarsus, as I will argue below. There are still advocates of Paul's trade as involving weaving, but the view that Paul made tents from leather, not to mention other leather products, remains—correctly, in my view—the dominant one" (R.F. HOCK, "The Problem of Paul's Social Class", *Paul's World*, 10).

[31] "… gli aspetti più importanti del pensiero dell'Apostolo che gli derivano dal suo *background* giudaico: il ricorso fondante alle Scritture e la loro interpretazione (con Adamo e Abramo quali personaggi più citati), l'enfasi sul monoteismo, la conferma di Israele come popolo eletto da Dio, il riferimento al culto ebraico, la prospettiva morale (soprattutto per ciò che riguarda l'idea de peccato e la lista dei vizi), l'insistenza sulla Legge e sulle opere, il concetto di giustizia (umana e divina), la credenza nel giudizio finale e universale di Dio in connessione con la risurrezione della carne" (F. BIANCHINI, "Alla ricerca dell'identità dell'apostolo Paolo", 50).

[32] Per il rapporto tra l'ebraismo e l'ellenismo nel I secolo vedi E. BICKERMAN, *Der Gott der Makkabäer*, Berlin 1937; English trans., *The God of the Maccabees. Studies in the Origin and Meaning of the Maccabean Revolt*, Leiden 1979; V. TCHERIKOVER, *Hellenistic Civilization and the Jews*, Philadelphia 1959, Peabody (MA) 1999; M. HENGEL, *Judentum und Hellenismus*, Tübingen 1968; English trans., *Judaism and Hellenism. Studies of their Encounter in Palestine during the Early Hellenistic Period*, I-II, Philadelphia 1974; J.J. COLLINS, *Between Athens and Jerusalem. Jewish Identity in the Hellenistic Diaspora*, Grand Rapids 1985, 2000[2]; L.I. LEVINE, *Judaism and Hellenism in Antiquity. Conflict or Confluence?* Seattle 1998.

1,19-20). L'uomo di Tarso usa il greco con disinvoltura e in maniera personale; non gli sono estranee né le forme della diatriba, né le figure della retorica contemporanea[33] e si rivela linguisticamente creativo. Basti pensare ai verbi formati con una o più preposizioni (cfr. Rm 5,20: 8,26; 2Cor 7,4), tra cui tipici i composti con σύν (= con) per indicare la simbiosi con collaboratori e amici nella comunicazione vitale con Cristo nella morte, nella risurrezione e nella gloria (cfr. Rm 6,4ss.; 8,17, Gal 2,19; Fil 3,10; Ef 2,6; Col 2,12; 3,1ss.). Non sono rari i casi in cui i vocaboli in uso nella cultura greca contemporanea vengono piegati sotto la sua penna a esprimere contenuti e significati nuovi, conformi al suo pensiero teologico. Basti pensare alla dilatazione e trasformazione semantica da lui impressa a termini chiave come carne (σάρξ) e spirito (πνεῦμα), peccato (ἁμαρτία) e salvezza (σωτηρία), amore (ἀγάπη), giustizia (δικαιοσύνη), libertà (ἐλευθερία) e servitù (δουλεία). In particolare il suo pensiero viene sollecitato dalla situazione esistenziale e culturale con la quale viene a contatto, al punto che si può parlare per lui di una vera e propria "inculturazione" della fede in contesti diversi da quello ebraico-gerosolimitano in cui era nato. Le due lettere ai Corinzi e quelle agli Efesini e ai Colossesi ne offrono testimonianza in maniera appropriata e convincente.

Quest'uomo ebreo e ellenista era anche cittadino romano[34], il suo terzo mondo culturale. L'Apostolo si autopresenta in tutte le lettere con lo

---

[33] "Anzitutto già a una lettura superficiale le sue epistole mostrano una pluralità di elementi retorici, mentre, a un'analisi più approfondita, la conoscenza della retorica e dei suoi procedimenti si rivela essenziale per comprendere il modo di argomentare dell'Apostolo e la coerenza dei suoi testi. Inoltre è necessario considerare che la cultura ellenistica del I secolo era profondamente intrisa di retorica [...] In definitiva, per gli interpreti di Paolo si tratta dunque di prendere le mosse nei loro studi dal cuore stesso di quella civiltà, per arrivare, successivamente, a comprendere che tipo di influsso esercitarono sull'Apostolo tutti i diversi elementi presenti in tale contesto culturale" (F. BIANCHINI, "Alla ricerca dell'identità dell'apostolo Paolo", 48).

[34] Ma Paolo era davvero cittadino romano? C.J. Roetzel ne dubita perché soltanto i più ricchi potevano far parte di quel numero molto ristretto, e sappiamo che Paolo lavorava con le proprie mani. Roetzel lo vede invece membro di una associazione civile (πολίτευμα) per gli ebrei di Tarso. Per convincenti controargomenti vedi U. SCHNELLE, *Paulus*, 44-47. "...it is clear that Roman citizenship in the ancient world was a coveted treasure that afforded is possessor numerous rights and privileges that were unattainable by the typical provincial. It is these rights that Paul utilizes during his arrests by the Roman soldiers by making the claim that he is a Roman citizen. Paul's claim to citizenship has been rejected by a number of scholars, however, they are based on a possible unreasonable distrust of Acts, as well as a number of arguments from silence. Consequently, they discard the claim of Paul's citizenship too quickly and, correspondingly, fail to gain some of interpretive insight of this understanding" (S.A. ADAMS, "Paul the Roman Citizen", 326).

schietto nome latino di Paolo[35], che portava quasi certamente dalla nascita insieme con quello di Saulo. I genitori glielo avevano assegnato a ricordo del primo re della tribù di Beniamino. Notare che nella cristofania di Damasco una voce misteriosa lo chiama alla maniera ebraica: "Saulo, Saulo" (At 9,4). Ai suoi occhi l'autorità dell'impero risponde a una disposizione divina: è "a servizio di Dio per il tuo bene" (Rm 13,4), perciò merita rispetto e obbedienza "a motivo della coscienza" (Rm 13,5). Secondo l'Autore degli Atti Paolo si è confrontato serenamente a viso aperto con proconsoli e procuratori romani a Cipro, a Corinto, a Cesarea e ha rivendicato non una volta sola le garanzie giuridiche spettantigli in forza del diritto di cittadinanza romana che possedeva per nascita (cfr. At 22,28). Nei suoi programmi missionari Roma figura al vertice, quale centro e base di una più estesa evangelizzazione, che avrebbe dovuto portarlo fino in Spagna (cfr. Rm 15,22-24), dopo che egli si era tanto impegnato nell'area orientale del Mediterraneo. Non siamo in grado di stabilire con sicurezza se il grande sogno si sia avverato — per lo meno nei termini da lui usati nel passo sopra citato — ma è molto probabile. Insomma la cittadinanza romana di Paolo ha certamente sostenuto e rinforzato l'universalismo della sua teologia e della sua missione apostolica[36].

Dinanzi a questa diversità di piani culturali come possiamo compendiare l'identità dell'Apostolo? Nella sua persona e nella sua opera si incrociano tre mondi e tre culture: ebraismo, ellenismo e romanità. Paolo partecipava di questi tre livelli culturali fondamentali insieme. Essendo

---

[35] Il nome Παῦλος è l'equivalente greco del cognome romano *Paul(l)us*.

[36] "... dobbiamo notare che negli studi recenti, di spiccata indole filosofica, si è andati a sottolineare l'universalismo dell'Apostolo, a fronte di ogni particolarismo di ordine etnico e religioso, facendo derivare questo elemento dalla sua cultura greco-ellenistica. Questo aspetto del pensiero di Paolo è, a nostro avviso, di grande rilevanza e costituisce la novità portata dalla sua figura all'interno della Chiesa primitiva. Egli non solo ha affermato come 'in Cristo' non siano più dirimenti le differenze etniche, sessuali, sociali (Gal 3,28) e come il vangelo sia offerto, senza alcuna distinzione, per la salvezza di ogni uomo, chiamato soltanto a credere in Cristo (Rm 1,16-17), ma ha effettivamente vissuto la sua missione con un respiro e un raggio di azione universali. In effetti, è proprio questa l'apertura nei confronti dei diversi popoli che l'impero romano evoca e prospetta, grazie alla rilevante estensione del suo dominio, ed è, secondo noi, penetrata come tale nella mentalità del cittadino di Tarso, il quale, una volta divenuto credente in Cristo, ha pienamente messo a frutto tale portato della sua cultura romana a esclusivo vantaggio dell'annuncio universale del vangelo (cf. Rm 15,17-21)" (F. BIANCHINI, "Alla ricerca dell'identità dell'apostolo Paolo", 52-53).

un uomo cosmopolita e "globalizzato"[37] l'Apostolo delle genti ha trovato la sua ragion d'essere e la piena sintesi dei suoi piani culturali nell'annuncio instancabile della signoria di Gesù Cristo.

D. *Il più grande missionario cristiano*

Il libro degli Atti offre una narrazione ordinata dell'opera missionaria di Paolo. Questa si svolge prevalentemente nella parte costiera del Mediterraneo che A. Deissmann chiama "l'ellisse dell'ulivo", toccando le città di Tarso, Damasco, Antiochia di Siria, Cipro e la fascia anatolica sudorientale, nonché Efeso, capoluogo della provincia romana d'Asia. Per quanto concerne l'Europa le località interessate furono le città di Filippi, Tessalonica, Berea, Atene, Corinto e Roma, capitale dell'impero[38].

I dati delle lettere paoline confermano tale quadro, anche se non permettono di seguirne la linearità e di ancorarlo allo schema di una triplice spedizione, quale viene tracciato negli Atti. Paolo sceglieva intenzionalmente i grandi agglomerati urbani, soprattutto quelli non ancora toccati dal Vangelo, dove cercava di far sorgere almeno una piccola comunità cristiana, che veniva animata e diretta da persone particolarmente disponibili e generose (cfr. 1Ts 5,12-13; 1Cor 16,15-16). Tutto fa pensare che la metodologia missionaria di Paolo, a differenza di quella dei predicatori itineranti del suo tempo, avesse di mira i gruppi più che i singoli individui. Fin dagli inizi egli ha coscienza di essere chiamato a evangelizzare i gentili (cfr. Gal 1,16) e questa vocazione gli viene ratificata da Pietro e dagli apostoli (cfr. Gal 2,9-10). Il suo metodo di comunicare il Vangelo si compendia nella parola, nell'esempio e nell'amore: una parola che non è semplice trasmissione verbale, ma è permeata dallo Spirito e dalla potenza di Dio che interpella gli uomini per mezzo dei suoi inviati, "come

---

[37] Vedi G. BIGUZZI, *Paolo, comunicatore. Tra interculturalità e globalizzazione*, Milano 1999.

[38] "Queste erano le città che Paolo sceglieva di volta in volta come campo apostolico e come quartiere generale: le grandi città, le capitali di provincia. I motivi della scelta erano anzitutto che la grande città è più ricca di stimoli e di interessi; poi che è più anonima e quindi più libera de quanto non lo siano il villaggio rurale o i paesoni di provincia, solitamente inibiti dal rapporto di vicinato e dal pettegolezzo. Nella grande città l'annunciatore evangelico insomma trovava una maggiore varietà umana e, acconto a molta prevedibile indifferenza, anche molta attesa e molta apertura" (G. BIGUZZI, *Paolo, comunicatore*, 73).

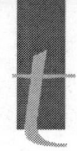

Figura di Paolo di Tarso

se Dio esortasse per mezzo nostro" (2Cor 5,20). Alla comunità di Tessalonica scrive: "Nel ricevere la parola di Dio da noi predicata non l'accoglieste come parola d'uomini, ma come parola di Dio, che dispiega la sua energia in voi che avete creduto" (1Ts 2,13); il Vangelo infatti è "potenza di Dio per la salvezza di chiunque crede" (Rm 1,16). Poiché il Vangelo non è una teoria ma un modo di essere, Paolo sa di doverlo trasmettere con l'esistere stesso, nell'esercizio di ciò che tale modo di vivere comporta. Il termine più significativo usato in questo contesto è "imitatore": "Fatevi miei imitatori, come io lo sono di Cristo" (1Cor 4,16; cfr. 1Ts 1,6; Fil 4,9; 2Ts 3,7). La parola di Dio però parte dall'amore e tende alla "edificazione", cioè alla costruzione e alla crescita spirituale dei singoli e della comunità. Paolo lo rammenta ripetutamente, ai tessalonicesi (cfr. 1Ts 2,7-8.12), ai corinzi (cfr. 2Cor 4,15; 5,15; 6,12), ai galati (cfr. 4,15). La Parola è pronunciata in fedeltà e lealtà di spirito davanti a Dio e agli uomini (cfr. 1Ts 2,1-12), con la franchezza (παρρησία: 2Cor 3,12; Fil 1,20; Ef 3.12) e la sincerità e la limpidezza cristallina (εἰλικρίνεια: 2Cor 2,17) che si addice ai ministri della nuova alleanza. Per poter giungere al cuore dei suoi interlocutori Paolo sa farsi "giudeo con i giudei", greco con i greci, "debole con i deboli", "tutto a tutti", "servo di tutti, per guadagnare il maggior numero" (1Cor 9,19-23). Il contenuto essenziale del suo messaggio è quello della tradizione apostolica (παράδοσις: 1Cor 11,2; 2Ts 2,15; 3,6): Gesù di Nazaret morto e risuscitato per la salvezza di tutti gli uomini (cfr. 1Cor 15,1-5). A tale verità del Vangelo nulla può essere tolto, così come nulla può surrogarla: "Se anche noi stessi o un angelo venuto dal cielo vi annunciasse un Vangelo diverso da quello che noi vi abbiamo predicato, sia anatema" (Gal 1,8). Codesto messaggio esigeva di essere tradotto in uno stile di vita e era destinato a produrre una "creatura nuova"' (2Cor 5,17): per questo Paolo si fa educatore e pastore e intensifica gli sforzi, acuisce la propria capacità d'inventiva, le sue risorse mentali, spirituali, linguistiche. Sono state raccolte e analizzate le forme verbali adoperate da Paolo per descrivere la sua azione missionaria: egli "esorta", "prega", "desidera", "incoraggia", "scongiura", "ammonisce", "dà istruzioni", "ingiunge", "dispone", "insegna", "rende noto", "non vuole lasciare nell'ignoranza", "indica itinerari da percorrere", "risponde a questioni", "loda ma anche rimprovera", "mira a colmare le lacune della fede", "si offre come esempio", "richiama la tradizione", ecc[39]. Non esita a inculcare l'apertura verso tutti i valori etici della tradizione classica: "Per il resto, fratelli e sorelle, tutto ciò che c'è di vero, nobile, giusto, puro, amabile, lodevole, virtuoso e onorato sia oggetto dei vostri pensieri" (Fil 4,8). "Provate ogni cosa, tenete ciò che è buono" (καλός: lett. "bello" ma anche "buono", "vero", ecc.; cfr. 1Ts 5,21). "Tutte le cose sono per voi", scrive ai corinzi, "ma voi siete di Cristo e Cristo è di Dio" (1Cor 3,22-23).

E. *I rivali di Paolo*

Il campo missionario di Paolo appare, si può dire, sempre turbato, travagliato da presenze moleste, che spesso rivelano il volto di veri e propri avversari, con i quali egli è costretto a misurarsi talvolta energicamente, se non addirittura aspramente, ma sempre e comunque appassionatamente. Chi sono questi avversari di Paolo e per quale motivo lo contrastano? La maggior parte degli studiosi vede in essi dei giudeo-cristiani integralisti, i quali gli rimproveravano di aver rinnegato l'eredità ebraica, e di non pretendere più l'ossequio ai dettami della legge mosaica: di conseguenza senza valore risultava la sua pretesa autorità apostolica. In questo fronte antipaolino si nota però una grande varietà di accenti e di atteggiamenti. Le indicazioni che si ricavano dalla descrizione che Paolo ne dà — e sono per noi l'unica fonte — autorizzano a supporre che gli avversari operanti a Corinto non seguissero le medesime direttive di quelli presentati nella Lettera ai Galati, e che quanti lo contraddicevano in Galazia non condividessero le idee di quelli di Filippi. Di più è difficile pronunciarsi. La reazione di Paolo ha luogo sul terreno dei principi e dell'apologia personale. Egli si batte anzitutto per "la verità del Vangelo" (Gal 2,5.14): cioè Dio dà gratuitamente la salvezza all'uomo e l'uomo viene invitato a accoglierla mediante la fede in Gesù Cristo. Inoltre egli rivendica senza mezzi termini il suo carisma apostolico di inviato direttamente da Dio alle genti (cfr. Gal 1,1.15-16), legittimato come gli apostoli dall'apparizione del Risorto (cfr. 1Cor 15,3ss.); comprovato dall'efficacia della sua azione (cfr. 1Cor 15,1-2); riconosciuto dalle "colonne" (Pietro, Giovanni, Giacomo) della chiesa di Gerusalemme (cfr. Gal 2,9) e — come

---

[39] Vedi G. BARBAGLIO, *Paolo di Tarso e le origini cristiane*, 125.

Figura di Paolo di Tarso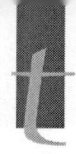

se ciò non bastasse — si dichiara "ebreo" di alta ascendenza (cfr. Fil 2,4-6). Per Paolo non esistono imperativi o indicativi isolati: egli vede un rapporto di causa-effetto tra i primi e i secondi, cioè tra "è così" e "fai così"; gli imperativi dipendono dagli indicativi: "è così, dunque fai così". Paolo ha avuto anche una particolare sensibilità nei confronti delle culture in cui operava, si è lasciato stimolare sinceramente e a fondo: la sua figura è un modello di inculturazione.

II. Dove troviamo la figura di Paolo nel Nuovo Testamento?

Nel Nuovo Testamento abbiamo tre zone in cui cercare Paolo: 1) nelle lettere da lui scritte o a lui attribuite: il cosiddetto corpo paolino; 2) negli Atti degli Apostoli, opera di Luca avente come sfondo la Chiesa primitiva, di cui Paolo è uno dei protagonisti; 3) nella 2Pt 3,14-17 soltanto per una breve menzione: questa testimonianza dimostra la reputazione di cui l'Apostolo delle genti godeva nelle prime comunità ecclesiali.

A. *Quadro canonico del corpo paolino*

Per quanto riguarda l'epistolario paolino oggi si usa una terminologia complessa a seconda del punto di vista da cui lo si considera. Possiamo distinguere tra lettere autentiche[40], che egli stesso ha dettato oralmente[41], e lettere non autentiche, le quali tuttavia fanno parte delle lettere ispirate, cioè di quelle considerate ugualmente Parola di Dio, pur non essendo

---

[40] "Si dice che uno scritto è autentico quando colui che lo firma o lo pubblica ne è veramente l'autore. Nel caso contrario si parla di inautenticità o di pseudoepigrafia. Così, per molti esegeti, Col, Ef e le Pastorali non sono autentiche, perché il loro autore, che si fa passare per Paolo, non è l'apostolo, bensì uno dei suoi collaboratori o dei suoi discepoli" (J.-N. ALETTI – *al.*, *Lessico ragionato dell'esegesi biblica*, 106).

[41] "Le lettere del Nuovo Testamento non sono state scritte da Paolo né dagli altri, bensì dettate oralmente a stenografi, tachigrafi (in greco, *tachýs* = veloce) o segretari (in latino, *amanuenses* — al sing. *amanuensis*) capaci de scrivere rapidamente sotto dettatura. È possibile che gli autori del NT vi abbiano fatto ricorso non soltanto per riprodurre parola per parola quello che era stato detto loro, ma anche per mettere in forma, con una certa libertà, le idee che era stato chiesto loro di sviluppare. Alcuni esegeti spiegano la redazione de *Col* e di *Ef* (che presentano un lessico e uno stile diversi da quelli delle protopaoline) con l'intervento di un segretario al quale Paolo avrebbe lasciato una maggiore libertà per esporre le sue idee" (J.-N. ALETTI – *al.*, *Lessico ragionato dell'esegesi biblica*, 108). Cfr. J. MURPHY-O'CONNOR, *Paul, the Letter-Writer*, 6-8.

state dettate da san Paolo in carne e ossa[42].

Protopaoline[43] (autentiche, *homologúmena*[44])
Scritte di suo pugno o dettate da lui personalmente. In ordine canonico:
- Romani
- Prima Corinzi
- Seconda Corinzi
- Galati
- Filippesi (lettera dalla prigionia)
- Prima Tessalonicesi
- Filemone (lettera dalla prigionia)

Deuteropaoline[45] (di autenticità problematica, *antilegómena*[46])
Contengono senz'altro materiale paolino, però presentano problemi di attribuzione per ragioni storiche, teologiche e stilistiche. In ordine canonico:
- Efesini (lettera dalla prigionia)
- Colossesi (lettera dalla prigionia)
- Seconda Tessalonicesi

Tritopaoline[47] (di autenticità improbabile, *antilegómena*) o
Lettere Pastorali
A volte figurano abbinate al secondo gruppo. La problematica che riguarda la loro autenticità è molto più evidente di quella che riguarda

---

[42] Le lettere del *corpus paulinum* e le cinque lettere dalla prigionia si sovrappongono: Filippesi e Filemone (lettere protopaoline); Colossesi e Efesini (lettere deuteropaoline); Seconda Timoteo (lettera tritopaolina).

[43] "Gli esegeti chiamano *protopaoline* le lettere riconosciute come di Paolo e considerate quindi come autentiche" (J.-N. ALETTI – al., *Lessico ragionato dell'esegesi biblica*, 108).

[44] "Vengono dette *homologúmena* (dal greco *homós* = uguale e *logúmena* = cose dette) le lettere di cui si è sicuri che furono scritte da Paolo" (J.-N. ALETTI – al., *Lessico ragionato dell'esegesi biblica*, 107).

[45] "Vengono dette deuteropaoline (in greco, *déuteros* = secondo) le lettere ai Colossesi, agli Efesini e la seconda lettera ai Tessalonicesi, perché la loro autenticità è contestata e, a parere di molti esegeti, Paolo non ne sarebbe l'autore. Ma esse appartengono alla tradizione paolina, per cui s'è convenuto di chiamarle deuteropaoline" (J.-N. ALETTI – al., *Lessico ragionato dell'esegesi biblica*, 106-107).

[46] "Si dicono *antilegómena* (dal greco *antí* = contro, e *legómena* = cose dette) le lettere di Paolo la cui autenticità è contestata e discussa dagli esegeti. Queste lettere di cui è discussa la paternità sono: Colossesi, Efesini, la seconda ai Tessalonicesi e le lettere Pastorali (1 e 2 Timoteo, Tito)" (J.-N. ALETTI – al., *Lessico ragionato dell'esegesi biblica*, 106).

[47] "Le tritopaoline (in greco, *trítos* = terzo) sono le lettere Pastorali, cioè 1 e 2 Timoteo e Tito. Molti pensano che non siano di Paolo stesso (vedi autenticità) e, dato che esse riprendono e prolungano manifestamente la tradizione paolina, pur essendo più recenti delle deuteropaoline, vengono dette tritopaoline" (J.-N. ALETTI – al., *Lessico ragionato dell'esegesi biblica*, 108-109).

le deuteropaoline. In ordine canonico:
Prima Timoteo
Seconda Timoteo (lettera dalla prigionia)
Tito

Non paolina
Ebrei
Sicuramente non paolina. Il titolo in uso fin a poco tempo fa: "Lettera di san Paolo agli Ebrei" recava tre grosse inesattezze: non è opera di san Paolo apostolo, non è indirizzata agli ebrei (ma ai giudeo-cristiani), non è una lettera bensì un'omelia[48].

Quando si formò il canone[49] del Nuovo Testamento, non interessava se le lettere fossero più o meno autentiche; il criterio usato per inserirle nel canone era piuttosto il contatto con l'Apostolo dei gentili: per essere ammesse nel canone delle sacre Scritture il loro testo doveva essere ispirato[50]

---

[48] "Uno dei dati ormai acquisiti dalla ricerca esegetica contemporanea riguarda la non paternità paolina della lettera agli Ebrei: come ha osservato, con incisività, A. Vanhoye, questa non è una lettera, non è scritta agli ebrei e non è di Paolo, anche se va collocata nella produzione neotestamentaria del I sec. d.C. Discussa è invece la relazione di questo *midrash*, da alcuni considerato come vero discorso omiletico sul sacerdozio di Cristo, con la scuola paolina: forse Ebrei va collocata sullo stesso piano delle lettere 'pastorali'. Tuttavia, anche se Paolo spesso utilizza delle categorie cultuali per trattare della vita cristiana (cfr. Fil 2,17-18; Rm 1,9-10), il linguaggio, lo stile, le coordinate argomentative e contenutistiche di Ebrei son ben più distanti dalle lettere paoline, ritenute autentiche, di quanto non lo siano le lettere pastorali" (A. Pitta, *Paolo*, 25).

[49] "Il termine *canone* deriva dal greco *kanón*, a sua volta preso dall'ebraico *qânêh*, il cui significato primo è, in ebraico come in greco, canna, fusto di canna, giunco, donde bacchetta, regola, norma. In questo ultimo significato il termine *canone* appare solo nel IV secolo della nostra era per designare, in ambiente cristiano, la lista dei libri che facevano parte delle Scritture sacre. È quindi l'insieme dei testi della Bibbia che vengono accettati perché di ispirazione divina e che costituiscono quindi la regola della fede. L'estensione del canone cambia a seconda della fede: il NT non appartiene al canone della Bibbia ebraica, ed anche per le confessioni cristiane la lista dei libri del canone non è interamente la stessa. → *Apocrifi, Deuterocanonici*. Per la Chiesa cattolica il canone delle Scritture è stato solennemente definito nel 1546 dal concilio di Trento, che confermava così il medesimo canone proclamato già nei concili locali di Ippona nel 393 e di Cartagine nel 397 e nel 419, poi nella lettera del papa Innocenzo I al vescovo Esuperio di Tolosa nel 405, nonché al concilio ecumenico di Firenze nel 1442" (J.-N. Aletti – al., *Lessico ragionato dell'esegesi biblica*, 17).

[50] "Il termine *ispirazione* (dal latino *spirutus*, spirito, soffio) designa l'operazione mediante la quale lo Spirito di Dio ha guidato gli autori degli scritti biblici. L'ispirazione permette loro di esprimere, nel miglior modo possibile, le verità delle vie attraverso le quali Dio ha voluto salvare la nostra umanità e fornire agli uomini tutto ciò di cui essi hanno bisogno per conoscere Dio secondo verità. Una prima definizione dell'ispirazione delle Scritture, si trova in *2 Tm* 3,15-17" (J.-N. Aletti – al., *Lessico ragionato dell'esegesi biblica*, 124).

dallo Spirito Santo. Nella Lettera agli Efesini, che è un ripensamento teologico molto suggestivo di tutto il mondo teologico paolino, è presente materiale paolino, probabilmente in seguito ripensato da qualche suo immediato discepolo, avente la sicurezza di presentare del materiale paolino: questa lettera quindi non sarebbe stata accettata nel canone dei libri ispirati, se alla Chiesa primitiva non fosse stato chiaro il rapporto con Paolo, a prescindere dell'autore che può averlo mediato.

B. *Quadro diacronico delle lettere paoline*
Prima di entrare nel vivo degli argomenti è necessario fornire i criteri generali in base ai quali conviene procedere, affinché lo studio del testo paolino risulti il più possibile agevole e proficuo. Lo scopo principale di questo libro è chiaramente specificato nel suo sottotitolo: *Studio introduttivo esegetico-teologico delle lettere paoline*. Nelle pagine seguenti quindi ci rifaremo all'ordine cronologico delle lettere dell'Apostolo di Tarso, strettamente connesso con le occasioni contingenti che hanno determinato le epistole, in una con le tematiche sottese a ciascuna di esse e le questioni legate naturalmente alle comunità destinatarie (lettere *ad hoc*).

Ma come arrivare a una datazione sicura della vita dell'Apostolo delle genti? C'è infatti un unico dato extrabiblico che ci permette di calcolare i suoi viaggi e le sue attività apostoliche: la prova epigrafica, attualmente in mostra nel museo di Delfi, dell'imperatore Claudio al suo proconsole Gallione[51].

A Corinto, Paolo fu condotto dai giudei davanti a Gallione, proconsole di Acaia (*At* 18,12). Quella vicenda fornì poi una data essenziale per la cronologia di Paolo; secondo un'iscrizione (*NGCBQ* 79,9), infatti, Gallione era proconsole di Corinto nel dodicesimo anno di Claudio (41-54), che ebbe inizio il 25 gennaio 52. Sembra che Gallione abbia lasciato Corinto verso la

---

[51] "L.I. Gallio Annaeanus. Eldest son of Annaeus Seneca and Helvia [2], Brother of Annaeus → Seneca. Adopted by I. [II 14]. Entered the Senate at the latest under Caligula; praetor at the latest around AD 46; *Proconsul Achaea* 51-52 (THOMASSON, I, 191); in a letter Claudius calls him *amicus* (SEG 3,389 = [I]). The Jews of Corinth raised an accusation against Paulus before him; however, he rejected these accusations (Acta apostolorum, 18,12ff.). *Cos. suff.* with T. Cutius Ciltus in July/August 56. After the enforced suicide of his brother, he also appears to have died" (W. ECK, "L.I. Gallio Annaeanus", *BNP*, VI, 1101).

Figura di Paolo di Tarso

fine del 52. Possiamo quindi ritenere che Paolo sia rimasto a Corinto dal 50/51 al 52. Secondo *At* 18,18b-22, Paolo salpò da Cencre, porto di Corinto, fece scalo a Efeso e a Cesarea (sulla costa della Palestina) e si recò poi a Gerusalemme a salutare quella chiesa[52].

Secondo la cronologia tradizionale Paolo ha scritto le sue lettere nell'ordine seguente[53]:

Prima Tessalonicesi
Galati
Filippesi
Filemone
Prima Corinzi
Seconda Corinzi
Romani
Seconda Tessalonicesi
Colossesi

---

[52] R.E. BROWN, *Introduzione al Nuovo Testamento*, 583. Per il testo originale vedi ID., *Introduction to the New Testament*, 433. Per più informazioni sul testo dell'iscrizione e sulla figura di Gallione vedi J. MURPHY-O'CONNOR, *St. Paul's Corinth*, 161-169.

[53] Per un confronto tra la cronologia tradizionale e quella revisionistica dell'epistolario paolino vedi R.E. BROWN, *Introduction to the New Testament*, 428-429, Table 6. Pauline Chronology; trad. italiana, ID., *Introduzione al Nuovo Testamento*, 576-577, Tavola 6. Cronologia paolina; J.A FITZMYER, "Paul", *NJBC*, §§39-44; trad. italiana, ID., "Paolo", *NGCB*, §§39-44. Nella sua famosa introduzione al NT il biblista statunitense R.E. Brown motiva l'ordine della sua esposizione dell'epistolario paolino con queste parole: "Chapters 18–24 cover the protoPauline group (i.e., surely written by Paul) in the order I Thess, Gal, Phil, Phlm, I-II Cor, and Rom […] Chapters 26–31 cover the deuteroPauline group (perhaps or probably not written by Paul himself) in the order II Thess, Col, Eph, Titus, 1 Tim, and II Tim" (ID., *Introduction to the New Testament*, 419). Cfr. la traduzione italiana: "I capp. 18–24 riguardano il gruppo protopaolino (cioè le lettere scritte certamente da Paolo) nell'ordine *1 Ts, Gal, Fil, Fm, 1 e 2 Cor, Rom* […] i capp. 26–31 tratteranno del gruppo deuteropaolino (che comprende le lettere probabilmente or forse non scritte personalmente da Paolo) nell'ordine *2 Ts, Col, Ef, Tt, 1 e 2 Tm*" (ID., *Introduzione al Nuovo Testamento*, 566). Accettiamo in pieno la datazione tradizionale, pur ammettendo che molti esegeti contemporanei preferiscono la così detta cronologia 'revisionistica'. Per un ottimo articolo che mette a confronto le due cronologie in modo dettagliato e motiva le ragioni a favore di una datazione alternativa, vedi K.P. DONFRIED, "Chronology: the Apostolic and Pauline Period", in ID., ed., *Paul, Thessalonica, and Early Christianity*, Grand Rapids 2002, 99-117. Il nostro studio introduttivo terrà in considerazione la discussione scientifica che ferve tutt'ora tra biblisti sulla data, luogo e occasione di ogni lettera particolare. Per un'altra ipotesi di cronologia paolina vedi R. FABRIS – S. ROMANELLO, *Introduzione alla lettura di Paolo*, 16-18.

Efesini
Tito
Prima Timoteo
Seconda Timoteo

L'individuazione e la delineazione delle occasioni contingenti ci aiuteranno a ricomporre un quadro d'insieme delle epistole. In questo modo il Vangelo di Paolo sarà più comprensibile e più vicina a noi e al nostro tempo. In concordanza con i principi sopra enunciati nel prossimo capitolo ci accostiamo alla prima lettera autentica ancora esistente, cioè la Prima Lettera ai Tessalonicesi, della quale studieremo in particolare il testo 4,13-18.

III. Paolinismo e antipaolinismo

A. *Paolinismo*

1. Le Deuteropaoline, le Pastorali, gli Atti degli Apostoli e la Prima Lettera di Pietro

Negli scritti deuteropaolini, nelle lettere pastorale e negli Atti degli Apostoli rinveniamo un'ondata imponente di risonanza positiva a favore di Paolo: tutti i dati disponibili a lui relativi vengono ricercati con passione e raccolti con cura; vengono vagliati, assemblati, sviluppati, ma sempre rispettosamente inquadrati nell'esperienza ecclesiale, con particolare attenzione alla liturgia, senza dimenticare di volgere uno sguardo alla vita vissuta. Nelle due lettere gemelle ai Colossesi e agli Efesini, nonché nella Prima a Timoteo troviamo brani che fanno riferimento immediato alla pratica liturgica. Un esempio eloquente è l'inizio del prologo della Lettera agli Efesini:

> [3] Benedetto sia Dio, Padre del Signore nostro Gesù Cristo, che ci ha benedetti con ogni benedizione spirituale nei cieli, in Cristo. [4] In lui ci ha scelti primo della creazione del mondo, per essere santi e immacolati al suo cospetto nella carità, [5] predestinandoci a essere suoi figli adottivi per opera di Gesù Cristo, [6] secondo il beneplacito della sua volontà. E questo a lode e gloria della sua grazia, che ci ha dato nel suo Figlio diletto; [7] nel quale ab-

biamo la redenzione mediante il suo sangue, la remissione dei peccati secondo la ricchezza della sua grazia (Ef 1,3-7).

Ancora oggi lo recitiamo a memoria, e lodevolissimamente esso è usato nella liturgia, come del resto lo era anche allora. Il testo sebbene sia stato rielaborato ha le sue radici nell'esperienza liturgica: quella cioè dell'assemblea riunita in giorno di domenica. I cristiani dei primi secoli erano soliti innanzitutto confessare i loro peccati; quindi ascoltavano la Parola; da ultimo partecipavano all'eucaristia. Identico schema incontreremo nell'Apocalisse. Quando troviamo un Paolo protagonista dell'esperienza ecclesiale intendiamo un Paolo che vuole essere ascoltato, letto, capito, sentito, percepito nell'assemblea liturgica. Paolo stesso ne era talmente conscio e convinto che nel finale della Prima Lettera ai Tessalonicesi così si raccomanda:

> Vi scongiuro, per il Signore, che si legga questa lettera a tutti i fratelli e sorelle (1Ts 5,27).

Questa concordanza ecclesiale ha il suo punto forte e vincente proprio nell'uso liturgico. Le lettere di Paolo erano giustamente lette nella liturgia; gli elementi riguardanti la persona di lui erano tenuti presenti e soppesati anche con l'aiuto di una certa spinta creativa. Gli inni che troviamo nelle lettere ai Colossesi[54] e agli Efesini[55] sono appunto il risultato di un contenuto paolino che la Chiesa ha conosciuto come frutto di un'esperienza immediatamente precedente. La rielaborazione innica fu fatta non da chi direttamente aveva portato il nucleo originario del messaggio paolino, ma dalle chiese particolari, le quali hanno diligentemente raccolto e fatto tesoro del materiale paolino; lo hanno conservato religiosamente, in quanto ne avevano colto l'enorme importanza; lo hanno rielaborato esprimendolo in canti, inni, acclamazioni. Solo grazie a questa tradizione possiamo vantare un Paolo che risuona ancora oggi nella Chiesa in tutta la sua grandezza. Questa risonanza paolina continua anche dopo la morte di Paolo: in questo senso parliamo del paolinismo. Nelle Deutero-

---

[54] Vedi Col 1,15-20.
[55] Vedi Ef 1,3-14.

paoline (soprattutto Colossesi[56] e Efesini[57]), nelle Pastorali[58], negli Atti degli Apostoli[59], e anche nella Prima Lettera di Pietro[60] si rinvengono alcuni influssi paolini importanti. Si tratta cioè di un movimento originato da Paolo in carne ed ossa poi sviluppatosi — in parallelo con il Paolo

---

[56] Per il paolinismo di Col vedi J.-N. ALETTI, *Saint Paul Épître aux Colossiens*, 22-25. L'Autore mette in rilievo i rapporti lessicografici (la presenza del nome di Paolo e una composizione letteraria simile alle lettere autentiche), stilistici (costruzione differente di frasi con espressioni nuove) e teologici (temi comuni come eredità, redenzione, essere con Cristo) fra Col e gli altri scritti del corpus paolino.

[57] Per il paolinismo di Ef vedi R. PENNA, *Lettera agli Efesini*, 21-23. L'Autore afferma che si può riconoscere la paolinità di questo scritto neotestamentario a tre livelli: 1) il nome di Paolo ricorre per due volte (cfr. 1,1; 3,1); 2) la ricorrenza di 22 vocaboli che si trovano nel NT solo in Ef e nell'epistolario paolino, fatto lessicale a favore dell'accostamento; 3) la presenza di temi tipicamente paolini, come per esempio la Chiesa come 'corpo di Cristo'.

[58] "Vi è dunque un ruolo di Paolo nelle LP. L'immagine che esse danno di lui è quella dell'Apostolo, unica fonte di autorità nella tradizione, al punto da dover giustificare l'espressione 'esclusivismo paolino'. La ripresa, sia pure in nuovo contesto, della terminologia paolina, consente di parlare di una continuità della figura dell'Apostolo nelle lettere storiche e nell'EP. Il ruolo autorevole di Paolo come appare nelle LP ha le sue radici nelle lettere autentiche. In tale prospettiva possono essere collocati i *personalia*. Al di là però di questi dati e della loro spiegazione nel quadro della pseudoepigrafia, è importante porre l'accento sugli aspetti che ci risultano a descrizione dell'immagine di Paolo: missionario e apostolo, proclamatore e maestro del vangelo; egli è punto di riferimento e maestro indiscusso per collaboratori e discepoli fedeli: Timòteo e Tito e per tutta una rete di personalità minori, note dagli altri scritti paolini e dagli Atti degli apostoli, oltre che dalle stesse LP" (C. MARCHESELLI-CASALE, *Le Lettere pastorali*, 27).

[59] Per il paolinismo degli Atti vedi J.A. FITZMYER, *Acts of the Apostles*, 145-147. In queste pagine l'Autore presenta e poi critica il contributo di P. Vielhauer, "Zum 'Paulinismus' der Apostelgeschichte", il quale ha sottolineato le differenza tra Paolo e Luca riguardo a quattro temi teologici: teologia naturale, legge, cristologia e escatologia. Secondo il Fitzmyer, il Vielhauer aveva esagerato le differenze fra la teologia del Paolo lucano e quella del Paolo delle lettere autentiche. "Lucan theology, even Luke's interpretation of Paul's teaching, may have to be regarded as a development beyond what is found in Paul's uncontested letters, but that does not mean that he has given us such a biased view of Paulinism, as Vielhauer implies" (J.A. FITZMYER, *Acts of the Apostles*, 147).

[60] "Si ha l'impressione che nella comunità romana presieduta dall'apostolo Pietro sia stato recepito un cristianesimo con notevoli accentuazioni giudaiche, ma di stampo moderato. Luca presenta l'apostolo su questa linea moderata già in occasione della conversione di Cornelio (At 10) e della successiva assemblea gerosolimitana (At 15). In quel contesto Pietro è mediatore tra le posizioni di Paolo e di Barnaba, da un lato, e quelle di Giacomo e degli anziani, dall'altro: è *uomo-ponte* tra posizioni contrapposte. La 1Pietro conferma questa impressione. La comunità dell'apostolo, e in particolare la sua équipe pastorale tra cui Silvano e Marco, mostra di aver recepito la linea giudeo-cristiana moderata. Di Paolo è stato accolto l'insegnamento della Lettera ai Romani, ma anche quello successivo, di quando giunse a Roma prigioniero, con posizioni più mitigate verso i giudeo-cristiani" (E. BOSETTI, *Prima lettera di Pietro*, 17).

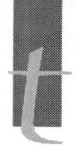

Figura di Paolo di Tarso

personaggio storico — nell'esperienza liturgica della vita ecclesiale, fino ad arrivare a certi aspetti, richeggiamenti e reminiscenze che troveremo addirittura nella patristica: tutta questa scia luminosa potremmo chiamarla "il Paolo donato alla Chiesa".

2. *Seconda Lettera di Pietro*

Per un esempio di paolinismo nel Nuovo Testamento leggiamo un brano della Seconda Lettera di Pietro. Questa lettera è l'ultimo libro del Nuovo Testamento a essere scritto, molto probabilmente nel 130, cioè più di settanta anni dopo l'ultima lettera autentica di Paolo. La Seconda Lettera di Pietro è indirizzata a credenti del Mediterraneo orientale che conoscevano le lettere paoline e la Prima Lettera di Pietro. L'opera fu scritta verosimilmente da Roma (altre possibilità: Alessandria o l'Asia Minore) da qualcuno che voleva lasciare un messaggio finale con dei consigli di Pietro. Perciò secondo la maggioranza di biblisti oggi questa breve lettera è pseudonima.

[14] Perciò, carissimi, nell'attesa di questi eventi, cercate d'essere senza macchia e irreprensibili davanti a Dio, in pace. [15] La magnanimità del Signore nostro giudicatela come salvezza, come anche il nostro carissimo fratello Paolo vi ha scritto, secondo la sapienza che gli è stata data; [16] così egli fa in tutte le lettere, in cui tratta di queste cose. In esse ci sono alcune cose difficili da comprendere e gli ignoranti e gli instabili le travisano, al pari delle altre Scritture, per loro propria rovina. [17] Voi dunque, carissimi, essendo stati preavvisati, state in guardia per non venir meno nella vostra fermezza, travolti anche voi dall'errore degli empi; [18] ma crescete nella grazia e nella conoscenza del Signore nostro e salvatore Gesù Cristo. A lui la gloria, ora e nel giorno dell'eternità. Amen (2Pt 3,14-18).

Esaminiamo brevemente questo passo. "Nostro carissimo fratello Paolo" (v. 15): è palese l'ammirazione dell'Autore per l'Apostolo dei popoli. "vi ha scritto" (v. 15): si affaccia il problema dei destinatari della lettera. A chi scriveva l'Autore della Seconda Pietro? "secondo la sapienza che gli è stata data" (v. 15): si riconoscono apertamente il livello culturale e l'importanza spirituale dell'azione evangelizzatrice di Paolo. "in tutte le lettere in cui tratta di queste cose" (v. 16): si allude alla seconda venuta di Cristo, concetto che Paolo aveva già spiegato nelle sue lettere.

Questo breve stralcio della Seconda Lettera di Pietro rivela un'ammirazione sconfinata per l'amato e ammirato fratello Paolo, per il complesso delle lettere portatrici di novità, che esulano dal comune pensare, "difficili da comprendere e gli ignoranti e gli instabili le travisano" (v. 16). Costoro fraintendono non solo Paolo, ma anche le "altre scritture", divenendo artefici della "loro propria rovina". L'Apostolo delle genti quindi è considerato persona avvertita, sapiente, ammirata per le sue doti, ma di difficile comprensione quanto al suo pensiero. Capire Paolo è arduo, sia per i suoi contenuti, profondi e geniali, sia per il suo originale modo di esprimersi. Egli è fulminante, sintetico, allusivo. La sua predicazione — orale o scritta — presuppone un'intelligenza di tipo intuitivo e raffinata sensibilità, per potergli tener dietro quando omette certi passaggi logici. Forse l'Autore della Seconda Lettera di Pietro aveva in mente anche qualche passo del Vangelo quadriforme[61]? Di conseguenza siamo autorizzati a considerare le lettere di Paolo allo stesso livello di autorità degli altri testi dell'Antico Testamento: si tratta per noi di un'acquisizione rilevante nella sua portata. Le lettere di Paolo, scritte per situazioni concrete, vengono assunte come valide non solo per le comunità o per gli individui a cui furono indirizzate, ma come testi normativi per tutta la vita della Chiesa, quale deve essere il ruolo della Scrittura: infatti quest'ultima non è semplicemente una riflessione, ma un messaggio che impegna integralmente l'intera vita ecclesiale, e nel quadro di questa Scrittura nel suo insieme accogliamo e facciamo nostro il messaggio di Paolo. Accanto a tale apprezzamento nei riguardi di Paolo la Seconda Lettera di Pietro lascia intravedere un movimento di resistenza, che travisando le sue parole, tendeva a mettere in cattiva luce la sua figura e la sua predicazione. Abbiamo qui un primo accenno ad un atteggiamento che poi diventerà più esteso e universale e che in seguito verrà chiamato il fenomeno del paolinismo e dell'antipaolinismo. Nel corso del II e del III secolo tale dialettica e la polemica che ne derivava divennero ancora più evidenti e marcate. Tutta la massa di entusiasmi e di consensi che Paolo suscitava la troviamo in forma purificata nel Paolo vivente, nel Paolo in carne e

---

[61] Il Vangelo redatto dai quattro evangelisti è stato assemblato verso la metà del II secolo e circolava già nel ciclo liturgico della Chiesa.

Figura di Paolo di Tarso

ossa: nel Paolo delle lettere protopaoline. La figura di Paolo non è nata dal nulla: tutto ciò che lo riguarda dipende dal Paolo storico, realmente esistito, di cui conosciamo anche in misura abbastanza dettagliata le varie vicende[62].

B. *Antipaolinismo*

Accanto a questa risposta positiva si contrappone una tendenza inversa, un movimento ostile a Paolo, anche se non possiamo afferrarlo e individuarlo con chiarezza, così come riusciamo a parlare di un movimento a lui favorevole. Questo almeno per il I secolo, perché nel II e III secolo esploderà un'opposizione violenta a Paolo[63]. Nelle Pseudo-Clementine del III secolo[64], falsamente attribuite a Clemente Romano[65], si darà corpo a una polemica esplicitamente avversa a Paolo[66]. L'esaltazione di Paolo negli Atti degli Apostoli sarebbe stata originata dal bisogno di ricuperare la figura di lui, sopraffatta da un movimento antipaolinista ma questa ipotesi rimane allo stadio di mera congettura.

---

[62] Le argomentazioni sopra esposte risulteranno più comprensibili previa un'attenta lettura di Brown, di Sacchi o di Sánchez Bosch. Vedi R.E. Brown, *Introduction to the NT*, 716-717; A. Sacchi, *Lettere paoline*, 78-79; J. Sánchez Bosch, *Escritos paulinos*, 75-80.

[63] Per capire di più l'identità e la testimonianza evangelica di questi oppositori antipaolini di ambito cristiano vedi R. Penna, ed., *Antipaolinismo: reazioni a Paolo tra il I e il II secolo. Atti del II convegno nazionale di studi neotestamentari (Bressanone, 10-12 settembre 1987)*, RSB 1,2, Bologna 1989.

[64] "Le PsClem furono scritte in greco, non si conosce né il luogo né la data esatta della loro composizione; si può dire soltanto che provengono dagli ambienti del giudeo-cristianesimo siro-palestinese. Un dato sicuro, che è anche il punto di partenza della discussione su questa materia estremamente complicata, è che nel corso del quarto secolo le PsClem esistevano in due forme diverse, ambedue in greco: le venti *Omelie* (= H) e i *Riconoscimenti* (= R). Ma mentre le *Omelie* insieme con tre testi che le precedevano — la lettera di Pietro a Giacomo (= EpP.), la risposta di Giacomo (= Διαμαρτυρία o *Contestatio* = Cont.), la lettera di Clemente a Giacomo (EpClem) — ci sono giunte nel testo originale greco, dei *Riconoscimenti* invece abbiamo soltanto una traduzione latina fatta da Rufino di Aquileia intorno al 406 d.C., al suo ritorno dall'oriente" (L. Cirillo, "L'antipaolinismo nelle Pseudoclementine", 122).

[65] "Clement of Rome was a key leader of the Roman church during the last decade of the first century. A late romance (the Pseudo-Clementines) describing him as a noble Roman citizen connected with the family of the Caesars who was baptized and disciple by Peter is wholly legendary" (M.W. Holmes, "Clement of Rome", *DLNTD*, 233).

[66] "'Pseudo-Clementines' is not primarily a generic designation used in all inauthentic writings attached to the name of Clement of Rome. It refers rather to a specific group of pseudonymous compositions that relate a fictitious tale of Clement's conversion to Christianity, of his

Per documentare la reale esistenza di movimenti antipaolinisti nel Nuovo Testamento possiamo riferirci a Giacomo, il quale nella sua lettera commenta questo versetto del libro della Genesi:

> Egli (Abram) credette al Signore, che glielo accreditò come giustizia (Gn 15,6).

Nel suo testo Giacomo usa la medesima argomentazione riferita ad Abramo:

> E Abramo credette in Dio e gli fu accreditato come giustizia, e fu chiamato amico di Dio (Gc 2,23).

Nella sua Lettera ai Romani, però, Paolo connota questa frase di un significato diverso rispetto a Giacomo:

> Abramo credette in Dio e ciò gli fu accreditato come giustizia (Rm 4,3).

L'Apostolo delle genti afferma che conta la fede in Gesù Cristo e non le opere della legge mosaica (per esempio, circoncisione, norme alimentari, obbedienza al calendario giudaico ecc.); infatti la giustificazione venne concessa ad Abramo (e quindi prima della legge mosaica) proprio perché ebbe fede in Dio. Giacomo riprende quelle parole sostenendo che non basta la fede in Cristo: occorrono anche le opere buone, e Abramo fu giustificato perché si dispose a sacrificare il proprio figlio Isacco. Il medesimo versetto della Scrittura (cfr. Gn 15,6) è inteso variamente dall'uno e dall'altro: tale atteggiamento può essere sintomatico di una tendenza se non proprio oppositiva, almeno correttiva. Quando Giacomo ribadisce che la fede senza le opere è morta, è in dissonanza ma non in opposizione netta con il pensiero

---

travels with Peter, and of his recovery of the long-lost and dispersed members of his family. The genre of these writings is the ancient romance of recognitions; the *Pseudo-Clementines* are the first known example of Christian adoption *en bloc* of this literary *Gattung*. [...] The *Pseudo-Clementines* are significant for biblical studies in a number of ways, but mainly because the author of the basic writing was affected by Syrian Jewish Christianity. He has preserved traditions that evidently extend back to apostolic times and that have survived elsewhere only fragmentarily. Elements of anti-Paulinism in the *Pseudo-Clementines* led F.C. Baur to employ these writings as a cardinal witness to the Jewish Christian wing of earliest Christianity. Early tradition is also reflected in some of the unusual sayings of Jesus that find parallels in a variety of sources, especially Justin Martyr. The thesis that the *Pseudo-Clementines* are directly dependent on a harmony of the Gospels (in particular, one supposedly used by Justin, as assumed by Kline in1975), however, finds insufficient support in the parallels. The history of each saying must be examined independently" (F.S. JONES, "Clementines, Pseudo-", *AncBD*, I, 1061-1062).

di Paolo, il quale dichiara che le opere della legge mosaica non contano nulla: l'unica cosa che conta è la fede in Cristo. Paolo parlava di fede senza escludere le opere buone, ma si riferiva alle opere che vengono dopo e in conseguenza della fede in Cristo. Anche in Paolo quindi la fede postula le opere buone, ma essa ha un'assoluta preminenza; in Giacomo invece la preminenza viene data alle opere buone nelle quali si ravvisa la fede cristiana:

> ¹⁷ Così anche la fede: se non ha le opere, è morta in se stessa. ¹⁸ Al contrario uno potrebbe dire: Tu hai la fede ed io ho le opere; mostrami la tua fede senza le opere, ed io con le mie opere ti mostrerò la mia fede (Gc 2,17-18).

Secondo Giacomo nelle opere si esprimono e si manifestano immancabilmente quelli che sono i valori interiori. L'Autore della lettera "alle dodici tribù disperse nel mondo" (Gc 1,1) ha una concezione fortemente unitaria della persona, dimodoché se la persona è sostenuta da valori interiori, come la fede, questi valori si concretizzano necessariamente, venendo realmente seguiti da un coerente comportamento esteriore. Oggi parliamo di valori interiori e di comportamento esteriore. Giacomo, invece, convinto dell'inscindibilità della persona, afferma semplicemente che l'individuo per forza di cose traduce i suoi valori interiori nel comportamento corrispondente. Tale concezione della persona può essere discutibile, forse è un po' elementare. Sappiamo infatti che la persona è una realtà molto complessa e che in essa albergano sentimenti talora conflittuali e si decidono scelte non manifestate. Spesso queste non si trovano in sintonia o addirittura risultano in contraddizione con i valori che si hanno dentro. Attualmente siamo pervenuti a una concezione complessa della persona e su questo percorso si muoveva già Paolo, mentre il punto di vista che emerge dalla Lettera di Giacomo e dall'Apocalisse denota una maniera di pensare piuttosto rigida, priva di sfaccettature, monolitica: figlia del suo tempo. Paolo non rifiuterebbe in toto la tesi di Giacomo, ma con estrema duttilità accede a una visione più articolata della persona, anche sulla scorta della cultura ellenistica. Si può considerare la riflessione di Giacomo un correttivo alla concezione paolina[67]; e tale considerazione

---

[67] "… si deve tenere presente la diversa prospettiva dei due autori, che fanno ricorso anche ad un diverso modello e stile letterario. Giacomo ha un orientamento decisamente pratico e parenetico, mentre Paolo sviluppa un dibattito teologico con il fronte dei giudaizzanti" (R. FABRIS, "Figura e ruolo di Giacomo nell'antipaolinismo", 90).

potrebbe essere annoverata tra i segnali dell'antipaolinismo, nel senso che la preminenza assoluta della fede non essendo stata compresa in modo corretto avrebbe provocato in certuni la reazione opposta[68]. Per Giacomo la fede va sempre di conserto con le opere, mentre Paolo parla della fede anche a prescindere dalle opere buone, senza peraltro escluderle:

> Poiché in Cristo Gesù, non è la circoncisione che conta o la non circoncisione, ma la fede che opera per mezzo della carità (Gal 5,6).

> [9] E non stanchiamoci di fare il bene; se infatti non desistiamo, a suo tempo mieteremo. [10] Poiché dunque ne abbiamo l'occasione, operiamo il bene vero tutti, soprattutto verso i fratelli nella fede (Gal 6,9-10).

La medesima conclusione vale anche per l'Apocalisse[69], la quale verrebbe a trovarsi in distonia con Paolo sulla questione della consumazione delle carni immolate agli idoli:

> [14] Ma ho da rimproverarti alcune cose: hai presso di te seguaci della dottrina di Balaam, il quale insegnava a Balak a provocare la caduta dei figli d'Israele, spingendoli a mangiare carni immolate agli idoli e ad abbandonarsi alla fornicazione [...] [20] Ma ho da rimproverarti che lasci fare a Iezabele, la donna che si spaccia per profetessa e insegna e seduce i miei servi inducendoli a darsi alla fornicazione e a mangiare carni immolate agli idoli (Ap 2,14.20).

Lungi dall'essere messe in vendita al mercato — infatti questo era severamente proibito — è ben vero che al termine del sacrificio le carni immolate venivano consumate davanti al tempio o mandate in dono gradito a personaggi importanti. L'enunciazione di Paolo:

---

[68] "... si può collocare il rapporto tra Gc 2,14-26 e il fronte antipaolino. Nella storia dell'esegesi il testo di Giacomo è stato diversamente interpretato in rapporto alla posizione di Paolo sul ruolo della fede e opere nella giustificazione. Risale ad Agostino quella che si può chiamare una tendenza concordista che vuole conciliare le due posizioni, quella di Paolo e di Giacomo, in quanto introduce sul problema della giustificazione una distinzione tra le opere che la precedono (Paolo) e quelle che la seguono (Giacomo). Si può considerare questa linea conciliativa come tradizionale, assunta e precisata dagli autori medievali. Il venerabile Beda richiama l'attenzione sulla diversa prospettiva dei due scritti che sottolineano aspetti diversi in rapporto ai destinatari. Anche Tommaso d'Aquino distingue nei due attori il diverso giudizio sulle opere prima e dopo la giustificazione" (R. Fabris, "Figura e ruolo di Giacomo nell'antipaolinismo", 88-89).

[69] Per gli argomenti che seguono vedi U. Vanni, "Paolinismo o antipaolinismo nell'Apocalisse?". Nel suo articolo l'Autore presenta con lucidità i punti di convergenza e di divergenza tra l'Apostolo delle genti e l'Autore dell'Apocalisse.

Figura di Paolo di Tarso

Quanto dunque a mangiare le carni immolate agli idoli, noi sappiamo che non esiste alcun idolo al mondo, e che non c'è che un Dio solo (1Cor 8,4).

dimostra l'apertura mentale dell'Apostolo: i fedeli potevano mangiare gli idolotiti (εἰδωλόθυτα) tranquillamente senza creare inutili scrupoli di coscienza[70]. Al contrario l'Autore dell'Apocalisse e quelli delle lettere apostoliche tengono un atteggiamento del tutto diverso, difensivo: vietano ai cristiani di partecipare a questi banchetti, proponendo una linea di rottura, tipica del pensiero giovanneo, col mondo pagano circostante.

Io ho dato a loro la tua parola e il mondo li ha odiati perché essi non solo del mondo, come io non sono del mondo (Gv 17,14).

Religione pura e senza macchia davanti a Dio nostro Padre è questa: soccorrere gli orfani e le vedove nelle loro afflizioni e conservarsi puri da questo mondo (Gc 1,27).

Tale opposizione potrebbe essere la spia di una componente antipaolina. Nella fattispecie a Efeso dapprima assistiamo a un periodo in cui Paolo è in auge; verso la fine del I secolo subentra la tradizione giovannea, che nella prassi ecclesiale si diversificava da quella paolina[71]. La Let-

---

[70] "Paolo non suppone che il cristiano viva isolato, per conto suo, senza un contatto con i coetanei pagani. Tale contatto di fatto si realizza sia sulla linea personale dell'invito a tavola, sia su quella sociale dello stesso mercato, sia, addirittura, sulla linea di convivenza anche in contesti dove si trovino materialmente gli idoli. Nella prospettiva di Paolo il cristiano deve possedere quella conoscenza approfondita che gli permetta di praticare con agilità e disinvoltura tutti questi contatti. L'unico limite, in tutto questo, deriva da circostanze particolari, occasionali, ma delle quali, quando si realizzino, il cristiano dovrà tenere debitamente conto. Da notare, infine, che Paolo sembra elaborare in proprio la soluzione del problema degli idolotiti come gli è presentato dai corinzi. Non si richiama, come fa altrove, né a una tradizione precedente e neppure a una sua presa di posizione anteriore. Tutto fa pensare che si tratta di un problema nuovo a cui viene data una soluzione nuova" (U. VANNI, "Paolinismo o antipaolinismo nell'Apocalisse?", 68-69).

[71] "... ci dovette essere ad Efeso un passaggio traumatico da una chiesa di impronta paolina a un altro tipo di chiesa. Nel discorso degli anziani di Efeso Paolo si esprime in termini particolarmente preoccupati: 'Io so (οἶδα) che verranno dolo la mia partenza (μετὰ τὴν ἀφιξίν μου) lupi pesanti tra voi che non risparmieranno il gregge; da voi stessi (ἐξ ὑμῶν αὐτῶν) sorgeranno uomini che diranno cose storte per far staccare discepoli presso di loro (At 20,29-30)'. Non si tratta di un cambiamento imposto dalle circostanze esterne, ma di un fatto che riguarda la vita della chiesa dall'interno: dal gruppo stesso degli anziani ci saranno alcuni che si allontaneranno dalla linea di Paolo" (U. VANNI, "Paolinismo o antipaolinismo nell'Apocalisse?", 74).

tera agli Efesini, caratterizzata da frequenti riferimenti giovannei[72], potrebbe essere vista come un tentativo di ricomporre e di ricostituire in una qualche unità il movimento paolino già presente a Efeso, pur in concomitanza di contestazioni e tensioni e il sopravvenuto movimento giovanneo, dissonante per certi aspetti da quello di Paolo. La lettera pertanto rispecchierebbe quell'aspirazione all'unità, alla conciliazione e all'ἀγάπη[73], quale si auguravano gli spiriti più illuminati della chiesa ivi esistente; quel desiderio che nella prima metà del II secolo si avverò a Efeso. Si può considerare la Lettera agli Efesini una sintesi eccezionale della sana tensione dialettica tra le colonne Paolo e Giovanni[74]. Con i suoi numerosi elementi paolini, ma sorprendentemente nutrita di addentellati giovannei, Efesini spicca per le sue suggestive caratteristiche di novità, di originalità e di modernità.

Invito all'approfondimento

Paolo e Poliuto. Il mistero del martirio e la vittoria della grazia
Pierre Corneille (Rouen 1606 – Parigi 1684), insieme con Jean Racine è annoverato tra i maggiori rappresentanti della letteratura francese del XVII

---

[72] "Efesini e Giovanni. Il rapporto della nostra lettera col quarto Vangelo, purtroppo, non è ancora stato analiticamente studiato. Ma sono indubbi i motivi di accostamento. Vedi le espressioni: 'prima della fondazione del mondo' (Ef 1,4; Gv 17,24), la misura del dono (Ef 4,7; Gv 3,34), il Cristo che discende e sale al cielo (Ef 4,10; Gv 3,13), camminare nella luce (Ef 5,8; Gv 12,35s), la manifestazione delle opere nella luce (Ef 5,11.13; Gv 3,20-21; i due passi usano lo stesso verbo *elégchein* nello stesso contesto con lo stesso senso di 'riprovare', invece che 'convincere'), pregare 'in nome di' Cristo (Ef 5,20; Gv 16,23-24), purificare con la parola (Ef 5,26; Gv 15,3). In particolare, la cosiddetta preghiera sacerdotale di Gesù in Gv 17 è ricca di addentellati con Efesini: tra tutti spicca il tema dell'unità della chiesa, che non ha altrove nel NT una sottolineatura così forte come in questi due scritti (Gv 17,11.21-23; Ef 2,14-18; 4,3-6); ma vedi pure i temi della verità (Gv 17,17.19; Ef 4,21.24; 5,9), della concezione negativa di questo mondo (Gv 17,9.14s; Ef 2,2; 6,12), dell'amore del Padre per il Figlio (Gv 17,23; 3,35; Ef 1,7) e del potere dato a lui su ogni cosa (Gv 17,2; Ef 1,21s), oltre alla sottolineatura dell'amore in generale come norma di vita (passim). Sarebbe interessante, inoltre, studiare quel clima vagamente gnostico (e qumrânico) che sembra particolarmente accomunare i nostri due scritti" (R. PENNA, *La lettera agli Efesini*, 42).

[73] Per il sostantivo ἀγάπη vedi Gv 5,42; 13,35; 15,9.10(2x).13; 17,26; Ef 1,4.15; 2,4; 3,17.19; 4,2.15.16; 5,2; 6,23; 1Gv 2,5.15; 3,1.16.17; 4,7.8.9.10.12.16(3x).17.18(3x); 5,3; 2Gv 3.6; 3Gv 6.

[74] "… se è eccessivo parlare, a proposito della chiesa della Grecia e dell'Asia Minore della seconda metà del I secolo, di scuole teologiche, è evidente che esistono delle correnti, come quella paolina e quella 'giovannea' come appare nell'Apocalisse, le quali interagiscono anche polemicamente tra di loro" (U. VANNI, "Paolinismo o antipaolinismo nell'Apocalisse?", 75).

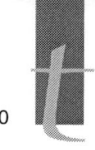

Figura di Paolo di Tarso

secolo. Allievo dei gesuiti dal 1615 al 1622 dove aveva imparato a interessarsi del teatro e ad amarlo, avvocato, visse "con semplicità", godette della protezione del Cardinale di Richelieu, al quale stava a cuore lo sviluppo del teatro classico nazionale come veicolo di cultura. Fu autore fecondo: tra i suoi capolavori *il Cid*, l'*Horace*, il *Cinna* e il *Polieucte* (1643) degno coronamento del suo impegno artistico[75], ideale quanto aggiornata prosecuzione della tragedia greca del V secolo a.C. Nel 1600, età della Controriforma, il cattolicesimo aveva bisogno di ritrovare la propria linfa vitale, capace di controbattere la ventata del protestantesimo dilagante in Europa. Perciò il Nostro attinge alla sorgente dell'idea annunciata del Vangelo e con profondo convincimento rinviene lì la genuina ispirazione creatrice di figure indimenticabili com'è appunto il *Poliuto*, opera de rara sensibilità morale, attenta ai conflitti interiori, non bigotta, non ipocrita, ma sincera e aperta alle nuove istanze del mondo moderno.

La tragedia trae spunto dalla realtà storica del III secolo d.C., realtà rivestita della raffinata e ineccepibile veste artistica dei versi alessandrini, snodantisi con ritmo estremamente duttile e mosso durante l'intero svolgersi dei regolamentari cinque atti (unità di tempo, di luogo, di azione come Aristotele aveva teorizzato). Il personaggio Poliuto, realmente esistito forse negli anni dell'imperatore Decio (249-251[76] circa), aveva lasciato traccia del suo pas-

---

[75] Queste quattro tragedie "formano un solido geometrico inattaccabile e ben squadrato, le cui basi sono costituite dall'onore (*Il Cid*), dal patriottismo (*Orazio*) e dalla generosità (*Cinna*). Il vertice del solido è costituito dal *Poliuto*, la santità, culmine e coronamento dell'opera di C. L'eroismo umano, diventato santità, è qui illuminato dalla luce della grazia" (G. MACCHIA, «Corneille», *L'enciclopedia della letteratura*, 246).

[76] "Roman Emperor 249-251 […] In 248, he was sent to the Danube with a special unit, but was proclaimed emperor by the troops in the early summer of 249 (Zos. I,21,22; Zon. 12,19). D. tried in vain to remain faithful to Philip, then defeated him in a battle near Beroea (Ioh. Ant.), due to a scribal error referred to as Verona in Latin sources [4; 5]. Soon D. took on the pragmatic name of Traianus. He elevated his sons Herennius Etruscus and Hostilianus to Caesares while his wife Herennia Cupressenia Etruscilla became Augusta. According to evidence from coins, he wanted to head a peaceful regime and sought to maintain law and order particularly in the Danube provinces. Probably in order to restore the *pax deorum* and the unity of the empire (cf. AE 1973, 235, Cosa, where he was celebrated as *restitutor sacrorum*), D. proclaimed a general order to make sacrifices to the gods (*supplicatio*) in 249: all citizens of the empire had to make sacrifices to the official gods and had to obtain certificates (*libelli*) for this from local authorities (examples from Egypt in [6]). In this way D. triggered the great persecution of Christians, since many Christians refused to make these sacrifices (Euseb. Hist. eccl. 6,41,9f.; Lactant. De mort. pers. 4,2). The order to make sacrifices remained in force until D.'s death; among others, pope Fabian and Pionios of Smyrna died [7]" (A.R. BIRLEY, "C. Messius Quintus Traianus Decius", *BNP*, IV, 153-154).

saggio sul suolo dell'Armenia, dov'era stato sepolto. Verso la fine del IV secolo a Melitene[77], capitale dell'Armenia, esisteva una chiesa dedicata a San Poliuto martire. La sua festa nel martirologio geronimiano cade il 7 febbraio; nel martirologio romano il 13 febbraio; presso i greci il 9 gennaio. La vicenda teatrale si svolge appunto a Melitene; essa ruota interno a personaggi i quali — secondo i canoni della poetica classica — sono tutti altolocati: Felice, Senatore romano e Governatore di Armenia; Poliuto, signore armeno, genero di Felice, avendone sposato la figlia Pauline; Nearco, signore armeno, amico di Poliuto; Severo, cavaliere romano, uomo valoroso e leale, come del resto lo è Poliuto. Il ruolo dei personaggi minori è quello di contribuire a mettere in luce le qualità dei protagonisti e — in ultima analisi — di Poliuto. La pièce è a un tempo dramma politico, romanzo d'amore, tragedia religiosa: questi tre temi s'intrecciano, di volta in volta confliggono, facendo risaltare sentimenti generosi, di cui Poliuto costituisce il centro d'interesse. La sua lotta personale potrebbe apparire impari se commisurata alle forze in campo: pensiamo alla sua netta presa di posizione nei confronti del potere politico imperiale, dato che la piena osservanza di esso è incompatibile con dettami della fede religiosa cristiana. Ambedue infatti impegnano l'individuo nella sua totalità, sia come cittadino obbediente all'obbligo di tributare incenso alla statua dell'imperatore, equiparato a un dio, sia come persona soggetta al categorico imperativo morale di obbedire alla propria coscienza. La scelta di Poliuto risulta ulteriormente complicata dal suo rapporto con Pauline, la quale non essendo cristiana, potrebbe essere indotta ad allontanarsi dall'uomo che ella ha accettato come marito solo per obbedienza alla volontà del padre Felice (Pauline ama, riamata, Severo). Lo spirito di abnegazione dell'eroico Poliuto, sinceramente innamorato di Pauline si rivela anche in questa dolorosa situazione: non solo il suo animo superiore è lungi dal provare gelosia per la donna amata, ma riesce a far tacere il proprio orgoglio di fronte al rivale Severo, a trovare il coraggio di rinunciare ai legittimi affetti familiari, alla fortuna della

---

[77] "Melitene (Μελιτηνή/Melitēnḗ; Lat. Melitene). Name of a town and region in eastern Cappadocia. M. controlled the access to Elbistan and the near-by Euphrates crossing at Tomisa. Remains of the ancient town are found in the ruin field of Eski Malatya, while the Ancient Oriental settlement (inhabited from the Chalcolithic) is located at Arslantepe. M. is attested in texts from the mid 2nd millennium BC [...] After AD 70/1, M. was a legionary camp of the *legio XII Fulminata* (Ios. BI 7,18) and under Trajan it became a metropolis. From the time of Diocletian, M. belonged to Armenia minor, from AD 386 to the province of Armenia II, later to Armenia III. In AD 575, Chosroes burnt it down. The episcopal see of M. was strongly fortified by Justinian (Procop. Aed. 3,4,12)" (K. KESSLER, "Melitene", *BNP*, VIII, 638-639).

Figura di Paolo di Tarso

sua posizione sociale, alla carriera politica, rischiando di non essere compreso nel suo gesto di anelito al martirio. Con immensa nobiltà d'animo e disinteresse, sapendo di essere prossimo a morire, affida la propria sposa a Severo stesso, certo di non sacrificarla, ma anzi di assicurarne la felicità. Vi è un momento in cui Poliuto sembra affrontare la morte in solitudine e ciò è sicuramente come il peggiore dei supplizi. La grazia divina però interviene a compiere il miracolo: come Poliuto, dietro sollecitazione di Nearco riceve il battesimo mediante l'acqua benedetta, così Pauline, avendo assistito al martirio di Poliuto, proprio per merito del sangue da lui versato, diviene cristiana a sua volta e Felice dal canto suo, commosso da tali manifestazioni di eroismo viene conquistato alla nuova fede. Severo, pur non convertendosi si dimostra disponibile a perorare la causa dei cristiani perseguitati da Decio, di cui egli gode il favore. Così nel nome di Cristo tanti personaggi che sembravano irreparabilmente divisi e travagliati da opposte *Weltanschauung* vengono riuniti in un unico fraterno abbraccio.

La modernità del *Poliuto* va ravvisata specialmente nella nobile gara che a un certo punto si instaura tra i due sposi. Pauline non si lascia vincere dall'empito della passione amorosa: si priva volontariamente dell'occasione di rivedere Severo e sinceramente informa Poliuto della propria decisione. Poliuto ne ammira la rettitudine e si sente viepiù attratto verso di lei, anche se in uno slancio di amore disinteressato è pronto a vederla moglie di Severo. Pauline colpita e attratta da tale offerta di amore autentico, non egoistico impara ad amare Poliuto, lei che fino a quel momento si limitava a stimarlo e a rispettarlo. Insomma la qualità del sentimento amoroso di Poliuto accresce la qualità dell'amore di Pauline: da semplice trasporto dei sensi la donna impara a conoscere un livello d'amore più elevato qual è quello deve regnare tra i coniugi, affinché un matrimonio sia veramente saldo nel corso della vita. Esso infatti deve essere alimentato da veri valori, visto che il trasporto sessuale come tutte le cose di natura tende a consumarsi come il fuoco, se non è continuamente alimentato.

Non possiamo sottrarci all'idea che all'origine della storia così sfaccettata di *Poliuto* si possa non vedere adombrata — pur con le dovute riserve — il martirio dell'Apostolo Paolo[78] quasi che Poliuto ne sia l'immagine figurale. Anche egli

---

[78] "La battaglia di san Paolo fu la battaglia di un martire, fin dall'inizio. Detto con più precisione: all'inizio del suo cammino era stato un persecutore e aveva usato violenza contro i cristiani. Dal momento della sua conversione era passato dalla parte del Cristo crocifisso e aveva scelto lui stesso la via di Gesù Cristo. Non era un diplomatico; dove faceva dei tentativi diplomatici, gli era riservato poco successo. Era un uomo che non aveva altra arma che il messaggio

come Poliuto è cittadino romano, originario di una provincia del vicino Oriente, la Cilicia, soggetta a Roma come l'Armenia. Paolo, fariseo, istruito nella legge mosaica dal maestro Gamaliele, apparteneva a una non umile famiglia di Tarso, come si deduce dal fatto che egli godeva del privilegio della cittadinanza romano[79].

> [25] Ma quando l'ebbero legato con le cinghie, Paolo disse al centurione che gli stava accanto: "Potete voi flagellare un cittadino romano, non ancora giudicato?" [26] Udito ciò, il centurione corse a riferire al tribuno: "Che cosa stai per fare? Quell'uomo è un romano!" [27] Allora il tribuno si recò da Paolo e gli domandò: "Dimmi, tu sei cittadino romano?". Rispose: "Sì". [28] Replicò il tribuno: "Io questa cittadinanza l'ho acquistata a caro prezzo". Paolo disse: "Io, invece, lo sono di nascita". [29] E subito si allontanarono da lui quelli che dovevano interrogarlo. Anche il tribuno ebbe paura, rendendosi conto che Paolo era cittadino romano e che lui l'aveva messo in catene (At 22,25-29).

Capace di padroneggiare non solo l'ebraico e l'aramaico, ma anche il greco (la prova il testo delle sue lettere), l'Apostolo di Tarso avrebbe potuto vivere circondato dall'ossequio dei suoi correligionari, essendo dotato di risorse intellettuali e comunicative non comuni. Al contrario egli sceglie la difficile via della predica-

---

di Cristo e l'impegno della stessa vita per questo messaggio. [...] Paolo non ha operato grazie a una brillante retorica e per mezzo di raffinate strategie, ma impegnando se stesso in prima persona ed esponendosi per l'annuncio che portava. Anche oggi la Chiesa potrà convincere delle persone solo nella misura in cui coloro che annunciano in suo nome sono disposti a lasciarsi ferire. Dove manca la disponibilità a soffrire in prima persona, manca l'argomento decisivo della verità, da cui la Chiesa stessa dipende. La sua battaglia sarà sempre e solamente la battaglia di coloro che accettano di sacrificare se stessi: la battaglia dei martiri" (BENEDETTO XVI, *Paolo. I suoi collaboratori e le sue comunità*, 59-61).

[79] Il diritto di cittadinanza romana fu esteso a tutti i sudditi dell'impero nel 212 d.C. con l'emanazione della *Constitutio Antoniniana*, conosciuta anche come Editto di Caracalla, figlio e successore di Settimio Severo. "Constitutio Antoniniana Decree of Caracalla (AD 212), by which he extended Roman citizenship to almost all members of the empire (Cass. Dio 77,9,5; Dib. I,5,17); cf. Aur Vict., Caesares 16,12, who mistakenly attributes that action to → Marcus Aurelius instead of M. Aur. Antoninus Caracalla. Whether the much discussed PGiss. 40 I contained the edict is questioned by [I]. The problem of the *[de]diticii*, who in the papyrus were apparently excluded from → citizenship or from the rights and privileges that it entailed, is possibly explained by the so-called Tabula Banasitana (AE 1971, 5344): the Mauretanian leaders granted citizenship by Marcus Aurelius had to continue paying taxes. Cassius Dio (77,9,4–5) emphasizes that Caracalla was motivated by financial considerations when he doubled the inheritance tax, which only Roman citizens had to pay. Other reasons (e.g. the desire to unify the empire's legal system) are occasionally advanced by modern researchers. A direct consequence of the Constitutio Antoniniana was that the *nomen gentile* of Emperoro Aurelius became the most popular in the empire" (A.R. BIRLEY, "Constitutio Antoniniana", *BNP*, III, 726).

Figura di Paolo di Tarso

zione del Vangelo in ambiente di bassa, quando non bassissima estrazione sociale.

²⁶ Considerate infatti la vostra vocazione, fratelli: non ci sono tra voi molti sapienti secondo la carne, non molti potenti, non molti nobili. ²⁷ Ma Dio ha scelto ciò che nel mondo è stolto per confondere i sapienti, Dio ha scelto ciò che nel mondo è debole per confondere i forti, ²⁸ Dio ha scelto ciò che nel mondo è ignobile e disprezzato e ciò che è nulla per ridurre a nulla le cose che sono, ²⁹ perché nessun uomo possa gloriarsi davanti a Dio (1Cor 1,26-29).

Senza badare a fatiche e sofferenze di ogni genere: fame, sete, veglie, pericoli per mare e per terra, oltraggi, umiliazioni, persecuzioni da parte di ebrei giudaizzanti, processi, arresti, prigione, condanne fino a quella capitale Paolo si vanta senza sosta delle sue debolezze.

²³ Sono ministri di Cristo? Sto per dire una pazzia, io lo sono più di loro: molto di più nelle fatiche, molto di più nelle prigionie, infinitamente di più nelle percosse, spesso in pericolo di morte. ²⁴ Cinque volte dai Giudei ho ricevuto i trentanove colpi; ²⁵ tre volte sono stato battuto con le verghe, una volta sono stato lapidato, tre volte ho fatto naufragio, ho trascorso un giorno e una notte in balia delle onde. ²⁶ Viaggi innumerevoli, pericoli di fiumi, pericoli di briganti, pericoli dai miei connazionali, pericoli dai pagani, pericoli nella città, pericoli nel deserto, pericoli sul mare, pericoli da parte di falsi fratelli; ²⁷ fatica e travaglio, veglie senza numero, fame e sete, frequenti digiuni, freddo e nudità. ²⁸ E oltre a tutto questo, il mio assillo quotidiano, la preoccupazione per tutte le chiese. ²⁹ Chi è debole, che anch'io non lo sia? Chi riceve scandalo, che io non ne frema? (2Cor 11,23-29).

L'Apostolo delle genti annulla completamente se stesso e le sue più naturali e legittime aspirazioni, in vista di un ideale più alto, in cui qualsiasi scelta di vita, anche la più lodevole viene sacrificata, affinché tutte le energie fisiche e spirituali vengano convogliate e sublimate per la gloria di Dio.

… ² per suo (Gesù Cristo) mezzo abbiamo anche ottenuto, mediante la fede, di accedere a questa grazia nella quale ci troviamo e ci vantiamo nella speranza della gloria di Dio. ³ E non soltanto questo: noi ci vantiamo anche nelle tribolazioni (Rm 5,2-3a)[80].

---

[80] Per la "gloria di Dio" (δόξα τοῦ θεοῦ) cfr. Rm 1,21.23; 3,23; 4,20; 15,7; 16,27; 1Cor 10,31; 11,7; 2Cor 1,20; 4,6.15; Fil 1,11; 2,11; 4,20; 1Ts 2,12.

Prima di giungere a essere pronto al martirio egli impiega anni di duro esercizio e di ininterrotta penitenza; senza dubbio avrà dovuto affrontare dolorose lotte interiori, momenti di scoramento, tentazioni inimmaginabili, sensazioni, dubbi, incertezze che lo avranno attanagliato, o addirittura straziato in più occasioni.

> [7] Perché non montassi in superbia per la grandezza delle rivelazioni, mi è stato messa una spina nella carne, un inviato di satana incaricato di schiaffeggiarmi, perché io non vada in superbia. [8] A causa di questo per ben tre volte ho pregato il Signore che l'allontanasse da me. [9] Ed egli mi ha detto: «Ti basta la mia grazia; la mia potenza infatti si manifesta pienamente nella debolezza». Mi vanterò quindi ben volentieri delle mie debolezze, perché dimori in me la potenza di Cristo. [10] Perciò mi compiaccio nelle infermità, negli oltraggi, nelle necessità, nelle persecuzioni, delle angosce sofferto per Cristo: quando sono debole, è allora che sono forte (2Cor 12,7-10).

Paolo, come Poliuto, alla fine va incontro al martirio, cosciente dell'estremo passo, ma con quali palpiti del cuore? A Roma, dove si trovava in attesa del processo, non aveva cessato di fare opera di proselitismo: "Paolo trascorse due anni interi nella casa che aveva presa a pigione e accoglieva tutti quelli che venivano a lui, annunziando il regno di Dio e insegnando le cose riguardanti il Signore Gesù Cristo, con tutta franchezza e senza impedimento" (At 28,30-31).

Uno dei vari testi apocrifi risalenti al secondo secolo è il cosiddetto "Atti di Paolo"[81], opera scritta è composta di quattro parti distinte pervenuteci come

---

[81] Vedi R.J. BAUCKHAM, "Apocryphal Pauline Literature", *DPL*, 35; trad. italiana, "Letteratura paolina apocrifa", *DPL*, 947. "Paul, Acts of. A 2d-century writing recounting the missionary career and death of the apostle Paul and classed among the NT Apocrypha. In this work Paul is pictured traveling from city to city, converting gentiles and proclaiming the need for a life of sexual abstinence and other encratite practices. Though ancient evidence suggests that the *Acts of Paul* was a relatively lengthy work (3600 lines according to the *Stichometry* of Nicephorus), only about two-thirds of that amount still survives. Individual sections were transmitted separately by the medieval manuscript tradition (Lipsius 1891), most importantly the *Acts of Paul and Thekla* and the *Martyrdom of Paul*, both extant in the original Greek and several ancient translations. Manuscript discoveries in the last century have added considerable additional material. The most important of these include a Greek papyrus of the late 3d century, now at Hamburg (10 pages), a Coptic papyrus of the 4th or 5th century, now at Heidelberg (about 80 pages), and a Greek papyrus of correspondence between Paul and the Corinthians (3 *Corinthians* = Testuz 1959), now at Geneva. These finds have confirmed that the Thekla cycle and story of Paul's martyrdom were originally part of the larger *Acts of Paul*" (P. SELLEW, "Paul, Acts of", *AncBD*, V, 202).

Figura di Paolo di Tarso

opere autonome: 1) "Atti di Paolo e Tecla"; 2) "Papiro copto di Heidelberg"; 3) "Papiro greco di Amburgo e papiro copto di Bodmer"; 4) "Martirio di san Paolo Apostolo"[82]. Leggiamo nel "Martirio di san Paolo Apostolo"[83] che l'efficacia della sua predicazione aveva fatto breccia persino pressi i dignitari della corte imperiale, al punto che Nerone aveva interpretato tale comportamento come una aperta sfida al suo potere[84]. Specchio fedele di tale scontro di idee è il tenore dell'interrogatorio che si immagina condotto da Nerone stesso nei suoi riguardi: "Uomo del gran re, ma mio prigioniero, per quel motivo sei tu entrato segretamente nel impero dei Romani ed hai arruolato soldati dal mio dominio?"[85]. Con estrema acutezza l'Autore del testo presta all'inquisitore l'esatta portata della predicazione di Paolo, che colpiva nel segno quando esprimeva il senso della nuova dottrina destinata a conquistare il mondo fino allora dominio incontrastato delle armi romane. Nel prosieguo del medesimo interrogatorio Cristo è chiamato "il nostro re [...] Egli infatti darà guerra al mondo in un solo giorno, con il fuoco"[86]: non sappiamo se

---

[82] Vedi *Apocrifi del Nuovo Testamento*, a cura di L. MORALDI, Vol. II, *Atti degli apostoli*, Casale Monferrato (AL) 1994, 163-210.

[83] Vedi "Martirio di san Paolo Apostolo", in *Apocrifi del Nuovo Testamento*, a cura di L. MORALDI, Vol. II, *Atti degli apostoli*, Casale Monferrato (AL) 1994, 205-210.

[84] Vedi R.J. BAUCKHAM, "Apocryphal Pauline Literature", *DPL*, 35; trad. italiana, "Letteratura paolina apocrifa", *DPL*, 947. "Paul, Martyrdom of. A document describing Paul's encounter with the emperor Nero in Rome and his subsequent trial, execution, and miraculous appearance after death. Originally the *Martyrdom of Paul* was the concluding section of the 2d century apocryphon the *Acts of Paul*, but it was separated very early and transmitted independently in medieval Christianity in connection with the cult of the holy apostle and martyr. The story tells of how Paul runs afoul of Nero by resurrecting and converting Patroclus, the imperial cupbearer. A search leads to Paul's arrest and that of many other Christians, all of whom are condemned to death when Nero hears Paul's threats of apocalyptic judgment with fire. Paul predicts that the emperor will see him after death; after his execution by beheading, when milk miraculously spurts from his neck rather than blood, the apostle does appear, causing Nero to free the remaining Christians. While in jail awaiting execution, Paul had begun to convert the Roman centurion Cestus and the prefect Longus, who at his instruction visit his tomb at dawn and received baptism from Titus and Luke. The historical value of the story is minimal, as is suggested by its borrowing of many motifs from similar accounts of the death of holy people, and its literary merits are few; but the *Martyrdom of Paul* nonetheless achieved great popularity" (P. SELLEW, "Paul, Martyrdom of", *AncBD*, V, 204-205).

[85] "Martirio di san Paolo Apostolo", in *Apocrifi del Nuovo Testamento*, a cura di L. MORALDI, Vol. II, *Atti degli apostoli*, Casale Monferrato (AL) 1994, 207.

[86] "Martirio di san Paolo Apostolo", in *Apocrifi del Nuovo Testamento*, a cura di L. MORALDI, Vol. II, *Atti degli apostoli*, Casale Monferrato (AL) 1994, 207.

Il cuore di Paolo è il cuore di Cristo

Paolo abbia usato quelle precise parole, ma di sicuro esse sono prova di veridica interpretazione nella diffusione delle nuove idee da parte dell'Apostolo[87]. Dalla medesima fonte veniamo informati del fatto che mentre i compagni di Paolo furono condannati al rogo, a lui, in quanto cittadino romano fu comminato il taglio della testa[88]. La scena degli ultimi momenti della vita dell'Apostolo delle genti è esemplata sulla passione di Cristo[89]: ciò che interessa è soprattutto lo stato d'animo dell'uomo, immediatamente prima che il carnefice estrasse la spada dal fodero. Paolo è veramente solo: è stato separato dai compagni, destinati a differente supplizio. Anche questo elemento contribuisce a fargli percepire con maggiore crudeltà e spietatezza il senso della solitudine. Il testo apocrifo riferisce che egli pregò, rendendo grazie a Dio.

In piedi, rivolto verso Oriente, Paolo pregò a lungo. Dopo aver protratta la preghiera intrattenendosi in ebraico con i padri, tese il collo senza proferire parola. Quando il carnefice gli spiccò la testa, sugli abiti del soldato sprizzò del latte[90]. Il soldato e tutti i presenti, a questa vista, rimasero stupiti e glorificarono Dio che aveva consesso a Paolo tanta gloria; e al ritorno annunziarono a Cesare quanto era accaduto. Anch'egli ne rimase stupito e imbarazzato[91].

---

[87] "In realtà, noi viviamo nella carne ma non militiamo secondo la carne. Infatti le armi della nostra battaglia non sono carnali, ma hanno da Dio la potenza di abbattere le fortezze, distruggendo i ragionamenti e ogni baluardo che si leva contro la conoscenza di Dio, e rendendo ogni intelligenza soggetta all'obbedienza al Cristo" (2Cor 10,3-5).

[88] "A queste parole, Cesare ordinò di bruciare tutti i prigionieri e di decapitare Paolo secondo le legge dei Romani" ("Martirio di san Paolo Apostolo", in *Apocrifi del Nuovo Testamento*, a cura di L. MORALDI, Vol. II, *Atti degli apostoli*, Casale Monferrato (AL) 1994, 207).

[89] "Giunsero intanto a un podere chiamato Getsemani, ed egli disse ai suoi discepoli: 'Sedetevi qui, mentre io prego'. Prese con sé Pietro, Giacomo e Giovanni e cominciò a sentire paura e angoscia. Gesù disse loro: 'La mia anima è triste fino alla morte. Restate qui e vegliate'. Poi, andato un po' innanzi, si gettò a terra e pregava che, se fosse possibile, passasse da lui quell'ora" (Mc 14,32-35). Cfr. Mt 26,36ss.; Lc 22,39ss.

[90] Il latte designa la dottrina elementare nella fase iniziale della predicazione apostolica: "Io, fratelli, sinora non ho potuto parlare a voi come a uomini spirituali, ma come ad esseri carnali, come a neonati in Cristo. Vi ho dato da bere latte, non un nutrimento solido, perché non ne eravate capaci. E neanche ora lo siete" (1Cor 3,1-2). L'Apostolo delle genti si mostrava sempre uno strumento incomparabile di alimentazione spirituale e religioso per tutte le sue comunità. Cfr. Eb 5,12-13; 1Pt 2,2. Vedi H. BALZ, "γάλα, ακτος τό", *DENT*, I, 612-613.

[91] "Martirio di san Paolo Apostolo," in *Apocrifi del Nuovo Testamento*, a cura di L. Morandi, Vol. II, *Atti degli apostoli*, Casale Monferrato (AL) 1994, 207.

Figura di Paolo di Tarso

Lontano dalla patria, lontano dal suo ambiente, dai suoi confratelli in Oriente, da quelli che egli amava come figli[92], da tutto ciò che rappresentava il frutto del suo impegno di apostolo[93]. In quei supremi istanti Paolo si ricongiunge con la sua beata Gerusalemme[94]: prega intensamente e conversa con i padri in ebraico. La lingua del popolo eletto rappresenta le sue radici: l'aver pregato in ebraico ce lo presenta ben radicato nelle sue origini. Le sue sono parole rispettose e piene di gratitudine, ma sono probabilmente miste alle lacrime[95]. Lacrime di paura, di affetto, di commozione, che esprimono appieno l'innocenza, la rettitudine, l'autenticità, la santità, la purezza della sua umanità; in quel pianto si manifesta il suo giustificabile bisogno di conforto: lui che era sempre stato di stimolo e di incoraggiamento nei riguardi dei compagni[96], adesso mostra un lato tenerissimo del suo temperamento. In questa riga di rara potenza si concentra la tragedia di Paolo, degna di stare alla pari con la tragedia di Poliuto. Anche Paolo, come Poliuto, è il modello dell'eroe cristiano, il combattente per eccellenza. Acutamente l'iconografia lo ha raffigurato, in una mano il libro, nell'altra la spada. Nel libro vediamo il testo veterotestamentario e il *corpus* del suo epistolario, nella spada il simbolo della lotta indifesa della fede, la potenza della parola di Dio[97] e l'arma bianca del

---

[92] Cfr. "Non per farvi vergognare vi scrivo queste cose, ma per ammonirvi, come figli miei carissimi" (1Cor 4,14); "È bello invece essere circondati di premure nel bene sempre e non solo quando io mi trovo presso di voi, figlioli miei, che io di nuovo partorisco nel dolore finché non sia formato Cristo in voi" (Gal 4,18-19); "e sapete anche che, come fa un padre verso i propri figli, abbiamo esortato ciascuno di voi" (1Ts 2,11).

[93] "Questo è in realtà il mio vanto in Gesù Cristo di fronte a Dio: non oserei infatti parlare di ciò che Cristo non avesse operato per mezzo mio per condurre i pagani all'obbedienza, con parole e opere, con la potenza di segni e di prodigi, con la potenza dello Spirito. Così da Gerusalemme e dintorni fino all'Illiria, ho portato a termine la predicazione del Vangelo di Cristo" (Rm 15,17-19).

[94] Cfr. Rm 15,19.25.26.31; 1Cor 16,3; Gal 1,17.18; 2,1; 4,25.26.

[95] "Vi ho scritto in un momento di grande afflizione e col cuore angosciato, tra molte lacrime, però non per rattristarvi, ma per farvi conoscere l'affetto immenso che ho per voi" (2Cor 2,4). Cfr. l'addio di Paolo agli anziani di Efeso: "ho servito il Signore con tutta umiltà, tra le lacrime e tra le prove che mi hanno procurato le insidie dei Giudei [...] Per questo vigilate, ricordando che per tre anni, notte e giorno, io no ho cessato di esortare fra le lacrime ciascuno di voi" (At 20,19.31).

[96] "... abbiamo inviato Timoteo, nostro fratello e collaboratori di Dio nel Vangelo di Cristo, per conformarvi ed esortarvi nella fede" (1Ts 3,2).

[97] Cfr. "prendete anche l'elmo della salvezza e la spada dello Spirito, cioè la parola di Dio" (Ef 6,17); "Infatti la parola di Dio è viva, efficace e più tagliente di ogni spada a doppio taglio; essa penetra fino al punto di divisione dell'anima e dallo spirito, delle giunture e delle midolla e scruta i sentimenti e i pensieri del cuore" (Eb 4,12).

suo martirio[98]. Paolo è stato soprattutto intelligenza, saggezza e sapienza. La sua testa lo ha sempre guidato nel corso della vita, nelle sue scelte coraggiose, nella sua opera missionaria, nell'elaborazione delle verità fondamentali della fede cristiana: quella testa egli ha offerto a Dio come il dono più prezioso da lui posseduto. L'immagine di un bel fiore reciso crudelmente dallo stelo. Solo Dio può capire.

[33]Oh, profondità della ricchezza, della sapienza e della scienza di Dio! Quanto sono imperscrutabili i suoi giudizi e inaccessibili le sue vie! [34]Infatti, "chi mai ha potuto conoscere il pensiero del Signore? O chi mai è stato suo consigliere? [35]O chi gli ha dato qualcosa per primo, sì che abbia a riceverne il contraccambio?" [36]Poiché da lui, grazie a lui e per lui sono tutte le cose. A lui la gloria nei secoli. Amen (Rm 11,33-36).

P. Corneille, *Poliuto*, atto quinto[99]

SCÈNE 1.	SCENA I.
Félix, Albin, Cléon.	Felice, Albino, Cleon.
FELIX	FELICE
Albin, as-tu bien vu la fourbe de Sévère?	Albino, hai certamente visto di Severo l'astuzia?
As-tu bien vu sa haine? et vois-tu ma misère?	Hai visto il suo rancore? e vedi la mia miseria?
ALBIN	ALBINO
Je n'ai vu rien en lui qu'un rival généreux,	Non ho visto in lui se non un rivale generoso,
Et ne vois rien en vous qu'un père rigoureux.	E non vedo in voi altro che un padre rigoroso.

---

[98] "All'ingresso della basilica di San Pietro, nel secolo scorso papa Pio IX ha voluto che fossero poste due possenti figure degli apostoli Pietro e Paolo, ambedue facilmente riconoscibili dai loro attributi: le chiavi nella mano di Pietro, la spada nelle mani di Paolo. Chi guardasse la possente figura dell'Apostolo delle genti senza conoscere la storia del cristianesimo, potrebbe arrivare a ritenere che si tratti di un grande condottiero, di un guerriero, che ha fatto la storia con la spada e in tal modo ha assoggettato i popoli. Sarebbe allora uno dei tanti che si sono procurati gloria e ricchezza a prezzo del sangue degli altri. Il cristiano sa che la spada nelle mani di quest'uomo significa esattamente il contrario: essa fu lo strumento con cui egli venne messo a morte. In quanto cittadino romano egli non poteva essere crocifisso come Pietro; morì dunque di spada. Ma anche se questa era considerata una forma nobile di esecuzione, nella storia dell'umanità egli rientra tra le vittime, non tra gli oppressori" (Benedetto XVI, *Paolo. I suoi collaboratori e le sue comunità*, 57).

[99] P. Corneille, *Polyeucte*, édition présentée, annotée et commentée per C. Poisson, Classiques Larousse, Paris 1991, 121-140.

Figura di Paolo di Tarso

FÉLIX
Que tu discernes mal le cœur d'avec la mine!
Dans l'âme il hait Félix et dédaigne Pauline;
Et s'il l'aima jadis, il estime aujourd'hui
Les restes d'un rival trop indignes de lui.
Il parle en sa faveur, il me prie, il menace
Et me perdra, dit-il, si je ne lui fais grâce;

Tranchant du généreux, il croit m'épouvanter;
L'artifice est trop lourd pour ne pas l'éventer.

Je sais des gens de cour quelle est la politique,
J'en connais mieux que lui la plus fine pratique.
C'est en vain qu'il tempête et feint d'être en fureur:
Je vois ce qu'il prétend auprès de l'empereur.

De ce qu'il me demande il m'y ferait un crime:
Épargnant son rival, je serais sa victime;
Et s'il avait affaire à quelque maladroit,
Le piège est bien tendu, sans doute il le perdrait;

Mais un vieux courtisan est un peu moins crédule:
Il voit quand on le joue, et quand on dissimule:

Et moi j'en ai tant vu de toutes les façons
Qu'à lui-même au besoin j'en ferais des leçons.
ALBIN
Dieu! que vous vous gênez par cette défiance!
FÉLIX
Pour subsister en cour c'est la haute science:
Quand un homme une fois a droit de nous haïr,
Nous devons présumer qu'il cherche à nous trahir;
Toute son amitié nous doit être suspecte.
Si Polyeucte enfin n'abandonne sa secte,
Quoi que son protecteur ait pour lui dans l'esprit,

Je suivrai hautement l'ordre qui m'est prescrit.

FELICE
Come distingui male il cuore dall'apparenza!
Nell'intima egli odia Felice e disprezza Paolina;
E se un tempo l'amò, oggi egli stima
Le spoglie d'un rivale troppo indegne di lui.
Egli parla in suo favore, mi prega, minaccia
E mi manderà in rovina, dice, se non gli concedo la grazia;

Comportandosi da generoso crede di spaventarmi;
La finzione è troppo rozza per non essere mandata a vuoto.

So dalle persone di corte di qual sorta è la politica,
Ne conosco meglio di lui la più raffinata pratica.
Invano egli tempesta e finge di essere furioso:
Vedo ciò che egli pretenderà in seguito dall'imperatore.

Di quel che mi domanda, a delitto me lo imputerà:
Risparmiando il suo rivale la sua vittima sarò.
E se egli avesse da render conto a qualche incapace,
La trappola è tesa bene, senza dubbio lo manderebbe in rovina;

Ma un vecchio cortigiano è un po' meno credulone:
Egli vede quando di lui si fa gioco e quando si dissimula:

E io ne ho viste tante di tutte le maniere
Che al bisogno a lui stesso gliene potrei dare di lezioni.
ALBINO
Dio! quanto vi torturate per questa diffidenza!
FELICE
Per mantenersi a corte c'è l'alta scienza:
Una volta che un uomo ha diritto di odiarci,
Dobbiamo presumere che cerchi di tradirci;
Tutta la sua amicizia ci deve essere sospetta.
Se Poliuto una buona volta non abbandona la sua setta,
Qualunque cosa il suo protettore abbia per lui in mente,

Seguirò nobilmente l'ordine che mi è prescritto.

Il cuore di Paolo è il cuore di Cristo

ALBIN
Grâce, grâce, seigneur! que Pauline l'obtienne!
FÉLIX
Celle de l'empereur ne suivrait pas la mienne,
Et loin de le tirer de ce pas dangereux
Ma bonté ne ferait que nous perdre tous deux.
ALBIN
Mais Sévère promet ...
FÉLIX
     Albin, je m'en défie,
Et connais mieux que lui la haine de Décie:
En faveur des chrétiens s'il choquait son courroux,
Lui-même assurément se perdrait avec nous.
Je veux tenter pourtant encore une autre voie:
Amenez Polyeucte; et si je le renvoie,
S'il demeure insensible à ce dernier effort,
Au sortir de ce lieu qu'on lui donne la mort.
ALBIN
Votre ordre est rigoureux.
FÉLIX
     Il faut que je le suive,
Si je veux empêcher qu'un désordre n'arrive.
Je vois le peuple ému pour prendre son parti;
Et toi-même tantôt tu m'en as averti.
Dans ce zèle pour lui qu'il fait déjà paraître,
Je ne sais si longtemps j'en pourrais être maître;
Peut-être dès demain, dès la nuit, dès ce soir,
J'en verrais des effets que je ne veux pas voir;
Et Sévère aussitôt, courant à sa vengeance,
M'irait calomnier de quelque intelligence.
Il faut rompre ce coup, qui me serait fatal.
ALBIN
Que tant de prévoyance est un étrange mal!
Tout vous nuit, tout vous perd, tout vous fait de
     l'ombrage.
Mais voyez que sa mort mettra ce peuple en rage;
Que c'est mal le guérir que le désespérer.

ALBINO
Grazia, grazia, Signore! che Paolina l'ottenga!
FELICE
Quella dell'imperatore non seguirà la mia,
E lungi dal ritrarlo di questo pericoloso passo
La mia bontà non farà altro che perderci tutti e due.
ALBINO
Ma Severo promette...
FELICE
     Albino, me ne diffido.
E conosco meglio di lui l'odio di Decio:
Se egli urtasse il suo sdegno in favore dei cristiani,
Lui stesso sicuramente si perderebbe con noi.
Voglio tentare tuttavia ancora un'altra via:
Conducete Poliuto e se lo rimando indietro,
Se egli rimane insensibile a questo ultimo tentativo,
Quando sarà uscito di questo luogo gli si dia la morte.
ALBINO
Il vostro ordine è rigoroso.
FELICE
     Bisogna che io lo segua,
Se voglio impedire che ne derivi un disordine. Vedo
il popolo commosso a prendere per lui partito;
E tu stesso poc'anzi di ciò mi hai avvertito.
In questo zelo per lui che egli apparir fa già,
Non so se a lungo esserne padrone potrò;
Forse già da domani, da stanotte, da stasera,
Ne vedrò effetti che non voglio vedere;
E subito Severo, correndo alla vendetta,
A calunniar mi andrà di qualche complicità.
Occorre spezzare questo colpo che mi sarebbe fatale.
ALBINO
Tutta questa previdenza è uno strano male!
Tutto vi nuoce, tutto vi perde, tutto ombra vi fa.
Ma guardate che la sua morte il popolo infuriar farà;
È mala guarigione il farlo disperare.

Figura di Paolo di Tarso

FÉLIX
En vain après sa mort il voudra murmurer ;
Et s'il ose venir à quelque violence,
C'est à faire à céder deux jours à l'insolence :
J'aurai fait mon devoir, quoi qu'il puisse arriver.
Mais Polyeucte vient, tâchons à le sauver.
Soldats, retirez-vous, et gardez bien la porte.

SCÈNE 2.
FÉLIX, POLYEUCTE, ALBIN.

FÉLIX
As-tu donc pour la vie une haine si forte,
Malheureux Polyeucte ? et la loi des chrétiens
T'ordonne-t-elle ainsi d'abandonner les tiens ?

POLYEUCTE
Je ne hais point la vie, et j'en aime l'usage,
Mais sans attachement qui sente l'esclavage,
Toujours prêt à la rendre au Dieu dont je la tiens :
La raison me l'ordonne, et la loi des chrétiens ;
Et je vous montre à tous par là comme il faut vivre,
Si vous avez le cœur assez bon pour me suivre.

FÉLIX
Te suivre dans l'abîme où tu veux te jeter ?

POLYEUCTE
Mais plutôt dans la gloire où je m'en vais monter.

FÉLIX
Donne-moi pour le moins le temps de la connaître :
Pour me faire chrétien, sers-moi de guide à l'être,
Et ne dédaigne pas de m'instruire en ta foi,
Ou toi-même à ton Dieu tu répondras de moi.

POLYEUCTE
N'en riez point, Félix, il sera votre juge ;
Vous ne trouverez point devant lui de refuge :
Les rois et les bergers y sont d'un même rang.
De tous les siens sur vous il vengera le sang.

FÉLIX
Je n'en répandrai plus, et, quoi qu'il en arrive,

FELICE
Invano dopo la sua morte vorrà mormorare;
E se esso osa venire a qualche violenza,
Non resta più che cedere per due giorni all'insolenza:
Avrò fatto il mio dovere, qualunque cosa possa venire.
Ma viene Poliuto, affrettiamoci a salvarlo.
Soldati, ritiratevi e fate buona guardia alla porta.

SCENA II.
FELICE, POLIUTO, ALBINO.

FELICE
Hai dunque un odio per la vita così forte,
Sfortunato Poliuto ? e la legge dei cristiani
Ti ordina d'abbandonare i tuoi così?

POLIUTO
Non odio affatto la vita e ne amo l'uso,
Ma senza attaccamento che sappia di schiavitù.
Sempre pronto a renderla a Dio dal quale la ho:
La coscienza me l'ordina, e dei cristiani la legge;
Mostro a tutti voi con ciò come vivere bisogna,
Se avete il coraggio molto forte per seguirmi.

FELICE
Seguirti nell'abisso in cui gettarti vuoi?

POLIUTO
Ma piuttosto nella gloria in cui sto per salire.

FELICE
Dammi almeno il tempo di conoscerla:
Per farmi cristiano, servimi di guida a esserlo,
E non disdegnare d'istruirmi nella tua fede,
O tu stesso al tuo Dio di me risponderai.

POLIUTO
Non ne ridete, Felice, egli sarà il vostro giudice;
Non troverete scampo davanti a lui:
I re e i pastori vi sono di un medesimo rango.
Di tutti i suoi su di voi vendicherà il sangue.

FELICE
Qualunque cosa ne derivi non più ne verserò,

Il cuore di Paolo è il cuore di Cristo

Dans la foi des chrétiens je souffrirai qu'on vive:
J'en serai protecteur.
  POLYEUCTE
                    Non, non, persécutez,
Et soyez l'instrument de nos félicités:
Celle d'un vrai chrétien n'est que dans les souffrances;
Les plus cruels tourments lui sont des récompenses.
Dieu, qui rend le centuple aux bonnes actions,
Pour comble donne encor les persécutions.
Mais ces secrets pour vous sont fâcheux à comprendre:
Ce n'est qu'à ses élus que Dieu les fait entendre.
  FÉLIX
Je te parle sans fard et veux être chrétien.
  POLYEUCTE
Qui peut donc retarder l'effet d'un si grand bien ?
  FÉLIX
La présence importune ...
  POLYEUCTE
                    Et de qui? de Sévère ?
  FÉLIX
Pour lui seul contre toi j'ai feint tant de colère:
Dissimule un moment jusques à son départ.
  POLYEUCTE
Félix, c'est donc ainsi que vous parlez sans fard ?
Portez à vos païens, portez à vos idoles
Le sucre empoisonné que sèment vos paroles:
Un chrétien ne craint rien, ne dissimule rien:
Aux yeux de tout le monde il est toujours chrétien.
  FÉLIX
Ce zèle de ta foi ne sert qu'à te séduire,
Si tu cours à la mort plutôt que de m'instruire.
  POLYEUCTE
Je vous en parlerais ici hors de saison:

Che se viva nella fede dei cristiani permetterò:
Protettore ne sarò.
  POLIUTO
                    Perseguitate, no, no.
E delle nostre felicità siate strumento:
Quella di un vero cristiano è solo nelle sofferenze;
I tormenti più crudeli son per lui ricompense.
Dio che rende il centuplo alle buone azioni,
Per giunta da anche le persecuzioni.
Ma questi segreti sono per voi molesti da comprendere:
Soltanto ai suoi eletti Dio li fa intendere.
  FELICE
Ti parlo senza orpelli e voglio essere cristiano.
  POLIUTO
Qui può dunque ritardare l'effetto d'un così grande bene?
  FELICE
La presenza importuna ...
  POLIUTO
                    E di chi? di Severo?
  FELICE
Per lui solo ho finto tanta collera contro di te:
Dissimula per un istante fino alla sua partenza.
  POLIUTO
Felice, è dunque così che parlate senza orpelli?
Portate ai vostri pagani, portate ai vostri idoli
Lo zucchero avvelenato dalle vostre parole seminato:
Un cristiano nulla teme, nulla dissimula:
Agli occhi di tutti egli è sempre cristiano.
  FELICE
Questo zelo della tua fede serve soltanto a ingannarti,
Se corri alla morte piuttosto che istruirmi.
  POLIUTO
Ve ne parlerei qui fuori stagione:

Figura di Paolo di Tarso

Elle est un don du ciel, et non de la raison:
Et c'est là que bientôt, voyant Dieu face à face,
Plus aisément pour vous j'obtiendrai cette grâce.
FÉLIX
Ta perte cependant me va désespérer.
POLYEUCTE
Vous avez en vos mains de quoi la réparer:
En vous ôtant un gendre, on vous en donne un autre,
Dont la condition répond mieux à la vôtre;
Ma perte n'est pour vous qu'un change avantageux.
FÉLIX
Cesse de me tenir ce discours outrageux.
Je t'ai considéré plus que tu ne mérites,
Mais malgré ma bonté, qui croît plus tu l'irrites,
Cette insolence enfin te rendrait odieux,
Et je me vengerais aussi bien que nos dieux.
POLYEUCTE
Quoi? vous changez bientôt d'humeur et de langage!
Le zèle de vos dieux rentre en votre courage!
Celui d'être chrétien s'échappe! et par hasard
Je vous viens d'obliger à me parler sans fard!
FÉLIX
Va, ne présume pas que quoi que je te jure,
De tes nouveaux docteurs je suive l'imposture:
Je flattais ta manie, afin de t'arracher
Du honteux précipice où tu vas trébucher;
Je voulais gagner temps, pour ménager ta vie
Après l'éloignement d'un flatteur de Décie;
Mais j'ai trop fait d'injure à nos dieux tout-puissants:
Choisis de leur donner ton sang ou de l'encens.
POLYEUCTE
Mon choix n'est point douteux. Mais j'aperçois Pauline.
O ciel!

Essa è un dono del cielo, e non della ragione:
È là che ben presto vedendo Dio faccia a faccia,
Più agevolmente per voi otterrò questa grazia.
FELICE
La tua rovina frattanto nella disperazion mi fa cadere.
POLIUTO
Avete nelle mani per ripararla il modo:
E togliandovi un genero, un altro ve ne da,
La cui condizione meglio alla vostra risponde;
La mia perdita è per voi soltanto un cambio vantaggioso.
FELICE
Smetti di tenermi questo discorso oltraggioso.
Più di quello che meriti ti ho considerato,
Ma malgrado la mia bontà, che più l'irriti più cresce,
Questa insolenza alla fine odioso ti renderebbe,
E altrettanto come i nostri dei io mi vendicherebbe.
POLIUTO
Di che? Cambiate presto d'umore e di linguaggio!
Lo zelo dei vostri dei rientra nel vostro coraggio!
Quelli di essere cristiano scappa fuori! e per combinazione
Io vi ho obbligato ora a parlarmi senza orpelli!
FELICE
Va, non presumer che qualunque cosa io ti giuri,
Dei tuoi nuovi dottori io segua l'impostura:
La tua mania ho assecondato al fine di strapparti
Dal disonorevole precipizio in cui stai per cadere;
Tempo volevo guadagnare, per la tua vita preservare
Dopo l'allontanamento di lui, adulator di Decio;
Ma ho fatto troppa offesa ai nostri dei onnipotenti:
Scegli di dar loro il tuo sangue o dell'incenso.
POLIUTO
La mia scelta non è affatto dubbiosa. Ma scorgo Paolina.
O cielo!

SCÈNE 3.
Félix, Polyeucte, Pauline, Albin.

PAULINE
Qui de vous deux aujourd'hui m'assassine ?
Sont-ce tous deux ensemble, ou chacun à son tour ?
Ne pourrai-je fléchir la nature ou l'amour ?
Et n'obtiendrai-je rien d'un époux ni d'un père ?
FÉLIX
Parlez à votre époux.
POLYEUCTE
      Vivez avec Sévère.
PAULINE
Tigre, assassine-moi du moins sans m'outrager.
POLYEUCTE
Mon amour, par pitié, cherche à vous soulager ;
Il voit quelle douleur dans l'âme vous possède,
Et sait qu'un autre amour en est le seul remède.
Puisqu'un si grand mérite a pu vous enflammer,
Sa présence toujours a droit de vous charmer :
Vous l'aimiez, il vous aime, et sa gloire augmentée...
PAULINE
Que t'ai-je fait, cruel, pour être ainsi traitée,
Et pour me reprocher, au mépris de ma foi,
Un amour si puissant que j'ai vaincu pour toi ?
Vois, pour te faire vaincre un si fort adversaire,
Quels efforts à moi-même il a fallu me faire,
Quels combats j'ai donnés pour te donner un cœur
Si justement acquis à son premier vainqueur ;
Et si l'ingratitude en ton cœur ne domine,
Fais quelque effort sur toi pour te rendre à Pauline :
Apprends d'elle à forcer ton propre sentiment ;
Prends sa vertu pour guide en ton aveuglement ;
Souffre que de toi-même elle obtienne ta vie,
Pour vivre sous tes lois à jamais asservie.
Si tu peux rejeter de si justes désirs,

SCENA III.
Felice, Poliuto, Paolina, Albino.

PAOLINA
Chi tra di voi oggi mi assassina ?
Sono tutti e due insieme o ciascuno a turno ?
Non potrò piegare la natura o l'amore ?
Non otterrò niente da uno sposo o da un padre ?
FELICE
Parlate al vostro sposo.
POLIUTO
      Vivete con Severo.
PAOLINA
Tigre, assassinami almeno senza insultarmi.
POLIUTO
Il mio amore, per pietà, cerca di consolarvi ;
Esso vede qual dolore nell'anima vi possiede,
E sa che un altro amore ne è l'unico rimedio.
Poiché un così gran merito ha potuto infiammarvi,
La sua presenza sempre ha diritto d'ammaliarvi :
Voi l'amavate, egli vi ama, e la sua gloria accresciuta ...
PAOLINA
Che ti ho fatto, crudele, per essere così trattata,
E per un rimproverarmi, senza riguardo per la mia fede,
Un amor così potente che ho vinto per te ?
Guarda, per farti vincere un sì forte avversario,
Quali sforzi far fare a me stessa è stato necessario,
Quali combattimenti ho sostenuto per donarti un cuor
Così giustamente devoto al suo primo vincitore ;
E se l'ingratitudine nel tuo cuore non domina,
Fai qualche sforzo su di te per renderti a Paolina :
Impara da lei a forzare il tuo proprio sentimento ;
Prendi la sua virtù per guida nel tuo accecamento ;
Consenti che essa ottenga da te medesimo la tua vita,
Per vivere sotto le tue leggi per sempre asservita.
Se puoi rigettare così giusti desideri,

Figura di Paolo di Tarso

Regarde au moins ses pleurs, écoute ses soupirs;
Ne désespère pas une âme qui t'adore.

POLYEUCTE
Je vous l'ai déjà dit, et vous le dis encore,
Vivez avec Sévère, ou mourez avec moi.
Je ne méprise point vos pleurs ni votre foi;
Mais, de quoi que pour vous notre amour m'entretienne,
Je ne vous connais plus, si vous n'êtes chrétienne.
C'en est assez, Félix, reprenez ce courroux,
Et sur cet insolent vengez vos dieux et vous.

PAULINE
Ah! mon père, son crime à peine est pardonnable;
Mais s'il est insensé, vous êtes raisonnable.
La nature est trop forte, et ses aimables traits
Imprimés dans le sang ne s'effacent jamais:
Un père est toujours père, et sur cette assurance
J'ose appuyer encore un reste d'espérance.
Jetez sur votre fille un regard paternel:
Ma mort suivra la mort de ce cher criminel;
Et les dieux trouveront sa peine illégitime,
Puisqu'elle confondra l'innocence et le crime,
Et qu'elle changera, par ce redoublement,
En injuste rigueur un juste châtiment;
Nos destins, par vos mains rendus inséparables,
Nous doivent rendre heureux ensemble ou misérables,
Et vous seriez cruel jusques au dernier point
Si vous désunissiez ce que vous avez joint.
Un cœur à l'autre uni jamais ne se retire,
Et pour l'en séparer il faut qu'on le déchire.
Mais vous êtes sensible à mes justes douleurs,
Et d'un œil paternel vous regardez mes pleurs.

FÉLIX
Oui, ma fille, il est vrai qu'un père est toujours père;
Rien n'en peut effacer le sacré caractère:

Guarda almeno ai suoi pianti, ascolta i suoi sospiri;
Non condannare alla disperazione un'anima che t'adora.

POLIUTO
Ve l'ho già detto, e ve lo dico ancora,
Vivete con Severo, o morite con me.
Non disprezzo affatto i vostri pianto né la vostra fede;
Ma, qualunque cosa per voi il nostro amore mi dica,
Non vi conosco più, se non siete cristiana.
Ce n'è abbastanza, Felice, riprendete questo sdegno,
E su questo insolente i vostri dei e voi vendicate.

PAOLINA
Ah! padre mio, il suo delitto è a stento perdonabile;
Ma se lui e insensato, voi siete ragionevole.
La natura è troppo forte, e i suoi tratti amabili
Nel sangue impressi mai si cancellano:
Un padre è sempre padre, e su quest'assicurazione
Oso fondare ancora un resto di speranza.
Gettate su vostra figlia uno sguardo paterno:
La mia morte seguirà la morte di questo caro criminale;
E gli dei troveranno la sua pena illegittima,
Poiché essa confonderà l'innocenza e il crimine,
E essa muterà, con tal raddoppiamento,
In ingiusto rigore un castigo giusto;
I nostri destini, dalle vostre mani resi inseparabili,
Ci devono rendere felici insieme, o miserabili,
E voi crudel sareste fino all'ultimo punto
Se disuniste ciò che avete congiunto.
Un cuore unito all'altro non si ritira mai,
E per separarli l'uno dall'altro le si deve strappare.
Ma voi siete sensibile ai miei giusti dolori,
E con occhio paterno riguardate i miei pianti.

FELICE
Sì, figlia mia, è vero ch'un padre è sempre padre;
Niente ne può cancellare il carattere sacro:

Il cuore di Paolo è il cuore di Cristo

Je porte un cœur sensible, et vous l'avez percé;	Io porto un cuore sensibile, e voi l'avete trafitto;
Je me joins avec vous contre cet insensé.	Mi unisco a voi contro quest'insensato.
Malheureux Polyeucte, es-tu seul insensible ?	Sei tu solo insensibile, Poliuto sfortunato?
Et veux-tu rendre seul ton crime irrémissible?	E vuoi rendere solo tu il tuo delitto irremissibile?
Peux-tu voir tant de pleurs d'un œil si détaché?	Puoi guardare tanti pianti con occhio così distaccato?
Peux-tu voir tant d'amour sans en être touché?	Puoi veder tanto amore senz'esserne toccato?
Ne reconnais-tu plus ni beau-père, ni femme,	Ne riconosci più né suocero, né sposa,
Sans amitié pour l'un, et pour l'autre sans flamme?	Per l'un senza amicizia, per l'altra senza fiamma?
Pour reprendre les noms et de gendre et d'époux,	Per riprendere i nomi e di genero e di sposo,
Veux-tu nous voir tous deux embrasser tes genoux?	Vuoi vederci ambedue abbracciar le tue ginocchia?
Polyeucte	Poliuto
Que tout cet artifice est de mauvaise grâce!	Come quest'artificio è di cattivo gusto!
Après avoir deux fois essayé la menace,	Dopo aver per due volte la minaccia tentato,
Après m'avoir fait voir Néarque dans la mort,	Dopo avermi fatto vedere nella morte Nearco,
Après avoir tenté l'amour et son effort,	Dopo avere dell'amore tentato il tentativo,
Après m'avoir montré cette soif du baptême,	Questa sete del battesimo dopo avermi mostrato,
Pour opposer à Dieu l'intérêt de Dieu même,	Per opporre a Dio l'interesse di Dio stesso,
Vous vous joignez ensemble! Ah! ruses de l'enfer,	Voi insieme voi unite! Ah! astuzie dell'inferno!
Faut-il tant de fois vaincre avant que triompher?	Occorre vincer tante volte prima di trionfare?
Vos résolutions usent trop de remise:	Le vostre risoluzioni sono troppo tardive:
Prenez la vôtre enfin, puisque la mienne est prise.	Prendete infin la vostra, poiché la mia è presa.
Je n'adore qu'un Dieu, maître de l'univers,	Io adoro un solo Dio, Signor dell'universo,
Sous qui tremblent le ciel, la terre, et les enfers;	Sotto il quale tremano il ciel, la terra, e gli inferi;
Un Dieu qui, nous aimant d'une amour infinie,	Un Dio che, amandoci d'un amore infinito,
Voulut mourir pour nous avec ignominie,	Morir volle per noi con ignominia,
Et qui, par un effort de cet excès d'amour,	E che con uno sforzo di quest'eccesso d'amore,
Veut pour nous en victime être offert chaque jour.	Vuole per noi come vittima essere offerto ogni giorno.
Mais j'ai tort d'en parler à qui ne peut m'entendre.	Ma ho torto di parlarne a chi non mi può intendere.
Voyez l'aveugle erreur que vous osez défendre:	Vedete il cieco errore che osate difendere:
Des crimes les plus noirs vous souillez tous vos dieux;	Dei delitti più neri tutti i vostri dei macchiate;
Vous n'en punissez point qui n'ait son maître aux cieux:	Non ne punite alcun che non ne abbia il suo padron nei cieli:

Figura di Paolo di Tarso

La prostitution, l'adultère, l'inceste,
Le vol, l'assassinat, et tout ce qu'on déteste,
C'est l'exemple qu'à suivre offrent vos immortels.
J'ai profané leur temple et brisé leurs autels;
Je le ferais encor, si j'avais à le faire,
Même aux yeux de Félix, même aux yeux de Sévère,
Même aux yeux du sénat, aux yeux de l'empereur.

FÉLIX
Enfin ma bonté cède à ma juste fureur;
Adore-les, ou meurs.

POLYEUCTE
        Je suis chrétien.

FÉLIX
                      Impie!
Adore-les, te dis-je, ou renonce à la vie.

POLYEUCTE
Je suis chrétien.

FÉLIX
        Tu l'es ? Ô cœur trop obstiné!
Soldats, exécutez l'ordre que j'ai donné.

PAULINE
Où le conduisez-vous?

FÉLIX
        À la mort.

POLYEUCTE
                    À la gloire.
Chère Pauline, adieu : conservez ma mémoire.

PAULINE
Je te suivrai partout, et mourrai si tu meurs.

POLYEUCTE
Ne suivez point mes pas, ou quittez vos erreurs.

FÉLIX
Qu'on l'ôte de mes yeux, et que l'on obéisse:
Puisqu'il aime à périr; je consens qu'il périsse.

La prostituzion, l'adulterio, l'incesto,
Il furto, l'assassinio, e tutto ciò che si detesta,
È l'esempio da seguir che offrono i vostri immortali.
Il loro tempio ho profanato, i loro altari ho spezzato;
Ancora lo farei, se farlo io dovessi,
Persino agli occhi di Felice, persino agli occhi di Severo,
Persino agli occhi del senato, persino agli occhi dell'imperatore.

FELICE
Infine la mia bontà cede al mio giusto furore;
Adorali, o muori.

POLIUTO
        Sono cristiano.

FELICE
                      Empio!
Adorali, ti dico, o rinuncia alla vita.

POLIUTO
Sono cristiano.

FELICE
        Tu lo sei? O cuor troppo ostinato!
Soldati, esguite l'ordine che ho dato.

PAOLINA
Dove lo conducete?

FELICE
        Alla morte.

POLIUTO
                    Alla gloria.
Paolina cara, addio: serbate la mia memoria.

PAOLINA
Ti seguirò dovunque, e morirò se tu muori.

POLIUTO
Non seguite i miei passi o lasciate i vostri errori.

FELICE
Dai miei occhi lo si tolga, e che si mi obbedisca:
Poich'egli ama perire, consento che perisca.

SCÈNE 4.
Félix, Albin.

Felix

Je me fais violence, Albin, mais je l'ai dû:
Ma bonté naturelle aisément m'eut perdu.
Que la rage du peuple à présent se déploie,
Que Sévère en fureur tonne, éclate, foudroie,
M'étant fait cet effort, j'ai fait ma sûreté.

Mais n'es-tu point surpris de cette dureté?
Vois-tu, comme le sien, des coeurs impénétrables
Ou des impiétés à ce point exécrables?
Du moins j'ai satisfait mon esprit affligé:
Pour amollir son coeur je n'ai rien négligé;
J'ai feint même à ses yeux des lâchetés extrêmes;
Et certes sans l'horreur de ses derniers blasphèmes,
Qui m'ont rempli soudain de colère et d'effroi,

J'aurais eu de la peine à triompher de moi.

Albin

Vous maudirez peut-être un jour cette victoire,
Qui tient je ne sais quoi d'une action trop noire,
Indigne de Félix, indigne d'un Romain,
Répandant votre sang par votre propre main.

Félix

Ainsi l'ont autrefois versé Brute et Manlie,
Mais leur gloire en a crû, loin d'en être affaiblie;

Et quand nos vieux héros avaient de mauvais sang,
Ils eussent, pour le perdre, ouvert leur propre flanc.

Albin

Votre ardeur vous séduit: mais quoi qu'elle vous die,
Quand vous la sentirez une fois refroidie,
Quand vous verrez Pauline, et que son désespoir
Par ses pleurs et ses cris saura vous émouvoir...

SCENA IV.
Felice, Albino.

Felice

Mi faccio violenza, Albino, ma l'ho dovuto:
La mia bontà natural facilmente mi avrebbe perduto.
Che la rabbia del popolo adesso si dispieghi,
Che Severo in furore tuoni, esploda, fulmini,
Essendomi fatto questo sforzo, ho fatto la mia sicurezza.

Ma tu non sei sorpreso di codesta durezza?
Vedi tu, come il suo, cuori impenetrabili
O empietà a questo punto esecrabili?
Almeno ho soddisfatto il mio spirito afflitto:
Il suo cuor per ammansare nulla ho trascurato;
Ho finto anche ai suoi occhi delle bassezze estreme;
E certe senza l'orrore delle sue ultime bestemmie,

Che subitamente mi hanno riempito di collera e spavento,

Fatica avrei durato a trionfar di me.

Albino

Maledirete forse un dì questa vittoria,
Che tiene non so che d'un'azion troppo nera,
Indegna di Felice, indegna d'un Romano,
Spargendo il vostro sangue di vostra propria mano.

Felice

Così un tempo l'han versato Bruto e Manlio,
Ma la loro gloria ne è cresciuta, lungi dall'esserne indebolita;

E quando i nostri antichi eroi avevan cattivo sangue,
Avrebbero, per perderlo, aperto il proprio fianco.

Albino

Vi lusinga il vostro ardore: ma qualunque cosa vi dica,
Una volta che lo sentirete raffreddato,
Quando vedrete Paolina, e la sua disperazione
Con i suoi pianti e grida commuovervi saprà ...

Figura di Paolo di Tarso

FÉLIX	FELICE
Tu me fais souvenir qu'elle a suivi ce traître,	Mi fai ricordar che essa questo traditor seguito ha,
Et que ce désespoir qu'elle fera paraître	E che questa disperazione che essa mostrerà
De mes commandements pourra troubler l'effet ;	Dei miei comandi l'effetto turbare potrò ;
Va donc ; cours y mettre ordre et voir ce qu'elle fait ;	Va' dunque, corri a mettervi ordine e a vedere quello ch'essa fa ;
Romps ce que ses douleurs y donneraient d'obstacle ;	Rompi ciò che i suoi dolori vi darebbero d'ostacolo ;
Tire-la, si tu peux, de ce triste spectacle ;	Tirala via, se puoi, da questo triste spettacolo ;
Tâche à la consoler. Va donc : qui te retient ?	Affrettati a consolarla. Va' dunque : chi ti trattiene ?
ALBIN	ALBINO
Il n'en est pas besoin, seigneur, elle revient.	Bisogno non ce n'è, Signore, essa ritorna.

SCENÈ 5.	SCENA V.
FÉLIX, PAULINE, ALBIN.	FELICE, PAOLINA, ALBINO.
PAULINE	PAOLINA
Père barbare, achève, achève ton ouvrage ;	Padre barbaro, finisci, finisci la tua opera ;
Cette seconde hostie est digne de ta rage ;	Questa seconda vittima della tua rabbia è degna ;
Joins ta fille à ton gendre ; ose, que tardes-tu ?	Tua figlia a tuo genero unisci ; osa, perché tardi ?
Tu vois le même crime, ou la même vertu :	Vedi il medesimo delitto o la medesima virtù :
Ta barbarie en elle a les mêmes matières.	La tua barbaria in essa ha le stesse materie.
Mon époux en mourant m'a laissé ses lumières ;	Il mio sposo morendo mi ha lasciato le sue luci ;
Son sang, dont tes bourreaux viennent de me couvrir,	Il suo sangue, di cui i tuoi carnefici mi hanno or ora coperto,
M'a dessillé les yeux et me les vient d'ouvrir.	Mi ha dissigillato gli occhi, e me li ha aperti da poco.
Je vois, je sais, je crois, je suis désabusée :	Io vedo, io so, io credo, sono disingannata :
De ce bienheureux sang tu me vois baptisée,	Di questo beato sangue mi vedi battezzata,
Je suis chrétienne enfin, n'est-ce point assez dit ?	Sono cristiana, alfine, non è detto abbastanza ?
Conserve en me perdant ton rang et ton crédit ;	Perdendomi conserva il tuo rango e il tuo credito ;
Redoute l'empereur, appréhende Sévère :	Temi l'imperatore, Severo paventa :
Si tu ne veux périr, ma perte est nécessaire,	Se tu non vuoi perir, necessaria è la mia perdita,
Polyeucte m'appelle à cet heureux trépas ;	Poliuto mi chiama a questo felice trapasso ;
Je vois Néarque et lui qui me tendent les bras.	Vedo Nearco e lui che tendonmi le braccia.
Mène, mène-moi voir tes dieux que je déteste ;	Conduci, conducimi a vedere i tuoi dei che detesto ;
Ils n'en ont brisé qu'un, je briserai le reste ;	Essi sol un ne hanno spezzato, io spezzerò il resto.
On m'y verra braver tout ce que vous craignez,	Mi si vedrà sfidar tutto ciò che temete,
Ces foudres impuissants qu'en leurs mains vous peignez,	Questi fulmini impotenti che in lor man dipingete,

Et saintement rebelle aux lois de ma naissance,
Une fois envers toi manquer d'obéissance.
Ce n'est point ma douleur que par là je fais voir;
C'est la grâce qui parle, et non le désespoir.
Le faut-il dire encor, Félix? je suis chrétienne!
Affermis par ma mort ta fortune et la mienne:
Le coup à l'un et l'autre en sera précieux,
Puisqu'il t'assure en terre en m'élevant aux cieux.

SCÈNE 6.
FÉLIX, SÉVÈRE, PAULINE, ALBIN, FABIAN

SÉVÈRE

Père dénaturé, malheureux politique,
Esclave ambitieux d'une peur chimérique,
Polyeucte est donc mort! et par vos cruautés
Vous pensez conserver vos tristes dignités!
La faveur que pour lui je vous avais offerte,
Au lieu de le sauver, précipite sa perte!
J'ai prié, menacé, mais sans vous émouvoir;
Et vous m'avez cru fourbe ou de peu de pouvoir!
Eh bien! à vos dépens vous verrez que Sévère
Ne se vante jamais que de ce qu'il peut faire;
Et par votre ruine il vous fera juger
Que qui peut bien vous perdre eût pu vous protéger.
Continuez aux dieux ce service fidèle;
Par de telles horreurs montrez-leur votre zèle.
Adieu; mais quand l'orage éclatera sur vous,
Ne doutez point du bras dont partiront les coups.

FÉLIX

Arrêtez-vous, seigneur, et d'une âme apaisée
Souffrez que je vous livre une vengeance aisée.
Ne me reprochez plus que par mes cruautés
Je tâche à conserver mes tristes dignités:
Je dépose à vos pieds l'éclat de leur faux lustre.
Celle où j'ose aspirer est d'un rang plus illustre;
Je m'y trouve forcé par un secret appas,
Je cède à des transports que je ne connais pas;

E di mia nascita alle leggi santamente ribelle,
Una volta mancare verso te d'obbedienza.
Non è il mio dolore che io mostro adesso;
E la grazia che parla, e non la disperazione.
Occor che ancor lo dica, Felice? Son cristiana!
Con la mia morte afferma la tua e la mia fortuna:
Il colpo all'una e all'altra prezioso ne sarà,
Poiché in terra t'assicura elevandomi ai cieli.

SCENA VI.
FELICE, SEVERO, PAOLINA, ALBINO, FABIANO

SEVERO

Snaturato padre, sfortunato politico,
Ambizioso schiavo d'una paura chimerica,
Poliuto è dunque morto! e per le vostre crudeltà
Pensate di conservare le vostre tristi dignità!
Il favore che per vi avevo offerto,
Invece di salvarlo fa precipitar la sua rovina!
Ho pregato, minacciato, ma senza voi commuovere;
E mi avete creduto astuto o di poco potere!
Ebbene! a vostre spese vedrete che Severo
Non si vanta giammai di quello che può fare;
E dalla vostra rovina vi farà giudicare
Quello che può ben perdervi proteggervi avrebbe potuto.
Continuate agli dei questo fedel servizio;
Con tali orror mostrate a loro il vostro zelo.
Addio; ma quando su di voi scoppierà la tempesta
Non dubitate del braccio da cui i colpi partiranno.

FELICE

Fermatevi, Signore, e con anima pacificata
Consentite ch'io vi liberi una facile vendetta.
Non mi rimproverate più che per le mie crudeltà
Io aspiri a conservar le mie tristi dignità:
Depongo ai vostri piedi lo splendor del loro falso lustro.
Quella a cui oso aspirare è di un rango più illustre;
Mi ci trovo forzato per un segreto fascino,
Cedo a entusiasmi che io non conosco;

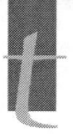

Figura di Paolo di Tarso

Et par un mouvement que je ne puis entendre,	E con un movimento che non posso capire,
De ma fureur je passe au zèle de mon gendre.	Dal mio furore passo di mio genero al zelo.
C'est lui, n'en doutez point, dont le sang innocent	È lui, non dubitatene il cui sangue innocente
Pour son persécuteur prie un Dieu tout-puissant;	Pel suo persecutor prega un Dio onnipotente;
Son amour épandu sur toute la famille	Il suo amore versato su tutta la famiglia
Tire après lui le père aussi bien que la fille.	Trascina dietro a lui il padre così come la figlia.
J'en ai fait un martyr, sa mort me fait chrétien:	Un martire ne ho fatto, mi fa cristian la sua morte:
J'ai fait tout son bonheur, il veut faire le mien.	Tutta ho fatto la sua felicità, egli vuol fare la mia.
C'est ainsi qu'un chrétien se venge et se courrouce.	E così che un cristiano si vendica e si sdegna.
Heureuse cruauté dont la suite est si douce!	Felice crudeltà il cui seguito è sì dolce!
Donne la main, Pauline. Apportez des liens:	Da la mano, Paolina. Portate le catene;
Immolez à vos dieux ces deux nouveaux chrétiens:	Immolate ai vostri dei questi due nuovi cristiani:
Je le suis, elle l'est, suivez votre colère.	Io lo son, ella lo è la vostra collera seguite.
PAULINE	PAOLINA
Qu'heureusement enfin je retrouve mon père!	Quanto felicemente infine io ritrovo mio padre!
Cet heureux changement rend mon bonheur parfait.	Questo felice cambiamento rende la mia felicità perfetta.
FÉLIX	FELICE
Ma fille, il n'appartient qu'à la main qui le fait.	Figlia mia, esso appartien soltanto alla mano che lo effettua.
SÉVÈRE	SEVERO
Qui ne serait touché d'un si tendre spectacle ?	Chi toccato non sarebbe da un sì tenero spettacolo?
De pareils changements ne vont point sans miracle.	Simili cambiamenti non vengon senza miracolo.
Sans doute vos chrétiens, qu'on persécute en vain,	Senza dubbio voi cristiani che si perseguita in vano,
Ont quelque chose en eux qui surpasse l'humain:	Hanno in sé qualche cosa che supera l'umano:
Ils mènent une vie avec tant d'innocence	Essi conducono una vita con tanta innocenza
Que le ciel leur en doit quelque reconnaissance:	Che il cielo a lor ne deve qualche riconoscenza:
Se relever plus forts, plus ils sont abattus,	Il rialzarsi più forti, più essi sono abbattuti,
N'est pas aussi l'effet des communes vertus.	Non è così l'effetto delle virtù comuni.
Je les aimai toujours, quoi qu'on m'en ait pu dire;	Sempre li ho amati, qualunque cosa mi se n'è potuto dire;
Je n'en vois point mourir que mon coeur n'en soupire;	Non ne vedo morire che il mio cuore non ne sospiri;
Et peut-être qu'un jour je les connaîtrai mieux.	E può esser che un dì meglio li conoscerò.
J'approuve cependant que chacun ait ses dieux,	Approvo nondimeno che ciascuno abbia i suoi dei.

Il cuore di Paolo è il cuore di Cristo

Qu'il les serve à sa mode, et sans peur de la peine.	Che li serva a suo modo e senza tema della pena.
Si vous êtes chrétien, ne craignez plus ma haine;	Se voi siete cristiano, non temete più il mio odio;
Je les aime, Félix, et de leur protecteur	Io li amo, Felice, e da loro protettore
Je n'en veux pas sur vous faire un persécuteur.	Non ne voglio su di voi fare un persecutore.
Gardez votre pouvoir, reprenez-en la marque;	Conservate il poter vostro, il contrassegno riprendetene;
Servez bien votre Dieu, servez notre monarque.	Servite bene il vostro Dio, servite il nostro re.
Je perdrai mon crédit envers Sa Majesté,	Io perderò il mio credito verso la Sua Maestà,
Ou vous verrez finir cette sévérité:	O finir vedrete questa severità:
Par cette injuste haine il se fait trop d'outrage.	Con questo ingiusto odio troppa offesa si fa.
FÉLIX	FELICE
Daigne le ciel en vous achever son ouvrage,	Si degni il cielo in voi di compier la sua opera,
Et pour vous rendre un jour ce que vous méritez	E per rendervi un giorno quello che meritate
Vous inspirer bientôt toutes ses vérités!	Ispirar presto a voi tutte le sue verità!
Nous autres, bénissons notre heureuse aventure:	Dal canto nostro noi benediciam la nostra felice ventura:
Allons à nos martyrs donner la sépulture,	Andiamo ai nostri martiri a dare sepoltura,
Baiser leurs corps sacrés, les mettre en digne lieu,	A baciare i loro sacri corpi, a porli in luogo degno,
Et faire retentir partout le nom de Dieu.	E a fare risuonare dovunque il nome di Dio.

CAPITOLO II

PRIMA LETTERA AI TESSALONICESI

I. Notizie sulla Prima Lettera ai Tessalonicesi

A. *La Lettera nella liturgia*
Quando incontriamo la Prima Lettera ai Tessalonicesi nell'ordinamento liturgico della Chiesa?

1. Lezionario

a. Liturgia romana
liturgia dei giorni festivi:

1,1-5b	29ª domenica del TO / A
1,5c-10	30ª domenica del TO / A
2,7b-9.13	31ª domenica del TO / A
3,12–4,2	1ª domenica di Avvento / C
4,13-18	32ª domenica del TO / A
5,1-6	33ª domenica del TO / A
5,16-24	3ª domenica di Avvento / B

liturgia dei giorni feriali:
Si leggono alcuni passi della la Prima Lettera ai Tessalonicesi dal lunedì della 21ª settimana al martedì della 22ª (anno dispari).

b. Liturgia bizantina
liturgia dei giorni festivi:

4,13-17	Per i defunti
5,14-25	Sabato della 32ª domenica dopo Pentecoste; unzione degli ammalati; la 7ª lettura dell'*Apostolos*

liturgia dei giorni feriali:
Si leggono alcuni brani della la Prima Lettera ai Tessalonicesi dal lunedì della 22ª settimana dopo Pentecoste al venerdì della 23ª settimana dopo Pentecoste.

2. Liturgia delle ore (liturgia romana)

a. Ufficio di letture
    1,1–2,12   domenica, 4ª settimana del TO (vol. III)
    2,13–3,13   lunedì, 4ª settimana del TO (vol. III)
    2,1-13.19-20 comune di pastori, per un papa o vescovo (vol. I, II)
    4,1-18   martedì, 4ª settimana del TO (vol. III)
    5,1-28   mercoledì, 4ª settimana del TO (vol. III)

b. Lodi, ora media, vespri e compieta
    2,2b-4   san Marco   ora media
    2,13   lunedì II   vespri
    3,12-13   lunedì IV   vespri
    4,14   commemorazione dei morti   lodi
    4,17   domenica di Quaresima   ora media
    5,4-5   martedì II   lodi
    5,9b-10   lunedì   compieta
    5,23   giovedì   compieta
    5,23-24   domenica di Avvento   primi vespri

B. *Occasione, destinatari, luogo e data di composizione*

La città di Tessalonica (attuale Salonicco) è sempre stata un porto molto attivo della Macedonia. Fondata presso l'antica Terme nel 315 a.C. da Cassandro, generale di Alessandro Magno[1] (che così la chiamò in onore della moglie, sorellastra di Alessandro Magno) i romani la conquistarono nel 168 a.C. insieme con l'intera regione macedone. In seguito alla divisione di quello Stato in quattro distretti da parte dei vincitori, Tessalonica fu destinata a capoluogo di uno di essi e crebbe d'importanza. La riapertura delle miniere d'oro, ma soprattutto d'argento, di cui l'entroterra era ricco, e successivamente la costruzione della via Egnazia incrementò le fortune della città. Già nel 146 a.C., quando ormai la Macedonia era stata ridotta a provincia romana, Tessalonica era stata scelta come capitale.

---

[1] Vedi G.D. FEE, *The First and Second Letters to the Thessalonians*, 5; P. IOVINO, *La prima lettera ai tessalonicesi*, 15; S. LÉGASSE, *Les épîtres de Paul aux Thessaloniciens*, 28; A. SACCHI, "Alla chiesa di Tessalonica", 88.

Prima Lettera ai Tessalonicesi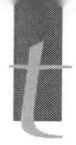

Poiché durante la guerra civile scoppiata tra Ottaviano e Antonio e gli uccisori di Giulio Cesare Bruto e Cassio Tessalonica aveva sostenuto il futuro imperatore Augusto (specialmente in occasione della battaglia di Filippi nel 42 a.c.), egli la ricompensò concedendole il privilegio di *civitas libera*. Nel corso del primo secolo d.C. Tessalonica, sede di un proconsole, stabilizzò la propria egemonia economica e commerciale oltre che politica, grazie al suo porto e alla sua posizione di stazione di tappa nodale della *via Egnatia*[2]. Ideale continuazione della via Appia oltre Adriatico verso oriente, questa via importantissima partiva dai territori dell'Illiria meridionale (odierna Albania) e si diramava in direzione ovest-est da Dyrrachium[3] e da Apollonia[4] (città collegate tra loro da una strada parallela alla costa del Mare Egeo) in due percorsi convergenti all'altezza di Tessalonica. La via Egnazia proseguiva fino a Cipsela (odierna Ipsala, gr. Κύψελα) città della Tracia, sul fiume Ebro (oggi Marizza, nella Turchia europea). L'importanza di questo mezzo viario è provata dal fatto che nel IV secolo esso viene prolungato fino a Costantinopoli. Stante la situazione Tessalonica si presentava come vivace e florido centro di traffici, punto d'incontro internazionale e polo d'attrazione di una società cosmopolita, che lì poteva agevolmente esercitare le proprie attività multiformi, non solo mercantili e finanziarie o bancarie, ma anche di scambi culturali e intellettuali. La comunità giudaica ivi residente era piuttosto nutrita e gli ebrei vi avevano costruito una sinagoga (cfr. At 17,1). Per i

---

[2] ἡ Ἐγνατία ὁδός. Vedi M. RATHMANN, "Via Egnatia", *BNP*, XV, 370-371.

[3] Colonia fondata dai greci, i quali le imposero il nome di Ἐπίδαμνος (ἡ): Epidamno. I romani all'atto della conquista (fine III secolo) la chiamarono Dyrrachium (oggi Durazzo). Cicerone che vi soggiornò la definì *admirabilis urbs*; nel I secolo a.C. fu teatro della lotta tra Cesare e Pompeo. Si dice che a Dyrrachium abbia predicato l'Apostolo Paolo: certo è che nel 58 d.C. vi era presente una comunità cristiana formata da 70 famiglie. Non è escluso che la loro conversione fosse stata favorita dalla facilità di collegamento stradale con Tessalonica e dall'essere Dyrrachium uno scalo portuale molto attivo per i commerci e gli scambi dall'Adriatico verso l'Italia e verso l'entroterra greco.

[4] Di Apollonia (38 km circa a nord di Valona) permangono gloriose vestigia, sia greche, sia romane, sia di epoca medievale. Fondata dai greci presso il fiume Aoo (oggi Voiussa), anch'essa come Dyrrachium era porto notevole dal punto di vista economico e commerciale. In età tardo-ellenistica assurse a rinomato centro di studi, frequentato persino da giovani romani appartenenti a famiglie nobili e ricche, le quali desideravano che i loro figli perfezionassero la propria preparazione culturale. Ottaviano durante la sua permanenza di "studente" ad Apollonia ricevette la notizia della morte di Cesare.

gentili invece c'erano principalmente tre classi di divinità: la cultura ufficiale con gli dèi olimpici e romani; quella popolare con le divinità indigene della Tracia e quella cosmopolita con gli dèi orientali (venuti dall'Egitto e dall'Asia Minore)[5]. Della storia della città e della sua ricchezza sono testimonianza ancora oggi oltre al nome antico importanti monumenti, sia del periodo ellenistico-romano, sia di quello cristiano.

Invito all'approfondimento
Religione in Grecia e a Roma
R. PENNA, *L'ambiente storico-culturale delle origini cristiane*, **Bologna 1984, 1991³, 149-151.**
Dalla religione tradizionale ai culti misterici
 a) La religione sia in Grecia che a Roma è tradizionalmente legata alla *polis* o allo stato. Agli ateniesi che chiedevano quali culti (*religiones*) si dovessero soprattutto mantenere, l'oracolo di Delfi rispose: "Quelli che appartengono al costume degli antenati" (*eas quae essent in more maiorum*: Cicerone, *De leg.* 2,39-40). E nella tradizione degli antichi c'è un Olimpo o un Pantheon affollatissimo, gerarchizzato e fortemente antropomorfico. Il rapporto con questi dèi, sia per il greco che per il romano, fa parte della struttura ordinaria della vita sociale. Lo Zeus di Olimpia, l'Apollo di Delfi o di Didima, l'Artemide di Efeso, il Giove Capitolino, condizionano il tessuto sociale e politico del mondo antico. Ma in età ellenistica si fa strada l'idea che gli stessi dèi come gli uomini siano sottomessi a un pricipio superiore, cieco e uniforme, l'*Anánke*; così il poeta Fileta (morto verso il 280 a.C.) scrive in un epigramma: "Possente impera ($ἰσχυρὰ\ ἐπικρατεῖ$) sull'uomo Necessità ($Ἀνάγκη$), che non teme neppure gli Immortali" (fr. 6).

---

[5] Vedi P. IOVINO, *La prima lettera ai Tessalonicesi*, 14. "Basta notare i nomi di Dionisio, Athena, Cibele, Afrodite, Diana, Venere genitrice, Demetra, Core, Osiride, Serapide, Iside, Anubis [...] Sembrano dominanti il culto di Serapide e delle altre divinità egiziane. Diverse iscrizioni fanno chiaro riferimento al culto dei morti e degli dèi-mani. Proprio il culto di Dioniso, strettamente legato alla credenza nell'aldilà, quindi praticato prevalentemente con riti funerari, conosciamo, oltre alla ritualità, anche il nome di una sacerdotessa, Eufrosina. E ciò, grazie a un prezioso testo pervenutoci: il cosiddetto *Testamento della sacerdotessa di Tessalonica*. Quanto al culto principale del dio locale Cabirio, purtroppo abbiamo poche notizie. Stando a una testimonianza di Clemente Alessandrino, nelle feste di Cabirio si onorava il fratricidio. Due fratelli, infatti, avrebbero ucciso un terzo fratello e, per evitare di essere scoperti e incriminati, avrebbero organizzato in suo onore un culto ai piedi dell'Olimpo" (*Ibid.*, 14).

Di qui il grande interesse per l'astrologia, testimoniato sia nelle classi aristocratiche (cf. il caso paradigmatico di Tiberio: Svetonio, *Tib.* 69), sia tra il popolino (cf. l'epitaffio di un gladiatore in *CIL* V 3466: "Vi esorto a studiare la vostra stella; non abbiate fede nella Nemesi, io sono stato deluso"). Essa, più che un'arte o una scienza, era una fede dalle origini sacerdotali (nacque infatti in Caldea e in Egitto), fondata sull'idea della "simpatia" universale. Secondo M. Manilio, vissuto sotto Augusto e Tiberio, *fata regunt orbem, certā stant omnia lege* (*Astron.* 4,14). Ciò spiega l'inutilità della preghiera per molti: il fato è letteralmente inesorabile (cf. Virgilio, *Aen.* 6,376; Seneca, *Quaest. nat.* 2,35). L'unica possibilità di vincere il destino è la magia, con i suoi incantesimi, talismani, scongiuri (cf. per esempio, Plutarco, *De Is. et Osir.* 46). Ad essa, nel II secolo, Apuleio di Madaura dedicherà un suo scritto, il *De Magia liber* (o *Apologia*), nel quale si difende dall'accusa di aver sedotto con sortilegi la ricca vedova Pudentilla per sposarla.

Dopo le classiche scuole di Platone e Aristotele con le loro suggestioni monoteistiche, nuove correnti filosofici vengono a mettere in dubbio la religiosità tradizionale (prima ancora della polemica degli apologisti cristiani!). Nella prima metà del secolo III a.C., Evémero di Messina col suo "Scritto sacro" (Ἱερὰ ἀναγραφή) propone una spiegazione razionalistica delle varie divinità; egli distingue tra dèi "terrestri", che sarebbero uomini antichissimi divinizzati per servigi (sic) resi all'umanità, e dèi "celesti", personificazioni delle forze della natura. L'evemerismo avrà una sua fortuna, e ancora nel I secolo d.C. il filosofo L.A. Cornuto, con il suo "Sommario delle tradizioni concernenti la mitologia (θεολογία) greca", proseguirà la critica del mito mediante una sua interpretazione allegorica. Ed è curioso e strano l'episodio riferito da Plutarco (nel *De defectu orac.* 17), secondo cui verso il 34 d.C. un marinaio (che poi Tiberio volle sentire) nel mare Jonio presso Corcyra udì nella notte una voce misteriosa, che gli prescriveva: "Annuncia che il grande Pan è morto!" (ἀπάγγειλον ὅτι Πὰν ὁ μέγας τέθνηκε); e Pan era il dio irsuto, satiresco, dai piedi di capra, che rappresentava il mistero inquietante della natura selvaggia, forse il più pagano degli dèi (la cui raffigurazione serviva più tardi all'iconografia cristiana per rappresentare il demonio).

La religione tradizionale al tempo delle origini cristiane è in crisi. Già Varrone nel I secolo a.C. esprime il timore che "gli dèi periscano non per un attacco dall'esterno, ma per l'indifferenza dei cittadini" (in s. Agostino, *De civ. Dei* 5,2). E Giovenale all'inizio del II secolo d.C. registra il fatto che ormai ai mani e ai regni sotterranei con Caronte e la sua barca "non credono neppure i bambini" (*Sat.* 2,152). Ma sono appunto le scuole filosofiche del tempo che più insistono sul superamento della religione degli antenati. Pur sotto i loro rispettivi e diversi punti di vista, tanto l'epicureismo quanto lo stoicismo e il neopitagorismo convergono in questa critica.

Paolo, Silvano (Sila) e Timoteo toccarono Tessalonica durante il secondo viaggio missionario di Paolo, probabilmente nel 50[6]. Silvano era uno dei membri più influenti della primitiva comunità cristiana costituitasi a Gerusalemme. Il suo appellativo è quello di "profeta" (At 15,32). Nelle epistole di Paolo egli figura con il nome di Σιλουανός (lat. *Silvanus*) e infatti era cittadino romano; negli Atti è chiamato Sila (Σιλᾶς, lat. *Silas*)[7]. Paolo lo aveva scelto come compagno in occasione del secondo viaggio (cfr. At 15,29ss.). Timoteo era stato guadagnato da Paolo alla fede e all'impegno cristiano durante il primo viaggio e da allora in poi egli rimase sempre al suo fianco come accompagnatore, collaboratore e amico fidato. L'attività di Paolo a Tessalonica è descritta con dovizia di particolari negli Atti (cfr. 17,1-9) e alla luce di tale testimonianza riusciamo a intendere più agevolmente certe allusioni contenute nella la Prima Lettera ai Tessalonicesi. "Espulsi da Filippi, dopo aver oltrepassato Amfipoli e Apollonia[8] giunsero a Tessalonica dove c'era una sinagoga dei giudei. E Paolo, com'era sua consuetudine, entrò da loro e per tre sabati discusse con loro traendo spunto dalle Scritture" (At 17,1-2). Le sue parole furono così convincenti che un certo numero di giudei e numerosi greci timorati di Dio tra i quali donne di nobile lignaggio furono acquisiti alla causa di Cristo. Sulle prime la reazione dei giudei si manifestò in forma di sorda opposizione, attraverso il divieto di utilizzo della sinagoga[9]; Paolo

---

[6] "At the end of the Ist cent. BC, there was a *conventus civium Romanorum* (IG X 2,I 32f.) in T., a Jewish community, which the Apostle Paul [2] visited in 49-50 and 56 AD (Acts 17,1-9), likewise a community of worshippers of Serapis" (R.M. ERRINGTON, "Thessalonica," *BNP*, XIV, 575-576).

[7] Σιλᾶς era forse una forma grecizzata dell'originario nome ebraico?

[8] Nell'antichità il toponimo Apollonia è frequentissimo. Qui si tratta evidentemente di una delle tre città ubicate in Macedonia. Quasi sicuramente gli Atti si riferiscono alla Apollonia situata nella Migdonia, a sud del lago Bolbe, sulla via Egnazia.

[9] "The mention of a synagogue in Acts 17:1 suggests that neither of the previous cities that Paul passed through—Philippi to Amphipolis, Amphipolis to Apollonia, Apollonia to Thessalonica—had a Jewish population. The distance between each of these cities is 30-35 mi. It would have taken approximately two days to travel from one to the next by foot. There is no indication that Paul and his companions stopped long enough to preach either at Amphipolis or Apollonia" (L.M. MCDONALD, "Thessalonica", *NIDB*, V, 579).

Prima Lettera ai Tessalonicesi

fu costretto ad appoggiarsi all'ospitalità di una casa privata, ma poiché le conversioni continuavano ad aver luogo gli avversari ricorsero alla legge romana, accusando i nuovi venuti di sobillare la folla e di perturbare l'ordine pubblico. La denuncia seguì il suo corso: a Paolo e ai suoi fu concessa la libertà dietro cauzione. Al fine di evitare vendette o rivalse da parte degli ebrei delusi e indispettiti Paolo e Silvano furono aiutati a partire nottetempo per Berea[10] (cfr. At 17,10).

Grazie a una permanenza così breve da poter essere computata nel giro di poche settimane Paolo era riuscito a fondare un gruppo stabile (cfr. 1Ts 2,9.13), che aveva a sua volta sviluppato una propria forza propulsiva, composto per la maggior parte da gentili (cfr. 1Ts 1,9; 2,14). D'altra parte il sacrificio personale di Paolo era stato notevole, non solo sul versante della predicazione, ma anche su quello dell'esempio coerentemente offerto ai fratelli e agli osservatori esterni, non tutti benevoli nei suoi confronti. Non è escluso che tra le accuse mossegli figurasse quella di parassitismo e di sfruttamento della credulità e ingenuità di chi gli prestava ascolto. Egli infatti preferì supplire alle proprie spese di mantenimento con il lavoro manuale "per non essere di peso a nessuno" (1Ts 2,9), senza per questo trascurare o mancare ai doveri inerenti al proprio incarico di predicatore e maestro di "dottrina cristiana" in fase nascente. Soffriva però di scarsità di mezzi, e fu riconoscente per l'aiuto inviatogli da Filippi (cfr. Fil 4,16). Secondo il racconto riferito negli Atti (cfr. 17,10-15) i giudei che si opponevano a Paolo lo inseguirono fino a Berea con l'intento di ucciderlo; di conseguenza l'uomo di Tarso fu costretto a riparare isolatamente ad Atene. Nella lettera alcuni accenni di Paolo integrano queste notizie. Più tardi Silvano e Timoteo raggiunsero Paolo, ma egli si struggeva dal desiderio di tornare a Tessalonica. Vistosi impossibilitato a causa dell'opposizione da lui stesso provocata, Paolo mandò Timoteo in sua vece (cfr. 1Ts 2,17–3,3) e nel frattempo lo precedette a Corinto, dove Timoteo lo raggiunse quasi subito (cfr. At 18,5). Timoteo arrivò con buone notizie a proposito della situazione generale della chiesa dei tessalonicesi; tuttavia faceva presente che questi ultimi erano confusi e travagliati da

---

[10] Berea (odierna Verria) di Macedonia (gr. Βέροια o Βέρροια, lat. *Beroea* o *Berrhoea*). Esisteva anche una Berea di Siria (odierna Aleppo) e una Berea di Tracia (oggi Starazagora). La Berea di Macedonia si trovava ai piedi del *Bermius mons* (monte Βέρμιον, oggi Vermion) ed era una delle porte d'accesso alla Macedonia occidentale.

dubbi laceranti riguardo al destino dei cristiani loro cari già morti. Il resoconto di Timoteo costituì l'occasione della Prima Lettera ai Tessalonicesi[11]. Molti studiosi convengono che la lettera sia stata scritta subito dopo l'arrivo di Timoteo a Corinto (cfr. 1Ts 3,6), capoluogo dell'Acaia, dove Paolo era giunto proveniente da Atene tappa del suo viaggio, e dove egli lavorò per un anno e mezzo (cfr. At 19,11). Sarebbe dunque intercorso un intervallo piuttosto breve fra l'evangelizzazione di Tessalonica da parte di Paolo e la stesura della la Prima Lettera ai Tessalonicesi. La lettera risulterebbe databile all'inizio del 51[12]: sarebbe di conseguenza la più antica lettera di Paolo conservata nel Nuovo Testamento e probabilmente il più antico scritto neotestamentario in assoluto.

C. *Contenuto*

1. Critica letteraria

Come per le altre lettere di Paolo, così anche per la Prima Lettera ai Tessalonicesi si pone la questione della sua forma originaria e della sua unità: viene addotta l'obiezione che nella Prima Lettera ai Tessalonicesi i passi 1,2-10 e 2,13 presentano la forma di preamboli epistolari e 3,11-14 e 5,23-28 quella di due conclusioni. Sono state forse connesse tra loro due

---

[11] "As far as a possible *Sitz im Leben* for 1 Thessalonians, it is essentially a letter of friendship from Paul to the church that he founded in Thessalonica in which the apostle highly commends the community but also specifically admonishes it to pursue honorable work. In addition, Paul, as a result of his pastoral concern, shares consoling new information about the fate of the dead at the time of the *parousia*. As a result of this approach it is evident that the apostle does not present himself as a superior teacher, but, rather, as an empathetic friend. Alleged previous criticisms against Paul by the church are highly unlikely and should, therefore, be excluded in the interpretation of 1 Thessalonians" (J. SCHOON-JANßEN, "On the Use of Elements of Ancient Epistolography in 1 Thessalonians", 193).

[12] La datazione della Prima Lettera ai Tessalonicesi varia secondo gli autori. Benché non possiamo precisare l'anno, Paolo l'ha scritta di certo fra il 40 e il 51. La maggioranza degli studiosi propende per il 51, ma negli ultimi tempi ha preso piede la tendenza a retrodatarla fra il 40 e il 45. Vedi R. RIESNER (*Die Frühzeit des Apostels Paulus. Studien zur Chronologie, Missionsstrategie und Theologie*, Tübingen 1994) secondo il quale la Prima Lettera ai Tessalonicesi sarebbe stata scritta nel 50. Di simile parere è G.D. Fee: "we may legitimately assume a date *circa* 49 or 50 CE for the writing of this letter" (ID., *The First and Second Letters to the Thessalonians*, 5). Comunque l'autenticità della lettera non è mai stata messa in discussione dalla critica moderna.

Prima Lettera ai Tessalonicesi

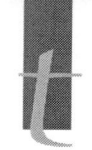

lettere? Un'altra supposizione vorrebbe vedere nelle due lettere canoniche ai Tessalonicesi alcuni brani di lettere autentiche di Paolo, integrati da aggiunte redazionali, cosicché emergerebbero quattro lettere di Paolo ai tessalonicesi, indirizzate loro dall'Apostolo in tempi diversi[13]. Queste osservazioni critiche non bastano tuttavia, secondo l'opinione attuale della parte predominante degli esegeti, per operare uno smembramento della Prima Lettera ai Tessalonicesi. L'unità è asserita da una maggioranza pressoché assoluta. Inoltre la paternità paolina del 2,13-16 è sostenuta con decisione da moltissimi commentatori[14].

2. Composizione[15]

Alcuni studiosi dividono la lettera secondo il suo messaggio in due parti principali, cioè i capp. 1–3 (l'esperienza dell'Apostolo in rapporto alla sua chiesa) e i capp. 4–5 (l'insegnamento parenetico basato su detta esperienza)[16]. Questa suddivisione, benché non inopportuna né scorretta, ci paia parziale, perché perde di vista in uno schema troppo generale l'ampiezza di vedute e la vivacità del pensiero paolino, così ricco di sfaccettature. Contrariamente all'opinione di Iovino[17] molti valenti specialisti hanno cercato di applicare alle epistole paoline gli schemi della retorica tradizionale, e la loro ricerca non mi pare un vano tentativo, né una perdita di tempo. Anzi i contributi seri e significativi di Hughes[18] e di Don-

---

[13] Cfr. H.-M. SCHENKE, *Einleitung in die Schriften des Neuen Testaments*, Berlin 1978; K.M. FISCHER, *Das Urchristentum*, Berlin 1985.

[14] Per un ottimo sommario di informazioni di base sulla Prima Lettera ai Tessalonicesi vedi R.E. BROWN, *An Introduction to the New Testament*, 457.

[15] Oppure "forma" della Prima Lettera ai Tessalonicesi. Preferiamo evitare il vocabolo "struttura" a causa della sua connotazione abbastanza rigida e inflessibile, termine dunque incapace di comunicare la dinamicità e la espressività della riflessione di Paolo.

[16] Vedi A. VANHOYE, "La composition de 1 Thessaloniciens", in R.F. COLLINS, ed., *The Thessalonian Correspondence*, Leuven 1990, 73-86.

[17] "Comprendiamo che [...] alcuni studiosi siano stati indotti a reperire nella lettera una composizione di tipo 'retorico', particolarmente adatta alla 'comunicazione', sforzandosi di individuare con artificiosa precisione le componenti della retorica classica: *exordium, narratio, partitio, probatio, peroratio*. Non sembra che dette analisi ricevano molto consenso. Oltretutto, si dimentica con una certa facilità che la retorica classica si interessava al genere 'oratorio' non a quello 'epistolare'" (P. IOVINO, *La prima lettera ai Tessalonicesi*, 46, n. 59).

[18] Vedi F.W. HUGHES, "The Rhetoric of 1 Thessalonians," in R.F. COLLINS, ed., *The Thessalonian Correspondence*, BETL 87, Leuven 1990, 94-116.

fried[19] offrono un valido ausilio in questo studio complesso, pur se teniamo conto che non sussiste ancora consenso unanime tra i biblisti. Molti interpreti concordano sulla divisione in quattro parti principali: 1,1-10; 2,1–3,13; 4,1–5,22; 5,23-28[20]. Frattanto tuttavia la discussione e il lavoro continuano.

In 1Ts 4,13–5,11 Paolo intende spiegare ai tessalonicesi il significato del Giorno del Signore. Questo testo escatologico è suddiviso in due parti: riguardo a quelli che sono morti in 4,13-18 e riguardo ai tempi e ai momenti per i vivi in 5,1-11. Quali i suoi limiti? 1Ts 4,12 segna il termine del suo insegnamento sull'amore verso i fratelli, e dunque il versetto costituisce la parte finale di quella pericope. 4,13 invece introduce il tema seguente: su quelli che sono morti nel Signore. Il discorso paolino sul Giorno del Signore si esaurisce in 5,11, come comprovato dalla congiunzione coordinante conclusiva διό, la quale introduce una proposizione di analogo valore. In 5,12 Paolo torna alla situazione presente della chiesa ed esorta i suoi destinatari, invitandoli ad aver riguardo gli uni per gli altri; διό è anche un segnale di transizione al passo susseguente: l'inizio cioè dell'esortazione. Di conseguenza 4,13 inizia e 5,11 termina con la discussione sulle cose ultime. La prima microunità: 4,13-18 tratta delle circostanze della parusia: è decisamente orientata verso il futuro. Al contrario la seconda: 5,1-11 pone l'accento sull'importanza di essere svegli e sobri per il ritorno del Signore: è decisamente rivolta al presente. Tutte e due concernono la parusia di Cristo, ma con una sfumatura significativa differente l'una dall'altra. Un'analisi più approfondita di 1Ts 4,13–5,11 svela la sua composizione interna come brano ben delineato: vi si trovano infatti due microunità simili ma distinte, che spiegano la venuta del Signore Gesù.

---

[19] Vedi K.P. DONFRIED, "The Theology of 1 Thessalonians," *The Theology of the Shorter Pauline Letters*, ed. J.D.G. DUNN, NTT, Cambridge 1993, 1-79. Ecco lo schema da lui proposto: I *exordium* (1,1-10), II *narratio* (2,1-3,10), III *partitio* (3,11-13), IV *probatio* (4,1-5,3), V *peroratio* (5,4-11), VI esortazione (5,12-22), preghiere e domande conclusive (5,23-28). Vedi *Ibid.*, 6-7.

[20] Cfr. R. JEWETT, *The Thessalonian Correspondence*, 216-221; P.J. BRADY, *The Process of Sanctification in the Christian Life*, 54-55.

Prima Lettera ai Tessalonicesi

2.1 *Schema epistolare*[21]

1. Prescritto/formula di apertura: 1,1
2. Ringraziamento: 1,2-10
3. Corpo:
   indicativo paolino (rapporto con i tessalonicesi): 2,1–3,13
   imperativo paolino (istruzioni, esortazioni): 4,1–5,22
4. "Post-scritto"/formula conclusiva: 5,23-28.

2.2 *Divisione secondo i contenuti*[22]

1,1-10: Indirizzo/saluto e ringraziamento
2,1-12: Comportamento di Paolo a Tessalonica
2,13-16: Ringraziamento ulteriore riguardo all'accettazione del Vangelo
2,17–3,13: Missione di Timoteo e rapporto contemporaneo di Paolo con la chiesa di Tessalonica
4,1-12: Ammonizioni etiche, esortazioni
4,13–5,11: Istruzioni circa la parusia
5,12-22: Istruzioni sulla vita ecclesiale
5,23-28: Benedizione conclusiva, saluto (corredato da bacio).

3. Teologia

La Prima Lettera ai Tessalonicesi è molto significativa perché rappresenta lo scritto più antico del Nuovo Testamento. Essa fornisce una testimonianza indispensabile per la tradizione orale del Vangelo, nell'intervallo intercorso fra la morte e risurrezione di Gesù e la composizione delle opere del Nuovo Testamento (fra il 30 e il 50 circa). La Prima Lettera ai Tessalo-

---

[21] Cfr. la divisione formale secondo R.E. Brown:
A. Prescritto/formula di apertura: 1,1
B. Ringraziamento: 1,2-5 o 1,2-10; oppure ringraziamento più lungo: 1,2–3,13, suddiviso in due parti:
Iª (1,2–2,12), IIª (2,13–3,13)
C. Corpo: 2,1–3,13 (o 1,6–3,13): indicativo paolino (rapporto con i tessalonicesi); 4,1–5,22: imperativo paolino (istruzioni, esortazioni)
D. Post-scritto/formula conclusiva: 5,23-28.
Vedi ID., *An Introduction to the New Testament*, 457.
[22] Per questo schema vedi R.E. BROWN, *An Introduction to the New Testament*, 457.

nicesi è la prova letteraria più vetusta a nostra disposizione, più diretta e contigua ai fatti, tale da renderci avveduti sulla rilevanza che i primi cristiani hanno attribuito alla morte e alla risurrezione di Cristo. È una delle fonti essenziali della dottrina della Chiesa riguardo alla morte, alla risurrezione e alla parusia di Cristo. Nella Prima Lettera ai Tessalonicesi è giustamente rimarchevole la parte escatologica (cfr. 4,13–5,11) nella quale l'Apostolo approfondisce il ruolo essenziale della speranza e della fede nella vita cristiana. Paolo descrive la parusia del Signore (cfr. 4,13-18)[23] e insegna come i cristiani debbano vivere fino a quando il Signore non sarà giunto (cfr. 5,1-11). Il brano, costituito da due unità ben delineate, insiste sull'essenzialità della speranza nella risurrezione per i tessalonicesi. Paolo usa un linguaggio simbolico per svelare questa parola del Signore (cfr. 4,15) ai destinatari. La sua escatologia apocalittica è metaforica, allegorica, allusiva: non dobbiamo cogliere in quei versetti una descrizione letterale delle cose ultime, quantunque la sua dottrina sia conforme a verità. Il linguaggio allegorico è tipico del linguaggio sacrale ed ha scopo sicuramente morale. Il Signore verrà ancora e la sua venuta inaugurerà un nuovo periodo, quando morti e vivi in Cristo "saremo sempre con il Signore" (4,17). La buona notizia è che Gesù ci salverà dall'ira ventura (cfr. 1,10) e ci farà partecipi della sua vita immortale. La data della parusia è un problema che accende la curiosità, specialmente se — non decodificando correttamente il linguaggio apocalittico — si immagina l'evento in termini fantasmagorici, come un ritorno visibile, quasi si trattasse di un gigantesco spettacolo. Paolo riprendendo una parabola di Gesù a tal proposito così si è espresso: "il giorno del Signore verrà come un ladro nella notte"[24]. Questa frase non si trova in alcuna opera precedente ai vangeli ed è sempre citata in riferimento a Cristo: è il criterio della doppia

---

[23] "Paul's ultimate concern is twofold, the expression of which serves to enclose the entire passage: the believers in Thessalonica 'do not sorrow as the rest of humankind who do not have this hope' (v. 13), and that they therefore 'encourage one another with these words' of Christian hope (v. 18). At the same time what lies behind the whole passage is Paul's conviction, shared with the other early believers and based on Christ's own resurrection, that a future *bodily* resurrection lies in the eschatological future of those who believe in Christ" (G.D. FEE, *The First and Second Letter to the Thessalonians*, 166-167). Vedi N.T. WRIGHT, *The Resurrection of the Son of God*, 213-219.

[24] 1Ts 5,2; cfr. Mt 24,42-44 e Lc 12,37-40.

discontinuità[25]. La frase ha tutta l'aria di essere stata pronunciata da Cristo e da allora è stata accolta nella tradizione della Chiesa primitiva[26]. Per puntualizzare un aspetto dell'evoluzione di questa tematica in Paolo confrontiamo il passo della Prima Lettera ai Tessalonicesi con la 1Cor 15,51: "Ecco io vi annunzio un mistero: non tutti, certo, moriremo, ma tutti saremo trasformati". I viventi passeranno, poi tutti raggiungeranno le nuvole, cioè passeranno da un livello di immanenza a un livello di trascendenza. Altro non aggiunge. In un secondo tempo Paolo ritornerà sull'argomento chiarendo che la nostra situazione attuale non è compatibile con la situazione escatologica finale: anche se moriremo saremo tutti trasformati. Ci sarà la risurrezione dei morti e l'incontro dei viventi in una medesima dimensione. La Prima Lettera ai Tessalonicesi non manca di materia parenetica. In attesa del ritorno del Signore come devono vivere i tessalonicesi? Dal momento che i cristiani fondano la loro speranza sulla potenza di Dio che ha risuscitato Gesù dai morti (cfr. 1,10) e sulla loro fede nella risurrezione di Cristo e di tutti coloro che sono in Cristo (cfr. 4,14), essi sono configurabili quali "persone dell'attesa". L'unico loro interesse deve consistere nel vigilare in ogni momento, rimanendo sempre pronti a ricevere il loro maestro: "vi siete convertiti a Dio, allontanandovi dagli idoli, per servire al Dio vivo e vero e attendere dai cieli il suo Figlio, che egli ha risuscitato dai morti, Gesù, che ci libera dall'ira ventura" (1Ts 1,9b-10) e "Non dormiamo dunque come gli altri, ma restiamo svegli e siamo sobri" (1Ts 5,6). Per questa ragione la parusia di Cristo rappresenta una fonte imprescindibile che alimenta sia la vita sia l'azione morale del credente. Duplice è la condizione essenziale dell'attesa della parusia, e in tale senso costituisce la base dell'etica paolina: la proclamazione della venuta del Signore (che include l'annuncio del Vangelo) e la vita nella speranza e nella perseveranza[27]. Questi

---

[25] Se ci troviamo davanti a un dato che non ha riferimenti, né con l'ebraismo, né con la comunità primitiva, questo criterio ci permette di verificare singole espressioni o atteggiamenti particolari di Gesù; permette cioè di accertare la verità di un determinato fatto o di espressioni proprie di Gesù, le quali non erano in uso nella cultura del tempo.

[26] Cfr. 2Pt 3,10 e Ap 3,3; 16,15.

[27] Su questo punto convengo con Iovino e Rigaux. "In breve, sono due gli elementi — e in ciò concordiamo con RIG 214 — che costituiscono l'essenza dell'attesa parusiaca: l'annuncio della venuta e la vita nella speranza-perseveranza. Ma è possibile cogliere tutta l'originalità del pensiero paolino solo se si percepisce la radicale innovazione del suo linguaggio" (P. IOVINO, *La Prima lettera ai Tessalonicesi*, 60).

due atteggiamenti cristiani caratterizzano coloro che si preparano ad accogliere un evento glorioso e un dono divino, cioè il ritorno di Cristo alla fine dei tempi. Come dire che la dimensione escatologica appartiene in modo essenziale e costitutivo all'insegnamento esortativo dell'Apostolo[28].

II. CONTATTO DIRETTO COL TESTO BIBLICO: 1Ts 4,13-18

La parusia del Signore

[13] Non vogliamo che siate nell'ignoranza, fratelli e sorelle, riguardo ai dormienti, affinché non siate tristi come i rimanenti che non hanno speranza. [14] Se noi crediamo infatti che Gesù morì e risuscitò, così anche Dio per mezzo di Gesù condurrà con lui quelli che si sono addormentati. [15] Questo infatti vi diciamo sulla parola del Signore (cioè) che noi, i viventi, i rimanenti fino alla venuta del Signore non precederemo quelli che si sono addormentati. [16] Poiché il Signore stesso, a un ordine, alla voce dell'arcangelo e al suono della tromba di Dio discenderà dal cielo e per prima cosa risorgeranno i morti in Cristo. [17] Poi noi, i viventi, i rimasti, insieme con loro saremo rapiti sulle nubi per andare incontro al Signore nell'aria; e così saremo sempre con il Signore. [18] Consolatevi dunque a vicenda con queste parole.

---

[28] "I Thess is the earliest Christian writing to have been preserved; surely Paul was not conscious that he was composing a work that would have that distinction. Nevertheless, the status of I Thess offers interesting reflections. Were this the only Christian work that had survived from the 1st century, what would it tell us of the way Paul worked, of his self-understanding, of his christology, of his conception of the church or Christian community? Given that most Christians claim to adhere to the apostolic faith, it is interesting to imagine being transported back to the year 51 and entering the meeting room at Thessalonica where this letter of the apostle Paul was being read for the first time. Within the opening ten verses one would hear references to God, the Father, the Lord Jesus Christ, and the Holy Spirit, and to faith, love, and hope. That is a remarkable testimony to how quickly ideas that became standard in Christianity were already in place" (R.E. BROWN, *An Introduction to the New Testament*, 464-465).

Prima Lettera ai Tessalonicesi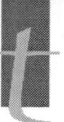

Lettura dettagliata

4,13

Οὐ θέλομεν δὲ ὑμᾶς ἀγνοεῖν,
Non vogliamo che siate nell'ignoranza,

Paolo comincia la nuova pericope con una figura di pensiero usuale nelle sue lettere: la litote[29]. Mediante il suo dialogo epistolare il mittente sottolinea il rapporto personale e amichevole tra gli apostoli (noi) e i destinatari (ὑμᾶς, "voi"). Il predicato verbale θέλομεν[30] esprime il desiderio degli apostoli di venire in aiuto a questa piccola comunità macedone che soffre, mentre l'infinito ἀγνοεῖν serve a iniziare un argomento rilevante[31]. È ferma intenzione dell'Apostolo spiegare dettagliatamente ai tessalonicesi la sua dottrina escatologica, affinché essi la capiscano a fondo.

ἀδελφοί,
fratelli e sorelle[32],

Il missionario di Tarso indirizza il discorso direttamente ai destinatari. A causa della loro fede comune in Gesù Cristo Paolo e i cristiani di Tessalonica si trovano legati da un nuovo rapporto reciproco. Se Dio è davvero il Padre di Gesù, è anche il Padre di tutti i credenti. Coloro dunque che credono in Cristo sono fratelli e sorelle. La parola ἀδελφοί sottolinea, sia la nuova realtà della Chiesa cristiana (è davvero una comunità fraterna), sia la dignità della vocazione cristiana (i credenti sono figli di Dio

---

[29] "La *litotes* (*exadversio*; λιτότης, ἀντεναντίωσις) è una ironia di dissimulazione (§ 428) con valore perifrastico (§ 186), che consiste nell'ottenere un grado superlativo con la negazione del contrario (§ 185, 2 *a*): "non piccolo" significa "molto grande" (§ 180). Cfr. "In questo non lodo (voi)" 1Cor 11,22)" (H. LAUSBERG, *Elementi di Retorica*, § 211).

[30] θέλομεν — presente indicativo, prima persona plurale di θέλω. Il verbo ricorre 53 volte nelle lettere autentiche: 25 ricorrenze sono in prima persona singolare e solo 2 in prima persona plurale. Paolo vuol comunicare la sua comprensione del Vangelo ai destinatari perché essi la condividono e la mettano in pratica. Vedi M. LIMBECK, "θέλω", *DENT*, I, 1609.

[31] "Nel NT ἀγνοέω si trova 21 volte, gli altri termini di questo gruppo complessivamente 8 volte. Paolo usa ἀγνοέω 6 volte nella formula epistolare 'non voglio che ignoriate, o fratelli ...' con una proposizione introdotta da ὅτι, che segue subito o poco dopo, e se ne serve per introdurre una comunicazione posta in rilievo, specialmente all'inizio di una lettera (Rom 1,13; 11,25; 1Cor 10,1; 12,1; 2Cor 1,8; 1Ts 4,13); sciogliendo la litote si può tradurre: 'voglio comunicarvi', dovete sapere') cfr. 1Cor 11,3; Bultmann, *Stil* 65)" (W. SCHMITHALS, "ἀγνοέω", *DENT*, I, 54).

[32] ἀδελφός = fratello, ἀδελφοί = fratelli e sorelle (figli dello stesso utero).

e coeredi di Cristo; cfr. Rm 8,17). A causa della persecuzione subita[33] i nuovi credenti a Tessalonica diventarono emarginati dai loro familiari e dai loro concittadini: occorreva creare nuovi rapporti intimi e stretti in una nuova famiglia. Quindi la comunità cristiana diventò per loro la famiglia di Dio. Il linguaggio di Paolo costituisce una famiglia surrogata per i destinatari, vittime di solitudine, di disperazione e di persecuzione[34].

περὶ τῶν κοιμωμένων,
riguardo ai dormienti,

Ecco il tema principale di questo brano. Il modulo περὶ τῶν ricorre anche nel 4,9 e nel 5,1. Paolo risponde alle domande dei tessalonicesi? È molto probabile. Il verbo κοιμάομαι significa "dormire". In continuità con la tradizione biblica[35] nelle sue lettere l'Apostolo delle genti usa il linguaggio metaforico per descrivere i morti. Questo utilizzo del verbo[36] è originale, non tanto nella scelta lessicale (da Omero fino all'epoca ellenistica gli autori greci dimostrano di conoscere l'eufemismo che allude alla

---

[33] "Elsewhere we have suggested that the dead who are referred to in 1 Thess. 4.13-18 are those who may have died in some mob-action type of persecution in Thessalonica, and we strongly urge the reader to review that foundational argument. Given our inclination to take seriously the possibility of persecution(s) in Thessalonica and elsewhere as leading to occasional deaths, do we have any extrabiblical evidence which would lend further credibility to this suggestion? The Paphlogonian oath of loyalty to the Caesarian house in 3 BCE compels Romans and non-Romans alike to report cases of disloyalty and to physically hunt down the offender. The seriousness by which this oath is meant to be taken—even to the point of death for those who are disloyal—is clear. If this possible parallel has any relevance for the political situation in Thessalonica at the time of Paul, then certainly the apostle's 'political preaching' and his direct attack on the *Pax et Securitas* emphasis of the early principate was likely to place him in a precarious situation" (K.P. DONFRIED, *Paul, Thessalonica, and Early Christianity*, 132-133).

[34] Vedi C.J. ROETZEL, *Paul*, 99-100.

[35] Cfr. 2Sam 7,12; 1Re 2,10; 11,43; 22,50; Gb 14,12; Sal 13,3. Per il NT cfr. Mt 9,24; At 7,60; 1Cor 15,51.

[36] Κοιμωμένων – participio presente medio-passivo di κοιμάω (verbo transitivo con valore causativo) = "pongo a giacere, faccio addormentare, addormento". Nella diatesi medio-passiva κοιμάομαι = "dormire", con valore assoluto = "stare di guardia, vegliare" (lat. *excubare; excubiae* = "sentinelle"). Cfr. ESCHILO, *Agamennone* 2; SENOFONTE, *Ciropedia*, 1,2,4,9. Sulla frequenza di κοιμάω nel NT cfr. Mt 27,52; At 7,60; 2Pt 3,4. Per κοιμάω nel *corpus* paolino cf. 1Cor 7,39; 11,30; 15,6.18.20.51; 1Ts 4,13.14.15. Nel mondo greco-romano le religioni pagane usavano la parola "necropoli" (città dei morti) per indicare il luogo della sepoltura dei morti. I cristiani invece ricorrono da sempre al termine "cimitero" (dal lat. tardo *cimitērium*, dal gr. κοιμητήριον, "luogo dove si va a dormire", da κοιμάω), luogo dove dormono i fedeli defunti in attesa della parusia di Cristo.

Prima Lettera ai Tessalonicesi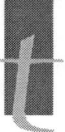

pace dei morti), quanto per l'indicazione durativa del participio: "essi stanno dormendo"; inoltre questo dormire è una morte apparente: esso presuppone un concetto di risveglio[37] e addirittura uno "stare a giacere in attesa". I cristiani di Tessalonica ai quali si fa riferimento si sono addormentati nella speranza di risorgere, speranza loro trasmessa da Paolo mediante la potenza del Vangelo di Dio. Forse per questo l'Apostolo non usa altri termini collegati direttamente con l'idea di decesso, di morte. Invece di attenuare un'espressione troppo realistica, l'eufemismo in questo caso annuncia in modo implicito l'annuncio della risurrezione dei defunti.

ἵνα μὴ λυπῆσθε καθὼς καὶ οἱ λοιποὶ οἱ μὴ ἔχοντες ἐλπίδα.
affinché non siate tristi come i restanti che non hanno la speranza.

La proposizione dipendente di natura finale, introdotta dalla congiunzione subordinante ἵνα, presenta lo scopo dell'insegnamento di Paolo. Egli non condanna il fatto che i tessalonicesi si trovino in lutto, ma insegna che essi non devono provare dolore come "i restanti", cioè come quelli che non credono nella risurrezione di Cristo. La differenza fra credenti e non credenti è che questi ultimi non hanno speranza nella vita risorta inaugurata da Gesù. Per Paolo la virtù della speranza (ἐλπίς) rappresenta un concetto essenziale nella sua concezione della morale cristiana (cfr. 1,3; 2,19; 5,8). La speranza dà ai cristiani la fiducia necessaria per vivere i problemi e le sfide del presente con pazienza, serenità e gioia. La speranza, una virtù essenziale nella vita cristiana, è radicata nell'atto salvifico di Dio in Cristo Gesù. Speranza e fede sono strettamente collegate tra loro: la speranza è una fondata fiducia nell'azione di Dio, della cui promessa di salvezza ci si rende dipendenti. Probabilmente la mancanza di speranza nella comunità dei tessalonicesi costituisce uno dei motivi dell'invio della lettera.

4,14

εἰ γὰρ πιστεύομεν ὅτι Ἰησοῦς ἀπέθανεν καὶ ἀνέστη,
Se noi crediamo infatti che Gesù morì e risuscitò,

Protasi di un periodo ipotetico della realtà. L'Autore vuole esprimere un collegamento logico fra due proposizioni: la secondaria condizionale e la principale. Nella fattispecie il valore attribuibile al predicato verbale

---

[37] Solitamente nel NT si usa il participio aoristo passivo o il participio perfetto medio-passivo.

πιστεύομεν³⁸ è duplice: 1) se lo utilizziamo con il valore transitivo di credere, la proposizione che segue assume valore dichiarativo, come consentito dalla congiunzione ὅτι che la introduce e la connota quale giudizio oggettivo su fatto reale. La proposizione dichiarativa costituirebbe l'oggetto del credere, corrispondente all'"annuncio", alla fondamentalià del kerygma, nella sua scarna essenzialità; 2) se assumiamo il valore assoluto di πιστεύομεν la congiunzione ὅτι assume il significato di "perché": e la proposizione secondaria esprimerebbe la causa oggettiva, ovvero la motivazione reale che sta alla base della fede: crediamo perché Gesù morì e risuscitò. In questo periodo ipotetico Paolo accorda la dottrina della Chiesa sulla morte e la risurrezione di Gesù (v. 14a, protasi) con il suo insegnamento sui morti in Cristo (v. 14b, apodosi). La protasi riassume il kerigma³⁹ della Chiesa primitiva — Ἰησοῦς ἀπέθανεν καὶ ἀνέστη — in una breve formula credale. Il nome proprio Ἰησοῦς (che significa "Dio aiuta, Dio è salvezza"⁴⁰) si riferisce al personaggio storico che in Palestina nacque sotto Cesare Augusto e morì sotto Ponzio Pilato. Con questi due predicati verbali⁴¹ l'apostolo insegna che Gesù l'uomo storico era il vero soggetto di queste azioni storiche. In questo credere possiamo vedere anche il nucleo del "Credo" della Chiesa che i cristiani hanno professato fin da principio.

---

[38] πιστεύομεν — presente indicativo, prima persona plurale di πιστεύω, verbo denominativo derivato dal sostantivo πίστις = "fede". Esso rivela un ventaglio di significati notevole, i quali spaziano dal valore transitivo, a quello intransitivo o assoluto (cfr. 2,10.13). Tale verbo si incontra per 5 volte nella Prima Lettera ai Tessalonicesi: 1,7; 2,4.10.13; 4,14.

[39] "Il messaggio di Paolo si concentra sulla persona di Cristo (Gal 1,16), e in particolare su 'Cristo crocifisso' (1Cor 1,23) e risuscitato dai morti (1Cor 15,12; cfr. At 13,30-37; 17,31)" (R.H. MOUNCE, "Predicazione, kerigma", *DPL*, 1189).

[40] Cfr. G. SCHNEIDER, "Ἰησοῦς, οῦ", *DENT*, I, 1719.

[41] ἀπέθανεν — aoristo indicativo attivo, terza persona singolare di ἀποθνῄσκω. Ci sono 11 altre ricorrenze di ἀπέθανεν nel corpo paolino (cfr. Rm 5,6.8; 6,10 (a volte); 14,9.15; 1Cor 8,11; 15,3; 2Cor 5,14.15; Gal 2,21): tutte e 12 riferiscono alla morte salvifica di Gesù per gli uomini. ἀνέστη — aoristo indicativo attivo, IIIª pers. singolare di ἀνίστημι, si trova solo in 1Ts 4,14. Ci sono 108 ricorrenze del verbo ἀνίστημι nel NT, ma soltanto sette nel corpo paolino: Rm 15,12 (citazione di Is 11,10 LXX); 1Cor 10,7 (citazione di Es 32,6 LXX); Ef 5,14; 1Ts 4,14.16; Eb 7,11.13. Nel suo annuncio della risurrezione di Gesù l'Apostolo preferisce usare il verbo ἐγήγερται (perfetto indicativo passivo, terza persona singolare di ἐγείρω, il così detto passivo divino) per mettere in risalto il ruolo decisivo del Padre. Ci sono 144 ricorrenze del verbo ἐγείρω nel NT tra cui 42 nel corpo paolino. L'unica ricorrenza di ἐγείρω nella Prima Lettera ai Tessalonicesi si trova in 1,10.

οὕτως καί
così anche

L'apodosi del periodo in questione viene preannunciata da un avverbio modale di eguaglianza, seguito da una congiunzione coordinante: la proposizione che segue rappresenta l'oggetto del verbo πιστεύομεν sottinteso al pari della congiunzione ὅτι, la quale, sganciata dal verbo reggente che rimane in ombra (esso è la vera apodosi) può sviluppare con maggiore energia il suo valore dichiarativo: "crediamo che", senza tuttavia abbandonare completamente l'accezione causale: "crediamo perché". L'apodosi del periodo ipotetico è virtualmente rappresentata dal verbo πιστεύομεν sottinteso, ma il suo effetto non è scomparso; infatti è visibile il suo prolungamento che si estende per tutto il seguito del v. 14. Tale prolungamento può ben dirsi continuazione della formula credale precedente. Ciò che Dio ha compiuto nella persona di Gesù lo farà anche ai morti in Gesù. In forza della sua cristologia Paolo collega tutti coloro che sono in Cristo con Cristo stesso: "Paolo, Silvano e Timoteo alla chiesa dei tessalonicesi che è in Dio Padre e *nel Signore Gesù*" (1,1).

ὁ θεὸς τοὺς κοιμηθέντας διὰ τοῦ Ἰησοῦ ἄξει σὺν αὐτῷ.
Dio per mezzo di Gesù condurrà con lui quelli che si sono addormentati.

Notare la collocazione grafica di τοὺς κοιμηθέντας[42] alla destra di Dio (ὁ θεός). La mediazione di Gesù (διὰ τοῦ Ἰησοῦ) e l'unione con Dio o con Gesù (σὺν αὐτῷ) li colloca "aoristicamente" nell'assoluto, fuori della dimensione temporale. La scelta del pronome determinativo o di identità αὐτῷ solleva una questione appassionante per l'interpretazione del versetto. Infatti sussistono due possibilità teologicamente coerenti. 1) "Dio per mezzo di Gesù condurrà quelli che si sono addormentati con lui (cioè con Dio stesso)". Dio è il soggetto del verbo perché è l'autore principale di ogni azione salvifica; egli attira tutti a sé tramite Gesù. Gesù però è mediatore dell'agire salvifico. Tale soluzione mette in rilievo il ruolo di Dio, quindi favorisce una prospettiva teologica, ma non per questo viene oscurata l'importanza della mediazione di Gesù e tanto meno negata, o contraddetta. 2) "Dio per mezzo di Gesù condurrà quelli che si sono addormentati con lui (cioè con Gesù)". Dio è sempre l'autore principale del-

---

[42] Κοιμηθέντας — participio aoristo medio-passivo del verbo denominativo κοιμάω.

l'azione salvifica, ma la mediazione di Gesù come Salvatore viene sottolineata. Gesù è il mediatore di Dio e il compagno dei credenti. Questa interpretazione, più corretta sul piano sintattico, favorisce la cristologizzazione del versetto ancora di più e verrebbe avvalorata dal vocativo ἀδελφοί, indicante comunanza di nascita tra i cristiani e Gesù, fratelli in quanto figli dello stesso Padre[43]. Per una felice scelta di combinazione linguistica σὺν αὐτῷ mette in relazione Dio con Gesù e indirettamente Dio con i cristiani condotti in cielo. Ne consegue un arricchimento di senso notevole, perché le due direzioni interpretative entrando in sinergia risultano ancor più suggestive per i continui e ripetuti rimandi instaurati da σὺν αὐτῷ in clausola. Dal punto di vista morale e religioso questa pluralità di messaggi è gratificante. Sull'asse teologico l'accostamento Gesù-Dio potrebbe essere suscitatore del senso di mistero che soltanto a livello inconscio si riesce a cogliere, ma che razionalmente conserva intatta la sua problematicità: la duplicità di Gesù uomo sulla terra, il quale mediante quel σὺν αὐτῷ sfuma in Dio. Ma anche Dio, il quale sfuma in Gesù. A nostro parere Paolo ha saputo esprimere in sublime forma letteraria un concetto difficile quale quello della divinità di Gesù. In conclusione Dio guiderà tutti a sé nell'ultimo Giorno. Gesù e i defunti saranno compagni di viaggio: condivideranno un'esperienza simile: quella della pienezza della vita eterna con Dio. οὕτως καί all'inizio della proposizione principale sottolinea quest'esperienza comune fra Salvatore e credenti, questa fratellanza mirabile fra il Figlio di Dio per natura e i figli di Dio per grazia.

4,15

Τοῦτο γὰρ ὑμῖν λέγομεν ἐν λόγῳ κυρίου,
Questo infatti vi diciamo sulla parola del Signore

A che cosa si allude con il pronome dimostrativo neutro τοῦτο? Tradizionalmente i biblisti, rappresentati dalla traduzione della CEI hanno in-

---

[43] Il polisenso instauratosi con il complemento di compagnia o di unione σὺν αὐτῷ può essere visto come esempio tipico di zeugma (ζεῦγμα = "aggiogamento"; *conceptio, ligatio, adnexio*) o di σχῆμα ἀπὸ κοινοῦ = "figura di comunanza" (lat. *in commune*): figura retorica la quale appunto accomuna due elementi interni alla frase mettendoli fra loro in relazione tramite un nesso, anch'esso appartenente alla medesima frase. Cfr. H. LAUSBERG, *Elementi di Retorica*, § 323-325; B. MORTARA GARAVELLI, *Manuale di Retorica*, 226-227.

terpretato il pronome in funzione prolettica, ovvero anticipatrice dei vv. 15b-17. Τοῦτο secondo le norme della grammatica classica dovrebbe riferirsi invece al v. 14, cioè essere in funzione epanalettica, ovvero di conferma mediante ripresa del concetto sopra espresso. In tal caso l'impianto del ragionamento ne verrebbe rafforzato e le due dichiarative seguenti si configurerebbero come naturale sviluppo dell'argomentazione. Sulla scorta della funzione epanalettica il monema τοῦτο servirebbe da elemento di collegamento con il v. 14 e di transizione al v. 15; a conferma di quanto già espresso nel v. precedente, come se Paolo, nel puntualizzare ciò che ha enunciato, si concedesse un momento di respiro prima di riprendere il suo percorso dialettico. τοῦτο è ambivalente e pertanto sono valide tutte e due le posizioni; anzi, ambedue vanno raccolte in modo da ricostituire l'unità della dottrina: i morti e i vivi, il passato e il presente: tutto quanto viene riscattato alla venuta del Signore. Così il sintagma ἐν λόγῳ κυρίου (*hapax legomenon*) rappresenta un messaggio profetico per la Chiesa. Vale la pena analizzarlo perché a sua volta esso segna l'avvio di una serie di espansioni caratterizzate dall'uso anaforico di ἐν in unione con il dativo[44]. Tale preposizione venendo a contatto con i sostantivi dei vv. 15.16.18 mette in funzione potenzialità inaspettate. Nel v. 15 il tema (gradio medio λεγ-) del predicato verbale λέγομεν si dispiega in gioco apofonico nel complemento retto da ἐν: λόγῳ (tema di grado forte λογ-), un gioco che nel v. 18 si ripeterà nel complemento retto da ἐν: λόγοις. Come interpretare questo sintagma? Se il sostantivo κύριος è riferito a Gesù, ἐν λόγῳ κυρίου può indicare la Buona Novella di Gesù Cristo morto e risorto in senso generale, un riferimento globale alla sua dottrina escatologica simile a quella trovata nei Sinottici (cfr. 1Ts 1,8: "Infatti la parola del Signore [ὁ λόγος τοῦ κυρίου] riecheggia per mezzo vostro non soltanto in Macedonia e nell'Acaia, ma la fama della vostra fede in Dio si è diffusa dappertutto, di modo che non abbiamo più bisogno di parlarne.")[45]. Può indicare anche un *loghion* particolare di Cristo: un insegnamento che risalerebbe al suo ministero pubblico e poi riferito a Paolo da altri apo-

---

[44] La preposizione ἐν è ricchissima di significati: ha valore locale, temporale, strumentale, modale, di mezzo, di abbondanza, ecc.
[45] Vedi B. RIGAUX, *Saint Paul*, 539.

stoli⁴⁶, oppure una visione o rivelazione personale di Paolo simile a quelle menzionate in altri passi delle sue lettere⁴⁷. Ad ogni modo si tratterebbe di un preciso ricorso all'autorità del Signore Gesù da parte dell'Apostolo⁴⁸. Nel tentativo di approfondimento sul senso dell'espressione ἐν λόγῳ κυρίου non possiamo fare a meno di considerare il sostantivo λόγος allusivo della Seconda Persona della SS. Trinità, cioè il Figlio, che il Quarto Vangelo chiama "Verbo"⁴⁹. Tale accezione di λόγος ci porterebbe a un'altra interpretazione. Se il sostantivo κυρίου è sempre riferito al Gesù Cristo, possiamo considerare anche la presenza del genitivo epesegetico. Una tale possibilità ci inviterebbe a tradurre: "vi diciamo, sulla base del Verbo, cioè (sulla base) del Signore (Gesù)". Se invece il sostantivo κυρίου è riferito a JHWH,⁵⁰ potremmo tradurre: "vi diciamo, sulla base del Verbo (il Figlio) del Signore (il Padre)". Questo concetto deriva probabilmente da un ambiente giudaico - ellenistico lo cui sfondo teologico si radica nella speculazione sapienziale che aveva sottolineato il ruolo della sapienza nella creazione e il suo valore salvifico⁵¹. Avremmo la dimostrazione della consapevolezza da parte dell'Apostolo delle genti che la dottrina monoteista di cui egli intendeva essere portatore si basava sulla persona del Signore Gesù Cristo, Figlio del Signore JHWH⁵². Anche in questa occasione

---

⁴⁶ Vedi J. JEREMIAS, *Unbekannte Jesusworte*, 77-79. Questa ipotesi non è più presa in considerazione da molti biblisti.

⁴⁷ È vero che quando l'Apostolo vuole annunciare le proprie rivelazioni usa le voci ἀποκάλυψις (Gal 1,12; 2,2; 2Cor 12,1.7) o μυστήριον (1Cor 15,51; Rm 11,25).

⁴⁸ Vedi L.-M. DEWAILLY – B. RIGAUX, *Les Épîtres*, 48 nota b. Cfr. G. LÖHR, « 1 Thess 4,15-17 : Das "Herrenwort"*, ZNTW* 71 (1980) 269-273.

⁴⁹ Nel prologo giovanneo Gesù stesso viene identificato con il λόγος personale: "E il Verbo si fece carne e venne ad abitare in mezzo a noi" (Gv 1,14). Cfr. anche θεὸς ἦν ὁ λόγος, "il Verbo era Dio" (Gv 1,1); περὶ τοῦ λόγου τῆς ζωῆς, "il Verbo della vita" (1Gv 1,1); ὁ λόγος τοῦ θεοῦ, "il Verbo di Dio" (Ap 19,13).

⁵⁰ J.A. Fitzmyer ammette la possibilità di questo significato: "Il N.T. riferisce spesso (ὁ) κύριος a Jahvé o a Dio […] Esso si riscontra non soltanto in citazioni tratte dall'A.T., ma anche in espressioni da considerare come allusioni ad espressioni veterotestamentarie: ad esempio […] "la parola del Signore": *Atti* 8,25; 12,24; 13,48s.; 15,35.36; 19,10.20; 1 *Tess.* 4,15; 2 *Tess.* 3,1" (ID., "κύριος", *DENT*, II, 132-133).

⁵¹ Cfr. Gb 28,12-28; Prv 3,19; 8,22-36; Sap 7,12.25-30; 8,4; 9,1ss.; Sir 1,1-10.15.20; 24,3-12. Vedi H. RITT, "λόγος", *DENT*, II, 209.

⁵² "Thus Paul's point is simple: the risen Lord, Jesus himself, is the source of what follows. The implied high Christology assumed by this language should not be overlooked, where the Septuagint's *kyrios* = Yahweh is now *kyrios* = the risen Jesus" (G.D. FEE, *The First and Second Letters to the Thessalonians*, 174). Cfr. ID., *Pauline Christology*, 45.

Prima Lettera ai Tessalonicesi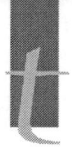

Paolo comunica il Vangelo ai tessalonicesi con tutta la sua autorità di apostolo.

ὅτι
(cioè) che / perché

Continua il gioco di rimbalzo interno alla congiunzione ambivalente ὅτι: essa esplicita la frase precedente (valore epesegetico) e introduce la frase successiva (valore dichiarativo).

ἡμεῖς οἱ ζῶντες οἱ περιλειπόμενοι
noi, i viventi, i rimanenti

Con il pronome personale ἡμεῖς seguito da due participi sostantivati (corrispondenti in latino, e implicitamente anche in italiano a due proposizioni relative) notiamo un ampliamento notevole del soggetto di prima persona plurale. L'insistenza di Paolo nel precisare con i due participi il concetto di prima persona plurale, espresso inequivocabilmente dal pronome ἡμεῖς, obbedisce sicuramente a una particolare intenzione dello scrivente, tenuto conto della sua preferenza per una scrittura sintetica, scarna, essenziale. Egli vuole trasmettere un concetto-base strettamente collegato con il discorso relativo alla risurrezione assicurata ai morti, in virtù della morte e risurrezione di Gesù (v. 14). Siamo pertanto indotti a supporre che al participio ζῶντες[53] debba essere attribuito un significato più profondo di quello usuale del "vivere" (in senso fisico), comune a tutti gli esseri del creato; pensiamo cioè al significato metaforico di vita in un'altra dimensione, concetto che ancor prima del cristianesimo era presente nel mondo antico[54]. Il secondo participio οἱ περιλειπόμενοι significa "coloro i quali sopravvivono"[55], coloro i quali scampano alla morte, anche quella eterna. Leggiamo il v. 15 alla luce dell'annuncio di Gesù (ἐν λόγῳ κυρίου),

---

[53] ζῶντες — participio presente attivo di ζάω = "vivo, sono in vita".

[54] Seppure in maniera nebulosa e con tutte le riserve del caso la mitologia greca e romana parlava già di sopravvivenza riservandola più che altro a personaggi importanti; più indefinitamente agli uomini in generale. Dell'argomento si era interessata anche la religione egizia e in tempi più vicini all'era cristiana i culti misterici si preoccupavano di assicurare ai loro iniziati la salvezza dopo la morte tramite particolari riti.

[55] Nel linguaggio corrente "sopravvivere", "essere superstite" richiama qualche evento catastrofico come un naufragio, un'epidemia, un cataclisma che semina morte. In senso figurato s'intende il ricordo che permane nel cuore e nella memoria dei vivi, quando si tratta di un morto celebre (poeta, eroe ecc.).

con il quale egli ci ha reso edotti di avere aperto la porta[56] della vita eterna, liberandoci dall'angoscia esistenziale che fino ad allora aveva attanagliato gli uomini. Il soggetto οἱ ζῶντες οἱ περιλειπόμενοι si allarga fino ad abbracciare tutti i cristiani (non solo i tessalonicesi, occasionali destinatari della lettera) e risuona come un'affermazione trionfale, espressa ad alta voce. Grammaticalmente il predicato verbale φθάσωμεν (precederemo) non avrebbe bisogno di soggetto espresso, perché la desinenza lo designa chiaramente[57]. Il fatto che il pronome personale venga espresso significa che esso deve ricevere un'accentuazione speciale. Inoltre i participi ζῶντες e περιλειπόμενοι[58], sviluppati nella loro potenzialità di participi sostantivati mediante la presenza dell'articolo (avente qui funzione di pronome personale di terza persona plurale, o dimostrativo - indicativo) estendono ed evidenziano in misura notevole il loro spazio semantico e riducendo quello abitualmente occupato dal predicato verbale φθάσωμεν, il quale sembra fungere da cassa di risonanza rispetto ai contenuti dei due participi. φθάσωμεν assolve al ruolo di predicato verbale esprimente idea di precedenza, trasferendo una parte del proprio contenuto aoristico dentro ai participi sopra esaminati. Con tale scambio d'incarichi l'idea di eternità viene esaltata a edificazione dei fratelli tessalonicesi. Nel primo dei due participi si afferma l'esistenza della vita (fisica e spirituale); nel secondo il concetto di sopravvivenza alla morte (fisica e spirituale). Pertanto in virtù del valore durativo del tema del presente intenderemo così il soggetto: "proprio noi i quali continuiamo a vivere, i quali abbiamo la sopravvivenza". La traduzione da noi proposta dovrebbe conservare e ritenere il più possibile integralmente tutti i valori posseduti dalla lettera del testo che potrebbe suonare così: noi non dobbiamo temere di essere quelli che continuano a vivere (la vera vita), non c'è da temere che siamo quelli che scampano (alla morte eterna), davanti a quelli che hanno (già) terminato il ciclo della vita terrena, in attesa della

---

[56] "Perciò Gesù di nuovo disse loro: «In verità, in verità vi dico: io sono la porta delle pecore. Tutti quelli che sono venuti prima di me, sono stati ladri e briganti; ma le pecore non li hanno ascoltati. Io sono la porta; se uno entra per me, sarà salvato, entrerà e uscirà, e troverà pastura»" (Gv 10,7-9).

[57] -μεν: desinenza verbale primaria attiva di prima persona plurale.

[58] περιλειπόμενοι — participio presente medio-passivo di περιλείπω = "lascio, abbandono"; περιλείπομαι: al medio e al passivo significa "sopravvivo", "sono superstite", "resto", "rimango".

venuta del Signore. Paolo non fa altro che ribadire con nuovi apporti concettuali il ragionamento iniziato ai vv. 13-14. Il nodo cruciale della morte è applicato manifestamente a Gesù (ἀπέθανεν), perché lui, Figlio di Dio, era capace di affrontarla e di vincerla. Con fine sensibilità, sapendo che gli uomini ne hanno paura e rifuggono persino dall'evocarne il nome[59], Paolo riserva al cessare della vita umana il verbo dormire (sottinteso "il sonno della pace")[60]. Implicitamente Paolo suggerisce agli uomini la prospettiva, la speranza di un sonno che prelude al risveglio, cioè la speranza di una morte che prelude alla risurrezione dai morti. Nel v. 13 il participio presente κοιμωμένων ha tutta l'aria di un participio denotante un uso generico dell'eufemismo. Nel v. 14 il participio aoristo κοιμηθέντας può essere motivato dal fatto che i trapassati sono stati assorbiti nella sfera del divino, anche se — in relazione alla vita terrena — la loro fine è stata anteriore a quella dei loro confratelli tessalonicesi, ora bisognosi di conforto, di consolazione e di consiglio da parte di Paolo. Il testo della pericope è molto suggestivo e trasmette in chi oggi lo legge attentamente un sentimento drammatico sempre attuale nell'uomo: quello del passaggio dalla vita terrena alla vita eterna. Con le sue parole Paolo riesce a fugare le incertezze, le paure e le angosce, facendo respirare ai credenti un'aria nuova e schiudendo davanti ai loro occhi prospettive di gioia, di felicità, di luminosa e armoniosa leggerezza non rinvenibili in questo mondo.

εἰς τὴν παρουσίαν τοῦ κυρίου
fino alla venuta del Signore

La voce παρουσία[61] (2,19; 3,13; cfr. 1Cor 16,17; 2Cor 7,6.7; 10,10; Fil 1,26; 2,12) riguarda la venuta gloriosa del Signore Gesù, il suo presentarsi alla

---

[59] Cfr. ancora oggi gli eufemismi: "passare a miglior vita", "entrare nel mondo del più", l'aggettivo "povero" applicato al nome di una persona defunta, oppure l'uso del verbo essere al passato remoto. Nell'antichità si operava lo scambio ἔζησαν (lat. *vixerunt*) al posto di ἀπέθανον (lat. *mortui sunt*).

[60] Cfr. v. 13: κοιμωμένων (i dormienti); v. 14: κοιμηθέντας (quelli che si sono addormentati).

[61] Παρουσία — sostantivo deverbale, derivato da πάρ-ειμί = "presenza," "arrivo," "avvento," "venuta," "il presentarsi". "*Paolo* condivide la visuale della speranza apocalittica e adotta le relative formule della comunità [...]; ma egli sottolinea l'escatologia presente (2Cor 5,14–6,2) e vede ciò che è decisivo nella vita nuova, che ora è realtà «con» lui / «presso di» lui (1Tess 4,14.17; 5,10; Fil 1,23; cfr. 2Cor 5,8)" (W. RADL, "παρουσία", *DENT*, II, 821).

fine dei tempi⁶². La preposizione εἰς introduce nella discussione un concetto temporale, finalistico e intenzionale: (coloro che rimangono) in attesa (εἰς) dell'arrivo del Signore.

οὐ μὴ φθάσωμεν τοὺς κοιμηθέντας·
non precederemo quelli che si sono addormentati.

È probabile che Paolo voglia contrastare un'interpretazione tradizionale del Giorno del Signore (secondo la quale la generazione ancora in vita sarebbe stata più benedetta di quella dei morti), per il fatto che usa il negativo enfatico (οὐ μή) introducente una proposizione integrativa al congiuntivo aoristo (φθάσωμεν)⁶³. Secondo il mittente i vivi non hanno alcun diritto di precedenza sui trapassati. Come già avvenuto nel v. 14 con l'uso del participio aoristo τοὺς κοιμηθέντας, il v. 15 sviluppa ulteriormente lo spazio aoristico (congiuntivo φθάσωμεν e participio κοιμηθέντας), conferendo una valenza di verità perennemente valida alla sua dichiarazione. Il linguaggio di Paolo, adeguato all'alto argomento, pone sopravvissuti e trapassati, cioè vivi e morti in condizione di parità⁶⁴, designando per ciascuno un aoristo, secondo un criterio di giustizia che nell'aldilà non può mancare. L'Apostolo delle genti è consapevole di rivolgersi non soltanto ai tessalonicesi, destinatari di un messaggio contingente, ma di essere annunciatore di un messaggio, la cui validità è ἀόριστος⁶⁵, oltrepassa cioè i confini di tempo e di spazio della piccola comunità della Macedonia.

---

⁶² "Paul is the earliest NT writer to use *parousia* in its technical meaning, but the expectation of Christ's eschatological coming did not originate with him [...] That this expectation was already part of the Aramaic-speaking church before Paul is evident in Paul's use of *maranatha* ('come Lord') in 1Cor 16:22. The Synoptics show that the tradition of the coming of the Son of Man preceded Paul's use of *parousia* to describe it (e.g., Mark 14:62 and Matt 26:64; Mark 8:38, Matt 16:27, and Luke 9:26)" (A.J. MALHERBE, *The Letters to the Thessalonians*, 272).

⁶³ Οὐ μὴ φθάσωμεν: l'uso dell'accumulo dei due avverbi di negazione seguiti dal congiuntivo aoristo del verbo φθάνω viene comunemente spiegato come una costruzione ellittica, dove sono scomparse parole esprimenti timore. Per esempio οὐ φόβος ἐστὶ μή.

⁶⁴ "... his concern throughout this present passage is singular: to reassure the living that those who have died will in fact be present at the Coming" (G.D. FEE, *The First and Second Letters to the Thessalonians*, 176).

⁶⁵ L'aggettivo ἀόριστος significa "senza confini", "senza limiti". Notare l'alfa privativo ἀ- e l'aggettivo ὁριστός (= "definibile, determinabile, delimitato").

4,16

ὅτι αὐτὸς ὁ κύριος
Poiché il Signore stesso

Il pronome rafforzativo αὐτός sottolinea l'importanza del ruolo del Signore Gesù. Paolo mette l'accento sul Cristo Signore per diversificare la sua dottrina da quella esclusivamente giudaica dove il Messia di Israele non è ancora arrivato.

ἐν κελεύσματι, ἐν φωνῇ ἀρχαγγέλου καὶ ἐν σάλπιγγι θεοῦ
a un ordine, alla voce di un arcangelo e al suono della tromba di Dio

Queste locuzioni formate dalla preposizione ἐν sono riferite allo stesso agente, cioè al Signore Gesù, e descrivono i segni del suo ritorno. Le tre locuzioni preposizionali descrivono le circostanze concomitanti all'azione espressa dal predicato verbale καταβήσεται. Nel suo linguaggio apocalittico Paolo usa immagini tradizionali della propria eredità religiosa. Ma chi impartisce l'ordine: Dio o Gesù? Visto il soggetto della frase ("il Signore stesso"), sarebbe preferibile vedere in Gesù l'annunciatore dell'ordine a cui si obbedisce da parte dell'angelo e mediante il suono della tromba. Inoltre qual è il rapporto fra i tre segni apocalittici?

ἐν κελεύσματι: "a un ordine". Questo sostantivo è un *hapax legomenon* nel NT; d'altro canto Paolo non usa mai il verbo κελεύω. Nel greco classico si tratta di un termine del linguaggio tecnico – militare[66], ma può esprimere anche un ordine divino[67] o semplicemente un grido. Nel v. 16 rappresenta un ordine dal Signore celeste che suggerisce un forte grido emesso con tono di autorità.

ἐν φωνῇ ἀρχαγγέλου: "alla voce di un arcangelo". Questa locuzione fornisce la prima spiegazione dell'ordine del Signore; è il secondo segno apocalittico. È un suono che annuncia l'arrivo del Signore, sia per i morti sia per i vivi; indubbiamente questi segni apocalittici valgono contemporaneamente per tutti quanti, come comprovato dalla locuzione ἐν κελεύσματι, che denota un unico segnale di comando. Nel NT il sostantivo ἀρχάγγελος ricorre solo due volte: qui e in Gd 9. Il vocabolo descrive "un genere particolarmente eminente di esseri cele-

---

[66] Cfr. TUCIDIDE, *Guerra del Peloponneso* 2.92.1.
[67] Cfr. EURIPIDE, *Ifigenia in Tauride* 1483.

sti"⁶⁸. Benché l'Antico Testamento non faccia menzione degli arcangeli, la φωνή dei serafini fa scuotere il tempio divino (cfr. Is 6,1-4). Probabilmente il termine nasce nel giudaismo intertestamentario⁶⁹.

ἐν σάλπιγγι θεοῦ: "al suono della tromba di Dio". Questa locuzione presenta la seconda spiegazione dell'ordine del Signore; è il terzo segno apocalittico, segno di continuità con la prima alleanza. La σάλπιγξ (vocabolo con tutta probabilità pregreco), la cui voce era particolarmente sonora e penetrante, era uno strumento a fiato usata in guerra per annunciare la battaglia, oppure in frangenti di particolare gravità⁷⁰. Omero (VIII secolo a.C. circa) riferisce che il vasto cielo echeggiò nella sua ampiezza al suono della tromba (o delle trombe)⁷¹. Ci consta che il commediografo Aristofane (V secolo a.C.) aveva attribuito alla σάλπιγξ un effetto di terribilità. Trifiodoro, poeta epico dello stesso periodo, definisce il tuono οὐρανίη σάλπιγξ: tromba celeste. Le divinità marine dei miti greci solevano trasmettere ordini, scatenare o sedare tempeste al suono di conchiglie chiamate σάλπιγγες. Anche la stella cometa è paragonata a una σάλπιγξ, a causa della sua lunga coda, corrispondente alla parte stretta e allungata della σάλπιγξ. È noto che le vibrazioni sonore ripetute in particolari condizioni atmosferiche possono provocare frane e terremoti. Nel giudaismo la σάλπιγξ ha ricevuto una connotazione religiosa: interviene per descrivere avvenimenti di terribilità come teofanie. Il testo chiave dell'Antico Testamento si trova nel libro dell'Esodo.

> ⁹Il Signore disse a Mosè: "Ecco, io sto per venire verso di te in una densa nube, perché il popolo senta quando io parlerò con te e credano sempre anche a te". Mosè riferì al Signore le parole del popolo. ¹⁰Allora il Signore disse a Mosè: "Va' dal popolo, purificalo oggi e domani: lavino le loro vesti ¹¹e si tengano pronti per il terzo giorno, perché nel terzo giorno il Signore scenderà sul monte Sinai alla vista di tutto il popolo. ¹²Fisserai per il popolo

---

[68] Cfr. H. BIETENHARD, "Angelo, messaggero", GEIB, I, 57.

[69] Questa l'opinione di G.D. Fee. "most likely Paul had in mind the archangel named 'Michael,' mentioned also in Jude 9 and Revelation 12:7, as well as in the somewhat earlier Book of Enoch 20:5, whose origins can be traced to the Septuagint of Daniel 12:1" (ID., The First and Second Letters to the Thessalonians, 177).

[70] Cfr. Gb 39,24-25; SENOFONTE, Anabasi 4.2.7; "Come talvolta chiaro è lo squillo quando risuona la tromba/ a causa dei nemici crudeli che accerchiano la città" (OMERO, Iliade, XVIII, 219-220).

[71] Cfr. OMERO, Iliade, XXI, 388.

Prima Lettera ai Tessalonicesi

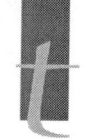

un limite tutto attorno, dicendo: Guardatevi dal salire sul monte e dal toccarne le falde. Chiunque toccherà il monte sarà messo a morte. ¹³Nessuna mano però dovrà toccare costui: dovrà essere lapidato o colpito con tiro di arco. Animale o uomo non dovrà sopravvivere. Quando suonerà il corno, allora soltanto essi potranno salire sul monte". ¹⁴Mosè scese dal monte verso il popolo; egli fece purificare il popolo ed essi lavarono le loro vesti. ¹⁵Poi disse al popolo: "Siate pronti in questi tre giorni: non unitevi a donna". ¹⁶Ed ecco al terzo giorno, sul fare del mattino, vi furono tuoni, lampi, una nube densa sul monte e un suono fortissimo di tromba: tutto il popolo che era nell'accampamento fu scosso di tremore. ¹⁷Allora Mosè fece uscire il popolo dall'accampamento incontro a Dio. Essi stettero in piedi alle falde del monte. ¹⁸Il monte Sinai era tutto fumante, perché su di esso era sceso il Signore nel fuoco e il suo fumo saliva come il fumo di una fornace: tutto il monte tremava molto. ¹⁹Il suono della tromba diventava sempre più intenso: Mosè parlava e Dio gli rispondeva con voce di tuono. ²⁰Il Signore scese dunque sul monte Sinai, sulla vetta del monte, e il Signore chiamò Mosè sulla vetta del monte. Mosè salì (Es 19,9-20).

Inoltre la tromba annuncia celebrazioni festive e gioiose[72]; solennità come il giorno dell'espiazione[73]; l'arrivo dell'arca del Signore[74]; l'unzione del re[75]. La tromba dunque è il segno dell'ultimo giorno per eccellenza: è il giorno dell'ultima battaglia di Dio contro i suoi nemici (peccato e morte) quando ogni uomo incontrerà il suo creatore e giudice (terribilità), ma anche il giorno della vittoria gloriosa di Dio che condivide la sua gioia con i suoi eletti (motivo di festa). È "tromba di Dio" (θεοῦ: il genitivo ha valore possessivo) per sottolineare il fatto che l'arcangelo agisce con autorità divina. Tutti e due i segni annunciano a tutti quanti la fine dei tempi e la parusia del Signore Gesù. Il quadro offerto da Paolo acquista la giusta risonanza se lo si mette in relazione con le radici culturali di lui, ebreo, istruito nella storia e nella religione quale l'Antico Testamento — a un tempo religione e storia

---

[72] Cfr. Lev 23,24; Sal 80,4; 98,6; 150,3. "Ascende Dio tra le acclamazioni, il Signore al suono di tromba. Cantate inni a Dio, cantate inni; cantate inni al nostro re, cantate inni; perché Dio è re di tutta la terra, cantate inni con arte. Dio regna sui popoli, Dio siede sul suo trono santo" (Sal 46,6-9).
[73] Lev 25,9.
[74] 2Sam 6,15; 1Cr 15,28.
[75] 1Re 1,34.39-40; 2Re 9,13.

del popolo ebraico — gli offriva con dovizia di particolari e il legittimo orgoglio del gruppo di appartenenza. Nel libro dei Numeri il Signore avverte Mosè di far preparare due trombe d'argento battuto e gli insegna i vari tipi di segnali, con cui le trombe indicheranno al popolo d'Israele come muoversi e comportarsi[76]. Le trombe hanno un loro linguaggio[77], che attraverso Mosè corrisponde alla voce di Dio: esse sono espressione della volontà divina. Il momento cruciale in cui il suono delle trombe mostra tutto il suo enorme peso per i destini d'Israele si legge nel passo in cui viene descritta la presa di Gerico da parte di Giosuè[78]. Che il fascino emanante dalle cerimonie di culto e dagli arredi sacri del Tempio fosse fortissimo e generale è provato anche in termini archeologici dall'osservare tutt'oggi possibile dei bassorilievi scolpiti sotto il fornice dell'arco di trionfo eretto a Roma in onore di Tito, figlio dell'imperatore Vespasiano e vincitore della campagna bellica condotta in Palestina[79].

---

[76] "Se farai suonare una sola volta [...] Se farai dare un suono più lungo a più riprese moveranno le tende per primi quelli che stanno a oriente. Alla seconda chiamata d'un eguale squillo di trombe leveranno le tende quelli che stanno a mezzogiorno" (Nm 10,4-6).

[77] Ancora oggi esse servono per impartire ordini (suonare la sveglia o il silenzio) o comunicare notizie o determinare atteggiamenti (suonare il silenzio al cimitero prima della sepoltura del defunto) o anche spostamenti (marce, corse ecc.) dentro alle nostre caserme e in seno all'esercito nel suo complesso.

[78] "Il Signore disse a Giosuè [...] 'fate il giro intorno alla città [...] fate così per sei giorni e al settimo giorno i sacerdoti prenderanno sette trombe, di quelle che si usano per il Giubileo e precederanno l'Arca dell'alleanza. Quando il suono della tromba s'innalzerà più forte e squillante e rimbomberà alle vostre orecchie, tutto il popolo proromperà in grida altissime; le mura delle città crolleranno dalle fondamenta e ciascuno entrerà dalla parte che gli sarà dirimpetto'. Allora Giosuè, chiamati i sacerdoti disse loro: 'Prendete l'Arca dell'alleanza e sette altri sacerdoti portino le sette trombe dei Giubilei e precedano l'Arca del Signor' [...] Quando Giosuè ebbe finito di parlare al popolo, i sette sacerdoti diedero fiato alle trombe movendo dinanzi all'Arca del Signore; e mentre tutto l'esercito armato precedeva, il resto della turba veniva dietro all'Arca e tutto rimbombava del suono delle trombe [...] e i sacerdoti presero l'Arca e sette di loro le sette trombe delle quali si fa uso nel Giubileo e precedettero l'Arca del Signore camminando e sonando [...] e tutto il rimanente della turba seguiva l'Arca e dava fiato alle trombe [...] quando al settimo giorno i sacerdoti ebbero sonato le trombe Giosuè disse a tutto Israele: 'Mettetevi a gridare, perché il Signore vi ha dato nelle mani la città' [...] Tutto il popolo dunque alzò la voce e quando le trombe ebbero squillato e il suono giunse alle orecchie di tutta la moltitudine le mura a un tratto crollarono" (Gs 6,1-6.8-9.12-13.16.20).

[79] La distruzione di Gerusalemme e del suo glorioso Tempio venne compiuta dai romani nel 70 d.C. L'arco di Tito è ancora in buone condizioni e rispecchia l'enorme importanza dell'avvenimento per la politica dello stato romano. "... the temple and the city were destroyed after a siege of several months by Titus in AD 70 because of the Jewish Revolt, and, except for a part of the western fortress, where the *legio X Fretensis* was stationed for its protection, it was razed to the ground (Jos. BI 5,67–7,5)" (K. BIEBERSTEIN, "Jerusalem", *BNP*, VI, 1174).

Prima Lettera ai Tessalonicesi

In queste sculture spiccano il candelabro dalle sette braccia (*menorah*), le trombe d'argento (*shopharim*) e le tavole della proposizione (*shulan*). A tal punto l'immaginazione dei romani, notoriamente portatori di una politica pragmatica, poco incline alle elucubrazioni filosofiche era rimasta colpita da quel singolare apparato, dal quale emanava una singolare misteriosa attrazione. Tanto più Paolo era consapevole del significato connesso con l'evocazione di certe parole e di certe scene, sulle quali si era depositato un patrimonio di conoscenze relative a vicende così strettamente legate alla sua predicazione di apostolo. È inimmaginabile per noi l'emozione che può essere stata provata oltre che da Paolo, il quale sicuramente aveva assistito alle feste giubilari o pasquali celebrate con grande pompa a Gerusalemme, anche da parte dei tessalonicesi. Essi ne avranno sentito parlare dalla viva voce di testimoni diretti, dato che al tempo in cui la lettera fu composta il tempio di Gerusalemme era ancora in piedi e la sua fama aveva da tempo oltrepassato i confini della Giudea. Per i cristiani destinatari delle parole di Paolo circa la parusia l'evocazione dei particolari di un evento decisivo, sollecitata da molteplici riflessi di tipo auditivo: il comando espresso o da un gesto o da un grido (oppure da ambedue insieme); la voce di un arcangelo; il suono armoniosissimo, acuto e penetrante per timbro e volume, ma inquietante, provocato nell'aria dalle vibrazioni degli strumenti musicali, veniva a far coincidere quello che storicamente segnava: o la remissione dei debiti e l'inizio di nuovi rapporti in seno al gruppo speciale (il giubileo); o l'annuncio di eventi basilari per la sopravvivenza della nazione ebraica (la Pasqua); o l'ingresso in una città fino a quel momento ritenuta inespugnabile (Gerico), con un evento intimamente vicino ai cristiani della comunità in cui remissione dei debiti contratti con Dio (il peccato), annuncio della salvezza assicurata da Cristo (tramite la sua morte e risurrezione), accesso alla beatitudine al seguito del Cristo trionfante (la città celeste), venivano visti e compresi nella loro lampante, sorprendente veridicità d'accenti. Chissà se Paolo avrà accostato il ricordo delle moltitudini ricordate, sia nel succitato passo dei Numeri, sia in quello di Giosuè (accampamenti di soldati in marcia dietro il loro capo supremo, secondo l'ordine impartito dalla tromba; turbe di popolo processionante e osannante al seguito dei sacerdoti e dell'Arca dell'alleanza) al pensiero dell'apocalittica Valle di Giosafat, per trarne ispirazione a proposito della scena relativa al v. 16. Paolo senza dubbio intendeva coinvolgere i cristiani tessalonicesi nel sublime, terribile momento della definitiva discesa di Gesù Cristo, voleva trascinare tutti in una dimensione dove la terra con la sua opacità, la sua pesantezza, il suo misero silenzio veniva superata in un'attesa dove i cuori battevano all'unisono, avvolti nel fulgore e nell'assoluto dominio di onde sonore, capaci di operare il miracolo della trasformazione dei corpi. È nostra convinzione che l'Apostolo abbia raggiunto lo scopo. Si ha l'impressione che Paolo abbia cercato di descrivere una scena istantanea smontandola nelle sue tre possibili dimensioni. La simultaneità dell'obbedienza è ottenuta mediante un unico cenno di comando, espressione della volontà di Dio (ἐν[80] κελεύσματι); la pronta, immediata esecuzione dell'ordine perentorio derivante anche dall'intervento vocale dell'arcangelo, intervento carico di penetrante potenza auditiva (ἐν φωνῇ ἀρχαγγέλου); la fantasmagoria di effetti visivi (coloristici e iconici) e sonori, connessi con la σάλπιγξ d'argento bianco-lucente che manda bagliori e con le sue vibrazioni acustiche provoca nell'aria un moto d'onde concentriche sempre più allargate e piene di echi in tutte le direzioni (ἐν σάλπιγγι θεοῦ). Quanto alla scelta del singolare del sostantivo tromba (σάλπιγγι) si potrebbe trattare di tante trombe annuncianti universalmente la parusia, il cui suono è talmente sincrono da farle sembrare un unico strumento, che produce musica all'unisono[81]. Così il volume ne risulterebbe ingigantito. Inoltre il singolare concorrerebbe a determinare con maggiore evidenza l'improvviso accadimento come velocissimo nel suo verificarsi cronologico: un fatto straordinario, o piuttosto un atto che solo Dio è in grado di compiere in pluridimensioni di tale perfettibilità. L'effetto di per sé grandioso della musica divina risulterebbe avvolgente (ἐν nel senso di "in mezzo a", "fra") e coinvolgente per le creature spettatrici e partecipi[82].

---

[80] Notevole la ricorrenza (5 volte) dell'anafora di ἐν, iniziata al v. 15 e con termine alla fine del v. 17.

[81] È la figura retorica della sineddoche (συνεκδοχή, lat. *conceptio, intellectio*) in cui una parte vale per il tutto (*pars pro toto*): *locus a minore ad maius*. Cfr. H. LAUSBERG, *Elementi di Retorica*, § 192; B. MORTARA GARAVELLI, *Manuale di Retorica*, 153-160.

[82] Nel tempio di Gerusalemme, il cui ricordo era sicuramente presente al cuore di Paolo, si solennizzava l'ingresso del Sommo Sacerdote, facendo squillare le trombe d'argento.

Prima Lettera ai Tessalonicesi

καταβήσεται ἀπ' οὐρανοῦ
discenderà dal cielo

Gesù avrà un ruolo insostituibile nella parusia, quando καταβήσεται[83] ("discenderà") dal cielo. Nella LXX il verbo καταβαίνω si riferisce sia a Dio (che simile a un re discende sulla terra per osservare[84] o per giudicare gli uomini[85], sia agli uomini (che vogliono scendere al luogo dei defunti[86]). Il sostantivo κατάβασις (da καταβαίνω) è comune agli autori greci antichi per indicare la discesa nell'altro mondo[87]. Allo stesso modo anche Gesù, che si trova già alla destra di Dio[88], discenderà come Giudice di tutti gli uomini alla fine dei tempi.

Possiamo catalogare καταβήσεται nel gruppo abbastanza numeroso di verbi che attivi al presente presentano diatesi media al futuro, in quanto indicano un'attività personale, fisica o spirituale[89]. Diversamente dalla forma attiva generalmente il medio indica un'azione che si svolge nella sfera del soggetto, ovvero: un'azione di tipo soggettivo[90]. Il medio può indicare anche un'intensa partecipazione del soggetto all'azione stessa[91].

---

[83] καταβήσεται — indicativo futuro medio di καταβαίνω. In questo versetto il verbo è intransitivo attivo. Ci sono 82 ricorrenze di καταβαίνω nel NT, di cui solo 4 nel corpo paolino (cfr. Rm 10,7; Ef 4,9.10; 1Ts 4,16). Il verbo in ebraico è יָרַד.

[84] Cfr. Gn 11,5.

[85] Cfr. Mic 1,3.

[86] Cfr. Gn 35,37.

[87] Il suo contrario è ἀνάβασις. "È il titolo di un'opera di Senofonte. Il termine greco significa 'marcia verso l'interno del paese'. In essa Senofonte racconta la spedizione di Ciro il Giovane contro il fratello Artaserse, a cui lo scrittore partecipò, e narra la ritirata dei diecimila mercenari greci alleati dei Persiani dopo la sconfitta di Cunassa" (M. GISLON – R. PALAZZI, "Anabasi", *DMAC*, 24).

[88] Cfr. Rm 8,34; 10,6.

[89] Vedi A. MANCINI, *Grammatica della lingua greca*, 152.

[90] "Greek distinguished an 'active' voice, representing the subject as simply acting (or being), a 'passive' voice representing the subject of the verb as the object of the action, 'middle' voice representing the subject as acting (or causing another to act) with respect to himself (the subject). At an early stage in the evolution of Greek there existed only the active and middle voices, whereas the term of the evolution has been to leave only active and passive. Thus the middle voice, as a distinct form (and it is only in the aorist and future forms that it has a form distinct from that of the passive) has lost ground and become obsolete" (M. ZERWICK, *Biblical Greek*, § 225). Cfr. F. BLASS – A. DEBRUNNER, *Grammatica del greco del Nuovo Testamento*, §§ 316-317.

[91] Vedi A. SIVIERI – P. VIVIAN, *Grammatica greca*, 111.

Il futuro sigmatico, di cui καταβήσεται offre un esempio, conserva il valore desiderativo[92], espressione della volontà di compiere una certa azione[93]. È vero che nel futuro greco prevale la necessità di esprimere il quando su quella di esprimere l'aspetto o qualità dell'azione, e cioè se durativa, momentanea o compiuta; tuttavia non ci pare che queste sfumature nel versetto che ci interessa non possono essere individuate, quantomeno in seconda istanza.

Dopo il breve excursus di ordine linguistico possiamo inserire καταβήσεται nel contesto in questione. Già nell'Antico Testamento riferendosi alla città santa di Gerusalemme e soprattutto al suo Tempio "si scendeva", "si veniva giù", alludendo all'atto di lasciare la città[94], spesso in occasione di festività, processioni, pellegrinaggi[95] ecc. Dal canto suo Paolo aveva piena coscienza di ciò e così i suoi destinatari a Tessalonica. Qualora essi non fossero ebrei ma gentili essi pure avranno avuto esperienza o notizia di solenni pellegrinaggi[96], processioni accompagnate da

---

[92] Le origini del futuro greco si ricollegano all'antico desiderativo indoeuropeo, come testimoniato dalla presenza del suffisso caratterizzante -σ-.

[93] In latino tale intenzione o finalità è rimasta particolarmente evidente nel participio futuro.

[94] Invece per descrivere l'atto di andare a Gerusalemme, "si saliva, si ascendeva". Per un esempio del verbo ἀναβαίνω (= "salgo", "monto", "ascendo") in un racconto della vita di Gesù e dei suoi, cfr. Lc 2,41-42: "I suoi genitori si recavano tutti gli anni a Gerusalemme per la festa di Pasqua. Quando egli ebbe dodici anni, vi salirono (ἀναβαινόντων αὐτῶν) di nuovo secondo l'usanza". Il verbo in ebraico è עָלָה.

[95] "Le tre grandi feste in cui gli israeliti maschi dovevano recarsi in pellegrinaggio a Gerusalemme (Esodo 23,17; Deuteronomio 16,16): *Pesach, Shavu'ot* e *Sukkot*. I pellegrini offrivano un sacrificio e portavano al Tempio la 'seconda decima' del loro raccolto" (D. COHN-SHERBOK, "Pellegrinaggio, feste di", ed. italiana a cura di E. LOEWENTHAL, 426-427).

[96] "Pilgrimage, defined here as a journey of considerable length to a sacred place, undertaken for religious reasons, was a common practice in all of antiquity, not solely a Christian phenomenon. [...] A. Greek World. The best-documented form is the state pilgrimage (→ *theōría*), in which the Greek city-states sent out envoys (*theōroí*) to attend religious festivals, announce their own festivals or consult → oracles. However, festivals drew not only official *theōríai* but also private pilgrims; in general they came from a specific region. For example, → Delos was an important regional centre for Ionian pilgrims (Thuc. 3,104,3–6), the Hera shrine in Lacinia for the Italian Greeks (Aristot. Mir. 96, 838a 17; [I. 124–148]). Pilgrimages for the purpose of initiation (→ mysteries) were undertaken in → Eleusis [1] probably as early as the 6th cent. BC [...] Pilgrimages to → healing deities, mainly to the Asclepieia (→ Asclepius I.C.), were primarily a post/classical phenomenon, and very common in the Roman Empire [...] A common reason for private pilgrimages was to consult oracles, as documented by lead tablets from → Dodona between 500 and 250 BC" (I.C. RUTHERFORD, "Pilgrimage", *BNP*, XI, 250).

Prima Lettera ai Tessalonicesi

suoni e canti, snodantisi dai più famosi santuari dell'antichità (Delo, Delfi, Olimpia, Eleusi, Epidauro, Efeso ecc.), dove affluivano migliaia di persone alla ricerca di un qualche rapporto o contatto con le divinità protettrici. Chiunque dall'interno dell'Asia Minore o dalle alture della Macedonia si fosse recato sulla costa doveva necessariamente discendere e il verbo usuale era appunto καταβαίνω: di qui il suo significato geografico-spaziale. Di tale accezione sono registrati numerose occorrenze nel Nuovo Testamento[97]. Nel versetto preso in esame il significato geografico-spaziale sfuma in quello più propriamente religioso. Del resto già la civiltà greca precristiana aveva un'idea del mondo "verticalmente articolata", secondo la quale sopra la terra concepita come un disco stavano nell'ordine il firmamento, l'acqua e il cielo, sede degli esseri celesti. Infatti l'espansione complementare indiretta di καταβήσεται è appunto ἀπ' οὐρανοῦ[98]. Poiché nel caso in specie si tratta della discesa del Signore al momento della parusia, riusciamo a cogliere l'aspetto momentaneo ovvero aoristico nell'improvvisa apparizione; l'aspetto compiuto, o meglio destinato a compiersi nel futuro: compiuto *in mente Dei*; evento dato per certo dalla fiducia nella promessa del Cristo Salvatore. Quanto all'aspetto durativo esso risulta chiaro dalla descrizione circostanziata che Paolo dà per quanto si riferisce agli elementi figurativamente locali che annunciano e accompagnano l'evento. Durativa anche l'impressione che esso produce sui cristiani attoniti di fronte a tanta rivelazione; momentanea quando questi ultimi odono l'improvviso squillare e risuonare della voce angelica che pronuncia l'ordine compiuta *in mente Dei* la promessa della parusia. E data per certa dalla fede nel presentarsi del Cristo Salvatore. L'effetto scenografico dell'immagine è di notevole potenza e di forte impatto drammatico: traiamo tale riflessione dalla costruzione della frase e dalla successione degli elementi che la

---

[97] "Nel Nuovo Testamento καταβαίνω si trova 81 volte, di cui 30 nei sinottici (11 in Mt., 6 in Mc., 13 in Lc.); 19 negli Atti. Inoltre il vocabolo ricorre spesso in Gv. (17 volte + Gv. 5,4 var.) e nell'Apoc. (10 volte), mentre nelle lettere si trova solo poche volte (Rom 10,7; 1 Tess 4,16; Ef. 4,9.10; Giac. 1,17) [...] Nei sinottici e negli Atti predomina il significato geografico-*spaziale* senza una qualificazione specificamente religiosa (37 delle 49 presenze)" (H. FENDRICH, "καταβαίνω", *DENT*, I, 1922).

[98] Omero nell'*Iliade* a proposito degli dèi usa l'avverbio οὐρανόθεν (lat. *caelitus*) = "del cielo", come anche il sintagma ἀπ' οὐρανόθεν = "dal cielo, dall'alto del cielo", alludendo alla discesa di qualche divinità.

compongono. Proprio il Signore (αὐτὸς ὁ κύριος) attraverso e lungo una direttrice, esplicitata mediante l'iterazione ternaria della preposizione ἐν nella triplice manifestazione del grido di comando, della chiamata dell'arcangelo, dello squillo della tromba divina come segnale della fine dei tempi. Il Signore discenderà attraverso uno spazio indeterminato, percepito come immenso agli occhi degli uomini dalla parte più alta che mente umana abbia mai potuto concepire: ἀπ' οὐρανοῦ. L'espansione complementare indiretta ἀπ' οὐρανοῦ contribuisce a esaltare ad accrescere la distanza intercorrente fra gli uomini (sia i morti, sia i viventi) rispetto a Dio. L'accento circonflesso della sillaba finale con la sua musicalità prolungata[99] sembra concludere dolcemente calando dall'acuto al grave, la discesa del Signore benevolo e misericordioso, dopo che καταβήσεται l'aveva annunciata risvegliando l'attenzione dei cristiani. Tra il soggetto κύριος e il suo predicato καταβήσεται intercorre uno spazio immenso: quello appunto che separa il cielo dalla terra, ma l'intento religioso di Paolo qui è chiaro e infatti egli ha voluto renderci consapevoli della degnazione di cui siamo stati fatti oggetto da parte di Dio. Sul piano stilistico-prosodico le due parti del discorso sopra menzionate sono perfettamente bilanciate fra loro: αὐτὸς ὁ κύριος può essere letto con scansione pentasillabica come pentasillabo è καταβήσεται. In mezzo — tra il soggetto e il predicato — gli elementi che descrivono la magnificenza divina. L'Apostolo si è avvalso qui di una figura retorica detta iperbato[100], per rendere la scena in tutta la sua grandiosità. Sicuramente l'immaginazione dei destinatari della Lettera risultava stimolata dalle parole usate nella descrizione, al punto da renderla viva come se si svolgesse davanti ai loro occhi. E anche in questo senso il mittente è maestro di

---

[99] In greco l'accento circonflesso è di natura musicale e allunga il tempo di durata nella pronuncia della sillaba rispetto all'accento acuto.

[100] "L'*hyperbaton* (§ 329; *transgressio, transiectio,* ὑπερβατόν), è il distacco di due parole in stretto legame sintattico, per mezzo dell'interposizione (§ 59, 1) di un membro della frase (monosillabico o polisillabico) che direttamente non rientra in quel punto. Questa figura è una figura di parola (§ 239) che, come figura di pensiero, corrisponde alla parentesi (§ 414) e come metaplasmo grammaticale (§ 118) alla tmesi (§ 333)" (H. LAUSBERG, *Elementi di retorica*, § 331). Cfr. B. MORTARA GARAVELLI, *Manuale di retorica*, 230-231.

Prima Lettera ai Tessalonicesi

stile: si tratta di un esempio di ipotiposi[101]. Notiamo che il sostrato culturale e religioso semanticamente impresso nei vocaboli esaminati si è accumulato in essi nel corso dei secoli facendo acquisire ad essi un valore che travalica il semplice contenuto del significato lessicale. Travalica, esalta, arricchisce, potenzia il peso del versetto paolino, nel senso di segnare questa discesa come trionfo sulla morte: una discesa veramente gloriosa, come si addice al Re dell'universo.

καὶ οἱ νεκροὶ ἐν Χριστῷ ἀναστήσονται πρῶτον,
e come condizione primaria risorgeranno i morti in Cristo

La seconda ricorrenza del verbo ἀνίστημι nel brano, ma nel v. 16 esso viene coniugato alla terza persona plurale, indicativo futuro. Come Gesù prima di loro, anche οἱ νεκροί [...] ἀναστήσονται, "i morti risorgeranno" quel giorno quando il Risorto verrà nella sua gloria. La Chiesa vive dunque tra il già da ora della risurrezione del Signore ("Gesù risuscitò", v. 14) e il non ancora della risurrezione dei defunti ("i morti risorgeranno", v. 16). L'apostolo di Tarso usa l'avverbio πρῶτον alla fine di questo versetto e il correlativo ἔπειτα all'inizio di quello seguente per significare una successione ordinata di priorità logicamente necessarie[102]: condizione prima, imprescindibile, di primaria importanza la risurrezione dei morti. Per la prima volta in questo testo l'Apostolo utilizza il sostantivo οἱ νεκροί in riferimento ai defunti lasciando da parte l'eufemismo usato fin qui. Notare la collocazione grafica del sintagma ἐν Χριστῷ alla destra di οἱ νεκροί: l'unto di Dio, il vincitore della morte, di sicuro condividerà la sua vita immortale con loro. Il titolo "Cristo" ricorre una sola volta in questo brano[103]: in quel giorno glorioso il Messia di Israele si rivelerà come Sal-

---

[101] "Le risorse dell'*expolitio* si concentrano anche nell'ipotiposi o descrizione (gr. *hypotypōsis* 'abbozzo, schizzo', [...] È il 'porre davanti agli occhi', in evidenza, appunto, l'oggetto della comunicazione, mettendone in luce particolari caratterizzanti, per concentrare su di esso l'immaginazione (*phantasía*, in greco; *visio*, in latino) dell'ascoltatore, la sua capacità di raffigurarsi nella mente ciò di cui si parla, di tradurre le parole in immagini" (B. MORTARA GARAVELLI, *Manuale di retorica*, 240).

[102] Πρῶτον (lat. *primum*) — caso neutro dell'aggettivo numerale ordinale di grado superlativo, usato con valore avverbiale. Nella fattispecie il suo significato si posiziona sul piano logico, quale "condizione primaria", *conditio sine qua non*, condizione imprescindibile, dalla quale partire nel ragionamento.

[103] Il sostantivo ricorre 10 volte nella lettera. Cfr. 1Ts 1,1.3; 2,7.14; 3,2; 5,9.18.23.28.

vatore di tutti i popoli. I morti ἀναστήσονται, "risorgeranno": solo a questo patto tutti i credenti potranno andare incontro al Signore nell'aria. Paolo vuole mettere in risalto che da quel momento in poi i morti non saranno più tali, ma risuscitando si porranno nella giusta dimensione: saranno in grado di incontrare il Signore, che per definizione è il Risorto, è la Vita[104]. Sarà il trionfo della vita sulla morte e quindi il trionfo di Dio. La scena è particolarmente emozionante, non solo per l'intervento divino dall'alto in basso, ma anche perché evoca con vivacità il rizzarsi improvviso di legioni sterminate di uomini obbedienti all'unico ordine impartito dal capo. Proprio come nella scena immortalata dal tragediografo, dove i rematori a un segnale cadenzato (κέλευσμα) del capovoga si rizzano contemporaneamente facendo forza sui muscoli delle estremità inferiori, irrigidite nella tensione, mentre le braccia, spingendo a fondo i remi simili ad ali, concorrono ad accrescere la velocità della nave e sembrano volare essi stessi sulla superficie del mare[105]. Rammentiamo a questo proposito la visione delle ossa aride (cfr. Ez 37,1-14): il nostro pensiero corre istantaneamente alla descrizione della Valle di Giosafat[106], dove Dio, secondo la concezione veterotestamentaria, alla fine del mondo giudicherà tutte le genti[107].

4,17

ἔπειτα ἡμεῖς οἱ ζῶντες οἱ περιλειπόμενοι
Poi noi, i viventi, i rimasti

Paolo riprende l'argomento del v. 15 per ribadire che nel Giorno del Signore i vivi non godranno di nessuna preferenza rispetto ai trapassati: tutti uguali e tutti pronti al mistico rapimento finale. L'avverbio ἔπειτα andrebbe inteso dal punto di vista logico come idea che segue a un'idea

---

[104] "Gli disse Gesù: 'Io sono la via, la verità e la vita. Nessuno viene al Padre se non per mezzo di me'" (Gv 14,6).

[105] Vedi ESCHILO, *I Persiani*, v 397.

[106] Giosafat: ebraico יְהוֹשָׁפָט = "Dio ha giudicato".

[107] "Su, venite, nazioni tutte d'intorno! Riunitevi là! Signore, fa' scendere i tuoi eroi! Si destino, salgano le genti verso la valle di Giosafat! Là io mi siedo per fare il giudizio a tutte le nazioni d'intorno! Impugnate la falce: la messe è matura! Venite, pigiate: è pieno il tino! Traboccano gli orci: grande è la loro malizia! Folle e folle nella Valle della decisione! È vicino il giorno del Signore nella Valle della decisione!" (Gl 4,11-14).

Prima Lettera ai Tessalonicesi

di "condizione" che nel testo per la verità rimane velata: solo se i morti saranno vivificati, allora "noi [...] insieme con loro"[108].

ἅμα σὺν αὐτοῖς ἁρπαγησόμεθα ἐν νεφέλαις
insieme con loro saremo rapiti sulle nubi

Noi (Paolo e i viventi) e i nuovi risuscitati (σὺν αὐτοῖς) saremo rapiti insieme: ἅμα e σύν sottolineano rispettivamente la simultaneità dell'azione e la stretta unione. Con la stessa velocità e prontezza con cui i morti hanno risposto alla chiamata divina ergendosi in posizione verticale, così tutti quanti, i morti insieme con i vivi vengono risucchiati verso il cielo, simili a frecce o razzi che abbiano vinto la legge di gravità. Il futuro ἁρπαγησόμεθα[109], "saremo rapiti", suggerisce un viaggio celeste per i credenti[110]. Plevnik è convinto che i tessalonicesi concepissero la risurrezione come assunzione dei credenti, ma questo era valido solo per i viventi[111]. Dunque la loro ansietà per i morti risulterebbe comprensibile. I morti devono essere rivivificati prima di essere rapiti in cielo.

εἰς ἀπάντησιν τοῦ κυρίου εἰς ἀέρα·
per andare incontro al Signore nell'aria;

Scopo primario l'incontro con il Signore. Esso avverrà nell'aria, cioè nell'elemento interposto fra terra e cielo, fra la dimora degli uomini e

---

[108] Tra i valori dell'avverbio ἔπειτα oltre a quello di successione temporale annoveriamo quello di conclusione, di consequenzialità: perciò, per conseguenza, quindi ecc.

[109] ἁρπαγησόμεθα: futuro indicativo passivo (il così detto passivo divino) di ἁρπάζω = 1) "arraffare", "rapinare" con l'oggetto in acc.; 2) "rapire", "trascinar via", solo a proposito di persone nel NT. Cfr. At 8,39 (rapimento di Filippo); 2Cor 12,2.4 (visioni di Paolo e il suo viaggio in cielo); Ap 12,5 (nascita del bambino messia e il suo rapimento verso il trono di Dio). Si dice dei mistici.

[110] Vedi G. LOHFINK, *Die Himmelfahrt Jesu*, 51-74, che distingue quattro tipi di viaggi celesti. (A) Per mezzo di una visione la persona va al cielo. Il veggente racconta successivamente in prima persona la sua esperienza, ma ovviamente non muore. (B) L'assunzione dell'anima dopo la morte del protagonista, alla fine della vita terrestre (cfr. Test Abramo 14,6). (C) L'assunzione dell'anima e del corpo (la persona completa) alla fine della vita terrestre, già concessa ad alcuni personaggi privilegiati, come Enoch, Elia, Mosé e il futuro Messia (cfr. 4Esd e 2Bar). (D) L'ascensione di Dio o di un angelo dopo un'apparizione. Nel NT vengono menzionati (A) e (C). Cfr. Lc 24,31; 2Cor 12,2; At. 13,22. Come esempi tratti dalla letteratura europea citiamo il viaggio nei tre mondi dell'aldilà narrato da Dante Alighieri nella *Divina Commedia*. Tale viaggio prende spunto dal Libro VI dell'*Eneide*, poema latino, dove il poeta Virgilio immagina il viaggio nell'aldilà compiuto dall'eroe Enea, fondatore della stirpe romana.

[111] Vedi J. PLEVNIK, *Paul and the Parousia*, 94-98.

quella di Dio. L'aria è lo spazio intermedio fra l'umano e il divino, in cui il Signore Gesù (il Mediatore per eccellenza fra Dio e gli esseri umani) incontra i suoi. Πνεῦμα è il soffio, il respiro, l'alito: spirare si dice del vento quando muove l'aria. È lui, lo Spirito Santo, il Paraclito che abita nel cuore dei cristiani[112]. La parusia del Signore non sarà un avvenimento freddo e distaccato, bensì un ἀπάντησιν, un incontro personale e gioioso fra Redentore e redenti.

καὶ οὕτως πάντοτε σὺν κυρίῳ ἐσόμεθα.
e così saremo sempre con il Signore.

Siamo giunti alla conclusione di questa imponente, gigantesca, spettacolare scena apocalittica, che esprime la speranza comune: stare con il Signore per sempre. Molto più intenso di ἀεί (= sempre), la cui area semantica riguarda in senso durativo la continuità e la ripetitività, πάντοτε (= in ogni tempo) abbraccia un campo che alla perennità aggiunge il senso totalizzante, evocato etimologicamente dall'aggettivo (πᾶς - πᾶσα - πᾶν) da cui questo avverbio deriva. A ciò si aggiunge il carico allusivo del richiamo fonico a πάντοσε (= dappertutto, in ogni direzione). Ἀεί si muove su un tracciato lineare tutt'al più bidimensionale; πάντοτε è tridimensionale e perfettamente sferico: degno quindi di stare accanto al Signore (πάντοτε σὺν κυρίῳ). ἐσόμεθα, futuro indicativo terza persona plurale del verbo εἰμί, conclude la lunga lista dei verbi al indicativo che descrivono la parusia del Signore (ἄξει, v. 14; καταβήσεται, ἀναστήσονται, v. 16; ἁρπαγησόμεθα, v. 17). Noi, i vivi e i risuscitati prenderemo i nostri posti accanto a Cristo Gesù nella sua gloria per sempre[113].

---

[112] Cfr. Rm 5,5; 8,9-11.

[113] "Ultimate happiness is experienced in being with him or living with him forever. It is something intensely personal—an intimate attachment to the Lord, a love for him, and the fulfillment of the deepest longing. Living with the Lord, effected by the taking up, is not merely a change of location, or a collective gathering around the Lord in which the individual is lost in the crowd. It is, rather, a union of life and thus a sharing in life, involving a total personal presence to each other that was not there before. It is granted to those who already belong to the Lord here, who are 'in Christ,' and it involves an elevation of life from the present mode on earth to that of the risen Christ" (J. PLEVNIK, *Paul and the Parousia*, 266).

Prima Lettera ai Tessalonicesi

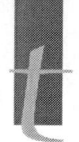

4,18

Ὥστε παρακαλεῖτε ἀλλήλους ἐν τοῖς λόγοις τούτοις.
Consolatevi dunque a vicenda con queste parole.

Questo versetto serve a concludere tutto il testo in modo parenetico. Il punto essenziale della dottrina di Paolo è la consolazione vicendevole dei fratelli. Il verbo παρακαλέω[114] appare otto volte nella Prima Lettera ai Tessalonicesi[115]; qui viene usato per esortare i tessalonicesi ad aiutarsi reciprocamente a superare i momenti di dolore causato dalla morte dei loro cari, ma specialmente l'incertezza sulla sorte di quelli dopo il decesso[116]. Interessante notare che nella LXX il profeta Deutero-Isaia utilizza il medesimo verbo quando annuncia la Parola di Dio a Israele in esilio in Babilonia. Come il profeta prima di lui anche l'Apostolo conforta e incoraggia i suoi, cioè la comunità dei tessalonicesi nel loro momento di persecuzione e di sofferenza.

> [1] Consolate, consolate (παρακαλεῖτε, παρακαλεῖτε) il mio popolo, dice il vostro Dio. [2] Parlate al cuore di Gerusalemme e incoraggiatela dicendo (παρακαλέσατε) che la sua schiavitù è finita, che la sua colpa è espiata, che essa ricevette dalla mano del Signore il doppio per tutti i suoi peccati». [3] Una voce grida: «Nel deserto preparate la via del Signore! Raddrizzate nella steppa la strada per il nostro Dio. [4] Ogni valle sia colmata e ogni montagna e collina siano abbassate, il terreno accidentato diventi piano e quello scosceso una valle; [5] allora si rivelerà la gloria del Signore e ogni uomo la vedrà; perché la bocca del Signore ha parlato. (Is 40,1-5)

Questa volta non c'è dubbio sul valore epanalettico di τούτοις. L'aggettivo dimostrativo suggella la fine del sacro λόγος. Una visione panoramica del lungo e sinuoso periodo consente di ravvisare la figura retorica del

---

[114] Παρακαλεῖτε – imperativo presente (valore durativo di παρακαλέω — da cui παράκλητος,-ον: aggettivo verbale di I tipo = "chiamato in aiuto"; come sostantivo = "avvocato", "consolatore", quale attributo dello Spirito Santo).

[115] Cfr. 1Ts 2,12; 3,2.7; 4,1.10.18; 5,11.14.

[116] "Il vocabolo *paraclesi* (dal greco *paráklēsis*, esortazione, consolazione) designa l'insieme delle esortazioni (relative alla vita nella Chiesa e nel mondo) che si trovano negli scritti paolini. Nelle lettere paoline le paraclesi sono molto numerose e iniziano spesso con il verbo *parakaléō*, che significa 'esortare'" (J.-N. ALETTI – *al.*, *Lessico ragionato dell'esegesi biblica*, 107).

ciclo[117]: τοῦτο (v. 15) e τούτοις (v. 18) scandiscono i punti estremi di saldatura del cerchio: l'uno situato all'inizio, l'altro situato all'ultimo posto nella serie linguistica. Il rapporto morfologico tra i due elementi è totale dal punto di vista del tema (identità di τουτ-), ma non per la desinenza e ciò dà origine a un larvato poliptoto. Tale variazione viene sostenuto anche a livello sintattico: τοῦτο è pronome, τούτοις è aggettivo. La densità di contenuti solennemente preannunciata dal neutro τοῦτο (v. 15) è adeguatamente ribadita in clausola dal trinomio τοῖς λόγοις τούτοις[118] (v. 18). L'esistenza di una striscia di sicurezza e di una robusta fibbia a salvaguardia di tutto ciò che sta all'interno dell'importante percorso ne confermano il peso sul versante dottrinario.

---

[117] Κύκλος ῥητορικός (lat. *redditio, inclusio*), inclusione letteraria; in tedesco *Ringkomposition* o composizione ad anello. Vedi H. LAUSBERG, *Elementi di retorica*, § 261.

[118] Non teniamo conto della proclitica ἐν, la quale si appoggia al dativo τοῖς quanto all'accento e quindi fa corpo unico con esso.

CAPITOLO III

LETTERA AI GALATI

I. Notizie sulla Lettera ai Galati

A. *La Lettera nella liturgia*

1. Lezionario

a. Liturgia romana
liturgia dei giorni festivi:
    1,1-2.6-10   9ª domenica del TO / C
    1,11-19   10ª domenica del TO / C
    1,11-20   Santi Pietro e Paolo, 29 giugno
    2,16.19-21   11ª domenica del TO / C
    3,26-29   12ª domenica del TO / C
    4,4-7   Maria SS. Madre di Dio, 1 gennaio
    5,1.13-18   13ª domenica del TO / C
    6,14-18   14ª domenica del TO / C

liturgia dei giorni feriali:
Si leggono alcuni passi della Lettera ai Galati durante la 27ª e la 28ª settimana, anno pari. Gal 4,4-7 è anche una lettura opzionale per la messa comune della BVM nel tempo pasquale.

b. Liturgia bizantina
liturgia dei giorni festivi:
    1,11-19   20ª domenica dopo Pentecoste
    2,16-20   21ª domenica dopo Pentecoste
    6,11-18   22ª domenica dopo Pentecoste
    1,3-10   sabato della 25ª settimana dopo Pentecoste
    3,8-12   sabato della 26ª settimana dopo Pentecoste

5,22-26	sabato della 27ª settimana dopo Pentecoste
6,14-18	Grande e Santo Venerdì: liturgia delle Ore Reali (I ora)
3,13-14	Grande e Santo Sabato: lodi mattutine
6,11-18	Domenica prima dell'Esaltazione della Santa Croce
1,11-18	Domenica dopo la Nascita di Cristo
4,4-7	Nascita secondo la carne del Signore
3,23-29	Nascita secondo la carne del Signore: le Grandi ore (III ora)
5,22-6,21	Commemorazione dei Pazzi in Cristo
3,23-29	Commemorazione di una santa monaca
5,22-26	Unzione dei malati (V *Apostolos*)

liturgia dei giorni feriali:
Si leggono alcuni passi della Lettera ai Galati dal giovedì della 14ª settimana dopo Pentecoste al mercoledì della 16ª settimana dopo Pentecoste.

2. Liturgia delle ore (liturgia romana)

a. Ufficio di letture

1,1-12	domenica, 5ª settimana del TO (vol. III)
1,11-24	Conversione di Paolo (vol. III)
1,13–2,10	lunedì, 5ª settimana del TO (vol. III)
1,15–2,10	Santi Pietro e Paolo, Apostoli (vol. III)
2,11–3,14	martedì, 5ª settimana del TO (vol. III)
2,19–3,7.13-14; 6,14-16	Esaltazione della croce
3,15–4,17	mercoledì, 5ª settimana del TO (vol. III)
3,22–4,7	comune BVM (vol. III, IV)
4,8-31	giovedì, 5ª settimana del TO (vol. III)
5,1-25	venerdì, 5ª settimana del TO (vol. III)
5,25–6,18	sabato, 5ª settimana del TO (vol. III)

b. Lodi, ora media, vespri e compieta

2,19b-20	venerdì IV	lodi
3,27-28	venerdì Pasqua	ora media
4,4-5	Natale	primi vespri
	Madre di Dio	primi vespri
	comune BVM	primi vespri

	comune BVM	vespri
	memoriale BVM sabato	vespri
4,4.5-6	SS. Trinità	ora media
5,16-17	giovedì II	ora media
5,16-25	venerdì VII Pasqua	vespri
6,8	comune di Sante	ora media

Invito all'approfondimento

Paolo e la missione ai gentili
Vedi D.R. DE LACEY, "Gentili", *DPL***, 680-681.685.**

"Gentili" è la traduzione abituale del termine greco *ethnē*, che in Paolo e nel resto del NT è usato in riferimento alle nazioni diverse da Israele. Che Dio ora accetti uomini e donne da tutte le nazioni in una piena relazione di alleanza senza la necessità della conversione al Giudaismo è un'intuizione dovuta essenzialmente a Paolo, ma anche un'intuizione che minacciava profonde divisioni all'interno della Chiesa primitiva.

L'atteggiamento di Paolo verso i Gentili è intimamente connesso da una parte con la sua comprensione dello status di Israele e dall'altra con la sua esperienza di una chiamata a essere apostolo dei Gentili. La controversia originata dall'afflusso dei Gentili dentro la Chiesa lo obbligò a spiegare la comprensione delle relazioni tra i due gruppi nel disegno di Dio.

1. Terminologia

Né la Bibbia ebraica né la sua traduzione greca (LXX) svilupparono un vocabolario specifico per distinguere la nazione di Israele da quelli che noi oggi chiamiamo i Gentili. La parola *ethnos* (plurale *ethnē*), "nazione", può essere molto generale e universale, sebbene già nel periodo precristiano aveva sviluppato il significato di "nazione diversa dalla propria" (cfr. lo sviluppo di termini come *ehtnarchēs* (*sic*), "etnarca" o "comandante di una minoranza etnica", e l'aggettivo *ethnikos*, "nazionale", in Polibio e altrove). Perciò nella LXX è usato per tradurre *gôy*, "nazione", normalmente riferito a nazioni diverse da Israele; e anche la parola *'am*, ugualmente "nazione", quando non si riferisce alla nazione di Israele. Però l'uso non è affatto coerente; e che il termine non abbia necessariamente una connotazione peggiorativa si può vedere dal duplice uso in 1Pt 2,9-12: "voi siete [...] un *ethnos* santo [...] la vostra condotta tra gli *ethnē* sia irreprensibile".

Comunque, nel *corpus* paolino il referente di *ethnos* sono sempre (a parte la citazione di Gn 17,5 in Rm 4,17-18) le nazioni diverse da Israele, talvolta in esplicito contrasto con Israele (per esempio, Rm 3,29; 9,24) e occasionalmente in contrasto con la Chiesa (1Cor 12,2; Ef 2,11).

Altri termini ricorrono come sinonimi: *laos*, "popolo", ricorre solo in citazione dell'AT, generalmente in riferimento al popolo ebraico, ma al plurale in Rm 15,11 in parallelismo con *ethnē*. In Rm 9 il referente è trasferito dall'Israele come nazione al nuovo popolo di Dio (cfr. sotto, 4). *Hellēn*, "greco", in contrasto con *ioudaios*, "ebreo" o "giudeo", in Rm 1,16; 2,9.10; 3,9; 10,12; 1Cor 1,22; 12,13; Gal 3,28; Col 3,11. Ma in Rm 1,14 è in contrasto con *barbaros*, "barbaro", per descrivere la totalità del mondo pagano. Il termine *akrobystia*, "prepuzio", è usato come metonimia in Rm 2,26-27; 3,30; 4,9(?); Gal 2,7; Ef 2,11; Col 3,11. In 1Cor 9,21 *anomoi*, "quelli senza la Legge", sono messi in contrasto con *tous hypo nomou*, "quelli sotto la Legge". In 1Cor 6 *adikoi*, "ingiusti" or forse "non giustificati", e *apistoi*, "non credenti", "infedeli", sono usati per indicare quelli che sono fuori del gruppo cristiano, probabilmente nella piena consapevolezza dell'ambiguità. Non è chiaro se si intenda includere o escludere i Giudei. Ciò che è chiaro è che Paolo usa qualunque termine gli capita sotto mano, senza alcuna preoccupazione di creare un vocabolario tecnico. Più significativa è la distinzione concettuale tra la stessa stirpe di Paolo, erede della promessa di Dio, e tutti gli altri, comunque descritti. [...]

3. La missione ai Gentili [...]

3.2 Paolo e la missione ai Gentili

Gli stessi riferimenti di Paolo alla sua opera (Rm 1,5.13; cfr. 15,16-19; 16,26) suggeriscono che egli considerava se stesso come avente un ruolo e una responsabilità importanti nel disegno di Dio per il mondo. Per vedere la posizione cruciale dei cristiani gentili nel suo pensiero non bisogna interpretare Rm 11,13 come una rivendicazione de essere l'unico apostolo dei Gentili, né presumere che Paolo pensasse che ogni individuo nelle aree che egli menziona avesse sentito il vangelo. Le sezioni autobiografiche di Galati, 2 Corinzi e Filippesi forniscono ulteriori dettagli circa la sua comprensione della missione ai Gentili. Esse indicano che certamente non era solo a evangelizzare le regioni dei Gentili, e che almeno fino alla composizione di Galati (e perciò ben dopo l'incontro di Gal 2) non c'era accordo generale sul contenuto del vangelo dei Gentili (vedi Missione).

La presenza a quell'incontro di Tito, un pagano incirconciso, indicava chiaramente la convinzione di Paolo che la circoncisione dei Gentili non faceva parte del vangelo; e, proprio perché chiara, era causa di controversie. Quali che siano state le conseguenze per Tito personalmente (è possibile che sia

Lettera ai Galati

stato effettivamente circonciso, cfr. i Commentari), l'accordo finale deve aver sanzionato la continuazione di Paolo nella predicazione del suo particolare messaggio tra i Gentili, anche se un'opposizione a Paolo non autorizzata continuò a manifestarsi (Fil 3,2; forse 2Cor 11,1-6).

In Rm 9–11 c'è una riflessione più estesa sul significato della missione ai Gentili. Dobbiamo guardarci dal considerare questa sezione come "riguardante" la missione ai Gentili o come "riguardanti" i Giudei; ci sono buone ragioni per supporre che il tema principale di Rm 9–11 sia lo stesso di quello dell'intera lettera, cioè la giustizia di Dio che, almeno in parte, solleva il problema se l'afflusso dei Gentili significhi che Dio ha abbandonato le sue promesse a Israele (Rm 9,6; cfr. Wright, cap. 13; *vedi* Restaurazione di Israele). La risposta di Paolo inizia con una teologia convenzionale del "resto", ma con una duplice sfumatura: primo, il venir meno di Israele è effettivamente parte del disegno (e della promessa) di Dio (si notino quasi tutti i passi dell'AT citati in Rm 9–10); secondo, proprio così Dio aveva potuto dimostrare la sua misericordia e la sua salvezza per il mondo intero (Rm 9,24-26; cfr. anche i molti casi di *pas* ["ogni" o "tutto"]). Così l'ecclesiologia di passi come Ef 1,22-23; 2,14-22; 3,9-10, anche se non scritti da Paolo, esprime solo quello che egli già aveva in mente in Romani e in verità implicito nell'"uno in Cristo Gesù" di Gal 3,28.

La missione ai Gentili, lungi dall'essere un progetto casuale o una reazione al fallimento del vangelo tra i Giudei, sta al centro dell'affermazione della giustizia di Dio che "ha rinchiuso tutti nella disobbedienza, per usare a tutti misericordia" (Rm 11,32). Rm 15,7-12 rafforza questo punto. La missione ai Gentili è una naturale concomitanza dell'unità di Dio e della sua grazia.

B. *Occasione, destinatari, luogo e data di composizione*

Le popolazioni successivamente chiamate galate erano in origine tribù celtiche che nel III secolo a.C. si erano mosse dalla Gallia, stanziandosi alla fine delle loro migrazioni nelle zone interne dell'Asia Minore[1]. Qui erano vissute seguendo le loro consuetudini tribali, dapprima governate da principi indigeni, finché la regione nel 25 a.C., al tempo dell'impera-

---

[1] "The settlement of the comparatively small Celtic migratory groups in the 2nd half of the 70s of the 3rd cent. BC resulted in the ethnogenesis of the three Galatian tribes, in the course of which the Anatolian population was absorbed into the social structure of the tribes, their branches and clans. The whole region underwent a process of Galatization. The new ethnic

tore Augusto, divenne parte della provincia romana di Galazia. Tale distretto si spingeva verso mezzogiorno, quasi fino al Mediterraneo; verso nord quasi fino al Mar Nero con capoluogo la città di Ancyra (oggi Ankara, capitale della Turchia)[2]. La popolazione, almeno nelle città, era costituita per lo più da gente ellenizzata e da coloni romani, mentre i galati veri e propri erano una minoranza. Per questo motivo Paolo poté includere la Galazia nei suoi progetti missionari.

La lettera è indirizzata "alle chiese della Galazia" (Gal 1,2): è probabile che essa sia una sorta di lettera circolare diretta a parecchie comunità vicine tra di loro, ma a quale parte dell'Asia Minore ci si riferisce con il nome di "Galazia"? L'esegesi ipotizza due diverse possibilità: la vasta provincia romana di Galazia (estendentesi nella zona attraversata dal

---

identity of the Galates originated with the Celtic groups, and remained self-evident as late as the mid 6th century AD. The Continental Celtic Galatian became the language of the entire region (Str. 12,5,1); Greek became the written language and the second language of the Galatian elite, in whose onomatology Greek and Anatolian elements appeared alongside traditional Celtic names as early as the 2nd cent. BC. […] The Hellenization of central Anatolia received an important impulse with the formation of the Galatian states (evident in the Roman terminology: *Gallograeci* or *Gallograecia* respectively). The typical form of Hellenistic-Anatolian tombs was adopted (*tumuli* of the elite). Indigenous cults such as that of Cybele (statuette of the goddess with painted torques, from Gordium) and of Teššop/Zeus Tavianos (important sanctuary with a colossal bronze statue in Tavium; Str. 12,5,2) were adopted, probably by equation with Celtic deities, but in their Greek appearance" (K. STROBEL, "Galatia", in *BNP*, V, 649).

[2] Là si trovava, e si trova ancor oggi, un tempio di Augusto e della dea Roma, trasformato dopo l'occupazione araba in moschea. Di enorme importanza dal punto di vista storico-archeologico il ritrovamento avvenuto nel 1555 del cosiddetto *Monumentum Ancyranum*, resoconto delle imprese del primo imperatore romano (63 a.C.-14 d.C.) e suo testamento spirituale, inciso sui muri del tempio e copia di quello voluto dall'imperatore per il suo mausoleo a Roma (testo che era andato perduto nel Medio Evo). Nella seconda metà del II secolo è provata *in loco* l'esistenza di una comunità cristiana. "Monumentum Ancyranum Among the documents left behind by → Augustus and read out in the Senate after his death in AD 14 was an *index rerum a se gestarum* ('Report of Actions'), which was then published on two bronze tablets set up in front of the → Mausoleum Augusti (Suet. Aug. 101,4; Cass. Dio 56,33 and R.Gest.div.Aug. prooem.; on the setting up of the tablets and their reconstruction see [8.6 fig.]). A copy of this text with a Greek translation was attached to the temple of the imperial cult in → Ancyra (modern Ankara), the capital of the province of Galatia; smaller fragments of a Latin copy were found in Antiochia [5] (*Monumentum Antiochenum*), and of a Greek copy in Apollonia in Pisidia (*Monumentum Apolloniense*), both in that same province. Copies from other provinces, which might be expected to exist, have yet to be found, as do remains of the Roman original. The text can be reconstructed from the preserved copies with reasonable certainty" (H. GALSTERER, "Monumentum Ancyranum", *BNP*, IX, 195).

medio corso del fiume Sangario e dell'Alys) oppure la Galazia in senso etnografico, più ristretta come territorio, situata più a nord rispetto all'altra, nella regione centro-settentrionale dell'Asia Minore. Paolo menziona una sua duplice permanenza in Galazia (cfr. Gal 4,13); Atti 13,14–14,23 e 16,1-5 ci informano di viaggi di Paolo nella parte meridionale della provincia di Galazia; inoltre registrano (cfr. At 16,6; 18,23) passaggi e visite di Paolo anche in terre situate più a settentrione, oltre alla provincia romana di Galazia. La Lettera ai Galati può così essere stata diretta o alle comunità del sud della Galazia nella vasta provincia romana (ipotesi meridionale)[3], o a quelle del territorio del nord dei galati, cioè la Galazia in senso etnografico (ipotesi settentrionale)[4]. L'Apostolo chiama i destinatari della lettera "galati" (3,1): con tutta probabilità si possono designare in tal modo solo quelli che abitavano nell'interno dell'Asia Minore e non invece gli abitanti del mezzogiorno della Galazia che non erano galati, ma Licaoni e che parlavano un dialetto diverso (cfr. At 14,11). Questo è il motivo principale per cui l'esegesi continua a propendere per la congettura che la Lettera sia diretta alle comunità insediate nel vero e proprio territorio dei galati in senso etnografico, cioè la Galazia settentrionale[5]. Entrambi i viaggi presupposti nella Gal 4,13 farebbero parte del secondo (cfr. At 16,6) e del terzo

---

[3] Vedi F.F. BRUCE, *The Epistle to the Galatians*, Grand Rapids 1982; E. de Witt BURTON, *A Critical and Exegetical Commentary on the Epistle to the Galatians*, New York 1920; J.D.G. DUNN, *The Epistle to the Galatians*, London 1993; R.Y.K. FUNG, *The Epistle to the Galatians*, Grand Rapids 1988; R.N. LONGENECKER, *Galatians*, Dallas 1990; F.J. MATERA, *Galatians*, Collegeville 1992; W.M. RAMSEY, *A Historical Commentary on St. Paul's Epistle to the Galatians*, London 1900; B. WITHERINGTON III, *Grace in Galatia*, Grand Rapids 1998.

[4] Vedi H.D. BETZ, *Galatians*, Philadelphia 1979; F. BIANCHINI, *Lettera ai Galati*, Roma 2009; P. BONNARD, *L'Épître de Saint Paul aux Galates*, Neuchâtel 1972; R.E. BROWN, *An Introduction to the New Testament*, New York 1997; A.M. BUSCEMI, *Lettera ai Galati*, Jerusalem 2004; D. GUTHRIE, *Galatians*, Grand Rapids 1981; M.-J. LAGRANGE, *Saint Paul, Épître aux Galates*, 1926; S. LÉGASSE, *L'Épître de Paul aux Galates*, Paris 2000; J.B. LIGHTFOOT, *St. Paul's Epistle to the Galatians*, London 1876; J.L. MARTYN, *Galatians*, New York 1997; J. MOFFATT, *An Introduction to the Literature of the New Testament*, Edinburgh 1918; F. MUSSNER, *Der Galaterbrief*, Freiburg 1981; A. PITTA, *Lettera ai Galati*, Bologna 1996; A. SACCHI, *Lettere paoline e altre lettere*, Leumann (TO) 1996; J. SANCHEZ BOSCH, *Escritos paulinos*, Estella (Navarra) 1998; A. VANHOYE, *Lettera ai Galati*, Milano 2000; U. VANNI, *Lettere ai Galati e ai Romani*, Roma 1967, 1995[8].

[5] Per un'ottima esposizione del dibattito esegetico odierno di questa problematica molto complessa vedi P.T. TANTIONO, *Speaking the Truth in Christ*, 25-29.

(cfr. At 18,23) viaggio missionario. Questi episodi, trattati con pochi, sbrigativi accenni negli Atti degli Apostoli, per Paolo e i suoi compagni costituirono sicuramente tragitti assai faticosi attraverso regioni selvagge e inospitali. Gli Atti purtroppo non forniscono alcun particolare, né circa i luoghi visitati, né le comunità fondate; in Gal 1,2 tali particolari sono evidentemente presupposti. La reticenza degli Atti solleva alcuni interrogativi. L'esattezza nella conoscenza della toponomastica relativa a regioni lontane e sperdute forse non era più patrimonio dell'Autore al momento della redazione degli Atti (data supposta: 90 d.C. circa)? Oppure non c'era niente di notevole da riferire su queste comunità? Nonostante la buona volontà di Paolo e le misure e gli sforzi da lui messi in opera, i galati erano forse già ricaduti nel giudeo-cristianesimo legalistico? Contro la teoria nord-galatica sembrava parlare in passato la constatazione che la ricerca archeologica condotta nel paese della Galazia del nord non aveva messo in luce monumenti cristiani antichi. Gli scavi condotti ad Hattusas[6] (località corrispondente all'attuale Boghaz-köy) antica capitale degli Hittiti (a circa 100 km a est di Ankara), al centro dell'ansa del fiume Halys hanno però portato alla luce reperti di grande interesse in quantità sorprendente, che smontano le teorie fondate su certe opinabili deduzioni. Quattro pietre tombali giudaiche e sei cristiane trovate in quei luoghi (riconoscibili rispettivamente dal candelabro a sette braccia e dalla croce) sono sicura testimonianza di altrettante comunità locali ivi esistenti nella tarda antichità, anche se nessun elemento comprova che epoca e dottrina coincidano con quelle delle coraggiose e avventurose missioni di Paolo. Successivamente alla sua permanenza fra i galati l'Apostolo si trattenne per due o tre anni a Efeso (cfr. At 19,21), non troppo lontano dalle comunità galate. A Efeso gli potevano giungere facilmente notizie su di esse. La Lettera ai Galati può essere nata a Efeso e la si può datare all'incirca nel 54-55 d.C., nel tardo periodo del suo soggiorno a Efeso. La Lettera è stata stilata sicuramente prima di quella ai Romani, la quale verte in parte sul medesimo tema, ma in modo più particolareggiato e più approfondito, riguardo alla preminenza della fede in Cristo sulla legge mosaica (cfr. Rm 1,17 = Gal 3,12; Rm 4,2-25 = Gal 3,6-25;

---

[6] Forse la Pteria (Πτερία) dei greci, i quali denominavano così sia la città, sia la regione circostante.

Rm 6,18-23 = Gal 5,1-13)[7]. La Lettera ai Romani è stata redatta all'incirca nel 57-58; di conseguenza quella ai Galati è con ogni probabilità antecedente.

C. Contenuto

1. Critica letteraria

Anche per la Lettera ai Galati si avanza sporadicamente l'ipotesi secondo cui un'originaria lettera di Paolo sarebbe stata ampliata con l'aggiunta di glosse. Non si esclude che singoli versetti possano essere glosse posteriori; tale congettura è attentamente considerata soprattutto riguardo al 2,7-8, in cui per due volte ricorre il nome di Pietro, quando invece Paolo usa sempre quello di Cefa (cfr. 1Cor 1,12; 3,22; 9,5; 15,5; Gal 1,18; 2,9.11.14). In Gal 2,7-8 risuona forse la formulazione protocollare del decreto emesso dall'assemblea degli apostoli (cioè materiale prepaolina), oppure il nome di Pietro lascia trasparire piuttosto una formulazione introdotta in seguito nella lettera? La maggior parte degli esegeti ritiene la lettera unitaria e interamente paolina: autenticità, unità e integrità non sono messe in discussione in modo convincente.

2. Composizione e riassunto

È importante notare che questa è l'unica lettera in cui manca il ringraziamento iniziale. Di solito lo schema delle lettere paoline è il seguente: indirizzo, ringraziamento, corpo, formula conclusiva. La Lettera ai Galati condivide la freschezza e la spontaneità della Prima Lettera ai Tessalonicesi, però nella Lettera ai Galati lo stile di Paolo limitatamente a certe espressioni e intuizioni di rilievo si trova allo stato puro.

Schema epistolare
A. Prescritto: 1,1-5
B. Ringraziamento: manca
   Invece relazioni tra mittente e destinatari: 1,6-12
C. Corpo: 1,13–6,10
D. "Post-scritto": 6,11-18

---

[7] Vedi K. KUULA, *The Law, the Covenant and God's Plan. I. Paul's Polemical Treatment of the Law in Galatians*, PFES 72, Göttingen 1999.

La Lettera ai Galati integra il brevissimo racconto degli Atti degli Apostoli (cfr. 16,6; 18,23) sulla missione di Paolo in Galazia. Quando l'Apostolo operava in quella regione fu afflitto da una grave malattia. Per i galati i quali, pur non professando più le loro credenze nelle divinità celtiche avevano assimilato quelle dei popoli greco-frigi[8], sorgeva a questo punto la tentazione di ritenerlo un uomo marchiato da Dio e quindi di disprezzarlo a tal segno da doversi tutelare dal demone della sua malattia. Essi invece accolsero Paolo come un angelo di Dio, come Gesù Cristo stesso: erano pronti a dare tutto per lui. Si considerarono beati per il fatto che l'Apostolo fosse venuto fino a loro (cfr. Gal 4,13-15). Paolo era ed è dunque intimamente legato alle comunità; le chiama i suoi "cari figlioli, per i quali egli soffre i dolori del parto per la seconda volta" (4,19). In precedenza i neoconvertiti prestavano servizio agli idoli: erano dunque gentili (cfr. 4,8). La missione aveva avuto un largo successo: Dio aveva donato ai credenti lo Spirito e operato miracoli tra di loro (cfr. 3,5). Lo Spirito aveva attuato la nuova esistenza nella libertà, che è esente da ogni legalismo (cfr. 5,1ss.). Coloro che prima erano stranieri Dio li aveva resi figli (cfr. 4,6ss.), infondendo lo Spirito che è vittoria sulla carne (cfr. 5,16-24).

Ora però notizie inquietanti e angoscianti raggiungevano Paolo a Efeso. In Galazia si era determinata una situazione di emergenza, causata dall'arrivo di predicatori che mettevano in dubbio l'autenticità della sua posizione. Nelle comunità precedentemente da lui acquisite alla fede erano penetrati missionari stranieri, probabilmente seguaci della parte

---

[8] In particolare i galati gravitavano nell'area del culto della dea Cibele (o Magna Mater) e del dio Attis, i cui sacerdoti (chiamati Galli dall'omonimo corso d'acqua della Frigia, che secondo la tradizione aveva il potere di rendere folli coloro che vi si bagnavano) praticavano riti orgiastici, esternantisi in manifestazioni sfrenate di dolore e di gioia, in mezzo al frastuono di musiche assordanti. "Cybele (Κυβέλη; Lydian from Κυβήβη, Hdt. 5. 102), the great mother goddess of Anatoli, associated in myth, and later at least in cult, with her youthful lover Attis [...] Ecstatic states including prophetic rapture and insensibility to pain were characteristic of her worship (cf. especially Catull. 63)" (F.R. WALTON – J. SCHEID, "Cybele", *OCD*, 416). "Attis, in mythology, the youthful consort of Cybele and prototype of her eunuch devotees. The myth consists in two main forms, with many variants. According to the Phrygian tale (Paus. 7. 17. 10-12; cf. Arn *Adv. Nat* 5. 5-7), the gods castrated the androgynous Agdistis; from the severed male parts an almond tree sprang up and by its fruit Nana conceived Attis. Later Agditis fell in love with him, and to prevent his marriage to another caused him to castrate himself" (F.R. WALTON – J. SCHEID, "Attis", *OCD*, 213).

Lettera ai Galati

di Giacomo, fratello del Signore e capo della chiesa di Gerusalemme (cfr. 2,12). Questo non significa che Giacomo e i primi Apostoli avessero inviato esplicitamente quei missionari e approvassero in tutto e per tutto il loro modo di agire; Paolo anzi sottolinea il suo accordo con gli Apostoli della cerchia dei Dodici (cfr. 1,17–2,10). I nuovi predicatori pretendevano che anche i cristiani provenienti dalla popolazione nativa osservassero tutte le prescrizioni della legge giudaica veterotestamentaria — soprattutto la circoncisione — e vivessero secondo i costumi giudaici. Erano le opere della legge — così affermavano gli avversari di Paolo — oltre alla fede, a operare la giustificazione (cfr. 2,15ss.; 3,12-14). Questi oppositori erano i cosiddetti giudaizzanti[9], quali rifiutavano il Vangelo di Paolo libero dalla legge: addirittura lo combattevano, contrastandone la diffusione. Paolo invece sosteneva che si poteva diventare cristiani direttamente: bastava credere in Dio e abbracciare la croce di Cristo con tutte le sue positive ed esaltanti implicazioni. È facile immaginare quale sconcerto avessero provocato nelle comunità galate questi messaggi contrastanti che insinuavano nelle menti dei fedeli il dubbio della contraddizione. Frastornati, sconvolti, turbati, confusi gli adepti di Paolo manifestavano anche esternamente il loro disorientamento riversandolo in atteggiamenti di insofferenza, di protesta, di risentimento per essere stati ingannati; di ribellione, di rifiuto verso tutto ciò che aveva rappresentato per loro un punto di riferimento e di approdo. Paolo si trovò a

---

[9] Giudaizzanti: predicatori giudeo-cristiani, i quali esigevano la circoncisione degli etnico-cristiani (cioè i gentili che avevano abbracciato la fede in Gesù). Questa ipotesi tradizionale (cfr. F.C. BAUR, „Die Christuspartei in der Korinthischen Gemeinde", *TZT* [1831] 61-206) è ancora condivisa dalla maggioranza degli studiosi oggi. Vedi R.E. BROWN, *An Introduction to the New Testament*, New York 1996, 479. Nel XX secolo sono state proposte tre altre ipotesi nel tentativo di identificare gli avversari di Paolo in Galazia. L'Apostolo delle Genti lottava contro 1) due gruppi, cioè contro predicatori giudeo-cristiani, i quali venivano dal di fuori della Galazia e contro libertini (ebrei o gentili), i quali rivendicavano la libertà di soddisfare i desideri della carne. Vedi J.H. ROPES, *The Singular Problem of the Letter to the Galatians*, Cambridge, MA 1929, 2) predicatori giudeo-cristiani, i quali appartenevano alle comunità galate. Vedi J. MUNCK, *Paulus und die Heilsgeschichte*, Kobenhavn 1954; English trans., *Paul and the Salvation of Mankind*, tr. F. Clarke, Richmond 1959, 87-134; 3) gnostici, i quali esigevano la circoncisione come rito mistico necessario per la perfezione spirituale dei galati, con o senza la legge. Vedi W. SCHMITHALS, *Paulus und die Gnostiker*, Hamburg – Bergstadt 1965; English trans., *Paul and the Gnostics*, tr. J.E. Steely, Nashville 1972, 13-64.

dover riprendere in mano una situazione veramente critica rispetto a gruppi di credenti che gli stavano sfuggendo di mano. Proprio quando egli meno se lo aspettava, per giunta con la difficoltà della sua lontananza dalla Galazia. La Lettera ai Galati rappresenta la splendida testimonianza della sua tempra di oratore-scrittore-polemista, capace di infiammare le folle, di trascinarle con la persuasività dei suoi ragionamenti, profondi sì, ma nello stesso tempo accessibili anche alle persone semplici. La lettera è un fulgido esempio di eloquenza che attinge a tutti e tre generi argomentativi della retorica classica (forense, epidittico, deliberativo[10]), in cui occupa un posto di tutto rilievo. Tra le righe del testo è possibile ricostruire i retroscena che ne hanno determinato la stesura e — almeno in parte — lo stato d'animo di Paolo, il quale da un lato deve mantenere la calma per procedere con lucidità a rimediare ai guasti provocati dai suoi calunniatori, dall'altro non può celare completamente la propria agitazione e la preoccupazione per il rischio che sta correndo il complesso delle chiese di recente fondazione nel cuore dell'Asia Minore, con la augurabile prospettiva che il movimento si diffonda ad altri gruppi contigui o no. Il saluto iniziale denso di concetti e corposo nell'esposizione dimostra che il mittente è già entrato *in medias res*. Ad esso fa seguito l'apologia del suo apostolato e della sua dottrina, in modo che i destinatari abbiano a disposizione argomenti da contrapporre agli avversari. La confutazione di Paolo è seria, grave, categorica, ma non riesce a celare il dispiacere per il tentativo messo in atto dai giudaizzanti di distruggere il rapporto fra le comunità ed il loro Apostolo (cfr. 4,17); né la delusione dell'uomo che aveva riposto così convintamente tante speranze in quei gentili disponibili e generosi sin dai primi momenti del contatto e della conoscenza. Paolo mette a nudo le esperienze della sua vita passata, ma l'emozione e la preoccupazione sono troppo forti per essere a lungo trattenute. Il momento culminante viene raggiunto nelle cinque interrogative dirette-esclamative (cfr. 3,1-5): di certo la mimica e la voce di Paolo erano alterate e piene di sdegno per il comportamento dei galati. È notevole però la

---

[10] Vedi A. PITTA, "Retorica biblica", *DO*, 1361. Il genere forense determinava il giusto o l'ingiusto: il suo luogo principale era il tribunale. Il genere epidittico determinava il bello o il brutto: il suo luogo principale era il teatro. Il genere deliberativo determinava l'utile o il dannoso: il suo luogo principale era la piazza o il senato.

Lettera ai Galati

constatazione che a suo giudizio si tratti di uno smarrimento temporaneo, non di malvagia volontà da parte dei destinatari. L'Apostolo nutre somma fiducia nella potenza del raziocinio, nella possibilità che gli erranti rinsaviscano, fortificando le loro convinzioni di cristiani forse accettate superficialmente, ma non meditate e recepite saldamente nell'intimo. Oltre a costituire un trattato necessariamente breve di sicura e profonda dottrina, motivata dalla necessità di confutazione riguardo a visuali non sempre opposte, ma certo differenti e devianti, la Lettera si chiude in un'atmosfera di perdono e di pace, dove gli spiriti placati ritrovano quel felice rapporto di amicizia, di affetto, di comprensione che Paolo aveva provato durante la sua frequentazione con i galati. La conclusione è veramente una scrittura concreta, sofferta, il monumento vivente della fede, fede nutrita dall'Apostolo e segnata sulla sua carne di discepolo modello e imitatore di Cristo. I rivali di Paolo insinuavano che Paolo, a differenza degli apostoli della cerchia dei Dodici, non era stato affatto prescelto da Gesù stesso. Paolo ribatte decisamente offrendo ai galati tutti gli elementi utili a giustificare il suo servizio. Prima di tutto rende conto, pur se per brevi accenni, della sua chiamata senza intermediari da parte del Cristo risuscitato (cfr. 1,12); narra in maniera particolareggiata le tappe della sua vita fino a quel momento; confessa il suo zelo deviato nella persecuzione della Chiesa (cfr. 1,13ss.); il suo impegno personale come missionario fra i popoli (cfr. 1,16ss.); riferisce sui suoi due viaggi a Gerusalemme e sui suoi contatti con i primi apostoli (cfr. 1,17–2,10), ricevendone un riconoscimento formale, sia riguardo alla verità della dottrina da lui portata avanti, sia riguardo alla liceità di propagandarla presso i gentili. L'Apostolo riferisce su una discussione intervenuta ad Antiochia fra lui e Cefa sulla libertà delle prescrizioni alimentari (cfr. 1,13–2,21). Questa pericope riveste perciò grande importanza come resoconto autobiografico su molti episodi dell'esistenza di Paolo, sui quali altrimenti ci sono state conservate solo notizie scarse e in parte discordanti. Paolo inframmezza il racconto con accenti di impeto polemico contro i suoi oppositori e non risparmia loro gli epiteti più brucianti: li chiama "fratelli della menzogna" (2,4) che distorcono il Vangelo (cfr. 1,7). Con accenti di acuto sarcasmo critica le loro idee dichiarando che gli assertori della circoncisione dovrebbero proprio "lasciarsi mutilare" (5,12), con ciò equiparandoli a popolazioni retrograde della Galazia seguaci di certi culti deliranti che non escludeva l'autoevirazione per motivi sacrali. Paolo supplica disperatamente gli irragionevoli galati, che gli appaiono come ammaliati, di rendersi conto della loro insensatezza e di scuotersi dalla nefasta influenza a cui soggiacciono (cfr. 3,1.3), inframmezzando parole di preoccupazione e accenti d'amore. Non è davvero dalle opere della legge che essi hanno ricevuto lo Spirito Santo, ma dalla predicazione della fede (cfr. 3,2): dalle opere della legge non c'è nulla da ottenere che non sia già stato ricevuto nella fede in Cristo. Chi vuole ottenere di più perde completamente Cristo (cfr. 3,5; 5,2). La legge riesce realmente solo a condurre l'uomo a prendere coscienza dei suoi peccati (cfr. 3,10-14); essa ha senso solamente come educazione in vista di Cristo (cfr. 3,15-29). I galati non possono davvero scambiare la loro libertà e l'adozione a figli con la schiavitù sotto la legge. La libertà dal regime della legge mosaica non è tuttavia indipendenza assoluta e arbitraria: essa è libertà per Cristo e per la sua legge (cfr. Rm 8,2: "la legge dello Spirito della vita") che opera per mezzo dell'amore (cfr. 6,2).

Concludendo dal punto di vista argomentativo il testo si articola e si sviluppa attraverso temi imperniati su parole chiave: Vangelo (I e II cap.); fede e legge mosaica (III cap.); tematica prevalente il fatto di essere figli di Dio (IV cap.); tematica della vita secondo lo Spirito o la vita secondo la carne (V cap.); saluto e riassunto (VI cap.). Mettiamo a confronto di seguito gli schemi proposti rispettivamente di Brown, di Pitta e di Vanhoye.

R.E. Brown (1996): Divisione della Lettera ai Galati
secondo i contenuti (e analisi retorica)[11]

1,1-10   Introduzione:
        1,1-5 Prescritto (preventivamente difensivo nella descrizione (da parte di Paolo) del suo apostolato e di ciò che Cristo ha fatto)
        1,6-10 Esordio o introduzione (stupore in luogo del ringraziamento), nella descrizione del problema, degli avversari e della serietà del caso (mediante anatemi)
1,11–2,14: Paolo racconta la propria carriera di predicatore per difendere la tesi sul suo Vangelo, dichiarata nell'1,11-12

---

[11] Vedi R.E. BROWN, *Introduction to the New Testament*, 468.

2,15-2	Dibattito con gli oppositori: contrapposizione del suo Vangelo con il loro; giustificati mediante la fede in Cristo, non mediante l'osservanza della legge, i cristiani vivono secondo la fede
3,1–4,31	Prove per la giustificazione mediante la fede, non mediante la legge: sei argomenti ricavati dalle passate esperienze dei galati e dalla Sacra Scrittura, particolarmente centrati su Abramo
5,1–6,10	Esortazione etica (parenesi) diretta ad essi affinché possano preservare la loro libertà e per camminare in accordo con lo Spirito
6,11-18	Conclusione: post-scritto che rende autentica la lettera autografa di Paolo (ben distinto dallo scriba che avrebbe operato sotto dettatura); ricapitolazione del suo atteggiamento nei riguardi della circoncisione; benedizione.

A. Pitta (1996): Disposizione della Lettera ai Galati[12]

I.	Prologo
1.1	Il "prescritto" (1,1–5)
1.2	L'esordio (1,6–10)
1.3	La tesi generale (1,11–12)
II.	La Prima Dimostrazione: l'autobiografia paolina (1,13–2,21)
2.1	La condotta e la rivelazione (1,13–17)
2.2	La prima salita a Gerusalemme (1,18–20)
2.3	La permanenza in Siria e in Cilicia (1,21–24)
2.4	La seconda salita a Gerusalemme (2,1–10)
2.5	L'incidente di Antiochia (2,11–14)
2.6	La mimesi paolina (2,15–21)
III.	La Seconda Dimostrazione: la figliolanza abramitica (3,1–4,7)
3.1	La seconda apostrofe (3,1–5)
3.2	Il primo "midrash" (3,6–14)
3.3	La definitività delle promesse (3,15–18)
3.4	Le motivazioni della Legge (3,19–22)
3.5	La figliolanza abramitica mediante la fede (3,23–29)
3.6	La figliolanza divina (4,1–7)
IV.	La Terza Dimostrazione: la figliolanza secondo Isacco (4,8–5,12)
4.1	La terza apostrofe (4,8–11)

---

[12] Vedi A. PITTA, *Lettera ai Galati*, 40-41.

4.2 L'elogio dei galati (4,12–20)
4.3 Il "midrash" delle due disposizioni (4,21–5,1)
4.4 La terza perorazione (5,2–12)
V. La Quarta Dimostrazione: la paraclesi paolina (5,13–6,10)
5.1 La quarta apostrofe (5,13–15)
5.2 L'aretalogia paolina (5,16–26)
5.3 La condotta degli spirituali (6,1–10)
VI. Conclusione: il "postscritto" (6,11–18)

A. Vanhoye (2000): schema della Lettera ai Galati[13]

1,1-5 Saluto iniziale
6-10 *Rimprovero* e presa di posizione che manifesta lo scopo della lettera: Difesa del vangelo di Paolo e lotta contro l'adesione dei galati a un altro vangelo
1,11–2,21 I. Argomenti autobiografici (apologia personale)
    1,11-24 *Il vangelo di Paolo non proviene da un insegnamento umano ma da una rivelazione divina di Cristo*
        11-12 Indicazione del tema
        13-14 Paolo era un giudeo fanatico, che perseguitava la Chiesa
        15-17 Nel tempo della sua conversione, non si rivolse agli uomini
        18-20 Ebbe un contatto tardivo e breve a Gerusalemme con Kēphās e Giacomo
        21-24 Poi non era conosciuto personalmente dalle chiese di Giudea
    2,1-10 *Il vangelo di Paolo fu approvato dai "notabili" di Gerusalemme*
        1-2 Dopo quattordici anni, a Gerusalemme Paolo espose il proprio vangelo ai notabili
        3-5 Paolo non cedette ai falsi fratelli, difese la verità del vangelo
        6-10 I notabili non gli imposero niente, riconobbero la sua missione
    2,11-21 *Paolo ad Antiochia dimostrò la coerenza della propria posizione*

---

[13] Vedi A. VANHOYE, *Lettera ai Galati*, 26-27.

Lettera ai Galati

| | 11-14 | Paolo si oppose alla falsa manovra di Kēphâs |
| | 15-21 | Giustificati dalla fede cristiana, non dalle opere della legge, tornare all'osservanza della legge sarebbe sconfessare Cristo |

3,1–5,12   II. Argomenti esistenziali e di scrittura
    3,1-5   *Apostrofe*
         L'esperienza cristiana: lo Spirito è stato ricevuto mediante le opere della legge o mediante la fede?
    3,6-29   *Argomento di Scrittura*: l'esempio di Abramo
      6-7   Abramo credette, la fede rende figli di Abramo
      8-14   O benedizione di Abramo mediante la fede, o maledizione della legge
      15-18   La legge non può annullare la promessa fatta prima ad Abramo
      19-25   Funzione provvisoria della legge: segnare le colpe, sorvegliare
      26-29   La fede invece ci fa figli di Dio in Cristo, posterità di Abramo
    4,1-11   *Conclusione*: è finita la schiavitù
      1-3   Paragone con il periodo di tutela dei minorenni
      4-7   L'emancipazione in Cristo: siamo figli, non più servi
      8-11   Come mai volete ritornare alla schiavitù? Apostrofe
    4,12-20   *Intermezzo*: appello ai ricordi personali e ai sentimenti
         Apostrofe, 15.16
    4,21-31   *Di nuovo la Scrittura*: i due figli di Abramo
      21   *Apostrofe*
      22-23   Il figlio della serva e il figlio della donna libera; la carne o la promessa
      24-25   La serva = alleanza del Sinai per la schiavitù
      26-28   La donna libera = Gerusalemme celeste, madre nostra
      29-31   Niente compromesso tra i due figli
    5,1-12   *Conclusione*
      1   *Esortazione*: state saldi nella libertà, non ritornate alla schiavitù
      2-6   O il Cristo e la fede, o la circoncisione e la legge
      7-12   *Apostrofe* e ammonimenti, con espressione di fiducia (10)

5,13–6,10   III. Precisazioni per la vita (*esortazione*)
    5,13-15   Non confondere libertà cristiana e soddisfazione dell'egoismo
    16-25   Non le opere della carne, ma il frutto dello spirito
    5,26–6,6   Non la superbia, ma la comprensione e l'aiuto mutuo
    6,7-10   Raccolta della carne o raccolta dello spirito
6,11-18   Epilogo autografo
    11-17   La circoncisione si oppone alla croce di Cristo
    18   Augurio finale

Tutti e tre biblisti riconoscono in Gal 1,11-12 l'annuncio del tema fondamentale che coagula tutta la Lettera: "Vi dichiaro dunque, fratelli, che il Vangelo da me annunziato non è modellato sull'uomo; infatti io non l'ho ricevuto né l'ho imparato da uomini, ma per rivelazione di Gesù Cristo". Brown e Pitta descrivono questi due versetti rilevanti una "tesi" (Brown) e une "tesi generale" (Pitta), mentre Vanhoye preferisce parlare di "indicazione del tema" (Vanhoye). In modo sintetico Brown si concentra sui temi più significati della lettera, suddividendola in macrounità principali mediante la sua analisi retorica. Anche Pitta utilizza un approccio retorico, cioè l'analisi retorico-letteraria, analizzando lo snodarsi del pensiero paolino secondo i criteri della retorica classica. Secondo Pitta la tesi principale (in latino *propositio generalis*) in Gal 1,11-12 viene comprovata in quattro dimostrazioni fondamentali (cfr. 1,13–2,21; 3,1–4,7; 4,8–5,12; 5,13–6,10). Infine Vanhoye opta invece per una divisione tripartita (cfr. 1,11–2,21; 3,1–5,12; 5,13–6,10) in armonia con la sua analisi dei grandi blocchi del testo. Tesi generale o indicazione del tema? Divisione quattro-partita o tripartita? Per quanto concerne l'analisi dettagliata della disposizione della Lettera ai Galati la discussione fra gli esegeti ferve tutt'ora[14].

---

[14] Trentacinque anni fa H.D. Betz rivoluzionò gli studi paolini con la sua analisi retorica della Gal. Cfr. ID., "The Literary Composition and Function of Paul's Letter to the Galatians", *NTS* 21 (1975) 353-387. In questi anni altri biblisti hanno pubblicato studi dettagliati sulla disposizione della Lettera. Vedi G.A. KENNEDY, *New Testament Interpretation through Rhetorical Criticism*, Chapel Hill 1984; P.H. KERN, *Rhetoric and Galatians. Assessing an Approach to Paul's Epistle*, SNTSMS 101, Cambridge 1998; D.F. TOLMIE, *Persuading the Galatians. A Text-Centered Rhetorical Analysis of a Pauline Letter*, WUNT 2.190, Tübingen 2005.

Lettera ai Galati

3. Teologia

La Lettera ai Galati è per la storia delle religioni un documento fondamentale che testimonia il distacco del cristianesimo dal giudaismo. Senza siffatta liberazione il cristianesimo sarebbe rimasto una setta giudaica, non sarebbe assurto a religione dei popoli. In questa Lettera Paolo combatte in chiave cristologica principalmente i predicatori giudaizzanti infiltrati nelle sue comunità in Galazia. L'Apostolo indica con chiarezza e rigore l'assoluta necessità per i cristiani di interpretare il ruolo della legge mosaica esclusivamente alla luce del piano salvifico di Dio realizzato in Gesù Cristo. Nata dalla storia concreta, la Lettera è anche una risposta alla questione che oltrepassa il suo tempo — questione posta ripetutamente a varie riprese da parte della Chiesa — su quali valori il cristiano debba puntare: se sul legame con la tradizione oppure sulla novità quale creatrice della fede; sulla legge o sulla libertà; sull'opera inadeguata dell'uomo o sulla grazia redentrice di Dio; in ultima analisi se sull'uomo o su Dio. La decisione di Paolo è in armonia con il Vangelo di Gesù, che annuncia la paternità di Dio e quella filiazione che è donata da Dio. Dal punto di vista del contenuto la Galati è la lettera della novità cristiana rispetto al Giudaismo. Tre punti fondamentali sono molto significativi per uno studio approfondito della Lettera ai Galati, se non addirittura per tutto l'epistolario paolino: la cristologia, la giustificazione mediante la fede e la pneumatologia.

3.1 *Cristologia*

Il messaggio della Lettera ai Galati è profondamente cristologico: per mezzo di Cristo, suo Figlio Dio Padre ha pienamente redento tutti gli uomini, giudei e gentili inclusi, giustificando coloro che credono in Gesù. All'inizio della storia della salvezza Dio ha fatto le sue promesse ad Abramo (cfr. Gen 12,1ss.) e nella pienezza del tempo ha mandato il proprio Figlio per riscattare i peccatori dalla legge, dal peccato e dalla morte (cfr. Gal 4,4-5). Gesù Cristo, il Risorto, "ha dato se stesso per i nostri peccati, per strapparci da questo mondo perverso, secondo la volontà di Dio e Padre nostro" (Gal 1,4). In Cristo i cristiani trovano la vera libertà, una libertà autentica che non potrà mai trovare origine nella legge mosaica: "Cristo ci ha riscattati dalla maledizione della legge, diventando lui stesso maledizione per noi" (3,13). La schiavitù della Gerusalemme terrena imposta ai suoi figli, gli ebrei, si contrappone alla libertà che Cristo ha portato ai suoi (cfr. 4,21-31). Noi cristiani dobbiamo la nostra liberazione piena e tutta la nostra libertà a lui (cfr. 5,1.13). Chiunque può godere di questa nuova realtà, tramite un intimo coinvolgimento nella sua persona e nella sua opera redentrice: "Quanto a me invece non ci sia altro vanto che nella croce del Signore nostro Gesù Cristo, per mezzo della quale il mondo per me è stato crocifisso, come io per il mondo" (6,14). Questo coinvolgimento tra Cristo e cristiani ci porta a una problematica molto significativa e molto dibattuta in questi ultimi anni. Brown nel suo libro *An Introduction to the New Testament*[15] offre un breve riassunto dello *status quaestionis*: come interpretare l'espressione πίστις Χριστοῦ nell'epistolario paolino? Fedi in Cristo (genitivo oggettivo) oppure affidabilità di Cristo (genitivo soggettivo)[16]? La discussione fra esegeti ferve tutt'ora.

3.2 *Giustificazione mediante la sola fede*

Come possiamo definire il termine "fede" secondo Paolo? Per l'Apostolo πίστις[17] esprime l'adesione a Cristo e la partecipazione alla sua esperienza di morte e vita risorta. "Quanto a me, per mezzo della legge, sono morto alla legge affinché io viva per Dio. Sono stato crocifisso con Cristo: non sono più io che vivo, ma Cristo vive in me! La vita che vivo ora nella carne, la vivo nella fede nel Figlio di Dio il quale mi ha amato e ha dato se stesso per me" (2,19-20). Quindi la fede non è un'opera, né un assenso intellettuale, ma rappresenta una fiducia profonda in Gesù il Redentore, un rapporto personale con lui, il Figlio di Dio, un'apertura radicale all'azione redentrice e salvifica di Dio realizzata appunto in Gesù Cristo. È mediante la fede che gli esseri umani ottengono la "giustificazione". Grazie alla predicazione degli avversari giudaizzanti Paolo ha potuto formulare più lucidamente la propria posizione, il suo Vangelo basato sulla grazia. "Sappiamo che l'uomo non è giustificato per le

---

[15] Vedi R.E. BROWN, *An Introduction to the New Testament*, 477-478.
[16] Vedi A. VANHOYE, "Πίστις Χριστοῦ. Fede in Cristo o affidabilità di Cristo", *Bib* 80 (1999) 1-21.
[17] Il sostantivo πίστις ricorre 243 volte nel NT, di cui 142 volte nel corpo paolino e 22 volte in Gal. Il verbo πιστεύω ricorre 243 volte nel NT, di cui 54 volte nel corpo paolino. L'aggettivo πιστός ricorre 67 volte nel NT, di cui 33 volte nel corpo paolino e 1 volta in Gal.

opere della legge ma soltanto per mezzo della fede in Cristo Gesù, e abbiamo anche noi creduto in Cristo Gesù per essere giustificati dalla fede in Cristo e non dalle opere della legge; perché dalle opere della legge nessuno sarà giustificato" (2,16). Insomma: la giustificazione è il processo attraverso il quale il peccatore acquista la giustizia di Dio (δικαιοσύνη θεοῦ), cioè diventa giusto, amico di Dio, in buon rapporto con il suo creatore e giudice. Questo non era affatto possibile quando l'umanità si trovava ancora sotto il giogo del peccato e della morte. Al momento in cui l'uomo aderisce a Cristo mediante la fede è liberato dal peccato ed entra in comunione con Dio. Poiché ora partecipa alla vita del Redentore, il credente vive la fede e produce necessariamente l'amore: "La fede opera per mezzo della carità" (5,6). Cristo Gesù è l'unico Messia di tutti gli uomini. La sua opera — la sua vita, la sua morte, la sua risurrezione e la sua ascensione alla destra del Padre — è stata perfettamente efficace e piena. Ciò che egli ha compiuto esclude qualsiasi altra realtà nel processo di salvezza. Per quanto riguarda la legge mosaica essa ha ormai terminato il suo compito. Dunque se qualcuno accetta Cristo rinunzia definitivamente alle opere della legge mosaica (per esempio la circoncisione, le prescrizioni alimentari e il calendario liturgico ebraico). Se invece continua ad aderire alla legge egli abbandona Cristo, illudendosi di possedere una realtà che possa salvarlo. Su questo punto Paolo non può esprimersi in modo più netto e più drastico: "Dalle opere della legge non verrà mai giustificato nessuno" (2,16). "Quanto a me, per mezzo della legge, sono morto alla legge affinché io viva per Dio" (2,19). "Io non annullo la grazia di Dio; perché se la giustizia si ottenesse per mezzo della legge, Cristo sarebbe dunque morto inutilmente" (2,21). "Ecco, io, Paolo, vi dichiaro che, se vi fate circoncidere, Cristo non vi gioverà a nulla" (5,2). "Voi che volete essere giustificati dalla legge, siete separati da Cristo" (5,4). Nessuno può annunziare Cristo e nello stesso tempo esigere l'osservanza della legge: l'uno esclude l'altra. La polemica di Paolo contro gli oppositori giudaizzanti, disputa focalizzata in modo particolare contro le opere della legge, ha carattere cristologico; l'Apostolo non intende affatto minimizzare o sottovalutare il ruolo incomparabile di Gesù Cristo, l'unico Redentore degli uomini. Paolo si preoccupa per i galati: provenienti dal paganesimo, forse essi pensavano che l'adozione della circoncisione, l'osservanza delle norme alimentari e del calendario liturgico giudaico fossero un valido aiuto alla loro fede in Cristo. Al contrario — secondo l'Apostolo delle genti — ciò porta a negare Cristo e a rendere vana la sua croce: una posizione da escludere totalmente e senza la minima esitazione.

3.3 *Pneumatologia*

L'opera redentrice di Cristo si attua per mezzo dello Spirito Santo. Il missionario di Tarso sottolinea che i galati hanno ricevuto lo Spirito di Dio, non perché abbiano compiuto le opere della legge, ma perché hanno creduto alla predicazione della Buona Novella (cfr. 3,2-3). La visita di Paolo presso di loro fu accompagnata da prodigi straordinari (cfr. 3,4-5). Hanno sperimentato Dio come Padre grazie alla missione apostolica di Paolo, il fondatore e padre spirituale delle loro comunità cristiane: "E che voi siete figli risulta dal fatto che Dio ha mandato lo Spirito del Figlio suo nei nostri cuori, che grida: 'Abbà, Padre'" (4,6). Lo Spirito Santo riceve la sua missione direttamente dal Padre. È lo Spirito che guida i cristiani nel cammino verso Dio, aiutandoli a combattere contro i desideri della carne (cfr. 5,16-26). Lo Spirito crea anche la comunità fraterna che è la Chiesa, la Gerusalemme celeste, che genera i suoi figli nella libertà: una comunità di fede, di amore e di speranza (cfr. 1Ts 1,3). La Chiesa è universale perché in essa tutti trovano la loro unità: "Non c'è più né giudeo né greco; non c'è né schiavo né libero; non c'è né maschio né femmina; perché voi tutti siete uno in Cristo Gesù" (3,28). Nella Chiesa, grazie alla nostra fede comune in Cristo, dovrebbero cadere tutte le divisioni di classe, di sesso, di casta e di cultura, cause di divisione tra gli esseri umani. Tutto dipende dunque dalla sola decisione di fede, una fede celebrata liturgicamente nel sacramento del battesimo quando il credente riceve per sempre il dono dello Spirito Santo. Ormai lo Spirito di Cristo abita in lui e il nuovo cristiano a sua volta diventa annunciatore del suo Signore morto e risorto per la salvezza dell'umanità secondo il progetto salvifico di Dio Padre.

Lettera ai Galati

II. Contatto diretto col testo biblico: Gal 4,1-7
La redenzione e l'adozione a figli

¹ E dico che per tutto il tempo che l'erede è fanciullo, in niente differisce da uno schiavo, pur essendo signore di tutte le cose; ² ma è sotto tutori e amministratori fino alla scadenza prestabilita spettante al padre. ³ Così anche noi quando eravamo fanciulli, sotto gli elementi del mondo eravamo fatti schiavi; ⁴ quando però giunse la pienezza del tempo, Dio mandò il Figlio suo, nato da donna, nato sotto la legge, ⁵ affinché riscattasse coloro che erano sotto la legge, affinché ricevessimo l'adozione a figli. ⁶ E che voi siete figli risulta dal fatto che Dio mandò lo Spirito del Figlio suo nei nostri cuori che grida: "Abbà, padre". ⁷ Quindi non sei più schiavo, ma figlio; e se (sei) figlio, (sei) anche erede mediante Dio.

Sviluppo letterario

In questa pericope intravediamo uno sviluppo lineare in fase ascendente; essa focalizza la tematica principale della Lettera ai Galati[18]. Prima di procedere alla lettura dettagliata del testo osserviamo tre suddivisioni diverse del brano (Légasse, Martyn, Pitta e Vanhoye) — probabilmente ci sono di più. Per l'individuazione esatta dello snodarsi del pensiero paolino nei vv. 1-7 possiamo solo constatare che il dibattito scientifico fra i biblisti ferve tutt'ora.

1. **Légasse (quarto-partizione)**[19]
    1) 4,1-2: il caso del minorenne
    2) 4,3-5: la composizione cronologica in due stadi marcati da ὅτε e ὅτε δέ
    3) 4,6: prova della realtà dei vv. 3-5
    4) 4,7: la conclusione di tutto il passo

---

[18] Ottimo esempio della figura "mise en abîme". "Espressione usata da A. Gide per indicare una visione in profondità, come quando, in araldica, si ha la raffigurazione di uno scudo contenente a sua volta un altro scudo o come nel caso delle scatole cinesi o delle bambole russe. In letteratura è un procedimento di reduplicazione speculare. Esempio paradigmatico, la famosa scena dell'*Amleto* in cui si rappresenta l'uccisione del re (teatro nel teatro). L'"abisso' può essere considerato una sequenza-modello che riproduce su scala ridotta l'intera vicenda" (A. Marchese, *Dizionario di retorica e di stilistica*, 203).

[19] Vedi S. Légasse, *L'épître de Paul aux Galates*, 290.

2. **Martyn (tripartizione)**[20]
   1) 4,1-2: esempio giuridico
   2) 4,3-5a: analogia in due scene:
      a) schiavitù dell'umanità (v. 3)
      b) invio del Figlio (vv. 4-5a)
   3) 4,5b-7: sviluppo dell'esempio

3. **Pitta, Vanhoye (bipartizione)**[21]
   1) 4,1-2: esempio giuridico
   2) 4,3-7: applicazione dell'esempio

Ecco la nostra suddivisione, in tre parti fondamentali, secondo una disposizione concentrica (a, b, a'):
1) 4,1-2: introduzione, o esempio giuridico (3ª persona singolare); trinomio: *erede, schiavo, padre*
2) 4,3-6: applicazione dell'esempio ai destinatari (1ª e 2ª persona plurale); trinomio: *Dio (Padre), Figlio/figli, Spirito*
3) 4,7: conclusione, o applicazione dell'esempio in senso generale a ciascun cristiano in particolare (2ª persona singolare[22]); trinomio: *schiavo, figlio, erede*

La composizione concentrica si manifesta in modo patente se consideriamo l'asse temporale. L'Apostolo vuole descrivere il cambiamento che nella storia degli uomini si è venuto a determinare per mezzo dell'evento Cristo. Ancora una volta notiamo l'importanza della cristologia di Paolo: egli vede e recepisce tutto in chiave cristologica. La storia

---

[20] Vedi J.L. MARTYN, *Galatians*, 385-386.
[21] Vedi A. PITTA, *Galati*, 233; A. VANHOYE, *Galati*, 105.
[22] Nella sintassi latina la seconda persona singolare è uno dei sistemi usati per esprimere l'impersonale. In italiano tale uso si è conservato, ma rimane confinato nel linguaggio confidenziale dell'ambito orale. Per quanto concerne la lingua greca, la quale ammette apporti del parlato nel linguaggio formale scritto, accanto all'uso comune della terza persona singolare espressa dal pronome indefinito τις (enclitica) possiamo ipotizzare l'uso impersonale della seconda persona singolare.

umana viene presentata in tre periodi diversi, tutte e tre in funzione di Cristo: 1) tempo avanti Cristo, cioè il tempo della schiavitù (vv. 1-3); 2) svolta decisiva o momento critico dell'invio del Figlio di Dio nella storia degli uomini, "quando però giunse la pienezza del tempo, Dio mandò il Figlio suo, nato da donna, nato sotto la legge" (v. 4); 3) tempo dopo Cristo, cioè il tempo della redenzione e della libertà dei figli (vv. 5-7). Sull'asse temporale risulterebbe il seguente schema:

Storia della salvezza in tre periodi secondo i temi principali (composizione[23] concentrica A, B, C, B', A'):
1. Tempo avanti Cristo: schiavitù (vv. 1-3)
   A. Per l'erede (rapporto padre-figlio; figlio senza diritti) (vv. 1-2)
   B. Per tutti gli uomini (giudei e gentili; esistenza sotto gli elementi del mondo) (v. 3)
2. Pienezza del tempo: svolta decisiva
   C. Invio di Cristo (v. 4)
3. Tempo dopo Cristo: libertà (vv. 5-7)
   B'. Per tutti gli uomini (giudei e gentili; riscatto/redenzione e figliolanza) (vv. 5-6)
   A'. Per l'erede (rapporto padre-figlio; figlio con pieni diritti) (v. 7)

Sul piano stilistico-retorico i vv. 4b-6 sono costruiti secondo la seguente composizione: chiasmo grande nei vv. 4b-6, chiasmo piccolo nei vv. 4c-5b[24]. Questa ulteriore articolazione è individuabile nello spazio intercorrente tra l'invio del Figlio di Dio (v. 4b) e l'invio dello Spirito del Figlio di Dio (v. 6), secondo un sottoschema inglobabile nel precedente schema.

---

[23] Per la definizione della *compositio*, σύνθεσις, cfr. H. LAUSBERG, *Elementi di retorica*, § 448-463; B. MORTARA GARAVELLI, *Manuale di retorica*, 273-280.
[24] Per la definizione del chiasmo (figura retorica costruita secondo la composizione A, B, B', A'), vedi H. LAUSBERG, *Elementi di retorica*, § 392.

Il cuore di Paolo è il cuore di Cristo

Composizione chiastica dei vv. 4b-6 tra l'invio del Figlio di Dio (v. 4b) e l'invio dello Spirito del Figlio di Dio (v. 6):

"chiasmo grande"[25]   Schema dei concetti teologici

A. ἐξαπέστειλεν ὁ θεὸς τὸν υἱὸν αὐτοῦ, (v. 4b)   Invio del Figlio di Dio

    B. γενόμενον ἐκ γυναικός (v. 4c),
    γενόμενον ὑπὸ νόμον, (v. 4d)   Pienamente uomo

    B.' ἵνα τοὺς ὑπὸ νόμον ἐξαγοράσῃ, (v. 5a),
    ἵνα τὴν υἱοθεσίαν ἀπολάβωμεν. (v. 5b)   Redentore dell'uomo, fratello a noi

A.' Ὅτι δέ ἐστε υἱοί, (v. 6a)
ἐξαπέστειλεν ὁ θεὸς τὸ πνεῦμα τοῦ υἱοῦ αὐτοῦ (v. 6b)   Invio dello Spirito del Figlio di Dio
εἰς τὰς καρδίας ἡμῶν κρᾶζον, Αββα ὁ πατήρ. (v. 6c)

Nella fattispecie il v. 4b si prolunga in due espansioni corrispondenti (v. 4c, 4d); invece il v. 6 è preceduto da due espansioni analogamente corrispondenti (v. 5a, 5b), e presenta una *variatio* piuttosto elaborata, che situa il membro v. 6b in posizione concentrica rispetto al v. 6a e al v. 6c. Il tutto, con le sue raffinate variazioni assume l'aspetto di un elaborato, elegante chiasmo grande.

Composizione chiastica dei vv. 4c-5b tra l'incarnazione del Figlio di Dio e l'adozione a figli di Dio

"chiasmo piccolo"[26]   Schema dei concetti teologici

A. γενόμενον ἐκ γυναικός, (v. 4c)   Il Figlio di Dio è "nato da donna": è essere umano

B. γενόμενον ὑπὸ νόμον, (v. 4d)   "nato sotto la legge": è giudeo

B.' ἵνα τοὺς ὑπὸ νόμον ἐξαγοράσῃ, (v. 5a)   "affinché riscattasse" i giudei ("coloro sotto la legge")

A.' ἵνα τὴν υἱοθεσίαν ἀπολάβωμεν. (v. 5b)   "affinché noi" (esseri umani: giudei e gentili in Cristo) "ricevessimo l'adozione a figli" di Dio

---

[25] "Il 'chiasmo grande' (§ 337,1) consiste nell'incrociamento di proposizioni (principali o secondarie) in rapporto semantico fra loro all'interno di un gruppo di frasi o di un periodo (§ 452), come per esempio nel fenomeno della *praeoccursio* nella *subnexio* (§§ 376,2; 415)" (H. LAUSBERG, *Elementi di retorica*, § 392, II).

[26] "Il 'piccolo chiasmo' (§ 337,2) consiste nell'incrocio di parole che si corrispondono tra loro all'interno di gruppi di parole che pure tra loro si corrispondono (siano queste frasi autonome o gruppi di parole sintatticamente dipendenti: § 387,1; 388)" (H. LAUSBERG, *Elementi di retorica*, § 392, I).

La perfezione del disegno stilistico ravvisabile nel tratto vv. 4b-6 evoca l'abilità dispiegata in certi ricami multicolori di produzione artigiana eseguiti su stoffe pregiate. Osserviamo il rovescio del tessuto: ci accorgeremo di quale intreccio sapiente di fili sia sotteso alle figure che animano e valorizzano il lavoro, quasi fossero vive sotto i nostri occhi ammirati e soddisfatti da tale vista. L'effetto di godibilità suscitato dalla contemplazione dell'opera d'arte (ciò che comunemente viene definito come "fruizione") viene accresciuto e coronato nel nostro testo dal suo superiore significato a livello religioso. Analogamente qui l'orditura dei richiami e dei rimandi è così accuratamente organizzata che ne scaturiscono una perfetta continuità del discorso e una sua compattezza sul piano logico, che vanno a tutto vantaggio dell'efficacia e della persuasività dell'insegnamento di Paolo. Lo stretto legame da lui instaurato tra forma espressiva e contenuto è stato raggiunto così intimamente, che la diligente illustrazione di tale procedimento (il cosiddetto "smontaggio") rischia di privare la scrittura della sua naturalezza, di appiattirla e di farla apparire monotona. Nel v. 4b tutte le parti componenti vengono interessate in varia misura e a vario titolo all'operazione di collegamento con i costituenti dei versetti successivi. Il modo del procedere è graduale e quasi impercettibile: i riferimenti continuano anche "sotto traccia", o vengono presentati con delicatezza e misura. Nel v. 4c il legame è costituito dalla concordanza in genere, numero e caso di γενόμενον con τὸν υἱόν (v. 4b), participio che a sua volta funge da ponte di passaggio al v. 4c, dove γενόμενον viene ripetuto (anafora). Anche il gioco del domino può esserci d'aiuto per comprendere attraverso quale espediente retorico il cammino possa continuare dal sintagma ὑπὸ νόμον (v. 4d) integralmente ripetuto nel v. 5a: a questo punto l'elemento in comune con il v. 5b si trova all'inizio (ἵνα). Nel v. 5b tale congiunzione viene accompagnata dal sostantivo composto υἱοθεσίαν, dove il richeggiamento υἱο- prudentemente mascherato ci riconduce velocemente al punto di partenza, rappresentato dall'intero v. 4b in cui ciascun monema riveste fondamentale. A sua volta il v. 5b preannuncia l'arrivo del v. 6a per quanto concerne il risalto dato al sostantivo υἱοί, in posizione di evidenza. Oltre al chiaro effetto polittotico che ne consegue al successivo v. 6b, notiamo l'esatta ripresa del primo tratto del v. 4b (ἐξαπέστειλεν ὁ θεός) e del pronome αὐτοῦ in clausola. La differenza tra i vv. 4b e 6b deriva dal fatto che quest'ultimo è stato arricchito nel suo interno (che è anche il suo centro di gravità) da un vocabolo molto significativo: τὸ πνεῦμα, con l'espansione sintattica del quale si può dire che l'universo intero (uomini, Figlio, Padre) partecipa a tale traguardo. Grazie all'aiuto del participio presente κρᾶζον concordato in genere, numero e caso con il sostantivo τὸ πνεῦμα viene ulteriormente sfruttata la posizione centrale riservata all'uno e all'altro, proprio come nel mondo fisico si espandono verso l'esterno i centri concentrici delle onde sulla superficie tranquilla di un immenso lago. Prima di terminare non possiamo passare sotto silenzio l'afflato poetico che pervade il momento i cui la funzione fatica giunge al culmine (acme, *Spannung*): Ὅτι δέ ἐστε υἱοί (v. 5c), anche per merito della successione di accenti acuti (è noto che l'accento acuto greco è un accento di timbro ascendente). τὸ πνεῦμα e κρᾶζον si ritrovano "nel cuore" dei rispettivi enunciati, appunto come Paolo sostiene quando leggiamo che "lo Spirito [...] grida nei nostri cuori". Disegno grafico, sintattico e religioso si combinano perfettamente. La coincidenza è estensibile anche nel campo fonico, osservando che τὸ πνεῦμα e κρᾶζον, forniti di accento circonflesso (ovvero di accento musicale) riproducono soavemente l'armonia instaurata dalla presenza soprannaturale dello Spirito. La suggestività della connotazione teologica induce in noi una incontenibile commozione, favorita e accompagnata anche dalla musicalità del dettato, in cui si trovano cinque parole declinate con accento circonflesso. Le prime tre, a breve distanza tra loro (v. 5d) hanno a che fare con il divino; la quarta e la quinta, contigue l'una all'altra, ma distanziate e distaccate dal primo gruppo, perché riguardano il misero mondo degli uomini, riproducono in un insolito gioco di riecheggiamenti la voce dello Spirito, prestata alle nostre deboli facoltà, insufficienti e inadeguate di per sé sole a esprimere il sentimento di figli lontani, anelanti quaggiù al Padre lassù. Αββα ὁ πατήρ: in finale ancora l'accento acuto, di tono ascendente. Nella composizione compositiva concentrica applicabile ai tre membri in cui è suddivisibile il v. 6 crediamo di ravvisare la delineazione della figura trinitaria, "concentrata" appunto nel membro v. 6b, che raccoglie in amoroso abbraccio ὁ θεός (il Padre), τὸ πνεῦμα (lo Spirito), τοῦ υἱοῦ (il Figlio). Quanto al genitivo αὐτοῦ esso ritorna — secondo analisi logica — a Dio in ininterrotto movimento circolare. Questa è una delle fortunate occasioni in cui possiamo affermare di trovarci davanti a uno squarcio di alta poesia religiosa.

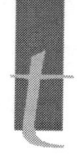

Lettera ai Galati

Il disegno particolareggiato della figura retorica "chiasmo" offre una prospettiva straordinariamente ricca sul piano logico e dottrinale per i punti di vista dai quali si possono osservare le due coppie di espansioni: A e A' contigue ai versetti estremi (vv. 4c e 5b). Esse riguardano l'interscambio tra la figliolanza umana di Cristo, "nato da donna" (A) e quella divina dell'uomo (A'), "affinché ricevessimo l'adozione a figli". Gesù era davvero un essere umano, e la sua vita e missione hanno fatto sì che tutti gli uomini (ebrei e gentili) potessero diventare figli di Dio. Nei vv. 4d e 5a contrassegnati dalle lettere B e B' si trovano i riferimenti alla condizione di sudditanza nei confronti della legge, sia per Cristo, "nato sotto la legge" (B), sia per gli ebrei, "affinché riscattasse coloro che erano sotto la legge" (B'). A loro volta i sopraccitati versetti sono rapportati reciprocamente per coppie parallele: nel primo tratto (A e B) l'accento poggia sul participio aoristo forte γενόμενον: "nato", anaforicamente[27] ripetuto, o meglio reduplicato; nel secondo tratto (B' e A') sono formulate due proposizioni finali introdotte da identica congiunzione ('ίνα: "affinché"). Al percorso discendente iniziale (anticlimax oppure *gradatio* discendente) per cui il Figlio di Dio discende dal cielo e s'incarna sulla terra sottomesso alla legge, subentra la fase ascendente (climax): la liberazione dalla legge e il dono positivo della figliolanza. Tale evento fa sì che Dio invii a tutti (ebrei e gentili) lo Spirito del Figlio suo. Il miracolo della scrittura di Paolo consiste nel fatto che la seconda fase risulta ascendente per gli uomini, ma nello stesso tempo Dio con l'invio dello Spirito del Figlio suo continua a discendere e a esercitare su di essi tutta la sua positiva influenza. Climax e anticlimax coincidono come in un disegno indecidibile[28] Lo Spirito infatti discendendo nei cuori si rende interprete dei sentimenti degli uomini, i quali elevano (fase ascendente) a lui il loro grido appassionato, che è richiesta d'aiuto e attestazione d'affetto[29]. In quel

---

[27] "L'anafora consiste nella ripetizione di una parte della frase all'inizio di successivi gruppi di parole." L'anafora sintattica si trova anche in prosa: cfr. Gv. 14,27: "Vi lascio la pace, vi do' la mia pace"; Gv 15,11: "Questo vi ho detto perché la mia gioia sia in voi e la vostra gioia sia piena" (H. LAUSBERG, *Elementi di retorica*, § 265).

[28] Sull'argomento vedi N. FALLETTA, *Il libro dei Paradossi*, TEA DUE 1994, 12-20.

[29] "Allo stesso modo ancora, lo Spirito viene in aiuto alla nostra debolezza, perché non sappiamo pregare come si conviene; ma lo Spirito intercede per noi con sospiri ineffabili; e colui che esamina i cuori sa quale sia il desiderio dello Spirito, perché egli intercede per i santi secondo il volere di Dio" (Rm 8,26-27).

grido gli estremi: il divino e l'umano si toccano, si congiungono. La redenzione è misteriosamente compiuta. A livello esistenziale cogliamo l'immagine di un contrasto tra la vita e la morte: vita naturale (A), cioè la vita di Gesù nella fragilità e corruttibilità della condizione umana; morte spirituale (B), cioè la condizione degli ebrei sotto la legge dominata dal peccato. Questa condizione di inimicizia con Dio è interpretabile come separazione tra Creatore e creature non voluta affatto da Dio. Per la redenzione di tutti gli uomini (ebrei e gentili) fu necessario il sacrificio di Gesù sulla croce: morte naturale (B'). A causa dell'evento Cristo è morto anche la schiavitù della persona nei riguardi del peccato. Il tema della vita riprende il sopravvento, ma questa volta si tratta di una vita offerta a tutti gli uomini (ebrei e gentili) che credono in Gesù e ricevono la figliolanza: vita spirituale (A'). Questa nuova vita è differente da quella naturale perché si tratta della vita stessa di Dio: eterna, perfetta, divina.

Ancora sul tema dell'invio. Nel v. 4b leggiamo "Dio mandò il Figlio suo": il rapporto tra il Padre e il Figlio viene presentato come punto di partenza della salvezza degli uomini. Dio manda il suo Figlio, ovvero: il Figlio è colui che è stato mandato. Il Figlio dunque riceve una missione da Dio, mentre Dio viene pensato come colui che affida una missione al proprio Figlio. La posta in gioco è la salvezza di tutti gli uomini. Nel v. 6 leggiamo "Dio mandò lo Spirito del Figlio suo nei nostri cuori che grida 'Abbà, padre'". L'invio dello Spirito si attua come "lo Spirito del Figlio suo", cioè in rapporto con Cristo. Questo dettaglio è molto significativo: Dio invia il suo Spirito a noi non direttamente, ma tramite il suo Figlio. D'ora in poi lo Spirito sarà conosciuto dai credenti in senso cristologico. Con Gal 4,6 cominciamo a vedere la separazione tra la sinagoga e la Chiesa, separazione che diventerà definitiva entro brevissimo tempo, forse già nella generazione successiva alla distruzione di Gerusalemme. Con gli ebrei crediamo che lo Spirito trova la sua origine in Dio; ma in modo differente da loro noi cristiani crediamo che lo Spirito è anche di Cristo[30]. Grazie alla nostra fede in Gesù Cristo, al momento del nostro battesimo riceviamo il dono del suo Spirito che è, ovviamente, lo Spirito di Dio stesso e quindi anche lo Spirito di Cristo.

---

[30] "Voi però non siete nella carne ma nello Spirito, se lo Spirito di Dio abita veramente in voi. Se qualcuno non ha lo Spirito di Cristo, egli non appartiene a lui" (Rm 8,9).

Lettera ai Galati

Lettura dettagliata

4,1

Λέγω δέ, ἐφ' ὅσον χρόνον ὁ κληρονόμος νήπιός ἐστιν,
οὐδὲν διαφέρει δούλου κύριος πάντων ὤν,
*E dico che per tutto il tempo che l'erede è fanciullo,
in niente differisce da uno schiavo pur essendo signore/padrone di tutte le cose;*

Paolo riflette sul tema della filiazione partendo da un esempio giuridico (vv. 1-2) per approdare a considerazioni che lo travalicano e ci trasportano in una dimensione in cui la legge umana è superata e condotta al suo perfetto compimento. Il tratto discriminante che l'Apostolo ci invita a osservare è il seguente[31]. Nella famiglia benestante il figlio del padrone durante i primi anni di vita non sembra differire in alcunché dallo schiavo. Sappiamo infatti che alla nascita il capo-famiglia (κύριος) aveva il diritto di disconoscere la sua paternità nei riguardi della prole e quindi il figlio diventava tale soltanto dopo che il padre nel corso di una particolare cerimonia domestica lo presentava ufficialmente ai parenti[32]. Durante la prima infanzia il diritto domestico permetteva che tutti i nati in casa crescessero insieme, giocassero insieme, fossero vezzeggiati senza particolari differenze. La raffinata intelligenza dell'Apostolo, coltivata da un'educazione farisaica attenta ai riflessi della legge nel comportamento umano; ulteriormente affinata dal suo "status" di cittadino di Roma (sappiamo a quale grado di perfezione i romani siano pervenuti nel campo del diritto) ci stupisce per l'acume con cui riesce a cogliere la sottile distinzione che separa il destino del figlio nato libero da quello di un qualunque schiavo: mentre per quest'ultimo vi è assenza di diritto, sia di nome che di fatto, per il primo vi è assenza di diritto solo temporanea: assenza di diritto "in atto", ma non "in potenza", pur essendo tutti e due (erede e schiavo) soggetti all'assoluta autorità e volontà del capo-famiglia. Il v. 1 nella sua estrema brevità e concisione va letto e interpretato in senso pratico e realistico, con la riserva — messa opportunamente in luce da Paolo — sia nel sostantivo κληρονόμος (v. 1a) inteso nel suo significato

---

[31] Naturalmente presupponiamo il riferimento all'età ellenistica.
[32] Presso i romani il padre sollevava il neonato sulle braccia e lo mostrava agli astanti, considerati con tale atto testimoni del riconoscimento da parte sua nei riguardi del bambino.

più vero, cioè in senso etimologico[33], sia nella precisazione (κύριος πάντων ὤν) messa in evidenza alla fine (v. 1b). La forma implicita del participio presente del verbo essere (ὤν)[34] è la migliore prova che il diritto alla proprietà è appunto implicito, e che basterà attendere qualche anno per vederlo estrinsecato in tutta la sua estensione. Significativi l'accostamento dei due sostantivi δούλου[35] κύριος[36]. La loro contiguità, lungi dal conciliarli ne mette in evidenza il significato antitetico, quasi a voler suggerire un ossimoro[37]. Interessante la collocazione del pronome πάντων[38], costretto, quasi schiacciato tra il sostantivo κύριος, da cui esso dipende come genitivo di possesso e il participio riferito all'erede-minorenne, nonché la posizione del genitivo δούλου, che stretto tra il predicato διαφέρει da cui dipende e l'immediata vicinanza con κύριος, sembra essere attirato nella sfera della proprietà, dei beni del κύριος, innegabilmente "padrone di tutto" e quindi anche dello schiavo. Inconfutabile realtà — pur se implicita — insita nel participio maschile singolare ὤν, in analogia con il bambino che è un padrone *in nuce*: ὤν concorda con κύριος, predicato nominale che rimanda a νήπιος, a sua volta predicato nominale di κληρονόμος. Protagonista assoluto e incontestato della scena, mutata dal mondo giuridico (ecco come Paolo pensatore utilizza l'idea di legge) è questo innocente, debole figlio-fanciullo-erede. La scelta da Paolo scrittore nella serie della frase è la manifesta dimostrazione grafica e visiva delle facoltà d'immaginazione e di suggestione presenti nell'arte scritto-

---

[33] κληρονόμος, (ὁ) — sostantivo composto da κλῆρος = parte, lotto, porzione di terra assegnata in proprietà ai coloni, e quindi: beni, e νόμος = legge scritta) = colui che usufruisce della legge regolante la proprietà, i beni, e quindi = erede.

[34] ὤν — participio presente di εἰμί. Sappiamo quanto sul piano sintattico il participio greco sia ricco di possibilità di sviluppo e di utilizzo. Esso sostituisce notoriamente tutta la gamma di proposizioni secondarie, compresa quella concessiva confacente al caso nostro: "nonostante egli sia padrone di tutto": cioè: l'infante è padrone, anche se non appare diverso dallo schiavo; dal punto di vista giuridico essi infatti si trovano agli antipodi.

[35] δούλου — genitivo maschile singolare del sostantivo δοῦλος = schiavo.

[36] κύριος — sostantivo, nominativo maschile singolare = padrone, signore.

[37] Figura di pensiero. "Una variante particolare dell'antitesi di parole singole è l'*oxymorum* (*oxymora verba*, ὀξύμωρον), che costituisce un paradosso intellettuale (§ 37,1) tra i membri antitetici" (H. LAUSBERG, *Elementi di retorica*, § 389,3). "L'antitesi consiste nell'esprimere in due o più parole una opposizione concettuale forte. L'aggettivo corrispondente è 'antitetico'. Questa figura è molto frequente nelle lettere paoline" (J.-N. ALETTI – *al.*, *Lessico ragionato dell'esegesi biblica*, 102).

[38] πάντων — genitivo neutro plurale del pronome indefinito πᾶς, πᾶσα, πᾶν = tutto.

ria dell'Autore sacro. Dentro al bisillabo πάντων, così breve e modesto nella sua presentazione linguistica è compresa un'immensa quantità di beni materiali (terre, alberi, piante, corsi d'acqua, bestiame, attrezzi, prodotti del lavoro e della terra, oggetti d'ogni genere). Poiché nell'antichità gli schiavi erano considerati proprietà del padrone e non persone, in πάντων è compresa anche la moltitudine degli schiavi (il singolare δούλου simboleggia tutti gli schiavi[39]) di cui il κύριος può disporre a piacimento.

4,2

ἀλλὰ ὑπὸ ἐπιτρόπους ἐστὶν καὶ οἰκονόμους
ἄχρι τῆς προθεσμίας τοῦ πατρός.
*ma sta sotto educatori/tutori e amministratori
fino alla scadenza prestabilita spettante al padre.*

Gli ἐπίτροποι erano deputati alla cura del fanciullo nelle sue necessità più elementari (alimentazione, abbigliamento) tramite personale femminile; provvedevano alla sua educazione in senso lato, compresa quella culturale (eventualmente demandata a figure specializzate) nelle varie fasi della sua crescita[40]:

---

[39] Il tropo che indica la parte per il tutto è chiamata sineddoche (*conceptio, intellectio;* συνεκδοχή): vedi H. LAUSBERG, *Elementi di retorica*, §§ 192, 195. "La sineddoche consiste nel designare un termine mediante un altro che è con il primo in una relazione di inglobamento" (J.-N. ALETTI – *al., Lessico ragionato dell'esegesi biblica*, 98).

[40] "Educational concept of Hellenism: the polis lost its normative power, and education gained the function of conveying to Greeks the → *paideía* (regarded as their highest good: Isoc. panegyricus 50; Man. monostichoi 275; Plut. de liberis educandis 8e) through which they defined themselves as 'Hellenes' wherever they settled. In this context, education was understood as the shaping of the immature child into a socially acceptable person. Characteristic is the dominance of the literary element in education. This focus on literature now absolutely required the ability to read and write (Aristot. Pol. 1338ᵃ 15–17, 36–40). Studies were guided by the *grammatikós* (γραμματικός) and were aimed at intellectual as well as ethical education [27. 307–333] through the discussion of literary texts: Homer (esp. *The Iliad*), Euripides and Menander, but also Hesiodus, Apollonius Rhodius, the lyric poets, the dramatists Aeschylus and Sophocles, and among the prose writers primarily the historians (Herodotus, Xenophon, Hellanicus, esp. Thucydides), the Attic orators probably on occasion, although the intensive study of the latter remained in the domain of rhetoric teaching. These literary pursuits were supplemented — most likely only by those who were interested [27. 334–352] — with the mathematical sciences (arithmetic, geometry, astronomy, and music theory) and were completed through training in rhetoric with the σοφιστής (*sophistēs*) or the ῥήτωρ (*rhētōr*). The initiates of the old philosophical schools crowned or replaced them — depending on their attitude towards rhetorical education — with philosophical education [27. 389–407]. Thus, ancient education had found its final character.

dal παιδαγωγός⁴¹, il quale impartiva lezioni private dentro le mura domestiche, dato che generalmente era ospitato in famiglia, oppure accompagnava il ragazzo al παιδαγωγεῖον, cioè alla scuola pubblica; al γραμματεύς⁴² equivalente a un dipresso al nostro maestro di scuola elementare, la cui competenza si limitava al periodo precedente l'adolescenza. Ad essi subentrava il ῥήτωρ⁴³, corrispondente — con tutte le riserve del caso — al nostro docente di scuola media superiore, limitatamente alle materie letterarie. Durante i primi anni della fanciullezza interveniva anche il παιδοτρίβης⁴⁴ (maestro di ginnastica); successivamente la competenza della cultura fisica spettava al γυμναστής⁴⁵, dato che la ginnastica era considerata una disciplina veramente alla pari delle altre; nonché il μουσικός⁴⁶ (all'incirca maestro o insegnante di musica). La molteplicità degli operatori spiegherebbe a nostro giudizio l'uso del plurale ἐπιτρόπους nel testo in questione. I tutori venivano scelti preferibilmente tra i parenti e le persone fidate, amici di famiglia, oltre che tra i liberti (se si trattava di persone colte) gravitanti nell'ambito domestico, ma anche tra gli schiavi, quando si trattava di persone capaci, che godevano la fiducia e la stima del padrone di casa⁴⁷.
Per quanto concerne il plurale οἰκονόμους è naturale che non bastasse un solo collaboratore per tenere il "libro dei conti", sorvegliare il buon andamento dell'amministrazione, le attività dei lavoratori dei campi (spesso si trattava di proprietà fondiarie), la conduzione delle officine o

---

In this form it was adopted by the Romans and survived until the end of Antiquity, in the east until the Byzantine period" (J. CHRISTES, "Education", *BNP*, IV, 817-818). Cfr. J.V. MUIR, "Education, Roman", *OCD*, 509-510.

⁴¹ παιδαγωγός — educatore, precettore, istitutore, accompagnatore di fanciulli (significato etimologico) sostantivo composto da παῖς (sostantivo) = fanciullo e ἀγωγέω (verbo) accompagnare, dal tema ἀγ-. Cfr. ἄγω = condurre.

⁴² γραμματεύς — esperto di scrittura, scriba, scrivano, segretario, impiegato in vari uffici pubblici: è colui che insegna γράμματα ai bambini. Sinonimo di γραμματεύς è γραμματικός, colui che insegna le nozioni elementari: il maestro.

⁴³ ῥήτωρ (dal tema radice ῥη- = dire) — sostantivo = maestro di eloquenza.

⁴⁴ παιδοτρίβης — sostantivo composto da παῖς e τρίβω = occuparsi, esercitare.

⁴⁵ γυμναστής — maestro degli atleti.

⁴⁶ μουσικός (aggettivo sostantivato) — esperto, cultore di musica; cantore.

⁴⁷ Nel diritto romano l'educatore/tutore era responsabile dell'erede fino ai 14 anni; l'amministratore fino al raggiungimento della maggiore età (25 anni).

Lettera ai Galati

dei laboratori, dove si fabbricavano i manufatti più vari (qualora il capofamiglia traesse i suoi guadagni da una simile fonte). Dal tenore del v. 2 apprendiamo che l'erede rimaneva sotto tutela fino a una scadenza prestabilita: la προθεσμία[48]. È opportuno analizzare la composizione di tale vocabolo, perché essa ci aiuta a interpretare il testo senza fraintenderlo. Il sostantivo προθεσμία è composto dal prefisso προ-, corrispondente al prefisso italiano pre-[49] e dall'aggettivo θέσμιος[50] che significa "secondo le leggi", "prescritto dalle leggi" (divina o umana), e quindi "legale", "legittimo". Pertanto la scadenza a cui si allude nel v. 2 non poteva essere mutata dal padre, perché *pre*stabilita, stabilita prima, ma evidentemente era nella potestà del padre la facoltà di ufficializzare quel giorno di scadenza, era cioè di sua spettanza l'atto di applicazione della legge: il genitivo τοῦ πατρός è evidentemente un genitivo di pertinenza[51] e fa parte di formule fisse le quali hanno a che fare con la terminologia giuridica. Ne deduciamo che il codice in vigore nelle province di civiltà ellenistica (diversamente da quelli soggetti al diritto romano, regolati dalla *"Lex testamentaria"*) delegava al padre (in qualità di capo-famiglia) l'autorità di sancire con atto formale il raggiungimento della maggiore età, e in seguito a cui il figlio godeva dei pieni diritti. In queste occasioni il padre fungeva da ufficiale di stato civile. L'Apostolo ricorre frequentemente a esempi tratti dalla giurisprudenza romana adattata alle province di lingua greca[52].

---

[48] προθεσμία — aggettivo di genere femminile: προθέσμιος - προθεσμία - προθέσμιον. Il femminile ha assunto valore sostantivato essendo sottinteso il sostantivo ἡμέρα = giorno. (Da ἡ προθεσμία ἡμέρα = giorno prestabilito; scadenza.)

[49] Per esempio "predire", "prevenire" ecc.

[50] θέσμιος — aggettivo (a 2 o a 3 uscite), a sua volta derivato dal sostantivo θεσμός = legge, antico costume, legge divina, o approvata dalla divinità. Il radicale θε- dà origine anche al sostantivo θέμις = legge divina, corrispondente al lat. *fas* = ciò che è lecito dal punto di vista giuridico e religioso, in quanto legge e giustizia vanno di conserva e quindi si può anche dire "legge giusta", "legge che non si cambia" (come non si cambiano i Comandamenti del Decalogo dettati a Mosè), diversamente da νόμος, che in quanto nasce dagli uomini può essere mutato in base all'evoluzione della società.

[51] Il genitivo di pertinenza è presente anche in latino. Per esempio: *est patris, est matris* ecc. = è dovere, è compito, è spettanza del padre, della madre ecc.

[52] Vedi Gal 3,15, dove l'argomento verte sull'intangibilità del testamento.

4,3

οὕτως καὶ ἡμεῖς, ὅτε ἦμεν νήπιοι,
ὑπὸ τὰ στοιχεῖα τοῦ κόσμου ἤμεθα δεδουλωμένοι·
*Così anche noi quando eravamo fanciulli,
sotto gli elementi del mondo eravamo fatti schiavi.*

A chi si riferisce ἡμεῖς? Si tratta soltanto di giudei oppure anche di gentili? A prima vista parrebbe più giusto pensare soltanto ai giudei, soprattutto a causa del parallelismo tra le due espressioni "sotto gli elementi" e "sotto la legge" (v. 4), condizione palese quest'ultima dei giudei. Anche i gentili però si trovano "sotto gli elementi del mondo": sembra dunque che l'Apostolo si riferisca a tutti gli esseri umani che, prima di Cristo, vivevano in condizione di schiavitù. Situazione preesistente caratterizzata, sia per i cristiani provenienti dal giudaismo, sia per i cristiani provenienti dal paganesimo da una sorta di ipoteca: la sottomissione che li rendeva schiavi[53]. Paolo esprime tale stato di cose con la frase "eravamo sotto gli elementi del mondo". Difficile l'interpretazione, e controversa, non solo per la sua genericità, ma anche per il fatto di poter essere applicata a contesti culturali e sociali affatto diversi, come notoriamente erano quello giudaico e quello assai variegato dei gentili. Il sintagma τὰ στοιχεῖα τοῦ κόσμου richiede un approfondimento: nel NT il sostantivo κόσμος[54] significa "mondo," "universo," tutto ciò che fu creato da Dio. Ma il peccato di Adamo e quelli della sua discendenza (cfr. Rm 5,12ss.; 8,19ss.) hanno causato una condizione di caducità e di nullità, una sfera estraniata dal Creatore e ostile al suo progetto salvifico (cfr. 1Cor 1,20ss; 3,19; 2Cor 7,10). Come capire il senso del termine τὰ στοιχεῖα? La discussione tra esegeti non sembra aver fine[55]. Ci sono infatti tre possibilità di lettura, l'una non esclusiva rispetto alle altre. 1) senso letterale del linguaggio settoriale ri-

---

[53] δεδουλωμένοι — participio perfetto passivo nominativo maschile plurale del verbo δουλόω = rendere schiavo, assoggettare, asservire.

[54] κόσμος ricorre 186 volte nel NT, di cui 37 volte nell'epistolario paolino e 3 volte in Gal.

[55] Per un proficuo approccio all'argomento vedi l'*excursus* contenuto nel commento di J.L. Martyn, *Galatians*, 393-406. Se Martyn si diffonde in un'analisi molto dettagliata, Pitta riassume il problema con una breve nota: vedi Id., *Lettera ai Galati*, 236. Dunn offre una chiara spiegazione riguardo al sintagma, suggerendo tre possibilità di lettura come sfaccettature di una medesima complessa realtà. Vedi J.D.G. Dunn, *The Epistle to the Galatians*, 212-213.

Lettera ai Galati

ferito all'ambito filosofico-scientifico, a cominciare dai Presocratici: i quattro elementi costitutivi del cosmo, cioè acqua, terra, fuoco, aria; 2) senso astrologico, cioè i corpi celesti intesi come potenze divine che determinano il destino degli uomini; 3) senso metaforico e simbolico: le forme primitive di religione. Il significato da attribuire a τὰ στοιχεῖα τοῦ κόσμου rappresenta un chiaro esempio di come da parte di troppi biblisti persista la tendenza a limitare il pensiero di Paolo entro i confini di una presunta precisione che il sacro Autore non aveva alcun interesse a proporsi. Con tale interpretazione riduttiva essi rifiutano il polisenso del testo paolino, così ricco di sfumature. Era un luogo comune[56] del primo secolo (e di tutta l'antichità) che gli esseri umani vivessero sotto l'influsso di misteriose forze cosmiche, talvolta benigne, talaltra maligne. Anche i giudei avevano il loro punto di vista sul ruolo del destino nella vita umana, come testimonia Giuseppe Flavio[57]. In generale per quanto riguarda le concezioni religiose dei gentili si ha l'impressione di una organizzazione rigida e di un meccanicismo opprimente, dove il rapporto con la divinità entrava in funzione non soltanto in occasione di feste o processioni, ma prendeva corpo in un complesso di pratiche non tutte riferibili ai riti celebrati solennemente nell'ufficialità delle pubbliche ricorrenze. La relazione con il divino era mediata dalla magia e da tanti altri comportamenti minuti, puntigliosamente elencati e specificati, non sempre più o meno consci, eppure terribilmente determinanti, ugualmente oppressivi e angoscianti, in conseguenza dei quali adottando un modo di fare si poteva piacere a un dio, ma contemporaneamente incorrere nella collera divina di un altro. Di qui un interminabile quanto vano susseguirsi e inseguirsi di tentativi messi in opera dall'individuo nella sfibrante quanto inutile ricerca tesa a escogitare sistemi non di rado assurdi, allo scopo di neutralizzare o prevenire disgrazie, sempre risalenti a colpe commesse dall'uomo, magari senza sua cattiva intenzione e tuttavia accettate come causa scatenante dell'ira divina. Sulla base di punti di riferimento che non erano gli dei (così incomprensibili nel loro essere e nel loro reagire), la vita si presentava come un temibile e terrificante intreccio

---

[56] Per una definizione del luogo comune (gr. κοινὸς τόπος, lat. *locus communis*), cfr. H. LAUSBERG, *Elementi di retorica*, §§ 83ss.; B. MORTARA GARAVELLI, *Manuale di retorica*, 80ss.
[57] Vedi G. FLAVIO, *Antichità giudaiche*, Libro XIII, 172.

di accadimenti, la cui origine solo in una prospettiva molto remota poteva risultare ascrivibile alla divinità. In ultima analisi la creatura umana si trovava di fronte al problema di inserirsi con la sua fragile piccolezza in un mastodontico congegno estremamente difficile a essere colto nel suo intimo funzionamento: un ingranaggio spaventosamente complicato e senza cuore, in cui si correva il rischio di venire stritolati impietosamente, privi di possibilità di salvezza, dato che per la mente umana la razionalità dell'universo, pur sostenuta dai filosofi (per esempio gli stoici) sul piano logico, non era attingibile. Per lo meno ciò riguardava la massa degli uomini comuni, con la rara eccezione dei saggi. La conclusione sconfortante era quella di uno stato di cose di fatto irrazionale. Così si spiegava il perenne e persistente sentimento di paura dell'ignoto e dell'oscuro domani, carico di presentimenti negativi; i riflessi condizionati di difesa da un pericolo tanto incombente quanto misterioso; l'inquieto agitarsi per sfuggire all'ineluttabile, per mezzo degli amuleti, delle formule apotropaiche orali o scritte, dei gesti e delle parole di scongiuro: tutte misure che servivano — illusoriamente — a offrire un qualche effimero sollievo; le vaghe aspettative di una non ben precisata via d'uscita, chiaramente insufficiente a lenire l'affanno e il tormento di non essere in grado di scampare a un destino crudele e inesorabile. Tra gli ebrei la magia non era usuale, ma poiché non si può pensare l'individuo estraneo all'ambiente in cui vive, molti di essi, dispersi in varie parti del mondo al momento della diaspora avevano assimilato consuetudini vicine talvolta a certe superstizioni. Quando Paolo rivolgendosi ai galati menziona la stregonerie (φαρμακεία) in 5,20 allude proprio a queste arti magiche molto diffuse in Galazia e in genere in Asia Minore. Il ragionamento di lui riguardo alle difficoltà del suo rapporto con i galati è chiaramente schematizzabile. In passato le genti non ancora illuminate dal Vangelo si erano conformate inconsapevolmente alle idee del luogo e della società in cui si erano trovate a vivere. In quell'ambito le forze naturali erano concepite come divinità supreme alle quali bisognava necessariamente sottomettersi. Dal canto loro gli ebrei, inizialmente governati sotto l'autorità della legge mosaica, nel volgere dei secoli l'avevano trasformata in un reticolo di costrizioni, sostituendola nel loro intimo al ruolo che invece doveva essere riservato al Dio dei Padri. Tale evoluzione li aveva portati gradatamente, ma rovinosamente a dimenticare il culto autentico da rendere nell'intimità del cuore al Dio vivo e vero (cfr. 1Ts 1,9); culto che era degenerato e si era isterilito in un misero repertorio di minuziosi regolamenti. Questi ultimi si risolvevano nell'esteriorità delle pratiche religiose, impoverendo il mondo interiore degli ebrei stessi e indebolendone le difese contro il senso d'angoscia di fronte all'immenso dal quale si sentivano sovrastati e oppressi. Anche la legge mosaica, che pure viene da Dio, può procurare schiavitù qualora venga finalizzata a se stessa, perdendo di vista lo scopo per il quale essa è nata, e venga sovraccaricata da una serie esagerata di regole formali, che si traducono in un intreccio schiavizzante senza meta, a danno della personalità umana.

4,4

ὅτε δὲ ἦλθεν τὸ πλήρωμα τοῦ χρόνου,
Quando però giunse la pienezza del tempo,

La formula che introduce l'azione di Dio è grandiosa e solenne; essa risulta esemplata in forma analogica nell'esempio giuridico sviluppato di seguito concernente la maggiore età del figlio libero (vv. 1-2). Nel v. 4 Dio Padre come capo-famiglia del genere umano stabilisce per gli uomini un tempo in cui avviene il passaggio dall'età infantile di schiavitù alla libertà di figli. Paolo utilizza due formulazioni diverse per mettere in rilievo l'eccezionalità dell'evento divino. Mentre di solito nel Nuovo Testamento il calcolo del tempo è espresso mediante la metafora della venuta, quasi fosse una persona che giunge da lontano (ἦλθεν)[58] oppure mediante quella spaziale del riempimento (τὸ πλήρωμα)[59], nel nostro caso Paolo unisce la metafora attiva della venuta a quella passiva dello spazio colmato per mettere in rilievo il mistero dell'intervento di Dio nelle vicende umane[60]. Infatti nell'evento epocale Cristo il Verbo eterno si fa uomo. In questo modo e sublime e raffinato l'Apostolo introduce il mistero dell'incarnazione del Figlio di Dio, evento storico che colma e trascende tempo e spazio per abbracciare ogni uomo di ogni epoca e di ogni luogo.

---

[58] Per il senso letterale del verbo vedi per esempio Mc 1,9: "In quei giorni Gesù venne (ἦλθεν) da Nazaret di Galilea e fu battezzato nel Giordano da Giovanni." ἦλθεν — III[a] persona singolare, aoristo, modo indicativo di ἔρχομαι, "vengo". Per altri esempi della metafora attiva nel NT cfr. Gv 4,21; 5,25.28; Ap 18,10.

[59] Per altri esempi della metafora passiva nel NT cfr. Mc 1,15; Lc 1,57; At 2,1.

[60] "Il tempo sembra giungere riempiendosi e si riempie giungendo" (A. PITTA, *Lettera ai Galati*, 237).

La pienezza del tempo è la programmazione del tempo che è un segreto di Dio. Si può dire che la pienezza del tempo è intimamente collegata con Gesù Cristo; però solo quando venne la pienezza del tempo Dio mandò il Figlio suo: quindi la pienezza del tempo è il logico presupposto per l'invio del Figlio. Chiaramente è il Figlio a determinare una pienezza nuova del tempo, sebbene si possa parlare anche di una pienezza del tempo che precede e che è la programmazione del piano segreto di Dio rispetto a tutta la storia della salvezza.

ἐξαπέστειλεν ὁ θεὸς τὸν υἱὸν αὐτοῦ,
Dio mandò il Figlio suo

Il termine ἐξαπέστειλεν indica il passaggio dalla trascendenza alla dimensione tempo, al mondo della storia. Nella costituzione di tale voce verbale la partenza e il distacco vengono oltremodo sottolineati, perché il Figlio che viene inviato si separa dal livello del Padre tramite l'incarnazione; attraverso la passione e la morte ritornerà al Padre con la risurrezione e l'ascensione. Paolo usa l'espressione τὸν υἱὸν αὐτοῦ, "il Figlio suo", sottolineando con il pronome determinativo o di identità l'appartenenza particolare del Figlio al Padre. In questa accentuazione cogliamo anche una connotazione affettiva, un rapporto intimo, un amore tra il Padre e il Figlio che Paolo tiene a precisare.

Il pentasillabo ἐξαπέστειλεν[61] si staglia e si impone al centro del versetto irraggiando intorno tutta la sua energia di voce pluricomposta: i due preverbi (ἐκ-, ἀπό-) interagendo e combinandosi con il verbo semplice (στέλλω) la caricano di echi e riflessi, richiami e connotazioni semantiche in quantità tale da corredare, perfezionare, potenziare la portata del suo significato. L'indicativo come modo della realtà e l'aspetto aoristico con la presenza dell'aumento sillabico collocano l'azione nell'alveo della storia umana, preannunciato del resto solennemente dalla proposizione temporale ὅτε δὲ ἦλθεν τὸ πλήρωμα τοῦ χρόνου, la quale traccia appunto la strada cui è sottesa la coordinata temporale: lì si colloca e si riconosce il momento in cui il disegno di Dio si realizza sulla terra. Momento otti-

---

[61] ἐξαπέστειλεν — aoristo debole asigmatico, modo indicativo di ἐξαποστέλλω, composto dai preverbi ἐξ, ἀπό: elementi prefissali seguiti dall'aumento sillabico ἐ-, uniti al verbo semplice στέλλω. (ἐκ davanti a vocale si trasforma in ἐξ; ἀπό davanti a vocale subisce l'elisione della propria vocale finale).

male, all'insegna della perfezione (πλήρωμα), per cui la provvidenza divina interviene nelle vicende umane. Essa veglia sempre sugli uomini, ma sembra che in quell'occasione il suo sguardo si sia fissato con particolare sollecitudine su di loro. Il preverbio ἐκ-, indicante origine, provenienza, discendenza, mette in luce la paternità di Dio nei riguardi del Figlio suo. L'Apostolo sa cogliere con la scelta del verbo ἐξαπέστειλεν così sfaccettato, reso sommamente espressivo dalla qualità dei suoi costituenti, gli elementi basilari dell'evento Redenzione. In ἐκ- sono compresi anche il concetto di allontanamento, di separazione e quello di compimento di uscita, di riuscita: allontanamento e uscita dal Padre, allo scopo di compiere con esito positivo la sua missione redentrice. Si potrebbe dire che nel DNA del corpo verbale ἐξαπέστειλεν è iscritto puntualmente il programma cromosomico che ne determina il prevedibile sviluppo. Per suffragare quanto andiamo via via sostenendo in merito alle possibilità espressive motivanti la scelta di Paolo riguardo al verbo in questione, ci sovvengono poeti e scrittori della letteratura greca, di cui Paolo era fine conoscitore. Con alcune citazioni riteniamo sia possibile rivivere — pur se in misura non adeguata alla statura dell'Autore e all'argomento trattato — le risonanze che nella parola si sono andate stratificando nel corso dei secoli per l'uso che ne hanno fatto i grandi della letteratura, segnandole in modo indelebile. È naturale però che il differente contesto in cui ciascuno scrittore le colloca permetta ad essa parola di corrispondere agli intendimenti di chi ne fa uso in un "mix" originale. Omero a proposito dell'eroe Achille usa la preposizione ἐκ per indicare il movimento di liberazione dell'anima dall'ira[62]. Analogamente il prefisso iniziale ci prepara a comprendere come nell'atto dell'invio sia adombrata la decisione divina di desistere dalla collera causata dalla disobbedienza di Adamo. Opportunamente Paolo suggerisce nel nostro inconscio questo mutamento di stato d'animo, che nella storia dell'uomo ha segnato la svolta decisiva, lo spartiacque tra l'"avanti Cristo" e il "dopo Cristo". Altra conferma della congruità della scelta linguistica di Paolo, tendente a dimostrare l'immensità dell'atto d'amore divino nei nostri confronti: se è vero che l'offerta generosa del proprio Figlio, cioè di quanto aveva di più caro, fu la migliore fra tutte quelle che Dio nella sua onniscienza e onnipotenza

---

[62] ἐκ χόλου (μεταστρέψαι) φίλον ἦτορ = liberare/distogliere l'animo dall'ira (Omero, *Iliade* 10,107).

poteva proporsi fra le tante possibili, notiamo come la proclitica ἐκ con il suo valore partitivo[63] realizzi nel nostro caso il suggerimento di scelta in modo lampante e pieno. Quanto al concetto di compimento in dimensione temporale preannunciato dal sintagma πλήρωμα τοῦ χρόνου, esso viene ribadito e confermato nel campo vero e proprio dell'azione concreta grazie alla presenza del monosillabo ἐκ unitamente al verbo στέλλω, a significare l'"uscita da", e quindi la riuscita del piano divino. Qui l'idea di perfezionamento dell'azione si confonde con il punto d'arrivo di un'impresa felicemente compiuta. È sufficiente scorrere una serie di esempi, in cui l'assunto proposto riceve la sua legittimazione, qualora si ragioni con mente scevra da posizioni rigide e preconcette e si segua lo slittamento di senso inevitabile in certe voci verbali, a causa della natura intrinseca dei fatti da esse indicati. Tra le altre numerose accezioni di ἐκ sull'asse temporale, segnaliamo quella che corrisponde alla locuzione congiunzionale "fin da". Nella mente di Dio era presente fin dall'eternità ciò che si sarebbe avverato in un preciso momento della storia umana. In senso traslato è possibile la traduzione di ἐκ "in conseguenza di". Pertanto riteniamo ragionevole leggere l'invio del Figlio di Dio come conseguenza della caduta, affinché la nostra gravissima offesa alla giustizia di Dio fosse controbilanciata da un'altrettanto valida richiesta di perdono, come accadde con la passione e morte di Cristo. L'atto di obbedienza del Figlio risultò consono alla generosità di chi l'aveva mandato: lui re dei re, padrone di tutto si degnò di spogliarsi delle sue prerogative, delle sue immense ricchezze, per nascere in una piccola località della Giudea. Si tratta del concetto di mutamento, espresso in forma pregnante nel breve spazio del monosillabo ἐκ, contestualizzato in una vicenda ben conosciuta in generale dai galati — fin dagli inizi del cristianesimo — a proposito della nascita di Gesù. Le modalità dell'invio messe in risalto sono due: 1) γενόμενον ἐκ γυναικός, "nato da donna", quindi uomo come gli altri. Ciò rientra nel piano della storia: ogni creatura umana nasce da donna; 2) γενόμενον ὑπὸ νόμον, "nato sotto la legge", si tratta di una modalità specifica dei giudei, non dei gentili. Gesù accetta il giogo della

---

[63] ἐκ (lat. *ex*) significa anche "tra", "fra", in collegamento non sempre necessario con l'aggettivo di grado superlativo, quando si intenda mettere in luce la qualità eccellente di una scelta, di un giudizio, di una realtà ecc.

legge mosaica, la attraversa, la fa sua non per mantenerla nella sua atrofizzata staticità, bensì per uscirne lui e farne uscire gli altri.

γενόμενον ἐκ γυναικός,
nato da donna

γενόμενον: participio aoristo forte di γίνομαι/γίγνομαι (verbo deponente). Il participio aoristo essendo privo di aumento spazia tra la possibilità di essere tradotto come gerundio semplice o gerundio composto (o passato). Queste osservazioni consentono di situare il contenuto di γενόμενον sia nella storia sia in una dimensione di tempo zero, cioè fuori del tempo. Il concetto che a prima vista risalta è quello dell'incarnazione, la condivisione del Figlio preesistente con la storia degli uomini — significato principale che Paolo vuole sottolineare — ovvero quello di un essere umano in senso pieno e totale. Che poi questa lettura indichi il fatto che Gesù è nato esclusivamente da donna per giustificare il concepimento verginale è tesi sostenuta da pochissimi commentatori, ma non sembra sufficientemente suffragata da prove. Vanhoye[64] osserva che il fatto che non si trovi scritto "nato da uomo" lascia aperta la possibilità per l'interpretazione del concepimento verginale, ma non si può arguire di più. È notevole comunque che questo sia l'unico passo in cui Paolo si riferisce alla madre di Gesù, anche se non cita il nome di Maria. Evidentemente gli stava a cuore solamente il concetto di Gesù Figlio di Dio, ma anche essere umano come tutti noi.

γενόμενον ὑπὸ νόμον,
nato sotto la legge

La ripetizione[65] del participio γενόμενον a distanza ravvicinata ci induce a riflettere sulle possibili ripercussioni che ciò provoca nel contesto. Scartata l'eventualità che si tratti di una enfatizzazione dovuta al gusto di Paolo per la bella pagina, come piaceva a tanta retorica asiana del periodo ellenistico (sappiamo quanto l'Apostolo fosse alieno da simili passatempi stilistici) osserviamo che il primo γενόμενον, completato dall'espansione

---

[64] Vedi A. VANHOYE, « La mère du Fils di Dieu selon Ga 4,4 », *Marianum* 40 (1978) 237-247.
[65] La figura di parole si chiama anafora. "L'*anaphora* (*repetitio*, *relatum*, *relatio*; ἀναφορά, ἐπαναφορά, ἐπιβολή) consiste nella ripetizione di una parte della frase all'inizio di successivi gruppi di parole (§§ 259; 264). Il tipo della figura è quindi /x ... /x ..." (H. LAUSBERG, *Elementi di retorica*, § 265).

ἐκ γυναικός trasmette l'immagine di Gesù essere umano alla stregua degli altri uomini quanto alle modalità della nascita. Nel secondo caso in virtù del complemento cui si accompagna leggeremmo "venuto al mondo in territorio soggetto alla legge". Paolo usa più volte il termine νόμος (ben 119 ricorrenze sulle 191 di tutto il NT), e la proporzione molto alta significa che la legge ha costituito per lui un problema acuto. Quando analizziamo i passi in cui figura tale vocabolo, ci accorgiamo che il valore attribuito ad esso è piuttosto fluido. Rimane il dubbio se l'Apostolo abbia mai raggiunto una posizione concettuale definitiva su quello che per lui la legge rappresentava. A noi interessa stabilire con ragionevole certezza almeno i presupposti da cui Paolo prende le mosse nella sua critica alle preoccupazioni e agli scrupoli sulla religione ebraica intesa in senso puramente formale. Tratto significativo della sua predicazione l'aver presentato Cristo non soltanto nella sua generalità di essere umano (universalità), ma come ebreo appartenente al popolo eletto con il suo regime mosaico sotto il dominio romano (particolarità). La legge secondo Paolo abbraccia più settori e possiede varie accezioni. Nel mondo profano è la legge romana; nel campo religioso è la Sacra Scrittura (solo il Pentateuco o tutto l'AT); in senso morale la legge risolve l'esigenza operativa. Per l'Apostolo la legge parte da Dio (ideata), raggiunge il popolo d'Israele mediante la figura di Mosè sul monte Sinai[66] (manifestata) e riconduce il popolo eletto a Dio (praticata). L'Apostolo Paolo impiega il termine νόμος limitatamente nei primi due sensi; per il resto l'uso oscilla senza raggiungere un grado di sufficiente definibilità, e tuttavia sembra che il termine esprima piuttosto la terza opzione, cioè una spiccata tendenza verso l'esigenza di un criterio di scelta pratica: il fare, il vivere in modo concreto sotto il regime mosaico. Il sintagma ὑπὸ νόμον ricorre sei volte nella Lettera ai Galati: cfr. 3,23; 4,4.5.21.21; 5,18[67].

---

[66] Cfr. Es 19,16–20,21.

[67] "Trovarsi sotto il regime della Legge non è molto diverso dall'essere sotto la sua maledizione e sotto il peccato, anche se è importante precisare che Paolo non identifica mai la prima con il secondo. [...] Sul versante opposto dell'essere sotto la Legge si trova la libertà dei figli, di coloro che sono stati giustificati per la fede di/in Cristo (Gal 2,16) e sono guidati dallo Spirito (vv. 5,13-26). Soltanto chi è guidato dallo Spirito e prosegue in questo cammino può ricevere la benedizione e non incorrere nella maledizione della Legge" (A. PITTA, *Paolo, la Scrittura e la Legge*, 141).

4,5
ἵνα τοὺς ὑπὸ νόμον ἐξαγοράσῃ,
affinché riscattasse coloro che erano sotto la legge,

Questa finalità è talmente connessa con la seguente che l'una implica l'altra: la filiazione ha come presupposto l'avvenuta liberazione dalla schiavitù della legge intesa come costruzione che ostacola l'esercizio della libertà individuale. La libertà per Paolo equivale a capacità d'impegno, soprattutto di amore, di servizio, capacità di condurre un'autonoma vita da figlio di Dio. La legge mosaica invece comportava un obbligo, una costrizione che impediva lo sviluppo della personalità in piena libertà: non proibiva di amare, ma rendeva l'uomo sotto i suoi dettami soggetto passivo. Ciò valeva tanto più per i gentili che erano schiacciati sotto il peso degli "elementi del mondo" (στοιχεῖα τοῦ κόσμου, v. 3) in modo ancora più opprimente di quanto non lo fossero gli ebrei. Ecco una valida motivazione dell'iniziativa del Padre di mandare il Figlio suo per liberare l'umanità intera. Ecco spiegato l'evento senza pari della redenzione, metafora teologica che designa il significato salvifico della morte di Cristo[68].

Nel mondo antico il concetto fondamentale di redenzione traeva origine dalla prassi bellica e consisteva nel fatto che in guerra il vincitore di una battaglia, dopo aver fatto dei prigionieri, si dichiarava disposto a liberarli dietro pagamento di un prezzo. Questo procedimento veniva chiamato "redenzione" e il prezzo pagato era il riscatto[69].

L'Apostolo considera la redenzione come uno degli effetti dell'evento Cristo: la passione, morte e risurrezione di Gesù sono state un riscatto per liberare i peccatori dalla schiavitù[70]. Dietro la concezione paolina si trova il concetto veterotestamentario di JHWH come Redentore (גֹּאֵל) di Israele, il parente che aveva il dovere di riscattare un familiare ridotto in schiavitù o fatto prigioniero (cfr. Is 41,14; 43,14; 44,6; 47,4; Sal 19,15; 78,35)[71].

---

[68] Cfr. L. Morris, "Redemption", *DPL*, 784; J.A. Fitzmyer, "Pauline Theology" *NJBC*, 1400.
[69] Vedi L. Morris, "Redenzione", *DPL*, 1286.
[70] Vedi J.A. Fitzmyer, "Pauline Theology", *NJBC*, 1400.
[71] Vedi J.A. Fitzmyer, "Pauline Theology", *NJBC*, 1400. "Questo termine dapprima si riferì alla liberazione di Israele dalla schiavitù egiziana (Dt 6,6-8; Sal 111,9), quando YHWH 'si acquistò' un popolo come suo possesso (Es 15,16; 19,5; Ml 3,17; Sal 74,2); in seguito fu usato in

ἐξαγοράσῃ, voce verbale appartenente a una famiglia di parole cara a Paolo[72]. Il termine, derivante da ἀγορά = piazza, corrispondeva nelle città greche a quello che per i romani era il *forum*[73]: si trattava della "piazza pubblica", che serviva tanto per le adunanze politiche, quanto per il mercato. Nell'età ellenistica, tramontata la partecipazione attiva dei cittadini alla vita democratica, l'utilizzo della piazza a scopi economici era sempre più frequente. Oltre a un vasto spazio riservato alle adunanze la piazza comprendeva edifici per tribunali e templi. Vi si trovava un posto riservato a baracche di legno e di canne, occupate da venditori di merci le più svariate; immancabile la parte destinata a negozi stabili in muratura. Essi si aprivano ai margini della piazza e sboccavano verso la parte interna vivacizzandola con la loro intensa e rumorosa attività. La piazza era quindi il cuore pulsante della città. Il verbo ἐξαγοράζω ricorre solo quattro volte

---

riferimento al ritorno di Israele dalla cattività babilonese (Is 51,11; 52,3-9). Col passare del tempo, venne ad assumere una sfumatura escatologica: ciò che Dio avrebbe compiuto per Israele alla fine dei tempi (Os 13,14; Is 59,20; Sal 130,7-8)" (J.A. FITZMYER, "Redenzione" in *NGCB*, 1841).

[72] ἐξαγοράσῃ = aoristo debole sigmatico, modo congiuntivo di ἐξαγοράζω = porto a compimento un'operazione commerciale (composto di ἐκ-ἀγοράζω). ἀγοράζω = esercito il commercio in piazza; compro (o vendo) al mercato.

[73] "Latin term for market, market place [...] As the mercantile and administrative centre of a Roman city (→ Town/city), the forum, which took the form of a large open space framed by buildings, was essentially the equivalent of the Greek → agora. A location at the intersection of the → *decumanus* and → *cardo* in the city centre is the rule in all newly laid-out urban settlements of the Roman empire from the late Republican period (→ Town planning). The location as well as architectural and functional development of the → Forum [III 8] Romanum, the oldest forum of all, at the crossing of the *via sacra* and *vicus Tuscus* in Rome was the model [...] In addition to trade and commerce, administration and worship, the forum was the centre of jurisdiction and site of legal business of all types [...] As the city centre, which was also frequented by outside visitors, the forum was the most important site for representation. Private citizens of means drew attention to themselves there with donations, as the history of origin of the municipal basilicas of Rome, which have eternalized the names of the commissioning builders, demonstrates (→ Basilica Aemilia; → Basilica Fulvia; → Basilica Iulia). Wealth and communal spirit were most effectively demonstrated there with splendid temples and altars, official and administrative buildings as well as technological monuments such as sundials (Pompeii) and fountains (→ Well, fountains). Splendid rebuilding of porticas around the square in expensive materials became the custom in many Roman cities from the late Ist century BC [...] If dedications and donations by the Imperial house or other superregional dignitaries were to honour a city, outstanding members of its administration or the citizenry as a whole, the forum was the frequently proposed and ideally suited location" (C. HÖCKER, "Forum", *BNP*, V, 510-512).

nel NT: due nelle lettere protopaoline (qui e in Gal 3,13[74]) e due nelle deuteropaoline (Ef 5,16 e Col 4,5). Nel Nuovo Testamento dunque il concetto è puramente paolino. Il parallelo tra Gal 3,13-14 e 4,4-6 indica che le redenzione viene realizzata non mediante l'incarnazione ma mediante la morte di Cristo in croce[75]. Paolo ha inteso il ministero di Gesù quasi esclusivamente in chiave soteriologica: grazie alla morte di Cristo gli uomini recuperano la vita[76]. Conviene addentrarci nel terreno simbolico attribuito da Paolo al verbo ἀγοράζω (e al suo composto ἐξαγοράζω) per ricavarne il tema principale del passo: quello del contrasto tra schiavitù e libertà. Anche in 1Cor 6,20; 7,23.30 con ἀγοράζω[77] Paolo si rivolge a tutti i cristiani (schiavi, liberti o liberi), confrontando la loro condizione sociale (schiavitù-libertà) con la condizione escatologica della loro realtà in Cristo. Nel nostro contesto il prezzo pagato per l'acquisto corrisponde al riscatto. Poiché il Padre stesso ha offerto quanto di più prezioso aveva, cioè il proprio Figlio, evidente anche il peso e il valore della merce, cioè il beneficiario: l'uomo, ogni uomo di ogni tempo. Un annuncio del genere, che proclama la dignità di qualsiasi creatura umana, a prescindere dalla sua condizione sociale, di nascita, di censo, di lingua, di sesso non poteva mancare di esercitare un fascino enorme sulle moltitudini (come i galati) il più delle volte ignorate e dimenticate. Soprattutto perché il messaggio si rivolgeva non tanto al gruppo, quanto all'individuo nella sua singolarità; chiamava in causa l'uomo nell'intimità della coscienza a un ascolto autonomo e personale, che coinvolgeva la responsabilità delle sue scelte. Apriva le menti verso un mondo di grandi possibilità, di sterminati orizzonti. L'Apostolo si rendeva conto del genere di pubblico al quale si rivolgeva; quando egli faceva ricorso a determinati vocaboli sapeva che a livello subliminale il suo messaggio risultava di forte impatto, perché andava a

---

[74] "Cristo ci ha riscattati (ἐξηγόρασεν) dalla maledizione della legge, essendo divenuto maledizione per noi poiché sta scritto: 'Maledetto chiunque è appeso al legno'" (Gal 3,13).

[75] "Infatti, ciò che era impossibile alla legge, perché la carne la rendeva impotente, Dio lo ha fatto; mandando il proprio Figlio in carne simile a carne di peccato e, a motivo del peccato, ha condannato il peccato nella carne, affinché il comandamento della legge fosse adempiuto in noi, che camminiamo non secondo la carne, ma secondo lo Spirito" (Rm 8,3-4).

[76] "...il Figlio di Dio è divenuto soggetto alla legge per riscattare i soggetti alla legge" (A. VANHOYE, *Lettera ai Galati*, 107-108).

[77] 30 ricorrenze nel NT di cui solo queste 3 nel corpo paolino.

toccare i sentimenti più gelosi e più riposti; faceva vibrare le corde più sensibili dell'animo di chi lo ascoltava; risvegliava un universo di emozioni, di trepidazioni, di ansie, di paure, di angosce, di affanni, di sofferenze subite e stratificate nel tempo ma quasi mai esternate in forma consapevole, come affermazione di diritti inalienabili della persona umana. Solo così, con questa chiara capacità di interpretare la necessità incontenibile al rispetto della parte più nobile dell'individuo come creatura dotata oltre che di razionalità anche di aspirazioni spirituali, si spiega il travolgente successo della predicazione di Paolo, la diffusione su larga scala della Buona Novella, il cui ricordo vivo e parlante ci è stato trasmesso dal suo epistolario straordinario. Oggi che le libertà civili (ivi compresa quella religiosa) sono un dato acquisito nel mondo occidentale, forse non siamo più capaci di renderci conto di quale rivolgimento si producesse nella vita di uno schiavo all'atto della sua emancipazione[78]. Uno shock senza paragoni, da togliere il respiro al solo pensiero. Passare dall'essere considerato *instrumentum vocale*: strumento parlante (per l'opportuna distinzione dall'animale: *instrumentum semivocale*) a persona titolare di diritti era più importante di qualsiasi altra fortuna. L'Apostolo di Tarso conduce il ragionamento sollevandolo dalla dimensione umana e contingente a quella spirituale e assoluta, inducendo i suoi destinatari a rendersi conto del privilegio di essere stati resi liberi da un Κύριος, un *Dominus* onnipotente e generoso, padrone assoluto del cielo e della terra. Quale degnazione da parte del Redentore, quale onore per loro, infime creature! E tutto ciò disinteressatamente e incondizionatamente, in nome dell'amore.

ἵνα τὴν υἱοθεσίαν ἀπολάβωμεν.
affinché ricevessimo l'adozione a figli.

Notare le due proposizioni finali introdotte dalla congiunzione subordinante ἵνα, susseguentisi in parallelismo sintattico e in progressione logica: secondo esempio della figura di anafora nei vv. 4-5. L'effetto prodotto

---

[78] "Al tempo di Paolo il sistema schiavistico greco-romano era parte integrante di ogni aspetto della vita. Si calcola che nel I e II secoli d.C. l'85-90% degli abitanti di Roma e della penisola italica fossero schiavi o tale fosse la loro origine. Per le province, la situazione e le cifre sono incomplete rispetto a quelle dell'Italia, ma le testimonianze esistenti indicano un percentuale simile" (A.A. RUPRECHT, "Schiavo, schiavitù", *DPL*, 1416).

Lettera ai Galati

dalla collocazione delle due congiunzioni subordinanti ἵνα dà l'impressione di due frasi perfettamente simmetriche nella loro scarna essenzialità. Dal punto di vista formale la loro funzione sembra corrispondere alla veste morfologica del testo, ma l'assenza dell'elemento coordinante che le congiunga (asindeto) rivela nella seconda un significato diverso: più ricco e pregnante. La seconda proposizione finale può infatti essere letta, vuoi come asindeticamente coordinata con la prima, vuoi come scopo principale, coronamento dell'opera, a sua volta condizionato dall'attuazione dello scopo precedente. La serie 1) congiunzione subordinante, 2) complemento oggetto, 3) predicato verbale con soggetto sottinteso, serve a Paolo per rendere il più possibile lineare il messaggio. Lo scopo della venuta di Gesù Cristo sulla terra poggia su una base unitaria: la redenzione degli uomini dal peccato e dalla morte, ma la realizzazione di esso scopo era un problema complesso e l'Apostolo pur volendolo rendere chiaro e accessibile a tutti non ha potuto evitare di scinderlo nei suoi due aspetti principali: la liberazione degli ebrei dalla schiavitù della legge mosaica; l'acquisto dell'adozione a figli per tutti (ebrei e gentili)[79]. Liberazione degli ebrei come fase preliminare e necessaria per l'attuazione della seconda fase[80], in cui il ventaglio dei destinatari si allarga e la predicazione della Buona Novella condotta da Cristo in mezzo agli ebrei è continuata e diffusa per tutta l'ecumene dagli apostoli (che sono appunto di nazionalità ebraica), inviati come esecutori delle sue parole, dei suoi insegnamenti, dei suoi intendimenti, inviati appunto come messaggeri del Vangelo. Attraverso un'attenta lettura del v. 5 ricaviamo che i due scopi enunciati non si trovano appaiati sullo stesso piano, ma il secondo scaturisce dal primo come conseguenza. Infatti una traduzione che volesse essere rispettosa della lettera del testo, ma non riduttiva rispetto al suo valore concettuale dovrebbe cogliere nel secondo

---

[79] "I beneficiari del riscatto operato da Cristo sono in particolare coloro che erano soggetti alla legislazione mosaica, e quindi i Giudei, ma le conseguenze riguardano anche gli altri. Infatti per quanto concerne la seconda proposizione finale, il soggetto di essa è il 'noi', il quale comprende tutti i credenti in Cristo. Lo scopo della missione del Figlio giunge quindi al suo culmine attraverso un altro paradosso che descrive l'interscambio tra la figliolanza umana di Cristo, nato da una donna, e quella divina dell'uomo, grazie all'"adozione'" (F. BIANCHINI, Lettera ai Galati, 105).

[80] "...del giudeo prima e poi del greco" (Rm 1,16).

morfema ἵνα anche una sfumatura consecutiva (ἵνα = "affinché" più ὥστε = "cosicché"). Paolo non poteva preferire la soluzione esplicita ὥστε senza perdere l'aspetto finale, che pure permane e convive insieme con la conseguenza. Si avvale del fatto che in età ellenistica (sono attestati esempi anche nel NT[81]) ἵνα estende il proprio campo semantico e invade quello ordinariamente riservato a ὥστε, per raggiungere il suo intento: elimina la coordinante καί — naturale anello tra le due frasi — sicuro che il connotato coordinazione così limpidamente denotata con il ricorso all'asindeto[82] emergesse chiaramente dalla composizione del tutto. Risultato dell'operazione linguistica di Paolo: armonia dello stile, conservazione integrale della densità del pensiero, accessibilità sotto il profilo concettuale. Il termine υἱοθεσία ("adozione a figli", "figliolanza[83]") sembra mutuato dal diritto romano: i figli adottati assumevano tutti i diritti dei figli naturali legalmente riconosciuti; di conseguenza la loro capacità giuridica si estendeva anche sui beni dei genitori che avevano proceduto all'adozione[84]. Sul versante filosofico la speculazione stoica era giunta a elaborare solo vagamente un qualche rapporto di figliolanza dell'uomo con Dio, senza però trarne conseguenze decisive per quanto concerne la condizione umana del singolo, in rapporto all'aldilà. Nel suo Inno a Zeus

---

[81] Vedi M. ZERWICK, *Biblical Greek*, §§ 351-353. Per altri esempi cfr. Mt 10,1; 27,1; Lc 4,29; 9,45.52; 20,20; Gv 6,7; 9,2;11,37; 1Ts 5,4; 1Cor 5,2; 9,24; 2Cor 1,17; Gal 5,17; 1Gv 1,9; Ap 9,20; 13,13.15; 22,14). Zerwick conclude in §352: "Thus it is only from the context that the distinction between final and consecutive sense can be gathered in Hellenistic usage".

[82] "L'*asyndeton* (§ 327, 2; *solutum, dissolutio, inconexio*; ἀσύνδετον) consiste nella costruzione asindetica (§ 240) di membri coordinati. Questa figura produce, nel flusso del discorso, un effetto 'martellante'; essa è un fenomeno del *genus abruptum* violento (§ 468, 2) e presenta diverse varianti (§ 267)" (H. LAUSBERG, *Elementi di retorica*, § 328).

[83] Termine arcaico che significa "relazione o dipendenza spirituale o intellettuale, simile a quella che intercorre tra padre e figlio".

[84] "Tale termine richiama un istituto giuridico proprio del mondo greco-romano, non sconosciuto però a quello giudaico. Nella Scrittura la parola è adoperata solo nelle lettere paoline (Rm 8,15.23; 9,4; Ef 1,5). A partire proprio dall'uso che l'Apostolo ne fa negli altri passaggi, è possibile affermare che in *Gal* 4,5 l'adozione', pur evocando il carattere derivato della figliolanza dei credenti rispetto al Figlio, non è una pura decisione giuridica senza effettivo cambiamento sulla persona, ma un intervento divino che comunica al credente una nuova esistenza, nella partecipazione alla vita di Cristo stesso (2,20). Infine non solo l''adozione' stessa (la sua etimologia sarebbe 'porre per sé qualcuno come figlio'), ma anche il verbo 'ricevere' rimarcano la gratuità dell'atto divino per il quale siamo costituiti figli di Dio" (F. BIANCHINI, *Lettera ai Galati*, 105).

Lettera ai Galati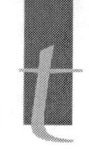

lo stoico Cleante[85] (331-232 a.C.) celebra l'onnipotenza e la magnificenza del dio, fondatore della natura e detentore del fulmine. Il filosofo proclama in esametri ispirati da genuino afflato religioso:

> Glorioso tra gli immortali, dio dai molti nomi, sempre onnipotente,
> Zeus fondatore della natura, che con la legge governi il tutto,
> salve! È giusto che ti salutino tutti i mortali.
> Da te nascono, e hanno in sorte l'imitazione del dio,
> soli tra tutto ciò vive e si muove sopra la terra.
> Perciò ti celebrerò e canterò sempre il tuo potere.
> Tutto il cosmo che si volge attorno alla terra
> ti obbedisce dove tu lo guidi, e volentieri ti è sottomesso
> tale è lo strumento che tieni nelle tue mani invincibili,
> il fulmine a due punti, infuocato, immortale:
> sotto i suoi colpi si compiono tutte le opere della natura,
> e con esso dirigi la ragione comune che attraversa il tutto,
> mescolata alle grandi e alle piccole luci,
> e per esso, nella tua grandezza, sei il re supremo in eterno.
> Nessuna azione si compie senza di te sulla terra,
> e neanche nella volta celeste o nel mare,
> tranne ciò che compiono i malvagi nella loro follia.
> Ma tu sai anche normalizzare l'anomalo,
> ordinare il disordine, ti è gradito anche ciò che è sgradito.
> A tal punto hai armonizzato in uno il bene e il male,
> che di tutto si è formato una sola ragione, immortale:
> la sfuggano tra i mortali quelli che sono malvagi;

---

[85] Allievo di Zenone e il suo successore come capo della Stoa. Vedi J. ANNAS, "Cleanthes", *OCD*, 343. "C. of Assus. Stoic philosopher and second head of the school. Biographical information is derived for Diogenes Laertios (7,168-176) and Philodemus' History of Stoicism (Coll. 18-29). C. was born in 331/0 BC in Assus, went in 281/0 to Athens; he had been a boxer before. His poverty forced him to take up crafts to finance his studies with → Zeno of Citium; he was known for his frugality and hard work. C. had the reputation of being a slow thinker, but after Zenon's death in 262/1 he was elected head of the school—keeping this position for 32 years until his death in 230/29 BC (Diog. Laert. 7,176). As head of the school he defended his concept of proper stoic theory against his fellow student → Ariston [7] of Chios and the academician → Arcesilaus [5] of Pitane. Like Ariston, C.'s own student → Chrysippus [2] of Soli left his school and began teaching independently; he later returned and became head of the Stoic school" (B. INWOOD, "Cleanthes", *BNP*, III, 413).

sciagurati, smaniano sempre per il possesso di beni,
non vedono e non ascoltano la legge universale di dio,
mentre obbedendole avrebbero con la ragione una buona esistenza;
senza ragione invece si precipitano chi in un male chi in un altro,
alcuni mossi da un irresistibile amore di gloria,
altri volti al guadagno senza nessun criterio,
altri al benessere ed ai piaceri del corpo;
[…] e così vanno chi in una direzione, chi in un'altra,
e ottengono tutto il contrario di ciò che cercano.
Zeus, dispensatore di tutti i doni, signore delle nere nubi e del nitido fulmine,
proteggi gli uomini dalla loro penosa inesperienza.
Disperdila dalla nostra anima, padre, concedi
il giudizio grazie al quale governi con giustizia tutte le cose,
in modo che, onorati, ti rendiamo onore,
celebrando sempre le tue opere così com'è giusto
che faccia un mortale: né mortali né dei hanno maggior compito
che celebrare sempre la legge comune insieme con la giustizia[86].

Si potrebbe affermare che l'appellativo di padre attribuito a Zeus corrisponda a una metafora, per quanto concerne i sentimenti di benevolenza che egli come detentore del fulmine e quindi indirettamente del fuoco, nonché sotto forma di astro solare dimostrava verso gli uomini assicurando loro luce, calore e tutto ciò da cui dipende la possibilità di vita vegetale e animale sul nostro pianeta. La riconoscenza dell'uomo non rendeva meno eterogenea la sua natura mortale: il termine θνητός (mortale) ricorre per due volte all'inizio, una volta verso la metà dell'inno, una volta alla fine. Il concetto viene ribadito nella chiusa con l'uso del poetico βροτός (mortale) chiaramente antitetico al suo contrario ἄμβροτος (immortale), attributo riservato agli dei. È vero che fin dai primordi la civiltà greca aveva immaginato narrazioni mitiche in cui qualche personaggio eroico come riconoscimento per qualche sua benemerenza di particolare rilievo veniva ammesso a partecipare al mondo ultraterreno[87],

---

[86] Vedi CLEANTE, "Fr. 537. L'Inno a Zeus", in G. PADUANO, ed., *L'ellenismo da Alessandro Magno a Giustiniano. Antologia della letteratura greca*, Vol. e, 2320-2323.

[87] Vedi il mito di Eracle intorno al quale la fantasia greca ha costruito innumerevoli imprese avventurose e drammatiche.

oppure aveva individuato in figure di rilievo (eroi e eroine) il tentativo di avvicinamento alla divinità[88], ma si trattava sempre di casi singoli, eccezionali[89], che appunto per questo rimanevano confinati nel patrimonio mitico, al quale non mancavano di attingere esponenti delle varie forme d'arte. Tutto questo pullulare di racconti fantastici e simbolici sempre presenti nella memoria della società greca denotava un'aspirazione profondamente nutrita anche se celata nell'intimo, mai realizzata, di compenetrazione dell'uomo nella sfera divina. Ecco perché quando Paolo parla *aperti verbis* di υἱοθεσία i cristiani sentono, pur se a tutta prima confusamente, l'importanza del vero e proprio salto di qualità proposto loro: una sorta di mutazione genetica di cui — se veramente lo vogliono — possono diventare protagonisti mediante la fede in Gesù Cristo. Il fatto è di una portata senza precedenti, perché viene enunciato in termini di lucida razionalità, attraverso il linguaggio giuridico e commerciale e nella fattispecie con l'aiuto di un esempio accessibile a tutti, relativo appunto alla sfera familiare. Quale consolazione e quale promozione per gli uomini nella scala dei valori essere stati redenti e elevati al rango di figli di Dio!

4,6

"Ὅτι δέ ἐστε υἱοί,
E che voi siete figli risulta dal fatto che

Qual è il valore della congiunzione subordinante ὅτι che apre la formula di invio? Si tratta di una vecchia *crux interpretum* ancora oggi dibattuta dai paolinisti. ὅτι può essere inteso o in senso dichiarativo o in senso causale. ὅτι all'inizio di frase assume un valore dichiarativo particolare

---

[88] Per esempio Achille, figlio della dea Teti e di Peleo, re della Tessaglia; Elena, figlia di Zeus e di Leda, figlia di Testio re dell'Etolia; Enea, figlio di Venere e di Anchise, principe troiano; Eracle, figlio di Zeus e di Alcmena, regina di Tirinto ecc.

[89] "Elysium (Elysian Fields or Plain), a paradise inhabited by the distinguished or (later) the good after death. The name appears first in *Odyssey* 4. 563 ff., where it is the destination of Menelaus (1) as husband of Helen. It is situated at the ends of the earth and is the home of Rhadamanthys; a gentle breeze always blows there, and humans can enjoy an easy life like that of the gods. Such a destiny is unique in Homer, and, as in the case of the clearly comparable Islands of the Blest, Elysium tends to be reserved for the privileged few, although the base broadens with time. A typical later description of such a place is at Verg. *Aen.* 6. 637 ff. The name Elysium perhaps derives from ἐνηλύσιος, 'struck by lightning', death by lightening being regarded as a kind of apotheosis" (E. KEARNS, "Elysium", *OCD*, 521).

che in italiano viene reso con l'espressione, "e che voi siete figli risulta dal fatto che". L'elisse δῆλόν ἐστιν è sottinteso⁹⁰. Il dono dello Spirito Santo viene ai fedeli nel contesto del mistero pasquale a produrre l'adozione a figli: è la vitalità stessa di Cristo che, donata, passa ai cristiani e in loro produce la condizione inalienabile di figli. Questa vitalità divina costituisce il dono dello Spirito Santo (cfr. Rm 8,10)⁹¹. Visto in questa prospettiva il cristiano è portatore e ambasciatore dello Spirito, il quale produce l'adozione a figli: l'adozione avviene in un secondo momento. L'interpretazione in senso causale, "e poiché⁹² voi siete figli", grammaticalmente è anche possibile: lo Spirito del Figlio viene mandato dal Padre a coloro che sono già figli mediante la loro fede in Gesù Cristo⁹³.

ἐξαπέστειλεν ὁ θεὸς τὸ πνεῦμα
Dio mandò lo Spirito

Anche lo Spirito Santo viene mandato da Dio. Considerare ἐξαπέστειλεν ὁ θεός ("Dio mandò"), lo stesso predicato verbale e lo stesso soggetto già utilizzati nel v. 4 per indicare l'invio del Figlio di Dio. Nel v. 6 però si tratta di una nuova missione che in un momento preciso del tempo muove Dio Padre a fare a noi i suoi figli il dono particolare del suo Spirito Santo, da aggiungere al dono non meno grandioso e confortante della nostra redenzione in Gesù Cristo. τὸ πνεῦμα ("lo Spirito") quindi si rivela in stretto rapporto con Dio, trovando nel Padre la sua origine e provenienza: esso opera armoniosamente con il Padre e con il Figlio nell'azione

---

⁹⁰ Vedi A.M. Buscemi, *Lettera ai Galati*, 395.
⁹¹ La CEI accoglie questa interpretazione: "E che voi siete figli".
⁹² Oppure: "per il fatto che".
⁹³ "Questa interpretazione ha a suo favore motivi grammaticali e letterari di notevole peso (Schlier, 197; Burton, 221): sembra perciò preferibile. Ma si tratta veramente di una priorità *ontologica* dello stato di figli? La diversità grammaticale dei verbi usati ("siete", presente; "inviò", aoristo) suggerisce una interpretazione diversa, di per sé più aderente al pensiero di Paolo ed al suo modo di esprimersi: si tratterebbe cioè di una priorità *logica*. Paolo riflette sul significato di filiazione e la vede come in un quadro che comprende necessariamente vari elementi, primo fra tutti l'invio dello Spirito. Quindi dice: l'essere figlio di Dio include l'invio dello Spirito; voi siete figli di Dio e da questo si può dedurre, come conseguenza logica, che avete ricevuto lo Spirito. Ammessa questa ultima interpretazione, non ha più senso ovviamente parlare di priorità tra lo stato di figli di Dio e l'invio dello Spirito: sono due fatti correlativi che si condizionano a vicenda" (U. Vanni, *Lettere ai Galati e ai Romani*, 50-51). Per l'interpretazione in senso causale vedi anche A.M. Buscemi, *Lettera ai Galati*, 395.

salvifica. È giusto affermare che si tratta dello Spirito di Dio, lo stesso Spirito divino che soffiò al momento della creazione[94], ispirò i giudici[95] e i re[96] del popolo eletto e parlò per mezzo dei suoi profeti[97]. Insomma il Padre realizza la salvezza dell'umanità mediante le missioni del Figlio (colui che "riscatta, redime")[98] e dello Spirito (colui che "grida, esclama")[99].

τοῦ υἱοῦ αὐτοῦ
del Figlio suo

La vitalità propria di Dio Padre comunicata a Gesù con la sua risurrezione dai morti appartiene a Cristo in tutta la sua pienezza. Lo Spirito viene capito in tale prospettiva. Questa vitalità propria di Dio, donata a Cristo, viene poi ulteriormente partecipata ai cristiani con le modalità proprie di Cristo mediante lo Spirito Santo. Lo Spirito non è di chiunque: è lo Spirito mandato da Dio, sì, ma egli è nello stesso tempo anche lo Spirito del Figlio. Lo Spirito Santo è in rapporto stretto sia con Dio Padre sia con Gesù Cristo, il Figlio di Dio. Lo Spirito di Dio dunque è lo Spirito di Cristo — non ci sono due spiriti diversi ma c'è un unico Spirito. La novità della rivelazione paolina è che lo Spirito Santo viene conosciuto dai galati cristologicamente, cioè per mezzo di Gesù, il Redentore e Messia sia dei giudeo-cristiani sia degli etnico-cristiani. Tutti coloro che credono in Gesù Cristo hanno ricevuto il suo Spirito, il quale, mediante la sua dimora in loro fonda e edifica la comunità ecclesiale. Cfr. Rm 8,9-11.

εἰς τὰς καρδίας ἡμῶν κρᾶζον, Αββα ὁ πατήρ.
nei nostri cuori che grida: "Abbà, padre".

Accenniamo appena a una questione di critica testuale[100]. L'originale è ὑμῶν o ἡμῶν? Il comitato degli specialisti della *Deutsche Bibelgesellschaft*

---

[94] Cfr. Gen 1.
[95] Cfr. Gdc 3,10; 6,34; 11,29; 13,25; 14,6.19; 15,14.
[96] Cfr. 1Sam 10,6.10; 11,6; 16,13.14; 19,23; 2Sam 23,2.
[97] Cfr. Is 48,16; 59,21; 61,1; Ez 3,12.14.24; 8,3; 11,1.5; 11,24; 37,1.14; 43,5; Gl 2,28.29; Mic 3,8; Zc 7,12.
[98] Vedi sopra il commento sul v. 4.
[99] Vedi sotto il commento sul v. 6b.
[100] Per un ottimo studio della trasmissione, corruzione e restituzione del testo del NT vedi B.M. METZGER – B.D. EHRMAN, *The Text of the New Testament. Its Transmission, Corruption, and*

ha preferito il secondo perché si trova nei mss. più antichi[101]. Alcuni manoscritti (D^c, E, K, L, ψ)[102] riportano la lezione ὑμῶν ("vostri") mentre altri (𝔓[46], ℵ, A, B, C, D*, G, P)[103] hanno ἡμῶν ("nostri"). Il papiro più antico che comprende il corpo paolino, 𝔓[46] e i codici più importanti, il Sinaitico (ℵ) e il Vaticano (B) tramandano ἡμῶν, ma la confusione probabilmente fu dovuta al fatto che i due pronomi personali in età ellenistica probabilmente si pronunciavano in modo simile. Felice combinazione, felice accidente linguistico che consente a Paolo di esprimere due concetti con un solo suono[104]. Una coincidenza che possiede una sua realtà sul piano acustico, in perfetta consonanza con la predicazione di Gesù, il quale infatti non scrisse nulla. Dal resto le missive di Paolo venivano lette in assemblea e l'Apostolo lo sapeva. Quanto alla versione scritta rimanesse (e rimane) sempre la possibilità che "l'altro" significato venisse (e venga) suggerito dall'inconscio di chi, con spirito di piena compartecipazione (κοινωνία) si trovasse (e si trovi) a leggere o ad ascoltare. Oggi che nel mondo dei letterati è invalso l'obbligo tassativo di rendere conto della lectio critica sezionando il testo da freddi anatomisti. Qualcuno sarebbe tentato di preferire la *lectio facilior* (ὑμῶν), la quale in tal modo rispetterebbe

---

Restoration, New York 1964, 2005[4], soprattutto il capitolo II, "Important Witnesses to the Text of the New Testament I. Greek Manuscripts of the New Testament" (*Ibid.*, 52-94). Per la traduzione italiana della 3ª edizione vedi B.M. METZGER, *Il testo del Nuovo Testamento. Trasmissione, corruzione e restituzione*, a cura di D. ZORODDU, Introduzione allo studio della Bibbia, Supplemento 1, Brescia 1996, soprattutto il capitolo II, "Testimoni importanti del testo del Nuovo Testamento I. Manoscritti greci del Nuovo Testamento" (*Ibid.*, 43-71).

[101] "The Textus Receptus, following several of the later uncials (D^c E K L Y) and most minuscules, reads ὑμῶν, thus conforming the person of the pronoun to the earlier ἐστε. The first person ἡμῶν is strongly supported by early and diversified witnesses (including 𝔓[46] ℵ A B C D* G P 104 1241 1739 1881 1962 1984 it vg syr^pal cop^{sa, bo mss} arm Marcion Tertullian Origen^lat)" (B.M. METZGER, *A Textual Commentary on the Greek New Testament*, 526). I papiri si indicano con P + esponente; i codici in maiuscola si indicano con lettere maiuscole e i codici in minuscola con le lettere minuscole.

[102] I codici sono nell'ordine: D = Codex Bezae con correzioni, VI secolo; E = Codex Basiliensis, VIII secolo; K = Codex Cyprius, IX secolo; L = Codex Angelicus, IX secolo; ψ = Codex Athous Laurae, VIII secolo.

[103] 𝔓[46] = il papiro Chester Beatty, del circa 200. I codici sono nell'ordine: ℵ = Codex Sinaiticus, IV secolo; A = Codex Alexandrinus, IV secolo; B = Codex Vaticanus, IV secolo; C = Codex Ephraemi, V secolo; D* = Codex Bezae (lettura originale del mss), VI secolo; G = Codex Seidelianus, IX secolo; P = Codex Porphyrianus, IX secolo.

[104] Il miracolo della Pentecoste, che aveva reso gli apostoli capaci di farsi intendere anche da chi non parlava la loro medesima lingua, costituisce un precedente assai più eclatante. Cfr. At 2,1-13.

Lettera ai Galati

la simmetria di tutto il versetto e nello stesso tempo manterrebbe la coerenza logica: "E quanto al fatto che *voi* siete figli, Dio mandò lo Spirito del figlio suo nei *vostri* cuori". Nell'altro caso (*lectio difficilior*) si darebbe luogo a una lieve distonia grammaticale, ma ciò consentirebbe di penetrare più a fondo nella psicologia di Paolo. Quando egli affronta il tema della discesa dello Spirito Santo si pone idealmente non solo nelle comunità dei galati ma nel novero dei cristiani tutti. Siffatta lettura viene suffragata dall'autorità dei manoscritti facenti parte del gruppo più nutrito. Nel movimento fortemente commosso: "voi siete figli, Dio mandò lo Spirito nei nostri cuori", come si giustifica il passaggio dalla seconda persona "voi" alla prima persona "noi"? È assodato e comunemente accettato quanto sia radicata in Paolo la coscienza dello Spirito che guida tutti i cristiani, lui compreso. Lo Spirito Santo è il filo unificante che nel momento in cui l'Apostolo si rivolge ai galati sta animando la loro vita e la storia della loro salvezza. Lo Spirito permea con la sua presenza anche la vita di Paolo e di tutti coloro che credono in Gesù Cristo. La dinamicità è espressa efficacemente nel suo divenire e nel suo diffondersi mediante il participio presente neutro attivo κρᾶζον[105]. L'interiorità dell'uomo è il campo in cui lo Spirito agisce, in cui lo Spirito è operante. Lo Spirito di Dio che è donato ai discepoli di Gesù Cristo guida i credenti in tutte le loro scelte pratiche, nelle loro relazioni con gli altri membri della Chiesa, nelle loro preghiere e in ogni altra iniziativa santa[106]. Lo Spirito insegna loro a pregare (cfr. Rm 8,26-27) e li porta a instaurare con il Padre un contatto particolarmente qualificato: è lui che in nostra vece "grida 'Abbà, Padre'". Con tutta probabilità Paolo fa uso di una metafora, oppure di

---

[105] Da κράζω, "grido, esclamo". Il participio presente esprime sia la contemporaneità dell'azione rispetto al verbo da cui esso dipende, sia la duratività dell'azione; duratività che nel verbo greco si esprime mediante il tema del presente e di conseguenza estende il proprio effetto nel campo semantico del presente.

[106] "κρᾶζον [...] In genere, viene interpretato come un participio attributivo: "che grida", ma in realtà tale spiegazione non regge, in quanto πνεῦμα ha l'articolo e quindi il participio dovrebbe aver anch'esso l'articolo. Escluso questo senso si potrebbe ipotizzare o un participio congiunto di valore finale: "affinché o perché egli gridi" (esprime nel nostro cuore il senso profondo ed esistenziale della nostra fede) oppure un participio predicativo: "come colui che grida" (lo Spirito è stato inviato con la funzione di gridare nel nostro cuore). Nei due casi il senso non cambierebbe molto e vuole sottolineare la funzione attiva dello Spirito nella vita del cristiano. Tale attività si esprime soprattutto in un grido di preghiere filiale" (A.M. BUSCEMI, *Lettera ai Galati*, 397).

un'ardita metonimia[107]; forse si allude all'esperienza dell'assemblea liturgica: i cristiani, guidati dallo Spirito, esternano il proprio fervore in un coro unitario, come se si trattasse di una voce sola. Tale voce, potenziata dal concorso di tutti, è l'espressione più pura della fede, della comunione fraterna, della partecipazione comunitaria. Paolo sintetizza questo momento così suggestivo con una frase sommamente icastica. Potremmo parafrasare così: non siete voi, ma è lo Spirito Santo che abita in voi a esprimere il vostro stato d'animo. Lo Spirito è sceso in voi-noi, riempie i vostri-nostri cuori di un sentimento incontenibile, prestando la sua voce, affinché tutti i cristiani abbiano l'energia, l'affetto, il coraggio di gridare "Abbà, Padre". Purtroppo i nostri poveri tentativi di spiegazione non sortiscono altro effetto che quello di spezzare l'incanto. Il v. 6 colpisce per la rapidità e l'efficacia con cui in poche battute Paolo coglie appieno l'essenza della preghiera e l'intenzione che la ispira. Nella breve, semplice parola "Abbà" si compendiano e si condensano moti di affetto e di fiducia; richieste di aiuto e di conforto; bisogno di protezione e di tenerezza; anelito accorato verso una felicità e una serenità che soltanto Dio Padre può dare. In questo grido riconosciamo una accentuazione dell'azione dello Spirito che agisce dentro i cristiani e non si limita a suggerire preghiere, ma si impone in tutta la sua forza e chiarezza. La potenza dello Spirito urge con un impulso così energico e irrefrenabile che il cristiano il quale ne viene investito non può fare a meno di sentirsi fortemente commosso, come se lo Spirito avesse gridato dentro le sue orecchie: Rivolgetevi al Padre con il massimo di confidenza filiale. In più Αββα ὁ πατήρ è un'espressione bilingue, composta da un vocabolo ebraico-aramaico e uno greco; quest'ultimo funge quasi da traduzione formale del primo, ben più espressivo e pregnante. Da raffinato artista l'Artista era conscio che l'avere introdotto nella scrittura un vocabolo eccessivamente confidenziale, riservato al linguaggio familiare, rischiava di far scadere i contenuti e di conseguenza l'importanza e la serietà del suo dire[108]. Egli risolve felice-

---

[107] Vedi H. LAUSBERG, *Elementi di retorica*, §§ 216.

[108] Gli scrittori antichi avevano ben chiari i limiti entro i quali la scrittura poteva muoversi e cioè i tre stili universalmente accettati e teorizzati nelle scuole di retorica (i trattatisti medievali li raccolsero nella cosiddetta *Rota Virgili*). Essi sono lo stile tenue, medio, sublime, al quale ciascun autore si atteneva, a seconda dell'argomento prescelto. Tutto ciò faceva parte della preparazione retorica insegnata nelle scuole, preparazione di cui Paolo non era certamente digiuno.

mente il suo problema evitando di usare il termine πάππας ("papà, babbo, caro padre") che pure esisteva, ma che forse sarebbe suonato troppo dimesso. Con quel vocabolo straniero a lui tanto caro e gradito ai destinatari galati, prontamente rimesso nel giusto binario della lingua greca dalla parola, che pur non corrispondendo perfettamente ne rendeva il senso, ottiene il doppio scopo di riequilibrare il tono; di indicare con quella coppia di parole indirizzate ai galati un percorso comune sia per gli ebrei sia per i gentili, com'era suo desiderio vederli idealmente vicini nell'impegno volto alla realizzazione di una vera comunità cristiana. È proprio lo Spirito di Cristo che ci porta ad avere con il Padre un rapporto cosi confidenziale e amicale[109]. Nella chiusa del v. 6 cogliamo anche una probabile allusione alla formula liturgica della preghiera del Padre Nostro[110]. Gesù infatti non insegna la preghiera del Padre Nostro come una formula da recitare a memoria, ma come una griglia, una falsariga. Può darsi che gli etnico-cristiani delle prime comunità paoline abbiano cominciato a pregare il Padre Nostro in greco, inserendo anche la parola "Abbà" quando presero coscienza che l'azione dello Spirito che guidava le preghiere di Gesù e dei giudeo-cristiani accompagnava anche la loro preghiera: essi pure potevano rivolgersi al Padre con la stessa intimità di Gesù e dei primi discepoli[111]. Tale acquisizione comporta che lo Spirito Santo, infondendo nei cristiani la consapevolezza di essere fratelli e sorelle nel Signore opera in modo che essi sentano come propria questa preghiera e possano rivolgersi al Padre con affettuosa confidenza. Cfr. Rm 8,15-16.

---

[109] La Maddalena che si rende conto della portata dell'evento è scelta da Gesù perché riferisca le parole del Risorto: "Io ascendo al Padre mio e padre vostro, Dio mio e Dio vostro" (Gv 20,17).

[110] Cfr. Mt 6,9-13; Lc 11,2-4.

[111] Vista la presenza del vocabolo aramaico "Abbà" forse si tratta di un frammento di formula liturgica: è attestato che nella liturgia delle prime comunità erano penetrate alcune parole aramaiche come "Maranathà" (1Cor 16,22) e "Amen" (Rm 11,36; 15,32; 1Cor 14,16; 2Cor 1,20; Gal 1,5; 6,18; Ef 3,21; Fil 4,20). Questa attestazione è tipica del suo vocabolario liturgico. Lo Spirito anima i cristiani in generale, ma questo avviene in modo particolarmente evidente nel momento in cui i cristiani si riuniscono nell'assemblea liturgica.

4,7
ὥστε οὐκέτι εἶ δοῦλος ἀλλὰ υἱός·
Quindi non sei più schiavo ma figlio,

Con la congiunzione ὥστε Paolo esprime la fondamentale conseguenza di quanto affermato precedentemente; l'Apostolo conclude in tono solenne il suo insegnamento sulla figliolanza divina ai galati. Egli aveva spiegato che il cristiano poteva rivolgersi a Dio chiamandolo "Padre", quasi che il tema "schiavitù" fosse superato. Adesso con οὐκέτι εἶ δοῦλος ἀλλὰ υἱός Paolo ritorna a collegarsi con il punto di partenza: οὕτως καὶ ἡμεῖς, ὅτε ἦμεν νήπιοι, ὑπὸ τὰ στοιχεῖα τοῦ κόσμου ἤμεθα δεδουλωμένοι (v. 3), insistendo sul fatto che l'adozione a figli ci libera dalla schiavitù del regime mosaico e degli elementi opprimenti del mondo. La situazione del nuovo discepolo si muta in quella di colui che sotto l'influsso continuo dello Spirito è messo nelle condizioni di realizzare in tutti gli aspetti della vita i valori di Cristo: il cristiano che ne è permeato può sentirsi pienamente figlio, in virtù di questa sua totale aderenza al modello e all'esempio di Gesù[112]. Per Paolo il peccato è un male: una carenza, una lacuna, una mancanza della pienezza di quest'influsso del Redentore nella vita[113]. È cristiano vero colui che apre la sua intera esistenza a questa presenza dello Spirito Santo, colui che accoglie con fede e con speranza l'amore di Cristo[114]. Il cristiano è "figlio" anche on-

---

[112] Nella sua proposta di spiritualità paolina U. Vanni descrive giustamente la reciprocità tra Cristo e il cristiano (sia al livello individuale sia al livello ecclesiale): prima il movimento discendente da Cristo al cristiano e poi il movimento ascendente dal cristiano a Cristo. Vedi ID., *L'ebbrezza nello Spirito*, 40-63. È proprio il movimento discendente da Cristo al cristiano che Paolo espone in questa pagina della Gal: grazie all'evento Cristo riceviamo dal Signore i doni straordinari della redenzione e dell'adozione a figli. "La dimensione interpersonale cristologica costituisce il nucleo germinale da cui derivano gli altri aspetti della spiritualità di Paolo, a livello sia di esperienza singola sia di messaggio proponibile a tutti. C'è, tra Cristo e il cristiano, un'appartenenza reciproca, un'osmosi, quasi una saldatura, che determina una reversibilità, in base alla quale ciò che è proprio di Cristo passa nel cristiano e ciò che è proprio del cristiano passa in Cristo e ne acquista il valore" (*Ibid.*, 42).

[113] "Si ha così il primo passaggio dalla situazione di non appartenenza a Dio, di vuoto, di peccato, a una situazione di appartenenza, di affinità quasi omogenea nei riguardi di Dio. Il cristiano comprende pian piano che, proprio in questa situazione di appartenenza affine a Dio, può realizzare il meglio di se stesso e fare un pareggio con la sua identità: è 'giustificato'" (U. VANNI, *L'ebbrezza nello Spirito*, 41).

[114] "L'amore proprio di Cristo passa nel cristiano. Quanto più il cristiano comprende la sua realtà, tanto più scopre se stesso come soggetto attivo di amore. L'amore è stato determinante

tologicamente, cioè non è figlio perché si comporta di conseguenza, ma è tale in virtù della vitalità del Signore risorto che penetra in lui mediante il battesimo[115]. Ogni cristiano corrisponde a una nuova attuazione del Cristo che il Padre ci ha dato. Lo Spirito Santo assume questo materiale cristologico e lo rende vivo attraverso i carismi nella storia e nella vita di ciascuno di noi. Ormai la situazione di schiavitù della legge sclerotizzata è totalmente superata. L'invio del Figlio e il dono del suo Spirito annullano la condizione di schiavitù e instaurano uno stato permanente di filiazione, naturalmente nel senso dinamico sopra illustrato. Dio gradisce di essere Padre al punto da preferire figli vivaci e dinamici piuttosto che persone inerti e passive. Se Dio avesse voluto, avrebbe potuto creare esseri umani che obbedissero ciecamente a tutti i suoi comandi, ma invece ha voluto rischiare perché vuole che tra lui e i figli intercorra un pieno rapporto intersoggettivo di libertà, esponendosi addirittura all'alea di perderli. Il Padre eterno vuole nel figlio, creatura redenta dall'amore e per l'amore, la vivacità e la creatività: c'è da chiedersi quanto questa prospettiva di Paolo sia valida per noi oggi, e se abbiamo il coraggio e l'audacia di favorire questa dimensione dinamica del cristiano. E anche — un mezzo secolo dopo il Concilio Vaticano II — quanto questa ricchezza della filiazione con facoltà di piena iniziativa sia veramente matura nella nostra sensibilità ecclesiale, nelle nostre diocesi, nelle nostre congregazioni religiose. La legge dello Spirito[116] interpella il cristiano continuamente, gli rammenta la sua libertà e le sue responsabilità; lo Spirito di Cristo con la sua forza trasformatrice e la sua creatività inesauribile lo

---

per Cristo, unificando e dando senso e valore a tutti i dettagli della sua vita. È ciò che accade anche al cristiano, quando egli si accorge di possedere lo stesso amore di Cristo, che è come passato in lui. Tutto il resto, anche ciò che appare più positivo a livello umano ed ecclesiale, senza questo amore sarebbe un vuoto o un'illusione" (U. VANNI, *L'ebbrezza nello Spirito*, 43).

[115] "L'affidamento radicale di se stessi a Dio e a Cristo si concretizza di fatto nel battesimo. Il battesimo è un fatto fondamentale, ma che va sempre e ulteriormente ripensato e approfondito. [...] C'è una crescita, uno sviluppo, sia nella vita vissuta in dipendenza dal battesimo, sia nell'autocomprensione che ne devono avere i cristiani. [...] Questa auto comprensione aperta porterò il cristiano, sempre a partire dal battesimo, ad approfondire tutti gli aspetti della sua realtà, stimolandolo a viverli meglio, con un'interpretazione continua e progressiva, quasi una reazione a catena, tra la presa di coscienza e la vita (U. VANNI, *L'ebbrezza nello Spirito*, 40).

[116] "Infatti la legge dello Spirito della vita in Cristo Gesù ti liberò dalla legge del peccato e della morte" (Rm 8,2).

stimola a far sì che il figlio di Dio realizzi se stesso nel seno della comunità ecclesiale. Cfr. principalmente Rm 12–15[117].

εἰ δὲ υἱός, καὶ κληρονόμος διὰ θεοῦ.
e se (sei) figlio, (sei) anche erede mediante Dio.

L'eredità è la somma di beni che un padre prepara per i suoi figli e che poi lascia loro al momento della sua morte. Non possiamo certamente prendere alla lettera la possibilità della morte di Dio. La metafora dell'eredità va decodificata affinché possa essere chiarita. Si può intendere come eredità anche quella somma che il Padre "prepara" per i figli. Non siamo figli solo adesso che lo Spirito impianta i valori di Cristo nella nostra vita. Dobbiamo essere consci che tali valori innescano e promuovono in essa uno sviluppo ulteriore in senso escatologico. In un futuro fuori del tempo della storia umana troveremo un'inimmaginabile ricchezza degna di Dio che egli come Padre prepara per tutti i suoi figli. L'eredità è il patrimonio escatologico misurato in una prospettiva infinita di moltiplicazione degli elementi positivi, dei quali il cristiano è già portatore sin da questa esistenza. Nei vv. 1-2 Paolo aveva parlato di uno schiavo e di un figlio e aveva sostenuto: solo il figlio è erede di tutti i beni del padre. Ora nell'ultimo versetto della pericope si riallaccia al v. 1 ribadendo che siamo eredi in quanto figli, in quanto ci spetta una somma di beni senza fine. Ecco il motivo del nostro aspettare e del nostro fermo sperare. Il tono solenne di questa conclusione risalta per la figura dell'anadiplosi[118]: "schiavo-figlio; figlio-erede". L'accento è posto sul termine medio (2x), con cui si mette in rilievo per l'ultima volta la tematica principale del passo: l'adozione a *figli*. Tutto questo è attuabile διὰ θεοῦ ("mediante Dio"). Un'altra questione di critica testuale: il NA²⁷ legge διὰ θεοῦ come originale perché si trova nei mss. più antichi e di-

---

[117] Per altri passi dell'epistolario paolino cfr. 1Cor 5–14; 2Cor 8–9; Ef 4–6; Fil; Col 3–4; 1Ts 4–5; 2Ts 3; Fm.

[118] Figura di parole. "L'anadiplosi (*reduplicatio*; ἀναδίπλωσις, ἐπαναδίπλωσις, ἐπαναστροφή) consiste nella ripetizione dell'ultimo membro di un gruppo di parole (sintattico o metrico) (§ 240) all'inizio del successivo (sintattico o metrico) gruppo di parole (§ 243). Il tipo della figura è quindi ... x/x ..." (H. LAUSBERG, *Elementi di retorica*, § 250). "L'anadiplosi è una figura per ripetizione, la quale consiste nel ritornare su una parola o su una serie di parole ripetendola/e (... x/x ... y/y ...)" (J.-N. ALETTI – al., *Lessico ragionato dell'esegesi biblica*, 98).

Lettera ai Galati

versificati[119]. È patente che per Paolo Dio Padre è la fonte sempre attiva di tutta la storia della salvezza e della vita spirituale del cristiano nella sua vita presente; perciò l'Apostolo conclude il passo con tono "teo-logico". La preposizione διά seguita dal genitivo ha generalmente valore strumentale. Molti studiosi in accordo con tali argomentazioni circa l'origine o la causa dell'azione divina preferiscono la lezione variante διὰ θεόν (la preposizione διά seguita dall'accusativo) e lo traducono "da parte di Dio", "per volontà di Dio"[120]. Benché sia vero che nell'epistolario paolino Dio si presenta come l'origine e Cristo Gesù come il mediatore dell'azione salvifica, riteniamo preferibile accettare il testo del NA[27]: διὰ θεοῦ ha valore strumentale: "mediante, per mezzo di" (cfr. Gal 1,1). Questa interpretazione[121] pone in risalto la benevolenza e la misericordia di Dio Padre che continua ad agire nelle vicende umane. I galati sono eredi grazie all'opera salvifica di Dio, per grazia divina e non a motivo delle loro opere compiute nell'alveo della legge mosaica; non a causa dei loro meriti, talenti o altre qualità personali. Il valore strumentale coglie ed evidenzia in modo molto suggestivo il paradosso dell'amore divino: il *Dominus* dell'universo si fa

---

[119] "διὰ θεοῦ {A}. Of the several variant readings, the unusual and unexpected expression, κληρονόμος διὰ θεοῦ, which is well supported by early and diversified witnesses ($\mathfrak{P}^{46}$ ℵ* A B C*vid 33 it[g, r] vg cop[bo] Clement *al*), seems to account best for the origin of the other readings. In the context one would expect that διά would be followed by the genitive of Χριστοῦ as the Mediator, rather than θεοῦ as the source of the inheritance (nevertheless, on occasion Paul does use διά with θεοῦ, e.g. 1.1 and 1 Cor 1.9). The less frequent expression was altered by copyists in various ways:

(*a*) θεοῦ ("[an heir] of God"), 1962 arm eth[ro]

(*b*) διὰ θεόν ("[an heir] on account of God"), G[gr] 1881

(*c*) διὰ Χριστοῦ ("[an heir] through Christ"), 81 630 syr[pal] cop[sa] Jerome

(*d*) διὰ Ἰησοῦ Χριστοῦ ("[an heir] through Jesus Christ"), 1739 *l*[55]

(*e*) θεοῦ διὰ Χριστοῦ ("[an heir] of God through Christ"), the Textus Receptus, following ℵ[c] C[2] D K P 88 104 614* *Byz Lect* it[d, 61] goth *al*

(*f*) θεοῦ διὰ Ἰησοῦ Χριστοῦ ("[an heir] of God through Jesus Christ"), 326 614[c] 2127 2495 syr[p, h] eth[pp] Theodoret

(*g*) διὰ θεοῦ ἐν Χριστῷ Ἰησοῦ ("[an heir] through God in Christ Jesus"), cop[boms]

(*h*) μὲν θεοῦ συγκληρονόμος δὲ Χριστοῦ ("[an heir] of God, and fellow heir with Christ"), Ψ 1984 1985 Theodoret Theophylact.

The influence of Ro 8.17 is apparent in variant reading (*h*)" (B.M. METZGER, *A Textual Commentary on the Greek New Testament*, 526-527).

[120] Cfr. P. Bonnard, B.M. Metzger, H. Schlier, A. Vanhoye, A. Pitta; la stessa CEI.

[121] Cfr. BJ, DB, NAB, NEB, RSV, NRSV, H.D. Betz, F.J. Matera, J.D.G. Dunn, R.N. Longenecker.

liberamente *instrumentum*, a sua volta schiavo mediante l'incarnazione del Figlio suo, per riscattare gli uomini che erano diventati schiavi del peccato e della morte. I contenuti trattati in questa pericope della Lettera ai Galati si collocano nel contesto della giustificazione, che è l'effetto del passaggio dalla schiavitù all'adozione a figli. Il Padre eterno tramite l'invio del Figlio e l'invio dello Spirito ne è il garante attivo, colui che continua a guidare con affetto paterno tutta la storia della salvezza umana. Dentro queste straordinariamente generose missioni Dio infonde tutto il suo delicato, premuroso affetto di Padre, lo permea fin nel profondo delle più riposte fibre dell'amore assoluto e incondizionato di cui è capace il Padre eterno, facendo sì che il sentimento permanga intatto nell'intera sua potenza rigeneratrice e nella sua infinita capacità di redenzione, rispetto alla storia degli uomini di allora e di oggi. Ogni volta che un figlio bisognoso di sostegno lo invoca con sincerità d'intenti Dio Padre sente rinnovare in sé la tenerezza, la sollecitudine di poter sovvenire, di poter proteggere, di poter rassicurare: egli non è mai stanco, fresca e genuina è sempre la sua risposta al nostro chiedere aiuto. Nella certezza di questo meraviglioso rapporto intimo e personale è condensata la gioia tutta cristiana dell'amore eterno del Dio uno e trino verso tutti gli esseri umani.

CAPITOLO IV

LETTERE DALLA PRIGIONIA

Introduzione

Lettere dalla prigionia o della cattività[1]: con tale denominazione si è soliti indicare un complesso costituito da cinque scritti paolini, che in ordine decrescente per quanto attinente al loro grado di autenticità possono essere così elencati: 1) ai Filippesi, 2) a Filemone (lettere sicuramente autentiche e quindi protopaoline); 3) ai Colossesi, 4) agli Efesini (deuteropaoline); 5) Seconda Lettera a Timoteo (classificata tre le cosiddette "Pastorali"). Sull'argomento "Paolo in carcere"[2], oltre alle succitate missive si pronuncia a più riprese anche l'Autore degli Atti degli Apostoli; qualche accenno espresso sotto forma di fuggevole ricordo non precisato, né in termini cronologici, né circa il luogo (o ai luoghi) di detenzione troviamo in alcune contenute in due passi della Seconda Corinzi[3], che i com-

---

[1] "Vengono chiamate così le lettere dal carcere scritte da Paolo. Sono Filippesi (cfr. 1,13), Filemone (cfr. i vv. 1.10.13), Colossesi (cfr. 4,18) ed Efesini (cfr. 3,1; 4,1); queste ultime due vengono dette anche *deuteropaoline* ed *antilegomena*" (J.-N. ALETTI – *al.*, *Lessico ragionato dell'esegesi biblica*, 106).

[2] "prison. Roman criminal law, like that of Athens, did not in general use public imprisonment of free persons as a form of punishment, although under the republic some criminals suffered private imprisonment at the hands of those they had wronged and, occasionally, a special kind of criminal might be detained either inside or outside Rome. The public prison (*carcer, publica vincula*) served normally only for a short incarceration, whether used as a coercive measure by magistrates against disobedience to their orders (see *coercitio*) or for convicted criminals awaiting execution (though some detention lasted several years for Q. Pleminius, c.200 BC). During inquiry in a criminal trial the accused person could be detained so as to be at the disposal of the authorities, but this was not necessarily in a public prison. Larger households had arrangements for imprisoning slaves, especially in workhouses (*ergastula*) in the countryside. These were also used for convicted debtors and (under the republic) thieves, as well as other free men improperly seized" (A. BERGER – A.W. LINTOTT, "Prison", *OCD*, 1248).

[3] Cfr. "Ma in ogni cosa raccomandiamo noi stessi come servitori di Dio, con grande costanza nelle afflizioni, nelle necessità, nelle angustie, nelle percosse, *nelle prigionie*, nei tumulti, nelle fatiche, nelle veglie, nei digiuni" (2Cor 6,4-5); "Sono servitori di Cristo? Io (parlo come uno fuori di sé) lo sono più di loro, più di loro per le fatiche, più di loro *per le prigionie*. Spesso sono stato in pericolo di morte" (2Cor 11,23).

mentatori moderni hanno studiato classificandoli rispettivamente secondo e terzo catalogo delle sofferenze[4]. Quanto alle notizie fornite dagli Atti il missionario di Tarso durante il secondo viaggio missionario sarebbe stato trattenuto in carcere per una sola notte a Filippi[5]; in Palestina dapprima a Gerusalemme[6]; in un secondo tempo a Cesarea Marittima[7] (porto romano della Palestina vicino a odierna Tel Aviv). Qui la prigionia si sarebbe protratta per circa un biennio (presumibilmente dal 58 al 60 ca. secondo la cronologia tradizionale)[8]. Successivamente Paolo sarebbe stato trasferito a Roma (IV viaggio), dove avrebbe trascorso altri due anni in stato di libertà vigilata[9] in attesa del processo (datazione probabile: dal 61 al 63 ca.)[10]. Le numerose e accurate ricerche dei biblisti, tendenti a desu-

---

[4] "La 2Corinzi canonica è attraversata dai seguenti cataloghi peristatici: 2Cor 4,8-9; 6,4-10; 11,23-29; 12,10" (A. PITTA, *La Seconda Lettera ai Corinzi*, 19 n. 16).

[5] "E dopo aver dato loro molte vergate, li cacciarono in prigione, comandando al carceriere di sorvegliarli attentamente. Ricevuto quest'ordine egli li rinchiuse nella parte più interna del carcere e mise dei ceppi ai loro piedi. Verso la mezzanotte Paolo e Sila pregavano e cantavano inni a Dio [...] ad un tratto vi fu un gran terremoto, la prigione fu scossa dalle fondamenta; e in quell'istante tutte le porte si aprirono e le catene di tutti i prigionieri si spezzarono [...] il carceriere poi li condusse fuori [...] allora Paolo e Silla, usciti dalla prigione, entrarono in casa di Lidia" (At 16,23-40).

[6] "Allora il tribuno si avvicinò a Paolo e ordinò che fosse legato con due catene; poi domandò chi fosse e che cosa avesse fatto. E nella folla gli uni gridavano una cosa e gli altri un'altra, per cui non potendo sapere nulla di certo a causa della confusione, ordinò che fosse condotto nella fortezza" (At 21,33-34).

[7] "Quelli giunti a Cesarea e consegnata la lettera al governatore, gli consegnarono anche Paolo. Egli lesse la lettera e domandò a Paolo di quale provincia fosse e saputo che era di Cilicia, gli disse: Io ti ascolterò meglio quando saranno giunti anche i tuoi accusatori. E ordinò che fosse custodito nel Palazzo di Erode. Cinque giorni dopo il Sommo Sacerdote Anania discese con alcuni anziani e con un avvocato di nome Tertullo e si presentarono al governatore per accusare Paolo. Egli fu chiamato e Tertullo cominciò ad accusarlo dicendo [...] Allora Paolo dopo che il governatore gli ebbe fatto cenno di parlare rispose [...] allora Felice [...] lo rimandò un'altra volta dicendo: quando sarà giunto il tribuno Lisia esaminerò il caso vostro. E ordinò al centurione che Paolo fosse custodito, ma lasciandogli una certa libertà e senza vietare ad alcuno dei suoi di rendergli dei servizi" (At 23,33-35; 24,1-23).

[8] "Trascorsi due anni Felice ebbe per successore Porcio Festo; e Felice, volendo fare cosa gradita ai Giudei, lasciò Paolo in prigione [...] Festo allora rispose che Paolo era custodito a Cesarea" (At 24,27; 25,4).

[9] "Giunti che fummo a Roma il centurione consegnò i prigionieri al prefetto del pretorio. A Paolo fu concesso di abitare per suo conto con un soldato di guardia" (At 28,16).

[10] "E Paolo rimase due anni interi in una casa da lui presa in affitto, e riceveva tutti quelli che venivano a trovarlo. Predicando il regno di Dio e insegnando le cose relative al Signore con tutta franchezza e senza impedimento" (At 28,30-31).

Lettere dalla prigionia

mere una serie cronologica verosimile riguardo allo svolgersi delle varie esperienze di prigionia vissute da Paolo durante i suoi ripetuti spostamenti, portano a ritenere che le lettere dalla prigionia risalgano secondo la comune accettazione a un periodo successivo al suo ultimo viaggio a Gerusalemme e siano legate al periodo finale della vita dell'apostolo recluso a Roma[11]. Esse contengono poche indicazioni cronologiche opinabili come indizi utili per la datazione dei fatti. Non riusciamo a ricavare elementi, né dalla Lettera agli Efesini, né da quella ai Colossesi; la Seconda a Timoteo è da collocare a Roma (1,17). La Lettera ai Filippesi e la Lettera a Filemone sono associabili ai primi episodi di prigionia (cfr. 2Cor 11,23). Secondo alcuni sarebbero stati scritti ad Efeso; altri propendono per Roma[12]. Per tentare di penetrare il significato e cogliere il senso dell'esperienza di prigionia quale Paolo la provò nel corso della sua (relativamente) breve ma intensa vita di missione è opportuno un approccio diretto al testo delle sue lettere, (pur) tenendo presente questo innegabile limite: il contesto nel quale la menzione dei fatti si colloca non è tale da fornir indicazioni sufficienti a illuminarli adeguatamente come vorremmo, ai fini della loro piena e soddisfacente comprensione. Nel terzo e nel quarto di quelli che convenzionalmente sono stati definiti "cataloghi di sofferenze"[13] di Paolo figura l'unità lessicale ἐν φυλακαῖς (2Cor 6,5)[14]. Con tale espressione — (entriamo *in media res*) — così si intendeva la detenzione in carcere sotto sorveglianza da parte di guardie, sentinelle o altro: evidentemente Paolo allude a più episodi di carcerazione da lui subita. Non è privo d'importanza il fatto che tale menzione del vocabolo al plurale sia accompagnata dal sintagma ἐν πληγαῖς, ora anteposto, ora posposto nell'elencazione[15]. Aggiungere le battiture alla prigionia faceva

---

[11] Vedi L.C.A. ALEXANDER, "Chronology of Paul", *DPL*, 118-119; trad. italiana, "Cronologia di Paolo", *DPL*, 413.

[12] Vedi L.C.A. ALEXANDER, "Chronology of Paul", *DPL*, 118-119; trad. italiana, "Cronologia di Paolo", *DPL*, 413.

[13] Cfr. 2Cor 4,7-15; 6,3-13. Vedi S.J. HAFEMANN, "Corinthians, Letters to the", *DPL*, 170; trad. italiana, "Corinzi, lettere ai", *DPL*, 309.

[14] ἐν φυλακαῖς — dativo plurale del sostantivo φυλακή (lat. *custodia*) = "prigione, carcere". Declinato al singolare (ἐν φυλακῇ) alluderebbe sia al concetto astratto sia a quello concreto, mentre al plurale si intenderebbero concretamente le " esperienze di prigionia".

[15] Cfr. 2Cor 6,5; 11,23; ἐν πληγαῖς (lat. *plaga*) — dativo plurale del sostantivo πληγή = "colpo, percossa".

probabilmente parte di un sistema usuale di dissuasione da parte del potere costituito nei riguardi di coloro ai quali non si conformavano alle regole del vivere legalmente stabilito per legge; regole che però nel caso di Paolo ottenevano un effetto controproducente: quello cioè di temprarne il carattere e di rafforzarlo per ulteriori prove. Il termine φυλακή rientra nella costellazione linguistica comune anche al verbo φυλάττω/φυλάσσω: "sto di guardia", "sto in guardia"; "sorveglio", "proteggo", "custodisco"; "tengo sotto custodia", "sotto sorveglianza un prigioniero". Se ne deduce che l'essere messo comportava per la persona del detenuto insieme con la perdita della libertà personale una garanzia di tutela preventiva rispetto ad eventuali atti di violenza da parte dei suoi nemici o oppositori. Tale aspetto risulta evidente dal racconto degli Atti[16]. Quanto al trattamento carcerario del recluso questi poteva essere lasciato libero nei movimenti fisici[17], oppure rimanere costretto, solitamente nelle estremità inferiori[18], con i piedi assicurati ai ceppi per impedirgli la locomozione. Relativamente all'episodio riferito negli Atti, non è del tutto chiara la modalità secondo la quale i prigionieri venivano legati, dato che pur essendo impedito da due catene Paolo riesce a camminare e (addirittura) ad arringare il popolo dopo avergli imposto il silenzio con un cenno della mano[19]. E quando a Cesarea l'Apostolo delle genti pronuncia la propria difesa al cospetto del re Agrippa egli si presenta incatenato e tale rimane durante tutta l'udienza[20]. Gli accertamenti fin qui riferiti sono propedeutici all'esame del testo relativo alle cinque lettere raggruppate sotto il titolo di "Lettere dalla Prigionia", limitatamente ai versetti in cui Paolo tocca l'argomento di cui ci occupiamo in questo capitolo.

---

[16] At 23,10-24.32-35.

[17] Cfr. TUCIDIDE, *La Guerra del Peloponneso* 3,34: εν φυλακη αδεσμω = "in prigione senza catene".

[18] καὶ τοὺς πόδας ἠσφαλίσατο αὐτῶν εἰς τὸ ξύλον, "e mise dei ceppi ai loro piedi" (At 16, 24); εν τω ξυλω δεδεσθαι, "star legato ai ceppi" (Lisia 10,16); εν τοις ξυλοις (Andocide 1, 45).

[19] "Allora il tribuno si avvicinò, lo arrestò e ordinò che fosse legato con due catene" (At 21,33a); "Quando (Paolo) fu alla gradinata, dovette essere portato a spalla dai soldati a causa della violenza della folla" (At 21,35); "Avendo egli acconsentito, Paolo, stando in piedi sui gradini, fece cenno con la mano al popolo e, fattosi un grande silenzio, rivolse loro la parola in ebraico, dicendo" (At 21,40).

[20] "E Paolo: 'per poco o per molto, io vorrei supplicare Dio che non soltanto tu, ma quanti oggi mi ascoltano diventassero così come sono io, eccetto queste catene" (At 26,29).

Lettere dalla prigionia

I. LETTERA AI FILIPPESI

Dopo l'indirizzo e il saluto l'Apostolo delle genti nel manifestare il suo affetto per i filippesi così si esprime:

> È giusto, del resto, che io pensi questo di tutti voi, perché vi porto nel cuore, voi che siete tutti partecipi della grazia che mi è stata concessa, *sia nelle mie catene*, sia nella difesa e nel consolidamento del Vangelo (Fil 1,7).

> [12]Desidero che sappiate, fratelli, che le mie vicende si sono volte piuttosto a vantaggio del Vangelo, [13]al punto che in tutto il pretorio e dovunque si sa che *sono in catene* per Cristo; [14]in tal modo la maggior parte dei fratelli, incoraggiati nel Signore *dalle mie catene*, ardiscono annunziare la parola di Dio con maggior zelo e senza timore alcuno (Fil 1,12-14).

Paolo rileva con dispiacere che alcuni suoi avversari approfittavano della sua reclusione in carcere per polemizzare con lui in modo subdolo, occulto e vile, predicando Cristo con metodi diversi dai suoi:

> Quelli invece predicano Cristo con spirito di rivalità, con intenzioni non pure, pensando di aggiungere dolore *alle mie catene* (Fil 1,17).

Il termine ricorrente nei tre passaggi sopraccitati è δέσμος, usato al plurale[21]. Il v. 1,7 contiene un'intensità e una profondità di sentimento che annullando le distanze e abbattendo i muri accomuna Paolo e i suoi fratelli e sorelle, facendone veramente un corpo unico. Rivelatore l'uso del verbo φρονέω[22], la cui ricchezza di significati conferisce un valore particolarmente profondo e sfaccettato a questa corrispondenza di sentimenti. Immedesimarsi da parte nostra nella situazione di Paolo prigioniero può renderci edotti non solo della sua sofferenza dovuta alla forzata inattività di Apostolo, ma anche — e soprattutto — consapevoli del suo progresso spirituale, della sua ulteriore evoluzione e maturazione sul piano medi-

---

[21] δέσμος = "corda", "catena", "prigione", "ferri". Gli autori classici usano il sostantivo δέσμος, sia al singolare con il significato di prigione (PLATONE, *Leggi*, 864;), sia al plurale (δεσμοῖς) con il significato di "ferri, catene" (ESCHILO, *Prometeo incatenato*, v. 509; SOFOCLE; TUCIDITE, *Guerra del Peloponneso*, 7, 82). In senso traslato il vocabolo assume il significato di legame, vincolo di varia natura: per esempio di amicizia, come in PLATONE, *Protagora*, 3, 22).

[22] φρονέω = "giudico rettamente", "penso saggiamente", "capisco"; "rifletto", "sento", "ho in animo", "ho sentimenti (per esempio di amicizia) per qualcuno"; "partecipo con il pensiero, mi occupo di qualcosa o di qualcuno"; "vivo", "ho i sentimenti", "ho i sensi".

tativo per una sempre più lucida conoscenza della propria vocazione e missione in nome di Cristo Gesù. Proprio a causa della mancanza di libertà che ne limita fortemente il dinamismo, il tempo trascorso nello stato di inattività ne acuisce i sensi e l'intelletto, ne rafforza il fervore e la forte convinzione riguardo alla causa del Vangelo, infiamma di entusiasmo l'uomo recalcitrante alla privazione o meglio alla limitazione degli spazi di azione e in tale stato d'animo gli fa superare le barriere fisiche facendolo sentire eminentemente vicino oltre che affettivamente anche spiritualmente, ai fratelli e alle sorelle che sono in pena per lui. Basilare è la notazione che Paolo puntualizza e chiarisce (cfr. Fil 1,7): la mirabile concordanza di sentire tra lui e i suoi destinatari, tra lui e i filippesi deriva dal nobile scopo che li accomuna negli intenti di testimonianza del Vangelo e che appunto per tale motivo li rende vivificati dalla grazia divina, annullando qualsiasi ostacolo di natura spazio-temporale. A questo punto le catene non sono più d'intralcio, pastoia, impaccio ma contrassegno, distintivo con cui Dio ha voluto distinguere i suoi figli privilegiati (non possiamo passare in silenzio il fatto che nel racconto degli Atti relativo alla detenzione di Paolo a Filippi la menzione dei ceppi (cfr. 16,24) applicati ai piedi di Paolo e di Sila, richiama a uno dei possibili significati di ξύλον[23] cioè quello di "asse" o legno a cui erano legati i malfattori, cioè la "croce"). Nello svolgimento di quel breve versetto le parole dell'Apostolo penetrano in profondità e si espandono oltre il perimetro in cui egli è rinchiuso. Con l'uso del verbo φρονέω egli abbraccia mentalmente e sentimentalmente la totalità dei suoi interlocutori, coinvolgendoli nella propria vicenda di prigioniero, limitata ormai non più soltanto ad un episodio di natura giuridica, o penale, ma elevata al rango di simbolo di "difesa" e "conferma" del Vangelo. Ciò risulta chiaramente dalla particolare costruzione sintattica del periodo: la proposizione infinitiva scaturente dal verbo φρονέω si chiude con il concetto di grazia estesa in un ideale abbraccio a tutti i partecipanti i quali in virtù di essa divengono compartecipanti alle motivazioni del vivere e dell'agire di Paolo. Tale proposizione ingloba appunto gli elementi essenziali che l'Apostolo in-

---

[23] ξύλον — "legno", "legname", "tronco", "trave", "palo", "bastone", "clava", "collare di legno" (messo al collo del prigioniero = gogna), "ceppi" (applicati ai piedi), "tavolo" (banco da cambiavalute) sedile di prima fila 8 nel teatro di Atene), "pianta", "albero".

Lettere dalla prigionia

tende evidenziare. Al primo posto il carcere, trasformato in emblema di contraddizione: per gli uomini marchio negativo di assenza di libertà e di morte civile, per il missionario Paolo e quindi anche per i filippesi emblema di liberazione spirituale, di additare come esempio da seguire. A tale paradosso viene associata l'affermazione del Vangelo nelle due componenti essenziali: difesa e stabilizzazione, con conseguente rafforzamento. L'uomo di Tarso sintetizza qui mirabilmente e profeticamente lo svolgimento della futura storia del cristianesimo: fase apologetica e fase patristica, come la letteratura cristiana insegna. Non è inopportuno né ozioso soffermarsi sul versetto in questione, non fosse altro a livello psicologico. A causa della prigionia tutte le facoltà sono indotte al massimo del loro sviluppo, e della loro tensione. Uno stato d'animo in cui l'Apostolo si accorge ancor più lucidamente di provare un immenso affetto per i fratelli e di possedere un'incrollabile certezza circa il buon esito dell'opera di evangelizzazione. Ecco il ritratto di Paolo: facoltà rinvigorite e moltiplicate nonostante le inevitabili privazioni e sofferenze dovute alla situazione obiettiva; affetto struggente che conquista i cuori dei filippesi; conforto e stimolo pur nella lontananza, fiducia nell'aiuto di Dio, serenità e abbandono alla sua volontà benevolente. Chissà quanti pensieri forse anche contrastanti si saranno affollati nella mente del missionario recluso: impazienza, trepidazione, incertezza, insofferenza per aver dovuto interrompere l'attività di apostolato; contemporaneamente entusiasmo nell'elaborazione di programmi da mettere in opera quanto prima possibile, se non personalmente, tramite i suoi collaboratori; assuefazione non passiva ai nuovi ritmi di esistenza imposti dalle regole carcerarie; sollecitazione spontanea alla riflessione e all'osservazione dell'ambiente, al fine di adattarlo e addirittura piegarlo alle proprie insopprimibili esigenze missionarie. È quanto risulta dal tenor di Fil 1,12-14, dove emerge in tutta la solare evidenza dei fatti l'inesauribile spirito d'iniziativa dell'Apostolo e la sua capacità di mettere a frutto circostanze anche le meno favorevoli alla prosecuzione dell'attività a causa egli è stato imprigionato. L'armonico comporsi nell'animo suo della potenza di riflessione con la generosità dei moti del cuore ce lo fanno sentire vivo e vicino nonostante i secoli: quanto più gli si limita lo spazio con cui il corpo inevitabilmente si scontra, tanto più l'intelligenza si concentra e, tanto più la memoria, lo spirito di osservazione si acuiscono, la volontà si irrobustisce, lo spirito di Paolo si dilata e si proietta oltre le pareti e i muri nei cortili del pretorio. Le barriere architettoniche non esistono per lui, quasi che la persona fisica sublimata nello sforzo, sostenuta dall'ideale si proiettasse verso Dio, in una atmosfera sovrumana. E 'un momento — a nostro giudizio — veramente epico in cui il Paolo magro e minuto di complessione raggiunge dimensioni epiche e fattezze eroiche. Subito dopo (v. 1,17) è molto umano il prendere atto della malevolenza con cui i predicatori rivali e invidiosi si comportano nel catechizzare i gentili: all'iniziale dispiacere e rincrescimento dovuto a tale constatazione subentra la gioia di sapere che la parola di Dio viene comunque annunciata. Ci rendiamo conto di quanto sia duro per Paolo il riuscire a scindere i due sentimenti: quello dell'obiettiva impossibilità di controbattere ai metodi dei concorrenti-rivali e quello della constatazione tranquillizzante riguardo alla continuità dell'opera di apostolato da parte dei seguaci di Cristo. La duplicità d'aspetto relativa a tale circostanza ravvisabile nel testo del v. 1,17 rispecchia la genuinità della scrittura paolina, aliena da qualunque infingimento, contribuisce ancora di più a farci amare il personaggio Paolo. L'acuto spirito di osservazione e il vigile senso critico lo rendono capace d'interpretare la realtà nei suoi risvolti positivi. Proprio l'imprigionamento gli ha consentito di far conoscere il Messia dentro le mura del pretorio ai soldati romani e a tutto il personale dei rappresentanti del Governo di Roma e ai loro collaboratori locali, ovvero gli addetti all'amministrazione del Governo di Roma. Intervento provvidenziale di Dio che si serve anche dei suoi nemici per raggiungere un fine buono. Senza l'arresto di Paolo tale felice esito non si sarebbe verificato, involontariamente il Potere costituito ha contribuito a diffondere la Buona Novella e ciò è di favorevole auspicio: nella cittadella fortificata (sede del carcere), la quale funge da presidio del dominio di Roma in terra straniera per lo più indifferente, talvolta ostile alle nuove idee, uomini lontani dalla Patria e dal loro ambiente — forse inconsciamente desiderosi di comunicare con la gente del luogo — vengono a contatto con una concezione assolutamente originale, ma al passo con i tempi. Anche se la loro percezione è confusa essi sentono, percepiscono la forza e l'importanza di un messaggio che parla alle coscienze. Per vedere la maturazione del seme che è stato gettato, basterà attendere, il contesto degli avvenimenti successivi s'incaricherà di farlo germogliare. Gli interlocutori di Paolo all'interno del pretorio fungeranno da più o meno convinti ambasciatori della Parola, quando ne parleranno tra loro, quando la riferiranno come esperienza determinante, o come semplice notizia di cronaca, rivolgendosi sia ai loro parenti, sia ai loro amici o conoscenti. In tal modo anch'essi contribuiranno alla propagazione dell'annuncio di salvezza[24]. Ironia del percorso storico: il potere costituito involontariamente ha contribuito a dare slancio all'affermazione della nuova fede religiosa[25]. I compagni stessi di Paolo, rinfrancati dal suo esempio, si sono mossi con maggiore sicurezza e decisione nell'affermare le ragioni del Vangelo[26]: è questo un ulteriore motivo di conforto per il prigioniero; tutto quello che avviene e ha attinenza con la sua detenzione viene letto da lui in chiave positiva. Non ci si soffermerà mai a sufficienza sulla tragedia di Paolo, su questo brusco cambiamento di programma, che in un carattere più fragile avrebbe potuto provocare un senso di sconfitta irrimediabile e l'abbandono di ogni intenzione di lotta in nome della fede. Ad esso egli pone rimedio con la sola forza d'animo propria, con l'ascolto attento dei moti del cuore. La mente di Paolo rievoca il tempo felice in cui (egli), libero nei movimenti si trovava missionario presso i filippesi. Questi dolci ricordi non provocano in lui scoramento per un passato non più rinnovabile, ma un forte desiderio di recuperarli in futuro, e al presente di trarne conforto in vista di nuovi traguardi da perseguire una volta rientrato in seno alla comunità dei cristiani a lui tanto cari. Ciò deve servire a rianimare anche i filippesi, a risollevarli dalla tristezza e dal senso di abbandono provocato dall'arresto della loro guida spirituale. Il genere di risposta dell'Apostolo di fronte alla perdita della libertà è d'insegnamento anche per noi oggi: qualsiasi disgrazia ci colpisce è possibile ricavarne arricchimento spirituale, se — come Paolo — cercheremo rifugio nella preghiera, potente alleato che ci pone in contatto con la dimensione divina. Nella preghiera[27] egli, contemplativo e mistico, trova materia di restaurazione delle forze, energia, alimento spirituale e mentale, capaci di procurargli sollievo e risorse atte

---

[24] Cfr. Fil 1,13.
[25] Forse anche da questo genere di considerazioni partiranno i pensatori del periodo post-costantiniano interessati alla funzione dell'impero romano, interpretato come premessa provvidenziale per la diffusione del cristianesimo nelle terre d'oriente e d'occidente.
[26] Cfr. Fil 1,14.
[27] Cfr. Fil 1,4.

a confermarlo nei suoi intendimenti e nella sua vocazione di Apostolo delle genti. Colpisce la qualità del linguaggio usato a proposito dei vari risvolti della vicenda: riflettendo sugli effetti psicologici provocati nella sua maniera di pensare e di reagire alle difficoltà abbiamo la misura dell'estrema duttilità del suo carattere, in grado di adattarsi alle varie evenienze della vita, testimonia ma anche in altri passi delle sue epistole[28]; di apprezzare la sua rara capacità d'introspezione e di ammirare l'effetto straordinario di ciò che nell'intenzione dell'autorità statale avrebbe dovuto rappresentare un mezzo di dissuasione, in grado di stroncare la volontà del detenuto. Nel v. 1,7 il carcere è equiparato a un mezzo di difesa e di rafforzamento del Vangelo; nel cuore di Paolo, nutrito dalla grazia di Dio e pieno d'amore per Cristo, anziché angoscia o paura per un futuro oltremodo buio e incerto c'è posto per l'affetto verso tutti i fratelli, per la speranza incrollabile che Dio provvederà nel modo migliore a sciogliere i nodi, a conferire un felice esito all'accadimento in apparenza intricato e senza uscita[29]. Addirittura il carcere è da interpretare come un'occasione provvidenziale, il segno che il Risorto ha guardato verso il suo umile servo e indegno seguace, e lo ha prescelto come figlio privilegiato a seguirlo sulla strada della sofferenza.

> sia nelle catene, sia nella difesa e nel consolidamento del Vangelo (Fil 1,7b).
> ἔν τε τοῖς δεσμοῖς μου καὶ ἐν τῇ ἀπολογίᾳ καὶ βεβαιώσει τοῦ εὐαγγελίου (Fil 1,7b).

La congiunzione enclitica τε con cui si apre il secondo membro del periodo, in correlazione con la congiunzione coordinante καί ci aiutano a scoprire i veri sentimenti di Paolo e i centri del suo interesse: il significato della prigione, la difesa e la conferma del Vangelo. Com'è possibili che il primo termine venga equiparato al secondo e al terzo? Nella realtà proprio a causa della carcerazione la vocazione-missione dell'Apostolo è stata esaltata al massimo grado[30]. Infatti essa ha ottenuto visibilità persino nel palazzo del governatore e — quel che è più significativo — ha

---

[28] "Non dico questo per bisogno, poiché ho imparato a bastare a me stesso in ogni occasione; ho imparato ad essere povero ed ho imparato ad essere ricco; sono iniziato a tutto, in ogni maniera: alla sazietà e alla fame, all'abbondanza e all'indigenza. Tutto posso in colui che ma dà la forza" (Fil 4,11-13).
[29] Cfr. Fil 1,6.
[30] Cfr. Fil 1,12.

Lettere dalla prigionia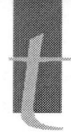

determinato la realizzazione dei voti di Paolo: l'aspirazione a diventare testimone in prima persona della contraddizione causata dalla parola del Vangelo. La sua corsa per assomigliare a Cristo sta prendendo forma: quella Roma che fra non molto ne decreterà il martirio si sta profilando all'orizzonte con questo (lontano) avamposto rappresentato dalla cittadella del governatore. L'esperienza del carcere, invece di costituire motivo di angoscia, si tramuta in simbolo positivo di liberazione spirituale, di gioia, d'aspettativa, di gratitudine, di fiducia nella possibilità di costruzione di un nuovo modo di rapportarsi agli altri. Il carcere da luogo di tenebre, d'impotenza, d'infelicità si trasforma in distintivo o sigillo della predilezione divina, luogo di speranza, di elaborazione rispetto a nuove strategie di combattimento nel nome di Gesù. Un punto fermo dal quale si può muovere per costruire un mondo più consono all'uomo. Paolo vive la propria condizione di carcerato come qualcosa che gli appartiene intimamente, qualcosa che è divenuto parte integrante della sua vita: egli non tralascia di unire al sostantivo δεσμοί il genitivo possessivo del pronome personale di prima persona[31], quasi a ribadire che tale legame è un privilegio personale che lo nobilita, un ambito segno del cielo, un distintivo, un sigillo che conferma nella parola stessa δέσμος la sua totale devozione alla causa di Cristo, l'emblema del vero cristiano. Attraverso le parole di Paolo, nel modo con cui egli si riferisce alla sua prigionia è possibile cogliere l'effetto di ciò che nelle intenzioni dell'autorità statale avrebbe dovuto rappresentare un mezzo di dissuasione in grado di stroncare la volontà di chi era destinato a tale pena: egli equipara il carcere alla difesa e al rafforzamento del Vangelo[32]: nel cuore di Paolo nutrito dalla grazia di Dio e pieno dell'amore di Cristo la vicinanza con i fratelli e la comunanza di sentire è quanto mai viva e operante. La presenza della congiunzione enclitica τε con cui si apre il secondo membro, del periodo, correlata con la congiunzione coordinante καί ci aiuta a scoprire i veri sentimenti di Paolo e i centri del suo interesse: 1) la prigione (in cui egli realmente si trova); 2) la difesa e 3) la conferma del Van-

---

[31] ἔν τε τοῖς δεσμοῖς μου (Fil 1,7); τοὺς δεσμούς μου (Fil 1,13); τοῖς δεσμοῖς μου (Fil 1,14); τοῖς δεσμοῖς μου (Fil 1,17).

[32] "voi che siete tutti partecipi della grazie che mi è stata concessa, sia nelle catene, sia nella difesa e nel consolidamento del Vangelo" (Fil 1,7b).

gelo motivi a causa dei quali egli si trova appunto in quel luogo). Com'è possibile che il primo elemento venga equiparato strettamente agli atri due? Proprio a causa del carcere la sua missione di Apostolo ha ottenuto enorme visibilità persino nel Pretorio, ma soprattutto si sta realizzando l'aspirazione eroica di Paolo: quella di diventare testimone in prima persona del Vangelo. La sua corsa per assomigliare a Gesù Cristo ha ricevuto un'accelerazione, ha segnato un punto a favore. La differente considerazione del concetto di prigione secondo Paolo, in confronto ai suoi avversari, è palesata dall'utilizzo strumentale che essi tendono a mettere in atto con la loro predicazione interessata, intrisa d'invidia e di gioia malcelata per il momentaneo impedimento dell'Apostolo. La loro è la prospettiva degli uomini comuni che giudicano il carcere come un castigo dal quale fuggire il più lontano possibile; Paolo è riuscito a trasformarlo come un oggetto prezioso che gli appartiene e le cui conseguenze saranno comunque positive, sia nel caso di un'eventuale liberazione, sia nel caso di una condanna a morte: qualunque sia l'esito Paolo sarà salvo, la fede ne trarrà incremento, Cristo sarà glorificato. Questo processo di appropriazione del carcere dimostra come il missionario di Tarso capovolga il suo rapporto con esso. Di solito l'uomo tende ad essere dominato dalla sua condizione di condannato, ne soffre, ne viene schiacciato, spesso soccombe; Paolo invece riesce a depurare il carcere da tutti gli attributi che ne fanno un luogo abietto e di perdizione, orribile e terribile, elaborando ogni elemento, in modo da piegarlo a un significato positivo, strumento di elevazione spirituale. L'Apostolo ha accettato con piena consapevolezza la sua funzione di testimone[33], funzione ufficializzata appunto dal suo essere detenuto. L'esperienza del carcere dà luogo ad un'evoluzione spirituale della personalità di Paolo, il quale si immedesima a tal punto con l'oggetto, da contrassegnarne anche il proprio stile. In tutti e quattro i momenti in cui il carcere viene evocato, la persona fisica del detenuto è ridotta al minimo indispensabile: a un semplice pronome personale monosillabico, privo di accento tonico proprio. Ciò significa che Paolo ha assimilato e introiettato il luogo della sua condanna, aderisce ad esso in tutto e per tutto, ma non

---

[33] μάρτυς, μάρτυρος (sostantivo ambigenere) = "testimone", "martire". Cfr. μάρτυς γάρ μου ὁ θεός, "Dio mi è testimonio" (Fil 1,8). Cfr. Rm 1,9; 1Ts 2,5.

lo subisce, né lo vive con un male. Al contrario, egli piega la parola stessa δεσμοί a significare quel legame intimo con Cristo, che non lo abbandona, che è divenuto parte integrante della sua vita, ne plasma il carattere, determina ogni sua azione. Paolo aderisce in pieno alla nuova condizione, ne è compenetrato, vive completamente immerso nella mutata realtà. Illuminante e stupefacente il rapporto analogico di similitudine: come l'Apostolo aderisce in pieno alla nuova condizione, ne è compenetrato, vive completamente immerso nella mutata realtà. Illuminante e stupefacente il rapporto analogico di similitudine: come Paolo a suo tempo aveva "recalcitrato"[34] alla chiamata di Dio, ma successivamente aveva abbracciato il Vangelo con tutto se stesso, dimenticandosi interamente in Cristo, così ora il carcere, che inizialmente campeggiava in tutta la sua tremenda, minacciosa, drammatica fisicità viene accettato e vissuto pienamente, senza riserve, come prova della predilezione di Cristo, come simbolo dello stretto vincolo intercorrente tra la creatura e il suo Salvatore. Immaginiamo il corpo di Paolo consumato dalle veglie e dai digiuni, dalla frenetica attività di comunicatore, dalle sfibranti preoccupazioni e cure per le comunità a lui affidate, dagli sforzi organizzativi in favore e a tutela di queste; divorato dall'ardore di diventare sempre più conforme a Cristo. Di lui come essere umano scomparso dentro la cittadella del pretorio riusciamo a vedere indelebile e consegnato per sempre agli annali della storia il monosillabo enclitico μου atono come vuole la regola grammaticale della lingua (la voce dell'Apostolo non risuona più tra i suoi confratelli, né tra i gentili da evangelizzare) ma l'immagine grafica di lui presente nel testo sembra trasmettere il messaggio: anziché essere risucchiato e inghiottito dall'immane e spaventoso "moloch" carcerario, egli afferma la liceità del suo esistere, pur nella propria umile e inerme piccolezza; fino all'ultimo anelito non cesserà di rivendicare le ragioni del Vangelo, le ragioni di Cristo morto e risuscitato per gli uomini, tanto più da quando egli ha perfettamente compreso la natura del suo essere "prigioniero", del suo essere tutto un corpo con quello di Cristo. Ugualmente ancora oggi ai nostri occhi di lettore l'enclitica μου si propone a tutti gli effetti come corpo unico con

---

[34] Cfr. 2Cor 12,7.

il sostantivo δεσμοί. Anche la riflessione sul sostantivo δέσμος ci conduce verso un'interpretazione quanto mai consona all'atmosfera superiore e rarefatta, sublimata dalla luce della grazia che ha investito Paolo e lo proietta in una dimensione dove le cose del mondo assumono valenze sconosciute agli uomini comuni ma accessibili ai cristiani che intendono la loro adesione a Cristo come una scelta totalizzante, che non lascia estranea neanche un'impercettibile piega dell'esistenza. Anche se il cuore di Paolo batte e palpita, anche se il suo corpo vive e respira nel mondo, sulla terra l'Apostolo pensa, sente e ragiona secondo parametri di ben più nobile levatura. Il sostantivo δέσμος fa parte della famiglia linguistica di cui è capostipite il radicale δε- ("legare"). Di qui il senso traslato che da prigione, catena porta il significato di vincolo, legame. Ecco come la riduzione ai minimi termini della persona di Paolo, rappresentata dal pronome μου si trova unita indissolubilmente al proprio "legame", cioè a δέσμος. Tutto ormai a Paolo parla di Cristo, lo rimanda a lui: Cristo è il suo primo, ultimo, unico punto di riferimento. Acutamente e profeticamente negli Atti[35] a proposito della cattura e dell'imprigionamento di Paolo e di Sila a Filippi Luca usa il vocabolo ξύλον che in 1Pt 2,24 designa la "croce"[36]. C'è in questa parola il presentimento del prossimo martirio? Potrebbe essere questa un'ulteriore motivazione che induce Paolo a sentirsi anche a livello subliminale unito a Cristo crocifisso, dal momento che gli viene imposto un supplizio così apertamente allusivo? In realtà da quella che poteva apparire una battuta d'arresto nell'indefessa attività di apostolato, Paolo trae (maggiore) impulso ad operare. Il forzato, imprevisto impedimento esalta in lui l'entusiasmo, per la diffusione della Buona Novella, la carica evangelizzatrice senza frontiere. Tale entusiasmo egli trasmette ai fratelli e alle sorelle di Filippi: si verifica un rovesciamento di ruoli non raro quando la creatura umana è sostenuta dalla grazia. Anziché essere consolato è Paolo che consola e rincuora gli altri, li esorta a non lasciarsi abbattere, li stimola a proseguire nel cammino

---

[35] "Egli (il carceriere), ricevuto quest'ordine, li gettò nella parte più interna della prigione e strinse i loro piedi nei ceppi" (At 16,24).

[36] Tale è il significato che anche l'Alighieri attribuisce alla parola "legno": "A questo regno/non salì mai chi non credette in Cristo/ né pria né poi ch'el si chiavasse al legno" (*Paradiso*, XIX v. 103-105).

Lettere dalla prigionia

della conoscenza, della santificazione, della giustizia[37]. L'uomo così fragile se conta esclusivamente sulle proprie forze si rivela capace di insospettate energie e intuizioni oltre che di straordinarie realizzazioni quando si appella a Dio mediante Gesù Cristo.

Invito all'approfondimento
G. BARBAGLIO, *La teologia di Paolo. Abbozzi in forma epistolare*, 336-340.
I ceppi. Veicolo straordinario del vangelo
Il carcere è per definizione luogo d'incatenamento, come dice plasticamente il vocabolo relativo (*desmos*). Il prigioniero è impedito di muoversi e di agire, privo di libertà di movimento e di azione, impossibilitato a dirigere i suoi passi, costretto tra quattro mura. E trattandosi di un missionario, la prigionia è riduzione forzata all'impotenza e neutralizzazione del compito di annuncio evangelico. Si può supporre che la chiesa filippese ne fosse amareggiata e insieme delusa, vedendo nelle catene dell'apostolo la fine e il fallimento della missione cristiana da lui impersonata e da loro sostenuta. Lo fa pensare l'avverbio della proposizione di 1,12: "quanto mi capitò ha contribuito *piuttosto* al progresso del vangelo". Vi si esprime sorpresa, una felice sorpresa, contro ogni attesa e previsione realistica di Paolo, ma anche dei filippesi, cui egli scrive per comunicare la felice notizia: "Voglio poi che sappiate, fratelli, che ..." (1,12a). Una comunicazione che di fatto assume valenze rassicuratrici: non abbattetevi, non lasciatevi vincere da sfiducia paralizzante, non pensate che io sia finito come araldo del vangelo. È vivo e attivo e non nonostante il carcere, ma proprio per questo, essendosi la sua prigionia tramutata in mezzo efficace di annuncio cristologico.

Già nel ringraziamento introduttorio parla di sé incatenato ma capace di difendere e rafforzare le sorti del vangelo (*en tê-i apologia-i kai bebaiôsei tou euaggeliou*: 1,7). La sua prossima difesa presso il tribunale sarà un'apologia[92] dell'annuncio evangelico: non è un accusato qualunque, incolpato di crimini ordinari; le catene che porta sono a causa di Cristo e difendendo sé difenderà il vangelo rafforzandone la credibilità. Ma già quando scrive è apologeta del vangelo, come dirà poco più avanti.

In 1,12, introducendo la sua comunicazione ai filippesi,[93] non si sofferma

---
[37] Cfr. Fil 4,1-9.

sulle sue condizioni personali di carcerato; vuol far sapere che "quanto mi capitò ha contribuito piuttosto al progresso del vangelo". Non si è dunque arrestata la corsa dell'annuncio, ma incredibilmente ha fatto passi avanti. Si noti il rapporto causale tra "quanto gli capitò", cioè il carcere che colpisce la sua persona, e il progresso del vangelo: la prigionia non è valsa ad annullare il suo esistere per l'annuncio evangelico, a impedirne il servizio alla parola. Continua ad essere attivamente apostolo per il vangelo, ora in forme imprevedibili. Il legame funzionale tra la sua persona e il vangelo non si è spezzato.

Ma l'affermazione rassicuratrice per i filippesi richiede di essere provata ed egli non vi si sottrae, precisando che la sua situazione di carcerato ha avuto due effetti positivi per la missione. Anzitutto in rapporto all'ambiente cittadino, in particolare ai palazzi del potere: la sua situazione è risaputa: "Sono diventate così manifeste in tutto il pretorio e a tutti gli altri le catene che io porto per Cristo" (1,13). Ora la pubblicizzazione dell'annuncio cristiano già rappresenta un fatto positivo, ma non tutto doveva ridursi a questo, se egli parla di progresso del vangelo. Questo, difeso e garantito da un tale testi?mone (cf. 1,7), non solo è risuonato ma vi ha fatto breccia, come si deduce da un'annotazione dell'epilogo: "Vi salutano tutti i santi, ma specialmente quelli della casa dell'imperatore" (4,22). La formula (*hoi ek tês Kaisaros oikias*) indica quanti, soprattutto liberti, uniti in associazioni, erano attivi a Roma e nei grandi centri urbani dell'impero nel curare gli interessi economici della casa imperiale. Alcuni di loro nella città in cui Paolo era detenuto si erano convertiti e per suo mezzo salutano ora i filippesi. La loro speciale menzione appare funzionale all'affermazione che il suo carcere ha concorso al progresso del vangelo. Dovevano essere diventati cristiani proprio per opera del prigioniero.

Non solo, le sue catene ebbero un effetto benefico sulla comunità cristiana locale, incoraggiata, per lo più, dalla sua intrepida testimonianza: "E in maggioranza i fratelli, incoraggiati nel Signore dalla mia prigionia, sono sempre più audaci (*tolman*) nell'annunziare la parola[94] senza paura (*aphobôs*)" (1,14). Indirettamente dunque egli opera per il vangelo, qui per interposte persone sollecitate a uscire da paralizzanti paure e a trasformarsi in annunciatori coraggiosi, emuli del testimone Paolo nei ceppi. Il limite che non tutti furono da lui influenzati non intacca l'efficacia delle catene del prigioniero, circoscritta solo in termini quantitativi. Allo stesso modo non toglie nulla al progresso del vangelo il fatto che i fratelli locali coraggiosi non agiscano tutti

Lettere dalla prigionia

con intenzioni lodevoli, essendovi di quelli che erano spinti all'azione missionaria da sentimenti di rivalsa nei suoi confronti: "Alcuni, è vero, proclamano Cristo per invidia e rivalità, altri però lo fanno con retta intenzione. Gli uni agiscono per amore, sapendo che io sono qui per difendere il vangelo; gli altri invece annunziano Cristo per spirito di contesa e non santamente, pensando di rendermi più penosa la prigionia" (1,15-17). Il testo solleva un velo sulla situazione della chiesa locale e sulle reazioni suscitate dalla sua prigionia.[95] Essa si è divisa nei confronti dell'apostolo: invidia e rivalità negli uni, retta intenzione negli altri; spirito di contesa e agire non santo in quelli, amore per Paolo in questi. Non manca in quanti gli erano ostili l'intento di recargli ulteriore motivo di tristezza. In altre circostanze egli non si sarebbe dimostrato così tollerante: non una parola polemica, nessun attacco verbale, solo la constatazione di un fatto. Ma ora è in carcere e ha interesse a dire ai filippesi come non abbia cessato per questo di essere annunciatore del vangelo; almeno indirettamente, per *fas* o per *nefas* l'annuncio di Cristo si compie e si compie per suo influsso. Non ha alcuna rilevanza per la causa del vangelo che lo facciano amici suoi o anche suoi nemici e proprio perché sollecitati da questa inimicizia: "Ma che importa? Dopo tutto, in ogni modo, pretestuosamente o sinceramente, Cristo viene annunziato" (1,18a). Che egli sia personalmente ferito, e non lo si può dubitare dal momento che insiste sulle intenzioni e i moventi dei missionari, passa in second'ordine. Importante è solo il risultato, il vantaggio che ne viene a Cristo. Per questo confessa ai filippesi di gioirne (1,18b).[96]

Si è rilevato come egli qui dissoci vangelo ed evangelista, mentre troppo spesso, si dice, li ha indissolubilmente legati nella sua persona. Ci basti citare Gal 1,9: "se qualcuno vi annunzia un vangelo in contrasto con quello che avete ricevuto, sia votato alla maledizione divina!". Nella stessa direzione va la formula "il mio/nostro vangelo" (Rm 2,16; 16,25; 2Cor 4,3; Gal 1,11; 1Ts 1,5; cf. anche 2Cor 11,4). In realtà, la suddetta diversa reazione di Fil dipende dal fatto che il contrasto era limitato alla sfera dei rapporti personali e non intaccava "la verità del vangelo", formula presente in Gal 2,5.14. La personalizzazione dell'annuncio evangelico propria delle sue reazioni quando scrive ai corinzi e alle chiese galate si spiega perché la posta in gioco era la genuinità del vangelo. Inoltre anche in questi scritti egli non dimentica di dire come si colleghi ai messaggeri titolati della chiesa apostolica: "vi trasmisi, anzitutto, ciò che a mia volta ricevetti [...]. In conclusione, sia io sia loro, così annunciamo" (1Cor 15,3.11); "visto che mi era stato affidato il vangelo degli incirconcisi come a Pietro il vangelo dei circoncisi [...] e riconosciuta la grazia a me data da Dio, Giacomo, Cefa e Giovanni, ritenuti le colonne, diedero a me e a Barnaba la mano destra in segno di solidarietà, perché si andasse noi ai gentili ed essi ai circoncisi" (Gal 2,7.9).

Non solo la sua attuale carcerazione si è rivelata un *kairos* per il vangelo, ma anche nell'incerto futuro di accusato che potrà essere condannato a morte o assolto vede una sua funzione attiva a favore di Cristo. Si dice infatti fiducioso che "Cristo sarà pubblicamente magnificato nel mio corpo attraverso sia la vita sia la morte" (1,20). Ma se ne parlerà più a lungo nel paragrafo seguente.

La stessa dedizione straordinaria, al prezzo persino della vita, di Epafrodito, che gli ha portato l'aiuto finanziario dei filippesi e si è prestato ad essergli di aiuto in carcere, non è vista e valutata da lui in rapporto alla sua persona, bensì come un servizio "evangelico": "per l'opera di Cristo giunse vicino a morire" (2,30). E anche di Timoteo che gli è accanto, co-mittente di Fil, egli traccia un quadro edificante ma sempre in rapporto al "servizio del vangelo" da lui compiuto come figlio in unione con il padre (2,22). Il rapporto affettivo è dunque integrato in una comune partecipazione attiva alla causa dell'annuncio. In breve, non solo il carcerato Paolo agisce per il vangelo, ma anche chi gli sta accanto per alleviarne il peso partecipa a questa sua opera evangelizzatrice.

---

[92] Altrove Paolo usa *apologia* per autodifendersi. Cf. 1Cor 9,3.

[93] «Voglio poi che sappiate, fratelli, che...».

[94] Aggiunte in importanti manoscritti: «di Dio», «del Signore».

[95] Vedi qui C. KAHLER, «Konflikt, Kompromiss und Bekenntnis. Paulus und seine Gegner im Philipperbrief», in *KD* 40 (1994), 47-64 che valuta la diversa natura dei conflitti con cui Paolo ha avuto a che fare, personali quelli con una parte della chiesa locale della città in cui era prigioniero (*sic*) e tra Evodia e Sintiche e «dottrinali» con «i cattivi operai» del c. 3, e la relativa sua diversa reazione allo «scisma» e all'«eresia».

[96] Si deve supporre che lo dividessero da questi missionari malevoli motivi di carattere personalistico e non fossero in causa i contenuti dell'annuncio. La sua reazione sarebbe stata ben diversa e di carattere fortemente polemico, come appare per es. in 2Cor (cf. soprattutto cc. 10-13). Qui invece gli basta come motivo di gioia che Cristo sia annunziato. Il messaggio non è in discussione; il suo interesse è tutto e solo qui.

II. Lettera a Filemone

In quel gioiello stilistico di umanità, di solidarietà e di carità che è la breve missiva a Filemone individuiamo ben cinque luoghi in cui Paolo parla di sé in rapporto al concetto di prigionia. Le citazioni possono essere ordinate in due gruppi dei quali il primo è costituito da due coppie di versetti caratterizzati da elementi comuni: δέσμιος Χριστοῦ Ἰησοῦ[38]; ἐν τοῖς δεσμοῖς[39]. Il parallelismo è ravvisabile attraverso la parentela linguistica del radicale, comune al sostantivo δέσμος[40] e al suo derivato aggettivo δέσμιος. Il sintagma ἐν τοῖς δεσμοῖς rimanda alla Lettera ai Filippesi[41]; per quanto riguarda l'aggettivo δέσμιος e la sua scontata affinità con δέσμος — a nostro giudizio — forse l'aggettivo trasmette un senso traslato e quindi un valore simbolico più evidente e scoperto che non il genere plurale del sostantivo[42]. Qualora ammettiamo che Paolo abbia usato δέσμιος nel duplice senso (concreto e astratto o simbolico), potremmo intendere l'espressione (prigioniero) a causa di Cristo Gesù, in nome di Cristo Gesù, in difesa di Cristo Gesù, a vantaggio di Cristo Gesù, riguardo a Cristo Gesù e così via, ricercando tra le varie scelte che la critica e la riflessione offrono e la lingua greca consente quella o quelle opzioni convogliabili nell'alveo del caso genitivo. Di conseguenza lo spessore della scrittura paolina ne trarrebbe profitto e si aprirebbe davanti a noi un panorama assai vasto dentro al quale indagare per allargare sulle valenze e approfondire il valore della parola dell'Apostolo. Ne risalterebbe un legame ben più profondo che — volontariamente e consapevolmente assunto da Paolo — unisce il "prigioniero"[43] al suo Divino Ideale, cioè a Cristo Gesù. Adesione intima al modello, nella quale la creatura umana s'immerge e si risolve completamente. Allora δέσμιος ("incatenato, che incatena") di-

---

[38] Cfr. Fm 1.9.
[39] Cfr. Fm 10.13.
[40] Per δέσμος vedi sopra.
[41] Cfr. Fil 1,7.
[42] Osserviamo che le lingue classiche sono solite attribuire al numero singolare di determinati sostantivi un significato astratto o comunque metaforico, un significato concreto al numero plurale.
[43] δέσμιος — "prigioniero", "schiavo". Il termine ha valore sia passivo sia attivo: significa rispettivamente "legato", "incatenato", "schiavo", oppure "che lega", "che incatena". Perché, confortati dal secondo tipo di risposta, non vedere in Paolo un elemento dinamico e vitale, capace di estendere questo positivo genere di schiavitù anche ad altri, come appunto è già nel comportamento dell'Apostolo?

viene anello di un lungo, interminabile susseguirsi di anelli di questa catena. Ecco Paolo strumento di cui Cristo si serve per legare a sé in tale dolce prigionia tanti altri uomini disposti e persuasi dalla parola e dall'esempio di Paolo a imitarlo in questa scelta di vita a favore del Vangelo. Il titolo di δέσμιος apparentemente semplice, che il mittente sceglie per sé nell'intestazione della comunicazione a Filemone denota la lucidità e la decisione ormai maturata e introiettata, con cui Paolo si pone in rapporto al proprio compito di cristiano. La locuzione δέσμιος Χριστοῦ Ἰησοῦ ha il sapore di un *cognomen* o di un *agnomen* apposto al nome di battesimo (al *nomen*) — del resto Paolo è cittadino Romano! — quasi che non si possa prescindere da simili precisazioni senza intaccare per definire l'identità del soggetto in questione. Che si tratti di un passo avanti sulla via della santificazione è deducibile dalle parole (v. 9) in cui il responsabile della richiesta contenuta nel biglietto entra nel vivo dell'argomento: dapprima Paolo si qualifica come πρεσβύτης[44] segue nell'ordine e anche cronologicamente δέσμιος. Quasi che da iniziale portavoce di Cristo, immedesimandosi sempre più nel suo compito di "annunciatore", nunzio della Buona Novella, Paolo sentisse di meritare l'appellativo più personalizzato di δέσμιος, ovvero: "legato in maniera indissolubile come prigioniero", inseparabile dalla sua catena, cioè dall'oggetto che lo rende prigioniero appunto. Nel richiamo al suo essere πρεσβύτης, dopo essersi appellato, non alla propria autorità, ma all'amore, Paolo cerca di fare breccia nel cuore di Filemone, presentandosi oltre che come persona di una certa età che ha bisogno di aiuto, precipuamente come ambasciatore di Cristo, al quale Filemone non può rispondere negativamente, non può esimersi dal concedere il favore richiesto. Mossa psicologicamente molto opportuna il

---

[44] πρεσβύτης — aggettivo e sostantivo ravvicinabile a πρέσβυς di cui rappresenta la forma usata nella prosa. Ambedue significano "vecchio", "anziano", "ambasciatore". I riferimenti classici relativi a πρεσβύτης sono numerosi e autorevoli: si va dai tragici alla commedia: ARISTOFANE, *Acarnesi* v. 707; ai filosofi: PLATONE, *Repubblica*, 608; agli storici: TUCIDIDE, *la guerra del Peloponneso* 3, 67; agli storici memorialisti: SENOFONTE, *Simposio* 4, 17. Il significato di πρεσβύτης slitta facilmente dall'originale anziano a quello di "persona autorevole per età e esperienza", "annunciatore", "inviato", "ambasciatore", "portavoce". Non va dimenticato che nella imminente letteratura neotestamentaria οἱ πρεσβύτεροι (grado comparativo di maggioranza, numero plurale di πρέσβυς) indicherà i sacerdoti e i vescovi, a conferma dell'alone di persona degna di rispetto per età e qualità personali circondante i medesimi. Il vocabolario implica sempre un'idea di dignità.

definirsi schiavo (cfr. Rm 1,1; ovviamente in senso figurato, ma intanto il vocabolo è altamente evocativo e suggestivo), in modo da introdurre l'argomento nobilitandolo e conferendogli una carica positiva, dato che il "padrone" di Paolo, il "*dominus*" di Paolo è nientemeno che il *Dominus* per eccellenza, cioè Cristo Gesù. Grande forza persuasiva troviamo nella formula di passaggio νυνὶ δὲ καί locuzione funzionale al collegamento tra i due epiteti πρεσβύτης e δέσμιος seguiti dal genitivo Χριστοῦ Ἰησοῦ, genitivo — come già si è accennato — denso di implicazioni tutte da esplorare. Anche l'anafora del verbo παρακαλῶ, presente nel v. 9 e ribadito nel v. 10, tende ad incalzare Filemone e a rafforzare la sollecitazione di Paolo. Come potrebbe Filemone, in nome di quell'amore (ἀγάπη) da lui ampiamente già dimostrato evitare di dare prova di disponibilità nei confronti di Paolo, il quale perora la causa del proprio figlio spirituale? Paolo avanzato in età, ambasciatore di Cristo Gesù, ora divenuto addirittura schiavo di Cristo Gesù lo prega in nome dell'Autore cristiano a vantaggio non di un qualunque adepto di recente convertito, ma di un proprio figlio spirituale, ben noto a Filemone stesso. È notorio quanto teneramente vengano amati i figli nati da genitori anziani[45]: nei confronti dello schiavo Onesimo, che Paolo ha personalmente battezzato Paolo si comporta da padre amoroso e sollecito; nello stesso tempo l'Apostolo fa valere la sua investitura di ambasciatore di Cristo per ottenere di essere esaudito da Filemone. In sostanza il ragionamento di Paolo si muove secondo la linea seguente: Se Onesimo secondo la legge terrena e schiavo tuo, in virtù dell'amore cristiano e del battesimo da me impartitogli, è ora anche figlio mio, di me che sono a mia volta schiavo di Gesù Cristo, in nome di una legge superiore, cioè quella dell'amore. Potrà mai Filemone preferire che Onesimo rimanga semplice schiavo di sua proprietà e rifiutarsi di prendere atto che ormai Onesimo, in grazia de battesimo è divenuto figlio spirituale di uno schiavo di Gesù Cristo qual è Paolo? In quest'occasione Paolo facendo leva sulla propria condizione di persona ristretta in carcere cerca di evitare che uno schiavo da poco entrato a far parte della comunità cristiana possa trovarsi in condizioni di difficoltà nei rapporti con il proprio padrone e — forse — conseguente messa a rischio della propria

---

[45] "Israele amava Giuseppe più di tutti i suoi figli, perchè era il figlio avuto in vecchiaia, e gli aveva fatto una tunica dalle lunghe maniche" (Gn 37,3).

conversione. Ancora una volta la prigionia è foriera di bene, d'accordo, di pacificazione. Il tutto a maggior gloria di Dio. Una notazione speciale merita il passo della Lettera a Filemone in cui il mittente enumerando i nomi dei confratelli che si associano a lui nei saluti distingue Marco, Aristarco, Dema, Luca considerati suoi collaboratori, da Epafra[46], il quale citato al primo posto nella lista viene definito" compagno di prigionia[47] in Cristo Gesù". Non conosciamo il gruppo etnico a cui Epafra apparteneva; possiamo ragionevolmente supporre che egli fosse cittadino di Colosse. Il nome proprio Ἐπαφρᾶς non è di pura ascendenza greca e del resto la terra in cui egli verosimilmente operò è l'Asia Minore, crogiolo di culture e di nazionalità le più disparate. Dalla Lettera ai Colossesi emerge come uomo determinato, energico, combattivo: Paolo lo presenta (quale) cristiano convintamente votato alla causa del Vangelo, persona affidabile, dotata di senso di responsabilità. Il sintagma συναιχμάλωτος μου ("mio compagno di prigionia") disegna in maniera quanto mai indovinata la fi-

---

[46] Per Epafra vedi P.T. O'BRIEN, "Colossians, Letter to the", *DPL*, 148; trad. italiana, "Colossesi, Lettera ai", *DPL*, 274; A. SACCHI, *Lettere paoline e altre lettere*, 200; R. PENNA, "Colossesi, Lettera ai", *NDTB*, 286; E.E. ELLIS, "Coworkers, Paul and His", *DPL*, 184; trad. italiana, "Collaboratori, Paolo e i suoi", *DPL*, 258-259. Cfr. "che avete appreso da Epafra, nostro caro compagno nel ministero; egli ci supplisce come un fedele ministero di Cristo, ed è che ha pure manifestato il vostro amore nello Spirito" (Col 1,7-8); "Vi saluta Epafra, servo di Cristo Gesù, che è dei vostri, il quale non cessa di lottare per voi nelle sue preghiere, perché siate saldi, perfetti e aderenti a tutti i voleri di Dio. Gli rendo testimonianza che si impegna a fondo per voi, come per quelli di Laodicea e di Gerapoli" (Col 4,12-13).

[47] συναιχμάλωτος — aggettivo pluricomposto dal prefisso συν- ("con") e αἰχμάλωτος ("prigioniero di guerra"), a sua volta formato e derivante dal sostantivo αἰχμή ("punta dell'amo", "lancia", "guerra", "battaglia") e dall'aggettivo verbale di primo tipo ἁλωτός, ή, όν ("prendibile"; "preso"), forma nominale riconducibile al verbo ἁλίσκομαι ("sono preso", "sono catturato"). La scelta linguistica dell'Apostolo non è causale. Συν è la spia di quanto Epafra si ponesse sentimentalmente in consonanza con Paolo nelle intenzioni, nel comportamento, nel programma da realizzare, nelle difficoltà e nei problemi da affrontare; αἰχμάλωτος sottintende e presuppone un contesto complesso e molto vivo nella memoria di Paolo. αἰχμή sembra allusivo dell'invito a Simone: "Mentre camminava lungo il mare di Galilea vide due fratelli, Simone, chiamato Pietro, e Andrea suo fratello, che gettavano la rete in mare, poiché erano pescatori. E disse loro: 'Seguitemi, vi farò pescatori di uomini" (Mt 4,18-19). Anche se Pietro usava le reti, l'amo è pur sempre uno strumento da pescatore. Il termine "amo" nella sua duplice accezione di lotta riesce ad evocare velatamente anche l'esperienza personale di Paolo scelto da Cristo in modo individuale e mirato: non uno dei tanti, confuso in mezzo alla turba dei seguaci di Cristo, ma uomo singolo "pescato all'amo" gettato da Cristo e catturato dopo una certa lotta contro i cristiani e resistenza interiore da parte del futuro Apostolo.

Lettere dalla prigionia

gura di Epafra in rapporto a quella di Paolo, di cui rappresenta il riflesso. Come Paolo Epafra ha senza dubbio lottato indefessamente per diffondere la Buona Novella, non solo tra i gentili, ma si è battuto validamente anche contro avversari interni, i quali con i loro metodi di diffusione della dottrina tentavano di alterare i rapporti tra i cristiani, causando malcontento, seminando sospetti e calunnie a danno di Paolo, con il risultato di turbare l'atmosfera di armoniosa convivenza, specchio di quel Regno di Cristo predicato dall'Apostolo e dai suoi collaboratori. Paolo conta molto su Epafra e sulla sua capacità di muoversi in un ambiente ricco di potenzialità, ma eterogeneo nella sua composizione, come quello delle terre in cui Epafra era impegnato:

> che avete appreso da Epafra, nostro caro compagno nel ministero; egli ci supplisce come un fedele ministro di Cristo (Col 1,7)[48].
> Vi saluta Epafra, schiavo di Cristo Gesù, che è dei vostri, il quale non cessa di lottare per voi nelle sue preghiere, perché siate saldi, perfetti e aderenti a tutti i voleri di Dio (Col 4,12)[49].

Queste due terne rappresentano elementi significativi??del ritratto morale di Epafra tracciato da Paolo. Alla luce di tali lineamenti riusciamo a capire le ragioni che hanno spinto Paolo ad associarlo a sé così strettamente, dal momento che Epafra, uomo fidato e fedele ha dato prova di una dedizione totale ed assoluta alla causa di Cristo, tanto più preziosa per Paolo, ora che gli eventi lo vogliono temporaneo ostaggio di forze tendenti a rallentarne il cammino. Colpisce il parallelismo tra la chiamata di Simon Pietro e del fratello carnale Andrea[50] con la vocazione di Saulo-Paolo e del fratello di lotta Epafra: la sentiamo come un prolungamento della chiamata di Cristo in persona *ad personam*. Questa considerazione ci deriva dall'evidenza con cui si staglia l'immagine visiva di Cristo che cammina lungo la riva del mare di Galilea con lo sguardo immerso nell'infinito azzurro del regno del suo Padre.

---

[48] καθὼς ἐμάθετε ἀπὸ Ἐπαφρᾶ τοῦ ἀγαπητοῦ συνδούλον ἡμῶν, ὅς ἐστιν πιστὸς ὑπὲρ ὑμῶν διάκονος τοῦ Χριστοῦ (Col 1,7).
[49] ἀσπάζεται ὑμᾶς Ἐπαφρᾶς ὁ ἐξ ὑμῶν, δοῦλος Χριστοῦ [Ἰησοῦ], πάντοτε ἀγωνιζόμενος ὑπὲρ ὑμῶν ἐν ταῖς προσευχαῖς, ἵνα σταθῆτε τέλειοι καὶ πεπληροφορημένοι ἐν παντὶ θελήματι τοῦ θεοῦ (Col 4,12).
[50] Cfr. Mt 4,18-22; Mc 1,16-20; Lc 5,1-11; Gv 1,35-42.

III. Lettera ai Colossesi

Nella Lettera ai Colossesi (collocate tra le tre deuteropaoline) la menzione della prigionia è complessa e differenziata. La Lettera rammenta l'argomento della prigionia dell'Apostolo tre volte: cfr. Col 4,3.10.18. Iniziamo la nostra analisi col v. 4,10 e il suo riferimento al "compagno di prigionia", sintagma anche presente nella Lettera a Filemone. Mettere a confronto Col 4,10 e Fm 23 è d'obbligo e obbedisce ai criteri di reciprocità, pur con le varianti del caso:

> Ti saluta, Epafra, mio compagno di prigionia per Cristo Gesù (Fm 23).

Infatti Paolo a proposito di Aristarco, proveniente dalla Macedonia, si limita a chiamarlo suo "compagno di prigionia":

> Vi salutano Aristarco, mio compagno di prigionia, e Marco, il cugino di Barnaba, riguardo al quale avete ricevuto istruzioni — se verrà da voi, fategli buona accoglienza (Col 4,10).

Nella Lettera a Filemone l'espressione usata in riferimento ad Epafra è integrata dal complemento "per Cristo Gesù" (Fm 23), espansione non di poco conto. Dato che lo scritto a Filemone figura tra i testi paolini autentici, mentre la Lettera ai Colossesi è annoverata fra le deuteropaoline. Potremmo giustificare la variante come indizio che l'estensore-imitatore ha ripreso il formulario originale schematizzandolo, forse impoverendolo in certi tratti pur salienti da lui non considerati essenziali, nonostante lo stile della Colossesi risulti alquanto ridondante e prolisso. Non nascondiamo che tale contraddizione suscita in noi qualche perplessità.

Nella prima delle tre citazioni si allude ad una prigionia di Paolo espressa con il perfetto, prima persona singolare del verbo δέω[51]:

---

[51] δέω = "lego". In senso concreto lo usano Omero, *Odissea*, 12,50; *Iliade*, 21,30; Erodoto *Storie* 1,66; 5,77; gli autori Attici; Tucidite (4,47); Eschilo, *Prometeo*, 15. Nel senso di "incatenare", "imprigionare" lo troviamo in Tucidite, Platone, Demostene. Per il resto il significato di δέω è traslato: Euripide, *Ippolito*, 160; Omero, *Odissea*, 4,380; 8, 352. Cfr. At 22,29 dove il verbo δέω è inteso nell'accezione concreta di "legare": "E subito si allontanarono da lui quelli che dovevano interrogarlo. Anche il tribuno ebbe paura, rendendosi conto che Paolo era cittadino romano e che lui lo aveva messo in catene".

voi pregando nello stesso tempo anche per noi, affinché Dio ci apra una porta per la parola, perché possiamo annunciare il mistero di Cristo, a motivo del quale sono stato di recente imprigionato (δέδεμαι) (Col 4,3).

Non è chiaro se sia preferibile intendere il perfetto δέδεμαι nel suo valore risultativo, cioè come esperienza di "prigionia recente" i cui effetti durano mentre Paolo scrive o piuttosto nel senso di "sono stato incarcerato di recente e tuttora conservo il ricordo di tale esperienza", senza che sia necessario immaginare che Paolo scriva dalla prigionia dove si troverebbe ancora recluso[52]. L'apostolo esorta i colossesi a pregare instancabilmente (da parte sua egli li raccomanda a Dio nelle sue preghiere), affinché la grazia illumini le menti sia dei colossesi, sia dei cristiani vicini a Paolo e li preservi da deviazioni, errori e fraintendimenti che vanificherebbero gli sforzi di quanti, a cominciare da Epafra hanno predicato la verità del Vangelo. Paolo si rende conto di quanto sia necessario rafforzare le convinzioni, in un ambiente di recente acquisizione come Colosse e fa presente che la perseveranza nel cammino cristiano deve essere garbata, ma ferma, decisa, capace di controbattere ai tentativi di manipolazione delle coscienze, anche a costo di sofferenze, come è accaduto all'Apostolo stesso, il quale è stato privato della libertà (cfr. Col 4,3). Questo di Paolo è esempio più persuasivo di tante parole. Quindi i colossesi devono essere zelanti e coraggiosi.

Infine la lettera si chiude a mo' di epigrafe con un'espressione concisa quanto efficace nella sua brevità (ecco il terzo accenno alla prigionia): "Ricordatevi delle mie catene" (Μνημονεύετέ μου τῶν δεσμῶν, Col 4,18), dove la figura retorica di zeugma[53] del pronome personale enclitico e monosillabico di I persona concentra su di esso l'attenzione. Nonostante lo scarso spazio riservatole, la sillaba μου si pone come complemento necessario sia al senso del predicato verbale μνημονεύετε, sia alla compren-

---

[52] Oggi si esprimerebbe così: " Sono reduce da una recente esperienza di carcerazione".
[53] Zeugma — (gr. ζεῦγμα, σχῆμα ἀπὸ κοινοῦ; lat. *in comune*) = in italiano, figura da comunanza. Consiste in un espediente retorico di natura sintattica, in cui l'elemento in questione serve a due costruzioni contigue, per cui il suo peso nell'ambito della frase risulta raddoppiato. La forma linguistica risulta alleggerita, la scrittura più scorrevole, lo stile conciso, la carica di espressività accresciuta. Per ulteriori approfondimenti vedi H. LAUSBERG, *Elementi di retorica*, §§ 321-324; B. MORTARA-GARAVELLI, *Manuale di retorica*, 226-227.

sione di τῶν δεσμῶν: μου si trova sicuramente al centro della scena, nonostante le sue proporzioni ridotte, apparentemente in ombra proprio come nella realtà si trova il recluso Paolo. L'umile presenza dell'Apostolo, fotografata nel monosillabo atono μου ha una carica spirituale e suggestiva inversamente alle sue dimensioni, rispettivamente fisiche e grafiche. Il monosillabo μου, stretto fra l'imperativo polisillabico fornito di doppio accento (quello tonico suo proprio e quello d'enclisi) a sinistra e le due parole il cui accento circonflesso allunga il tempo di pronuncia delle sillabe interessate a destra, rimane impresso come un lamento represso, quasi come un singhiozzo che l'uomo, per quanto forte d'animo non riesce a trattenere al momento del commiato. Lo σχῆμα ἀπὸ κοινοῦ posizionato strategicamente nella chiusa, imprime ad essa un'andatura da clausola ritmica, ma non si tratta soltanto di un ornamento stilistico: Paolo (μου) e le sue catene (τῶν δεσμῶν) devono essere accomunati (figura da comunanza) nel ricordo (μνημονεύετε) dei colossesi come se fossero una cosa sola. Sembrano parole scolpite nella pietra: una vera e propria iscrizione o epigrafe. Anche se l'autenticità della Lettera ai Colossesi è stata messa in dubbio, è verosimile che un'espressione di quel tipo sia stata pronunciata da Paolo, tanto essa è icastica e densa di significato, sia concreto, sia simbolico. È ragionevole pensare che Paolo considerasse la condanna al carcere alla stregua della prova del fuoco, necessaria per saggiare l'autenticità del cristiano. Gesù aveva sfidato la legge umana fino all'estremo sacrificio: così dovevano comportarsi coloro che credevano in lui.

IV. Lettera agli Efesini

Analogamente la Lettera agli Efesini (anche collocate tra le tre deuteropaoline) contiene citazioni (tre) riguardanti l'argomento della prigionia di Paolo: 3,1; 4,1; 6,20. Esse costituiscono il filo conduttore della seconda sezione della lettera, tendente a dimostrare la convinta adesione di Paolo al Vangelo e la sincerità dell'idea paolina di cristianesimo. Un cristianesimo eroico, che non arretra di fronte alla carcerazione, alla limitazione o alla perdita della libertà e che può essere prodromo di un tragico finale, un preludio al martirio per la conquista della vita eterna, non solo per sé, ma anche per gli altri. Siamo di fronte alla parte cosiddetta "persuasoria" della lettera, in cui si fa leva sui moti del cuore. L'utilizzo insistente

Lettere dalla prigionia

di detto tema potrebbe essere la spia che il testo obbedisca allo scopo di tenere desta l'attenzione riguardo alle verità basilari della fede, fungendo da mezzo di convincimento e da stimolo per i destinatari. A tale scopo è opportuno osservare lo scopo della Lettera: i primi due capitoli trattano del mistero della salvezza (il così detto indicativo paolino), che accomuna ebrei e gentili; solo all'inizio del cap. 3 (v. 1) Paolo entra in scena con una lunga e articolata preghiera, il cui leitmotiv è costituito dall'autodefinizione sia di "prigioniero di Cristo Gesù"[54], sia di "prigioniero del Signore"[55], sia di "ambasciatore in catene"[56].

Per questo, io Paolo, il *prigioniero di Cristo Gesù* per voi gentili (Ef 3,1).

Vi esorto dunque io, *prigioniero del Signore*, a comportarvi in maniera degna della vocazione che avete ricevuto (Ef 4,1).

per far conoscere il mistero del Vangelo, del quale sono *ambasciatore in catene*, e io possa annunziarlo con franchezza come è mio dovere (Ef 6,19b-20).

Siamo indotti a inferire che l'esperienza sofferta della detenzione abbia determinato nell'Apostolo una seria riflessione sul significato riposto ma sostanziale di quanto gli era accaduto della propria reazione alla perdita della libertà. È verosimile che la condizione di uomo sottoposto in tutto e per tutto alla volontà altrui impersonata dallo Stato, di uomo costretto a vivere in un luogo generalmente aborrito, causa di sofferenza fisica e psichica, abbia generato in Paolo un modo diverso di porsi di fronte alla dura realtà. Che davanti ai suoi occhi si sia formata improvvisamente una situazione positiva, dove la segreta da cella bassa, buia e angusta appariva miracolosamente illuminata da una luce spirituale; che da luogo di sofferenza sia divenuta sede di sublimazione della sofferenza, che la sensazione frustrante

---

[54] Τούτου χάριν ἐγὼ Παῦλος ὁ δέσμιος τοῦ Χριστοῦ ['Ιησοῦ] (Ef 3,1).

[55] Παρακαλῶ οὖν ὑμᾶς ἐγὼ ὁ δέσμιος ἐκ Κυρίῳ (Ef 4,1).

[56] γνωρίσαι τὸ μυστήριον τοῦ εὐαγγελίου, ὑπὲρ οὗ πρεσβεύω ἐν ἁλύσει, ἵνα ἐν αὐτῷ παρρησιάσωμαι ὡς δεῖ με λαλῆσαι (Ef 6,19b-20). Il verbo πρεσβεύω significa "sono avanti negli anni", "sono maggiore (d'età)" e deriva da πρέσβυς, a sua volta equiparato a πρεσβύτης (cfr. Fm 1,9). Con tale accezione è attestato in SOFOCLE, *Edipo a Colono*, v. 1422; EURIPIDE, *Eracle*, v. 45; PLATONE, *Leggi*, 951; con il significato intransitivo di "sono ambasciatore" è attestato in ARISTOFANE, *Acarnesi*, v. 610; EURIPIDE, *Eracle*, v. 479; ERODOTO, *Storie*, 5,93; SENOFONTE, *Ciropedia*, 5,1,3; PLATONE, *Carmide*, 158; PLUTARCO, *Alcibiade*.

d'impotenza si sia trasformata in anelito prorompente di libertà interiore, in gioioso strumento di santificazione, di rafforzamento e di lotta più che mai convinta per la diffusione e il trionfo della fede in Cristo. Ne è conferma lo stato d'animo espresso da Paolo nella Lettera ai Filippesi, dove eccelle la sua straordinaria capacità di leggere in positivo le linee di avvenimenti dai quali normalmente l'individuo corre il rischio di esserne travolto:

> ⁴pregando sempre con gioia per voi in ogni mia preghiera [...] ¹²Desidero che sappiate, fratelli, che le mie vicende si sono volte piuttosto a vantaggio del Vangelo, ¹³al punto che in tutto il pretorio e dovunque si sa che sono in catene per Cristo; ¹⁴in tal modo la maggior parte dei fratelli, incoraggiati nel Signore dalle mie catene, ardiscono annunziare la parola di Dio con maggior zelo e senza timore alcuno (Phil 1,4.12-14).

La definizione il "prigioniero di Cristo Gesù" (Ef 3,1) assume un valore speciale nel contesto del versetto, preceduta com'è dall'autoaffermazione "io, Paolo", e completata dall'espansione per voi gentili. Innanzitutto l'articolo determinativo[57] sembra alludere a una modalità di connotazione della figura di Paolo, quasi ad una sorta di appellativo spettantegli per antonomasia, in riferimento alla sua scelta totalizzante e irrevocabile rispetto a Cristo. Il genitivo τοῦ Χριστοῦ ['Ιησοῦ] (3,1) è pregnante: può essere considerato possessivo, soggettivo, oggettivo e generico. Dentro quell'espressione apparentemente semplice leggiamo un'infinità di echi i quali sono lontanamente rendono il complesso delle motivazioni che hanno determinato la scelta di vita del missionario di Tarso. Egli è perciò rispettivamente il prigioniero che appartiene al Cristo Gesù (Paolo si sente appunto come uno che ha fatto dono di se stesso a un padrone amoroso quale il Cristo); sente che Gesù si identifica nella sua condizione di prigioniero, che le sembianze di Cristo sofferente durante la passione trasmigrano in lui Paolo, per cui si opera un processo di dissolvenza dell'immagine di Cristo sofferente su questa terra in quella di Paolo ugualmente soggetto al dolore. L'apostolo sente che Gesù lo ha fatto prigioniero, anzi ha fatto di lui il "prigioniero", riservandogli questo privilegio fin da quando lo ha illuminato, lo ha fermato sulla via di Damasco. Nella realtà

---

[57] ὁ δέσμιος = "il prigioniero" (Ef 3,1).

Lettere dalla prigionia

concreta Paolo è stato rinchiuso in prigione a causa di Gesù, a motivo della propria predicazione in nome di Cristo Gesù, in difesa del Vangelo che è appunto il nome di Gesù testimoniato e annunciato a tutte le genti. Da un certo momento in poi l'esistenza di Paolo è stata contrassegnata dall'aspirazione ad eseguire la volontà di Cristo Gesù; ogni atteggiamento di Paolo è stato determinato dal desiderio di piacere solo a lui, di adeguarsi solo a lui. L'apostolo si è mosso esclusivamente all'insegna dell'insegnamento di Cristo Gesù, Figlio di Dio e Salvatore degli uomini. È quindi giusto e naturale che egli si senta "prigioniero del Signore" (Ef 4,1), che il suo essere riposi interamente in lui, come massima garanzia di salvezza e sicurezza, di soddisfazione e pace spirituale. La lettera prosegue con l'appello all'unità dei cristiani a Efeso, motivando su questa falsariga la corposa e protratta parenesi, al termine della quale, a mo' di suggello Paolo ribadisce, quasi come un dovere del mandato affidatogli da Dio, la propria veste di apostolo-ambasciatore in catene (6,20).

Nell'espressione ὑπὲρ οὗ πρεσβεύω ἐν ἁλύσει, "per il quale (Vangelo) sono ambasciatore in catene", rieccheggiano non soltanto le parole della missiva a Filemone[58], ma anche quelle di At 21,33, dove il sostantivo ἅλυσις è usato al plurale[59]. Nella frase πρεσβεύω ἐν ἁλύσει, ottenuta mediante la giustapposizione di elementi di provenienza diversa ci sembra di ravvisare qualcosa di convenzionale, confacentesi all'oratoria di un autore colto e preparato, sul quale è stato dato un giudizio calzante[60]; quanto alla lettera la si cataloga nell'ambito dei testi capaci di fornire formulari modello, a cui attingere per uso culturale[61]. Sulla medesima traccia può essere visto anche il tema della prigionia. Questa rappresenta uno dei momenti che hanno segnato in modo indelebile l'esperienza terrena di Paolo, ma si è impressa durevolmente anche nella memoria e nell'immaginario collettivo dei cristiani contemporanei, immediatamente posteriori all'epoca dell'Apostolo delle genti, divenendo uno dei moduli più frequenti e consueti di com-

---

[58] Cfr. Fm 10.13.
[59] ἅλυσις, -εως = "catena", è usato da Erodoto e dagli autori attici, da Polibio, da Plutarco. Ci sono 10 ricorrenze del termine nel NT, di cui 2 nell'epistolario paolino: Ef 6,20 e 2Tim 1,16.
[60] "Efesini si colloca deliberatamente all'interno del *corpus* paolino, in quanto il suo autore si presenta come l'Apostolo Paolo" (A. SACCHI, *Lettere paoline e altre lettere*, 205).
[61] "La prima parte, con le benedizioni e le preghiere, riflette lo stile del culto cristiano, mentre la seconda è più vicina alle formule della catechesi" (A. SACCHI, *Lettere paoline e altre lettere*, 205).

memorarlo, uno degli argomenti vincenti, utilizzati dalla produzione della feconda "tradizione paolina". Essa — com'è naturale — riecheggia stereotipi e frasario atti a ricostruire e riprodurre l'atmosfera carica di suggestioni in cui Paolo si era mosso, aveva combattuto, aveva conquistato le sue posizioni. Con la sua per merito della sua strenua è instancabile battaglia egli aveva lasciato come esempio, in eredità al nascente cristianesimo l'originalità della predicazione e la coerenza della propria condotta.

V. Seconda Lettera a Timoteo

Nella Seconda Lettera a Timoteo (classificata tra le cosiddette Pastorali) la presenza di Paolo viene costantemente associata al concetto di prigionia, quasi che nel corso degli anni si sia operata una simbiosi; un'associazione di idee, un automatismo tra Paolo e il carcere. Certamente la vita dell'Apostolo sembra avere raggiunto l'acme della sua esperienza terrena e cristiana nello stato di detenzione, quale anticamera al martirio e l'esempio del suo indomito nel testimoniare il Vangelo a ogni costo era un modello quanto mai opportuno e di sicura presa su qualunque tipo di cristiano. Secondo l'opinione di molti l'Apostolo avrebbe stilato la lettera nel carcere di Roma, nell'imminenza della testimonianza della condanna alla pena capitale[62]. Tale circostanza conferisce alla lettera un alone di suprema spiritualità, facendola assurgere a testamento spirituale dell'Apostolo.

> Non vergognarti dunque della testimonianza da rendere al Signore nostro, né di me, che sono in carcere per lui; ma soffri anche tu insieme con me per il Vangelo, aiutato dalla forza di Dio (2Tm 1,8)[63].

In questo versetto così denso colpiscono due elementi linguistici illuminati per cogliere la psicologia di Paolo, il segreto della sua forza morale:

---

[62] "Prison sentence. Neither Greek nor Roman law is familiar with sentences as punitive detention in the modern sense (otherwise [I]). As a rule until the trial the accused remains free (in Rome a kind of pre-trial confinement is permissible for political crimes), a convicted criminal only stays in prison until the execution of the sentence. Also, private detention of a debtor for a creditor, precisely regulated in Rome for the time of the Law of the Twelve Tables onwards, is not to punish but rather to force payment" (W. Eder, "Prison sentence", *BNP*, XI, 875).

[63] μὴ οὖν ἐπαισχυνθῇς τὸ μαρτύριον τοῦ κυρίου ἡμῶν μηδὲ ἐμὲ τὸν δέσμιον αὐτοῦ, ἀλλὰ συγκακοπάθησον τῷ εὐαγγελίῳ κατὰ δύναμιν θεοῦ (2Tm 1,8).

il pronome personale ἡμῶν[64] ("di noi", "nostro") e l'imperativo aoristo συγκακοπάθησον[65] in cui la dimensione temporale zero conferisce all'imperativo un valore di perennità. Che unitamente alla condivisione della sofferenza e al precedente "di noi", "nostro" accomuna insieme con Timoteo Paolo e tutti gli altri cristiani in un'unione calda e fraterna. L'Apostolo delle genti non si è mai sentito solo, nemmeno negli istanti più angosciosi: perciò suggerisce a Timoteo e simbolicamente a tutti i destinatari la via maestra della κοινωνία per trovare la forza di vincere qualunque cimento. L'esortazione di Paolo è stata ascoltata e messa in pratica da Onesiforo, il quale si è adoperato in favore di Paolo e non ha avuto vergogna o ritegno di proclamarsi seguace di lui e del Vangelo, dichiarando con franchezza di aderire alla Parola e di voler rimanere a fianco di Paolo detenuto a Roma[66]. La preoccupazione di Paolo non riguarda la sorte della propria persona, ma il rischio che il cristiano, messo alla prova dal potere politico possa recedere dalla Fede per paura di sanzioni o di punizioni, al punto da rinnegare le promesse, così come Pietro la notte della passione di Gesù[67]. Nella lettura di 2Tm 1,8 colpisce la stretta relazione intercorrente tra Cristo e Paolo, quasi che ormai quest'ultimo non esista più come creatura autonoma sulla terra, ma si sia talmente immedesimato in Gesù, da essere divenuto una sorta di controfigura di lui, un'ombra che rimane nel mondo a proseguirne l'opera. La prospettiva della fine imminente è un presentimento che Paolo percepisce in tutta la sua drammaticità, ma ormai egli punta soltanto a riconoscersi con colui per il quale ha lottato indefessamente nella fase decisiva della propria esistenza[68]. Nell'augurio che Paolo pronuncia riferendosi ad Onesiforo[69] si legge in filigrana un

---

[64] Genitivo possessivo del pronome della prima persona plurale ἡμεῖς = "noi".
[65] Seconda persona singolare del verbo συγκακοπαθέω = "sopporto la sofferenza insieme con".
[66] "Il Signore conceda misericordia alla famiglia di Onesiforo, perché egli mi ha più volte confortato e non s'è vergognato delle mie catene; anzi, venuto a Roma, mi ha cercato con premura, finché mi ha trovato" (2Tm 1,16-17).
[67] "E Pietro ricordò delle parole dette da Gesù: 'Prima che il gallo canti, mi rinnegherai tre volte'. E, uscito all'aperto, pianse amaramente" (Mt 26,75). Cfr. Mc 14,72; Lc 22,61-62; Gv 13,38.
[68] "Noi infatti ci affatichiamo e combattiamo perché abbiamo posto la nostra speranza nel Dio vivente, che è il salvatore di tutti gli uomini, ma soprattutto di quelli che credono. Questo tu devi proclamare e insegnare" (1Tm 4,10-11).
[69] "Gli conceda il Signore di trovare misericordia presso di lui in quel giorno" (2Tm 1,18).

auspicio che Paolo formula per se stesso, ormai prossimo al rendiconto definitivo. Tale impressione era stata in qualche modo preannunciata poco più innanzi[70]. Il pensiero della morte è ormai inseparabile da Paolo, come quello della prigione; a quella egli allude con l'insistente richiamo "fino a quel giorno" (2Tm 1,12), " in quel giorno" (2Tm 1,18)[71]; da questa come simbolo negativo Paolo si è ormai liberato come luogo da aborrire; anzi ne ha fatto una sorta di "centrale" di coordinamento, una sede, punto di riferimento per i suoi più fidati e dinamici collaboratori, una "capitale morale" intorno alla quale ruota un universo di sentimenti, di progetti: un emblema insopprimibile di libertà cristiana. Eloquente la sua protesta:

> a causa del quale io soffro fino a portare le catene come un malfattore; ma la parola di Dio non è incatenata! (2Tm 2,9)[72].

Paolo soffre nella carne — e in questo è il suo eroismo di uomo simile a noi, che non ci fornisce alibi al nostro impegno di cristiani —, ma rivendica all'annuncio evangelico la libertà che il mondo può togliere soltanto per quanto riguarda la componente fisica. Il concetto di prigionia qui travalica l'ambito della persona di Paolo e viene interpretato alla luce dello scopo a causa del quale l'Apostolo viene tenuto sotto custodia. L'anelito verso la gloria eterna di Dio assorbe il dolore, la sofferenza, in nome dell'ideale. Paolo si sente investito della missione di collaborare per quanto gli è possibile nell'opera di salvezza voluta dal Padre tramite la passione e la morte di Cristo Gesù:

---

[70] "È questa la causa dei mali che soffro, ma non me ne vergogno: so infatti a chi ho creduto e son convinto che egli è capace di conservare fino a quel giorno il deposito che mi è stato affidato" (2Tm 1,12).

[71] Il termine ἡμέρα ("giorno") si carica di forte drammaticità, pur essendo privo di attributi qualificativi; l'essere privo di connotazione è una novità nel panorama della letteratura greca, dato che solitamente per significare l'ultimo giorno della vita esso veniva accompagnato dall'aggettivo τελευταία, oppure τέρμια, "ultimo". Nella concezione cristiana elaborata dal pensiero paolino il giorno della morte non è più considerato "l'ultimo", ma piuttosto "quel" giorno particolare, da indicare con l'aggettivo appunto "indicativo" o "dimostrativo", giorno di luce (contrapposto evidentemente a νύξ = "notte"), come il significato di ἡμέρα giustamente evoca.

[72] ἐν ᾧ κακοπαθῶ μέχρι δεσμῶν ὡς κακοῦργος, ἀλλὰ ὁ λόγος τοῦ θεοῦ οὐ δέδεται (2Tm 2,9).

Lettere dalla prigionia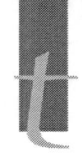

Perciò sopporto ogni cosa per gli eletti, perché anch'essi raggiungano la salvezza che è in Cristo Gesù, insieme alla gloria eterna (2Tm 2,10)[73].

Profonda affermazione: l'individuo Paolo è stemperato nella contemplazione di un trionfo celebrato da Gesù Cristo insieme con tutti coloro che avendo creduto in lui e ne hanno messo in pratica gli insegnamenti. Ormai si può parlare di prigionia come di un contrassegno, di un distintivo inscindibile dall'essenza di Paolo: la sua esistenza va misurata con parametri paradossali che non appartengono al ragionamento comune. Egli infatti prosegue il discorso inserendo la formula πιστὸς ὁ λόγος (2Tm 2,11)[74], mutuata dal linguaggio dei profeti apocalittici giudei o a Qumran[75]. La voce di Paolo è tutt'uno con la voce di Dio, il quale si esprime tramite la profezia. Paolo ha effettuato un percorso unico nel suo genere: di arricchimento e di coerenza con la predicazione di Gesù Cristo. Giunto al termine della vita l'Apostolo delle genti ritorna alle origini, mai dimenticate, ma coltivate in forma originale: questo suo modo di esprimersi trova un indiretto riscontro nel cosiddetto "Martirio di Paolo"[76],

---

[73] διὰ τοῦτο πάντα ὑπομένω διὰ τοὺς ἐκλεκτούς, ἵνα καὶ αὐτοὶ σωτηρίας τύχωσιν τῆς ἐν Χριστῷ Ἰησοῦ μετὰ δόξης αἰωνίου (2Tm 2,10).

[74] "Certa è questa parola: Se moriamo con lui, vivremo anche con lui" (2Tm 2,11).

[75] Vedi E.E. ELLIS, "Pastoral Letters", DPL, 664; trad. italiana, "Lettere Pastorali", DPL, 965.

[76] Vedi R.J. BAUCKHAM, "Apocryphal Pauline Literature", DPL, 35; trad. italiana, "Letteratura paolina apocrifa", DPL, 947. "A document describing Paul's encounter with the emperor Nero in Rome and his subsequent trial, execution and miraculous appearance after death. Originally the Martyrdom of Paul was the concluding section of the 2d century apocryphon the Acts of Paul, but it was separated very early and transmitted independently in medieval Christianity in connection with the cult of the holy apostle and martyr. The story tells how Paul runs afoul of Nero by resurrecting and converting Patroclus, the imperial cupbearer. A search leads to Paul's arrest and that of many other Christians, all of whom are condemned to death when Nero hears Paul's threats of apocalyptic judgment with fire. Paul predicts that the emperor will see him after his death: after his execution by beheading, when milk miraculously spurts from his neck rather than blood, the apostle does appear, causing Nero to free the remaining Christians. While in jail awaiting execution, Paul had begun to convert the Roman centurion Cestus and the prefect Longus, who at his instruction visit his tomb at dawn and receive baptism from Titus and Luke. The historical value of the story is minimal, as is suggested by its borrowing of many motifs from similar accounts of the deaths of holy people, and its literary merits are few; but the Martyrdom of Paul nonetheless achieved great popularity" (P. SELLEW, "Paul, Martyrdom of", AncBD, V, 204-205).

probabilmente la parte conclusiva degli "Atti di Paolo"[77], dove si dice che Paolo prima di morire pregò in ebraico e piangendo rese grazie a Dio[78]. La scena, degna di una tragedia classica greca, si adatta perfettamente alle ultime raccomandazioni dell'Apostolo, espresse nella parte finale della lettera:

> Quanto a me, il mio sangue sta per essere sparso in libazione[79] ed è giunto il momento di sciogliere le vele [...] Ora mi resta solo la corona di giustizia che il Signore, giusto giudice mi consegnerà in quel giorno; e non solo a me, ma anche a tutti coloro che attendono con amore la sua manifestazione (2Tm 4,6.8).

Per la terza volta ricorre il sintagma "quel giorno"[80]. Si tratti o no di una lettera dettata da Paolo a un suo segretario (forse Luca)[81] è stupefacente l'esattezza dell'intuizione alla luce della quale viene descritta la posizione di Paolo nel carcere di Roma: ne uscirà soltanto per essere decapitato, come previsto dalla legge dell'impero per i cittadini romani condannati a morte. Il laborioso processo d'assimilazione della realtà carceraria da parte di Paolo è giunto a compimento: non gli resta altro che andare a ricevere il premio per il quale ha "combattuto la buona battaglia", ha "finito la corsa", ha "conservato la fede" (2Tm 4,7). La sua prigionia ha rappresentato la cruna d'ago attraverso la quale egli è riuscito

---

[77] Opera scritta probabilmente nella seconda metà del II secolo. Vedi R.J. BAUCKHAM, "Apocryphal Pauline Literature", *DPL*, 35; trad. italiana, "Letteratura paolina apocrifa", *DPL*, 947. Cfr. E.E. ELLIS, "Pastoral Letters", *DPL*, 661; trad. italiana, "Lettere Pastorali", *DPL*, 959; J.R. MICHAELS, "Paul in Early Church Tradition", *DPL*, 693-694; trad. italiana, "Paolo nella tradizione della Chiesa primitiva", *DPL*, 1155. "A 2d-century Christian writing recounting the missionary career and death of the apostle Paul and classed among the NT Apocrypha. In this work Paul is pictured traveling from city to city, converting gentiles and proclaiming the need for a life of sexual abstinence and other encratite practices. Though ancient evidence suggests that the *Acts of Paul* was a relatively lengthy work (3600 lines according to the *Stichometry* of Nicephorus), only about two-thirds of that amount still survives. Individual sections were transmitted separately by the medieval manuscript tradition (Lipsius 1891), most importantly the *Acts of Paul and Thekla* and the *Martyrdom of Paul*, both extant in the original Greek and several ancient translations" (P. SELLEW, "Paul, Acts of", *AncBD*, V, 202).

[78] Vedi "Martirio di Paolo", 16; "Atti di Paolo", 11.

[79] Libazione: offerta sacrificale su cui veniva sparso vino oppure olio.

[80] Cfr. 2Tm 1,12.18.

[81] Vedi E.E. ELLIS, "Pastoral Letters", *DPL*, 663-664; trad. italiana, "Lettere Pastorali", *DPL*, 964.

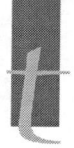

Lettere dalla prigionia

a passare, non per un colpo di fortuna, ma ad un prezzo di sacrifici, sofferenze, macerazioni, digiuni, pianti e preghiere unite a pazienza e buona disposizione d'animo. La sua è stata una meravigliosa e ammirevole opera di purificazione di tutte quelle scorie che la nostra parte fisica porta con sé. Tutto l'essere di Paolo si è trasformato, raffinato, sublimato nella voce che pronuncia la parola di Dio. Così la prigione si è dissolta insieme con la sua persona, "ma la parola di Dio non è incatenata!" (2Tm 2,9).

VI. Conclusione

Quale insegnamento o semplice suggerimento possiamo ricavare oggi, come cristiani che si muovono in un contesto così tanto differenziato? Di fronte all'amara realtà della prigionia Paolo non si lascia abbattere, reagisce, è vigile. Ricordiamo la sua risposta coraggiosa:

> Perciò mi compiaccio nelle mie infermità, negli oltraggi, nelle necessità, nelle persecuzioni, nelle angosce sofferte per Cristo: quando sono debole, è allora che sono forte (2Cor 12,10).

Con il suo esempio paradossale come il suo linguaggio egli ha capovolto il significato di prigione da luogo di tristezza a motivo di gioia. Non è tanto il carcere in sé, con la sofferenza che ne consegue, ma lo scopo, l'intenzione per cui si sopportano le afflizioni a riscattare l'uomo, a farlo assurgere a una dimensione di superiore consapevolezza, di serena lucidità, di immaginabile pace dello spirito. È il modo di porsi che interessa: umile e cosciente. La negatività evocata dalla semplice menzione del "carcere" si tramuta così in prospettiva auspicabile, che rende lo spirito più attivo e dinamico: tutto ciò esalta la spiritualità dell'individuo, il quale il più delle volte distratto dalle cure mondane dimentica la parte più nobile di sé. Nell'estenuante, forzata solitudine delle notti interminabili, nelle giornate disperatamente monotone e sempre uguali, senza apparenti prospettive di riscatto, nell'immenso silenzio che provoca vertigini lo spirito si esalta, si concentra, si libera, spazia attraverso l'ascolto, la meditazione, la contemplazione, la preghiera. In certi atteggiamenti, in certi momenti l'Apostolo sembra essere quasi il precursore del concetto di "clausura", i cui tesori spirituali andrebbero ulteriormente coltivati, studiati, valorizzati. Quanto più il corpo è represso tanto più lo spirito si sviluppa. Nel caso di Paolo, temperamento eminentemente portato all'azione, le battute d'arresto, i periodi di forzata inattività producono il risultato di moltiplicarne l'energia, e ciò ha determinato esiti veramente grandiosi circa l'efficacia della sua predicazione. La prigione divenne per lui un motivo di ascesi, un luogo spirituale dove corpo e anima impararono a collaborare e a preparare sempre maggiori e più entusiasmanti conquiste di inesauribile apostolato.

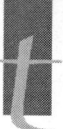

CAPITOLO V

LETTERA AI FILIPPESI

I. Notizie sulla Lettera ai Filippesi

A. *La Lettera nella liturgia*

1. Lezionario

a. Liturgia romana
liturgia dei giorni festivi:

1,4-6.8-11	2ª domenica di Avvento / C
1,20-24.27	25ª domenica del TO / A
2,1-11	26ª domenica del TO / A
2,6-11	Domenica delle Palme
3,17–4,1	2ª domenica di Quaresima
3,8-14	5ª domenica di Quaresima
4,4-7	3ª domenica di Avvento / C
4,6-9	27ª domenica del TO / A
4,12-14.19-20	28ª domenica del TO / A

liturgia dei giorni feriali:
Si leggono alcuni brani della Lettera ai Filippesi dal venerdì della 30ª settimana al sabato della 31ª (anno pari).

b. Liturgia bizantina
liturgia dei giorni festivi:

2,5-11	Nascita e Dormizione della Santissima Signora nostra Madre di Dio e sempre Vergine Maria
3,20-21	Commemorazione di più santi martiri
4,1-4	Commemorazione di più santi martiri
4,4-9	Domenica delle Palme

liturgia dei giorni feriali:
Si leggono alcuni brani della Lettera ai Filippesi dal lunedì della 18ª settimana dopo Pentecoste al lunedì della 20ª settimana dopo Pentecoste.

2. Liturgia delle ore (liturgia romana)

a. Ufficio di letture

1,1-11	domenica, 26ª settimana del TO (vol. IV)
1,12-26	lunedì, 26ª settimana del TO (vol. IV)
1,27–2,11	martedì, 26ª settimana del TO (vol. IV)
1,29–2,16	comune di santi (vol. I, II)
2,12-30	mercoledì, 26ª settimana del TO (vol. IV)
3,1-16	giovedì, 26ª settimana del TO (vol. IV)
3,7–4,1.4-9	comune per religiosi (vol. III, IV)
3,17–4,9	venerdì, 26ª settimana del TO (vol. IV)
4,10–23	sabato, 26ª settimana del TO (vol. IV)

b. Lodi, ore media, vespri e compieta

2,2b-4	venerdì I	ora media
2,6-7	Sacra Famiglia	vespri
	Annunciazione	vespri
2,12b-15a	mercoledì Quar. I-IV	vespri
2,14-15	sabato III	lodi
3,7-8	comune di santi	primi vespri
	comune di sante	primi vespri
3,20-21	Trasfigurazione	primi vespri
3,20b-21	lunedì Avvento	vespri
4,4-5	domenica Avvento	vespri
4,8-9b	comune di santi	ora media

B. *Occasione, destinatari, luogo e data di composizione*
Il nome Filippi[1] (φίλιπποι) fu imposto da re Filippo II di Macedonia alla città tracia di Crenides[2], nel 355 a.C. ca., in seguito all'occupazione di quel

---

[1] Tale denominazione è attestata dai reperti numismatici. Attualmente Filippi si trova nella parte della Macedonia annessa allo Stato greco.

[2] Κρηνῖδες = (le) sorgenti. Pare si trattasse di acque termali.

Lettera ai Filippesi

territorio di parte dei macedoni. Dopo la conquista romana (168 a.C.) Filippi divenne capoluogo di uno dei quattro distretti in cui la Macedonia era stata smembrata³. La storica battaglia (42 a.C.) che dalla pianura presso la città prese il nome e che segnò la vittoria dei triumviri Marco Antonio e Cesare Ottaviano contro i repubblicani Marco Bruto e Cassio uccisori di Cesare, vide come effetto la deduzione di un contingente di veterani.

Invito all'approfondimento

W. SHAKESPEARE, *Giulio Cesare*, atto quinto, scena prima:
La pianura di Filippi⁴

Paolo è fortemente impressionato dal paganesimo di Filippi, colonia imperiale che dipendeva direttamente da Roma. *Giulio Cesare* — il testo shakespeariano offre una precisazione preziosissima dell'ambiente greco-romano in cui combattevano i leader politici e militari dello Stato romano. Una lettura recitata di questa scena drammatica della battaglia di Filippi potrebbe aiutarci a comprendere meglio l'ambiente storico di quel mondo ardentemente in ricerca della libertà politica, sociale e personale. Ecco il mondo dell'Apostolo dei gentili. Ecco il mondo in cui nasce la libertà tutta nuova — la "libertà della gloria dei figli di Dio" (Rm 8,21b) — mediante l'annuncio del Vangelo di Cristo Gesù!

THE PLAINS OF PHILIPPI ENTER OCTAVIUS, ANTONY, AND THEIR ARMY.	LA PIANURA DI FILIPPI ENTRANO OTTAVIANO, ANTONIO E IL LORO ESERCITO.
OCTAVIUS Now, Antony, our hopes are answered. You said the enemy would not come down, But keep the hills and upper regions. It proves not so; their battles are at hand; They mean to warn us at Philippi here,	OTTAVIANO Ebbene, Antonio, le nostre speranze si sono avverate. Già dicesti che il nemico non sarebbe sceso ma che avrebbe tenuto le colline e le parti più alte del monte. Ma non è stato così. Il loro esercito è vicino, ed intendono invitarci a battaglia proprio qui, a

---

³ "From 168 BC, P. belonged to the Ist Macedonian *merís* (*regio*, Liv. 45,29,5f.). It was conquered by L. Valerius Flaccus during the 1ˢᵗ → Mithridatic War (Granius Licinianus 35,70). In 86 BC, negotiations between Sulla and Archelaus [4] took place here (Plut. Sulla 23)" (R.M. ERRINGTON, "Philippi", *BNP*, XI, 23).

⁴ Vedi W. SHAKESPEARE, *Giulio Cesare*, Introduzione, traduzione e note di G. BALDINI, Lo Shakespeare della BUR. Tragedie 36, Milano 1981, 1994⁸, 164-173.

Answering before we do demand of them.

ANTONY
Tut, I am in their bosoms, and I know
Wherefore they do it. They could be content
To visit other places, and come down
With fearful bravery, thinking by this face
To fasten in our thoughts that they have courage;
But 'tis not so.

Enter a Messenger.

MESSENGER
Prepare you, generals.
The enemy comes on in gallant show;
Their bloody sign of battle is hung out,
And something to be done immediately.

ANTONY
Octavius, lead your battle softly on
Upon the left hand of the even field.

OCTAVIUS
Upon the right hand I. Keep thou the left.

ANTONY
Why do you cross me in this exigent?

OCTAVIUS
I do not cross you; but I will do so.

[March.]

Drum. Enter BRUTUS, CASSIUS,
and their Army;
[LUCILIUS, TITINIUS, MESSALA, and others.]

BRUTUS
They stand, and would have parley.

CASSIUS
Stand fast, Titinius; we must out and talk.

OCTAVIUS
Mark Antony, shall we give sign of battle?

Filippi, rispondendo a noi prim'ancora che la battaglia da noi venga loro offerta.

ANTONIO
Ahimè, ch'io sono nei loro cuori e so perché si comportano a questo modo. Sarebbero felici di poter andare altrove, e calano invece con un coraggio pieno di paura, pensandosi con questa parata di farci credere che sono audaci. Ma non è così.

Entra un Messaggero.

MESSAGGERO
Preparatevi, o generali. Il nemico se ne viene facendo mostra d'ogni baldanza. La loro cruenta insegna di battaglia è spiegato al vento. E bisogna far subito qualcosa.

ANTONIO
Ottaviano, tu farai avanzare in silenzio le schiere lungo il lato sinistro di questa pianura.

OTTAVIANO
Io avanzerò sulla destra; la sinistra la terrai tu.

ANTONIO
Perché mi vuoi contrariare proprio ora?

OTTAVIANO
Non è per contrariarti; ma farò come ho detto.

[Marcia.]

Tamburo. Entrano BRUTO, CASSIO
e il loro esercito,
LUCILIO, TITINIO, MESSALA ed altri.

BRUTO
Si sono fermati e vorrebbero parlamentare.

CASSIO
Titinio, ferma i soldati. Dobbiamo uscire dai ranghi e parlare.

OTTAVIANO
Marc'Antonio, vogliamo dare il segnale di battaglia?

ANTONY
No, Cassar, we will answer on their charge.
Make forth; the generals would have some words.
OCTAVIUS
Stir not until the signal.
BRUTUS
Words before blows: is it so, countrymen?
OCTAVIUS
Not that we love words better, as you do.
BRUTUS
Good words are better than bad strokes, Octavius.
ANTONY
In your bad strokes, Brutus, you give good words;
Witness the hole you made in Caesar's heart, Crying,
"Long live! hail, Caesar!"
CASSIUS
Antony, The posture of your blows are yet unknown;
But for your words, they rob the Hybla bees,
And leave them honeyless.
ANTONY
                                    Not stingless too.
BRUTUS
O yes, and soundless too;
For you have stol'n their buzzing, Antony,
And very wisely threat before you sting.
ANTONY
Villains! you did not so when your vile daggers
Hack'd one another in the sides of Caesar:
You show'd your teeth like apes, and fawn'd like hounds,
And bow'd like bondmen, kissing Caesar's feet;
Whilst damned Casca, like a cur, behind
Struck Caesar on the neck. O you flatterers!

ANTONIO
No, Cesare, risponderemo al loro assalto. Ma facciamoci avanti, perché i generali hanno l'aria di voler parlamentare con noi.
OTTAVIANO
Non muovetevi, prima del segnale.
BRUTO
Parole prima dei colpi: non è così, concittadini?
OTTAVIANO
Non è a dire che noi, come voi, preferiamo le parole.
BRUTO
Le buone parole sono migliori che i cattivi colpi, Ottaviano.
ANTONIO
Quando meni i tuoi cattivi colpi, o Bruto, tu pronunzi pure delle belle parole, come ne rende testimonianza lo squarcio che facesti in mezzo al cuore di Cesare mentre "Lunga vita e ogni salute a Cesare!" gridavi!
CASSIO
Antonio, la natura dei tuoi colpi è ancora da conoscersi, ma quanto alle tue parole, par ch'esse derubino le api dell'Ibla e che le lascino senza più mele.
ANTONIO
Ma non senza pungiglione.
BRUTO
Oh sì, e le lasciano anche senza voce, perché hai rubato loro perfino il ronzio, Antonio, e minacci molto accortamente, ancor prima di pungere.
ANTONIO
Furfanti, non faceste così quando i vostri pugnali codardi presero a cozzare l'uno dietro l'altro dentro i fianchi di Cesare. Mostravate i denti come scimmie e strisciavate come dei cani e chinavate la schiena come dei servi, baciando i piedi di Cesare, mentre Casca maledetto, come un bòtolo, colpì Cesare alle spalle, in cima al collo. Adulatori!

CASSIUS
Flatterers? Now, Brutus, thank yourself.
This tongue had not offended so to-day,
If Cassius might have rul'd.
OCTAVIUS
Come, come, the cause. If arguing make us sweat,
The proof of it will turn to redder drops.
Look, I draw a sword against conspirators.
When think you that the sword goes up again?
Never, till Caesar's three and thirty wounds
Be well aveng'd; or till another Caesar
Have added slaughter to the sword of traitors.
BRUTUS
Caesar, thou canst not die by traitors' hands,
Unless thou bring'st them with thee.
OCTAVIUS
                        So I hope.
I was not born to die on Brutus' sword.
BRUTUS
O, if thou wert the noblest of thy strain,
Young man, thou could'st not die more honourable.
CASSIUS
A peevish school-boy, worthless of such honour,
Join'd with a masker and a reveller.

ANTONY
Old Cassius still!
OCTAVIUS
                    Come, Antony; away!
Defiance, traitors, hurl we in your teeth.
If you dare fight to-day, come to the field;
If not, when you have stomachs.
[*Exeunt Octavius, Antony, and Army.*
CASSIUS
Why now, blow wind, swell billow,
and swim bark!
The storm is up, and all is on the hazard.

CASSIO
Adulatori? Ora, Bruto, tocca a te ringraziarti da te; questa lingua non avrebbe offeso così, quest'oggi, se Cassio avesse avuto lui il comando.
OTTAVIANO
Orbene, veniamo ai fatti. Se il discutere ci fa sudare, la prova delle armi renderà queste gocce un po' più rosse. Guardate: io traggo la spada contro i congiurati. Quando credete che questa spada potrà essere rinfoderata? Essa non lo sarà fino a quando tutte e trentatré le ferite di Cesare non siano state vendicate, o fino a che un altro Cesare non avrà aggiunto altro massacro alla spada dei traditori.
BRUTO
Cesare, tu non puoi morire per mano di traditori, a meno che non li porti con te.
OTTAVIANO
Così spero: io non sono nato a morire per la spada di Bruto.
BRUTO
Anche se tu fossi il più nobile della tua stirpe, giovinetto, non potresti fare una morte più onorata.
CASSIO
È uno scolaretto impertinente e ostinato, affatto indegno di quell'onore, che s'è unito in consorteria con un dissoluto crapulone.
ANTONIO
Sempre il vecchio Cassio.
OTTAVIANO
Suvvia, Antonio, andiamo! Traditori, vi gettiamo in faccia la sfida: se avete il coraggio di combattere quest'oggi scendete pure in campo, o altrimenti scendete pure quando ne avete il fegato.
[*Exeunt Ottaviano, Antonio e il loro esercito.*]
CASSIO
Ebbene, soffia pure, o vento, gonfiati pure, o frangente, e galleggia, o nave! La tempesta è scatenata, e ogni cosa è messa a rischio.

Lettera ai Filippesi

BRUTUS
Ho, Lucilius, hark, a word with you.
LUCILIUS *[Standing forth.]*
My lord?
[Brutus and Lucilius talk apart.]
CASSIUS
Messala.
MESSALA *[Standing forth.]*
What says my general?
CASSIUS
         Messala,
This is my birth-day; as this very day
Was Cassius born. Give me thy hand, Messala:
Be thou my witness that against my will
(As Pompey was) am I compell'd to set
Upon one battle all our liberties.
You know that I held Epicurus strong,
And his opinion; now I change my mind,
And partly credit things that do presage.
Coming from Sardis, on our former ensign
Two mighty eagles fell, and there they perch'd,
Gorging and feeding from our soldiers' hands,
Who to Philippi here consorted us.
This morning are they fled away and gone,
And in their steads do ravens, crows, and kites
Fly o'er our heads, and downward look on us,
As we were sickly prey; their shadows seem
A canopy most fatal, under which
Our army lies, ready to give up the ghost.
MESSALA
Believe not so.
CASSIUS
      I but believe it partly,
For I am fresh of spirit, and resolv'd
To meet all perils very constantly.
BRUTUS
Even so, Lucilius.

BRUTO
Ehi, Lucilio! Ascolta: debbo dirti una parola.
LUCILIO
Mio Signor!
[Si traggono in disparte per parlare.]
CASSIO
Messala!
MESSALA *[Venendo avanti sulla scena.]*
Che dice il mio generale?
CASSIO
Messala, questo è il giorno della mia nascita. Cassio è nato proprio quest'oggi. Dammi la mano, messala, e siimi tu testimone che, mio malgrado, come già accade a Pompeo, son costretto ad affidare a un'unica battaglia il rischio di tutte le nostre libertà. Tu sai quanto io fossi un buon seguace di Epicuro e della sua filosofia. Ma ora sono costretto a mutar consiglio, e in parte a prestare fede a cose che presagiscono il futuro. Mentre venivo da Sardi, due grandi aquile calarono a posarsi sui nostri vessilli e di là presero a cibarsi inghiottendo il mangime dalle mani dei nostri soldati e ci hanno accompagnati fino a Filippi. Ma quest'oggi son volate via, e sono scomparse, e al loro luogo volano sulle nostre teste cornacchie e corvi e falchi, riguardando già verso di noi come se fossimo prede ammalate e in punto di morte. Le ombre loro sono come un funesto baldacchino sotto il quale si giace il nostro esercito, pronto a render lo spirito.
MESSALA
Non dovete credere a nulla di tutto questo.
CASSIO
E di fatto io vi credo soltanto in parte, perché il mio spirito è ancor fresco, e risoluto ad affrontare con grande fermezza ogni sorta di pericolo.
BRUTO
Per l'appunto, Lucilio. *[Si volge a Cassio.]*

Il cuore di Paolo è il cuore di Cristo

CASSIUS
            Now, most noble Brutus,
The gods to-day stand friendly, that we may,
Lovers in peace, lead on our days to age!
But since the affairs of men rests still incertain,
Let's reason with the worst that may befall.
If we do lose this battle, then is this
The very last time we shall speak together:
What are you then determined to do?
BRUTUS
Even by the rule of that philosophy
By which I did blame Cato for the death
Which he did give himself, I know not how,
But I do find it cowardly and vile,
For fear of what might fall, so to prevent
The time of life, arming myself with patience
To stay the providence of some high powers
That govern us below.
CASSIUS
            Then, if we lose this battle,
You are contented to be led in triumph
Thorough the streets of Rome?
BRUTUS
No, Cassius, no: think not, thou noble Roman,
That ever Brutus will go bound to Rome;
He bears too great a mind. But this same day
Must end that work the ides of March begun;
And whether we shall meet again I know not.
Therefore our everlasting farewell take.
For ever, and for ever, farewell, Cassius.
If we do meet again, why, we shall smile;
If not, why then this parting was well made.
CASSIUS
For ever, and for ever, farewell, Brutus.
If we do meet again, we'll smile indeed;
If not, 'tis true this parting was well made.

CASSIO
Ed ora, nobilissimo Bruto, che gli dèi ci siano propizii quest'oggi, così che possiamo trascorrere i nostri giorni da buoni amici e in tutta pace fino alla vecchia! Ma dal momento che le umane vicende sono ancora incerte, sarà bene considerare anche il peggio in che potremo imbatterci. Se perdiamo la battaglia, sarà questa l'ultima volta che potremo parlare insieme: che cosa hai dunque deciso di fare?
BRUTO
Ho deciso di agire secondo i principi de quella filosofia per la quale già condannai in Catone la morte che egli diede a se medesimo. Non so come e perché, ma trovo che sia vile e codardo il prevenire a quel modo il termine della propria vita, soltanto per timore di quel che può accadere. E pertanto vorrò armarmi di pazienza e sottomettermi alla legge di qualsiasi alto potere che quaggiù ci governa.
CASSIO
E allora, se perdiamo questa battaglia, ti terrai per soddisfatto d'esser trascinato in trionfo per le strade di Roma?
BRUTO
No, Cassio, non devi pensare, o nobile romano, che Bruto entrerà mai a Roma in ceppi: ha uno spirito troppo grande. Ma questo giorno è fatto per concludere l'opera iniziata dalle idi di marzo; e se ci ritroveremo ancora, io e te, non lo so proprio. E quindi prendiamo il nostro eterno congedo; per sempre e per sempre, addio. Altrimenti, dovremo riconoscere che questo congedo fu fatto a ragione.

CASSIO
Per sempre e per sempre salute a te, Bruto! Se ci rincontreremo, non c'è dubbio che sorrideremo. Altrimenti, riconosco anch'io che questo congedo fu tolto a ragione.

Lettera ai Filippesi

BRUTUS
Why then, lead on. O, that a man might know
The end of this day's business ere it come!
But it sufficeth that the day will end,
And then the end is known. Come, ho? away!
Exeunt.

BRUTO
Orbene, procediamo innanzi. Oh, se potessimo conoscere la conclusione di questo giorno innanzi che si dia! Ma sarà sufficiente che il giorno finisca, e la sua conclusione si farà conoscere a forza! Venite, ehilà, avanti! [Exuent.

Roma nel primo secolo a.C.

Detto il "secolo delle guerre civili", il primo secolo a.C. vide la crescita di forti tensioni interne, sia a Roma, sia nelle sue province e nei territori di recente conquistati. Le rivolte degli schiavi aumentavano; in Italia i confederati insorsero, ma dopo alcuni successi la ribellione fu, in parte neutralizzata tramite un'accorta politica che i romani seppero adottare per dividere i secessionisti, in parte gradualmente soffocata dall'esercito romano riorganizzato da Gaio Mario e guidato da Lucio Cornelio Silla (Guerra Sociale 91-88 a.C.). Ben presto la collaborazione tra i due valenti generali rivelò il suo vero volto, sfociando in aperta competizione. In essa fu coinvolta tutta la Repubblica nella sua doppia componente: il vecchio conflitto tra patrizi e plebei riaffiorava più acuto che mai, incarnato nelle personalità rispettivamente di Silla e di Mario. Nel corso degli anni, nonostante gli sforzi messi in atto per sopire tale contrasto, non si era mai addivenuti a una definitiva soluzione del nodo, perché esso costituiva la vera anima dello Stato Romano, in cui convivevano la classe quella degli *Optimates* e quella dei *Populares*. La situazione sfociò in una manifesta guerra civile che ebbe una prima fase acuta negli anni 88-82 a.C. Le legioni ormai formate da soldati di mestiere riconoscevano quasi esclusivamente l'autorità dei loro condottieri: Silla capo del partito dei nobili, appoggiato dal Senato; Mario *leader* del partito popolare, benvisto da un non insignificante settore della classe politica e del ceto economico più aperto alle nuove sfide. Nel pieno della lotta e della confusione, caratterizzata da alterne vicende, intervennero complicazioni sul fronte esterno (guerra contro Mitridate VI, re della Cappadocia settentrionale o del Ponto) e all'interno la morte di Mario. Alla fine Silla risultò vincitore incontrastato; si fece attribuire poteri illimitati con il titolo di *Dictator legibus scribendis et rei publicae constituendae*. Con tale provvedimento la vittoria del partito aristocratico veniva integralmente sancita sul piano del diritto statuale, ma la realtà era ben diversa: ormai la strada conduceva verso una degenerazione della struttura repubblicana che finora aveva resistito, ma denunciava irreparabilmente i segni dei colpi ricevuti. Uno degli episodi più significativi di questa torbida epoca fu la congiura di Catilina, sventata con procedure di dubbia legalità da Cicerone durante l'anno del suo consolato (63 a.C.)[5]. Nessuno dei personaggi emergenti: Gneo Pompeo, Marco Licinio Crasso[6], Gaio Giulio Cesare, poteva dirsi immune da compromessi o infrazioni nei confronti della carta costituzionale: su quest'ultimo e su Crasso non fu mai fugato il sospetto di essersi serviti degli intrighi di Catilina per acquisire potere a proprio esclusivo vantaggio. Il giovane Pompeo aveva avuto la carriera facilitata, essendo stato scelto dal Senato, allora in difficoltà, come comandante supremo straordinario delle truppe che dovevano fronteggiare i capi del partito popolare, nonostante non avesse ancora completato il prescritto *cursus honorum*[7], necessario per accedere alla più alta magistratura. Tale incarico durò abbastanza a lungo da permettere a Pompeo di fondare stabilmente il proprio prestigio personale. Attraverso una serie di successi militari: la restaurazione (72 a.C.) del dominio romano in Lusitania (odierno Portogallo)[8]; l'aver avuto ragione dei pirati che infestavano il Mediterraneo ed erano diventati il terrore delle popolazioni costiere dell'Italia (67-64 a.C.);

---

[5] Giovane di talento, antico ufficiale nell'esercito di Silla, Lucio Sergio Catilina, uomo coraggioso, ma altrettanto crudele e sfrenato (un autentico avventuriero) aveva sperperato tutto il suo patrimonio in dissolutezze. Oberato dai debiti tentò di rovesciare l'ordinamento repubblicano, ma la congiura da lui ordita fu scoperta. Marco Tullio Cicerone decretò la sua condanna a morte senza processo. Alcuni partecipanti al colpo di stato furono catturati e giustiziati *"per direttissima"*; Catilina tentò l'ultima strenua disperata resistenza fuggendo in Etruria nei suoi possedimenti e morì da eroe combattendo presso Pistorium (Pistoia).

[6] Crasso era un affarista (già seguace di Silla), cui le speculazioni sui beni confiscati ai proscritti durante le vendette dei partigiani di Mario su quelli di Silla e viceversa, avevano procurato una fortuna immensa.

[7] "Era la carriera politica del cittadino romano, cioè il succedersi delle magistrature e delle cariche politiche, regolato in parte dalla consuetudine, in parte da leggi specifiche. A ventotto anni si poteva accedere alla questura, a trentaquattro alla pretura, a trentasette al consolato. In un secondo tempo l'età richiesta per accedere alle diverse cariche fu modificata: a trentun'anni si poteva diventare questore, a trentasette edile curule, a quaranta pretore, a quarantatré console" (M. GILSON – R. PALAZZI, *"cursus honōrum"*, DMAC, 121-122).

[8] Il partito popolare si era accordato con i lusitani per ricostituire le forze necessarie alla riscossa contro gli aristocratici del partito sillano.

la sottomissione (63 a.c.) della Giudea (e la conquista del Tempio a Gerusalemme); la fortunata campagna contro Mitridate, il quale approfittando del momento critico in cui Roma si trovava aveva rialzato la testa, portarono Pompeo al culmine della potenza (61 a.C.). Dal canto suo Crasso per controbilanciare i successi di Pompeo in Oriente aveva cercato di rafforzare il proprio impero economico, senza peraltro riuscirvi. Ciascuno dei tre esponenti più ambiziosi della società romana ambiva a occupare il primo posto, ma bisognava tener conto del compito di controllore e di consigliere esercitato dal Senato. Per questo motivo essi si allearono tra loro, costituendo il primo triumvirato (60 a.C.), che non era una nuova magistratura, ma un accordo di fatto, in modo da avere mano libera, sicuro ognuno di non essere insidiato dagli altri due. Mentre Cesare mirava a costruirsi un background fondato sulla gloria militare allargando i confini di Roma nella Gallia transalpina[9], la tragica fine di Crasso ucciso dai parti nella battaglia di Carre (Mesopotamia) mise i due superstiti l'uno contro l'altro, tanto più dopo la morte di Giulia, figlia di Cesare, da lui data in moglie a Pompeo[10], allo scopo di cementare la loro amicizia. Durante l'assenza di Cesare Pompeo si trovò a impersonare a Roma il ruolo di difensore delle istituzioni e del Senato, in opposizione al collega, il quale dal canto suo reclamava il diritto di poter continuare a detenere il potere militare in Gallia oltre il quinquennio concesso e nello stesso tempo di potersi presentare come candidato alle elezioni al consolato, bandite per l'anno successivo (49 a.C.). In tale questione giuridica il trascorrere del tempo giocava a danno di Cesare (il quale, una volta scaduto il suo mandato militare sarebbe stato tagliato fuori dalla competizione politica): Pompeo pretendeva che il rivale rientrasse in Italia disarmato, come privato cittadino, dopo aver licenziato i legionari. Cesare comprese che si sarebbe trovato in balìa dell'avversario, il quale nel

---

[9] La sua campagna di guerra settennale (58-51 a.C.) fu un trionfo: si spinse fino all'odierna Svizzera (campagna contro gli Elvezi), a est oltrepassò il fiume Reno e per due volte sbarcò in Britannia.

[10] Cesare a sua volta aveva sposato Pompea, sorella del Triumviro, ma non era tipo tale da esitare a sciogliere un legame (come del resto fece più di una volta) e tuttavia era uomo generoso, di modi affabili, sincero e disponibile verso gli altri: i suoi soldati lo amavano e lo seguivano dovunque con inesauribile entusiasmo. Cesare era comprensivo e aperto di carattere: la sua presenza infondeva forza e fiducia, ottimismo e positività: aveva il coraggio di osare.

frattempo, essendo rimasto vicino al Senato, era stato nominato *Consul sine collega* (altra deroga alle leggi vigenti!) e quindi *Princeps* di fatto: ruppe gli indugi e varcò il confine segnato dal Rubicone tra la Gallia Cisalpina e l'Italia[11] in pieno assetto di guerra e prese a marciare su Arímimum (Rimini), diretto verso sud. Travolti da quella mossa fulminea il Senato e Pompeo fuggirono in Grecia; intanto Cesare procedette a organizzare le proprie forze, sostenuto dai *populares* e dai loro alleati. Lungi dal praticare una politica di vendette faziose si presentò come restauratore della normalità e dell'ordine; subito dopo affrontò l'avversario nella piana di Farsalo (Tessaglia meridionale) e ottenne una vittoria strepitosa (49 a.C.)[12]. Pompeo credette di potersi rifugiare in Egitto, dove godeva di grande prestigio, ma rimase vittima delle lotte dinastiche fra Cleopatra VII e il fratello Tolomeo XIV, discendenti dei faraoni. Quest'ultimo cercò d'ingraziarsi il vincitore presentandogli la testa del nemico, ma Cesare decise la controversia a favore della sorella, della quale si era perdutamente innamorato[13]. Nonostante gli ozi alessandrini nel 47 a.C. egli riuscì a trovare il tempo per correre in soccorso di Roma e riportare una fulminea vittoria su Fàrnace, figlio di Mitridate e suo successore sul trono del Ponto[14]. Il personaggio era sensibile al fascino femminile (e il numero delle donne impalmate lo dimostra), ma sempre la sua correttezza di comportamento e la sua signorilità di tratto prevalsero nella considera-

---

[11] La linea di confine passava lungo il Rubicone, fiumicello della Romagna. Nessun magistrato poteva varcarlo a capo di un contingente di truppe senza l'autorizzazione del Senato.

[12] Cesare disponeva di 22.000 fanti e 1.000 cavalieri; Pompeo di 45.000 fanti e 7.000 cavalieri. Ma l'abilità tattica e strategica del primo era di gran lunga superiore. Pompeo aveva appoggiato l'ala destra al fiume Enípeo (che segnava il limite della pianura posta fra questo e la città) e sulla sinistra il grosso della cavalleria per aggirare la destra cesariana. Cesare però, accortosi della manovra, tolse una coorte dalla terza linea di ciascuna legione, formando una quarta linea e la tenne nascosta. Al momento stabilito essa uscì all'improvviso fermando l'attacco della cavalleria, la scompigliò e la sbaragliò. Quindi tutto l'esercito pompeiano, sbigottito dal repentino mutamento di scena, fu travolto.

[13] Dalla relazione amorosa tra il cinquantenne Cesare e la ventenne principessa nacque il figlio Cesarione. Dobbiamo riconoscere a Cleopatra un'intelligenza non comune, una notevole determinazione e grande intuito politico. Essa votò se stessa al servizio del suo ideale: rinverdire le glorie dei regni faraonici del lontano passato, di contro all'avanzata dell'Occidente. Affascinati dalla sua bellezza non si è indagato abbastanza sulle sue qualità di statista.

[14] La vittoria fu da lui annunciata trionfalmente con il sintetico messaggio giustamente famoso: *"veni, vidi, vici"*.

zione da lui dimostrata verso l'altro sesso. Era un uomo superiore, che non conosceva né grettezze, né ripicche. Le miserie, le gelosie, le invidie non lo toccavano minimamente. Anche il suo rapporto con Cleopatra andrebbe giudicato in ben altra prospettiva. Cesare vedeva in Cleopatra l'incarnazione di tutto quello che un uomo come lui poteva trovare, sia sul versante affettivo e sessuale, sia la possibilità di attuazione del suo programma politico, che solo con Cleopatra poteva realizzare. Plutarco (50-120 d.C.) nelle *Vite parallele* presenta la coppia Alessandro Magno – Giulio Cesare per significare che accanto a un genio come quello di Alessandro Magno solo Giulio Cesare era degno di essergli affiancato: la luce gloriosa dell'uno si riverbera sull'altro, e viceversa. Ormai il campo era sgombro da tutti i focolai di guerra o di guerriglia; l'uomo era al colmo della potenza: deteneva la dittatura, cioè il potere militare, la *praefectura morum*, cioè la competenza spettante alla carica censoria, il titolo di *imperator*, cioè di Generale vittorioso. Mancava semplicemente la dignità regale, la quale doveva essergli conferita con l'imposizione sul capo appunto di una corona, ma a questo punto lo spirito dell'antica Roma repubblicana, quella che tanti secoli prima aveva cacciato l'ultimo re Tarquinio detto il Superbo uscì allo scoperto. Alla vigilia della sua spedizione contro i parti, la quale avrebbe dovuto vendicare il disastro di Carre e suggellare il dominio di Roma anche in Oriente egli fu ucciso alle Idi di marzo 44 a.C. nella Curia dai congiurati capeggiati da Giunio Bruto suo figlio adottivo e da Gaio Cassio, cognato di Bruto. Ironia della sorte Cesare — secondo la tradizione — colpito da trentatré pugnalate cadde ai piedi della statua di Pompeo pronunciando la famosa frase: *"Tu quoque, Brute, fili mi"*[15]. Intelligenza vivace e versatile, nelle vesti di oratore univa a chiarezza di esposizione implacabile rigore argomentativo e dialettico, facoltà trascinatrici. Fu scrittore di talento, la cui perspicuità e semplicità di stile rivelano curiosità intellettuale, limpidezza di idee e di programmi, essenzialità e stringatezza, equilibrio e nello stesso tempo umanità. È stupefacente come durante la campagna di conquista della Gallia egli sia riuscito a portare a termine i sette libri dei *Commentarii de Bello Gallico*, ov-

---

[15] La sua morte, quale ce la descrive Plutarco (*Vite parallele G. Cesare* II, 1, cap. LXVI) fu monumento al coraggio, alla grandezza, al valore e un marchio di vigliaccheria, di disonore, di infamia per gli uccisori.

vero il suo diario di guerra. In mezzo a tanti problemi militari, logistici, di sopravvivenza egli assolse i propri compiti brillantemente, con efficienza e tempismo. Da giovane si era dedicato alla poesia, ma forse anche per un pregiudizio insito nella mentalità romana, secondo la quale dedicarsi alla poesia significava indulgere alla mollezza e all'inazione, certamente a motivo degli impegni politici e di carriera le sue energie furono assorbite in altre direzioni; tuttavia a qualunque settore intellettuale o pratico si dedicò, sempre egli eccelse. In campo di teorica linguistica scrisse un'opera (due libri) in cui prendeva posizione a favore della scuola degli analogisti, che aveva in Alessandria d'Egitto i sostenitori più accreditati. Tra i tanti suoi meriti menzioniamo la riforma del calendario necessaria e indilazionabile, ai fini della sua armonizzazione con l'anno solare e molti altri provvedimenti che non poté portare a compimento, a causa della morte prematura[16]. Certamente abbiamo a che fare con una figura che ha segnato la Storia, come provano anche le numerose opere letterarie, musicali, figurative, che parlano di lui. Il nome "Cesare" è rimasto a designare per antonomasia il titolo di capo supremo, e la lingua, anche in tempi a noi vicini, sta lì a dimostrarlo: in Germania "Kaiser", in Russia "Zar" (da Czar), in "Persia Sciah"[17]. Cicerone, maestro di lingua latina e contemporaneo di Cesare, aveva giudicato i *Commentarii* "*nudi, recti, venusti*" a significare la nitidezza, l'immediatezza, la godibilità della scrittura dal punto di vista estetico, ma in una maniera sobria, dove l'arte si concilia con il realismo e assoluta è l'assenza di amplificazioni ampollose o enfatiche. Insomma: la vera retorica quale specchio della romanità. Senza tema di esagerare si può dire che in Cesare si incarna la più grande espressione del genio latino. La morte di lui scatenò una crisi di estrema gravità in tutto lo Stato romano. I tempi erano infatti maturi per un nuovo assetto del dominio di Roma, ben diverso dalla restaurazione della legalità repubblicana sognata dai congiurati. Tuttavia la situazione minacciava di precipitare nell'anarchia militare. Era in difficoltà il partito cesariano, rappresentato da Marco Antonio luogotenente di Cesare e da

---

[16] Oltre alla deduzione di molte colonie a lui va il merito di avere ricostruito Cartagine e Corinto.

[17] Da "Cesare" deriva cesarismo, per significare l'espressione più alta della potenza terrena nel suo slancio ascensionale.

Lettera ai Filippesi

Marco Emilio Lepido, governatore della Spagna e comandante delle truppe stazionanti intorno all'Urbe; era fallito il piano dei repubblicani, i quali, spalleggiati da Decimo Bruto governatore della Gallia, fondavano le loro speranze su Sesto Pompeo (figlio di Pompeo Magno), ammiraglio di una flotta corsara imperversante nel Mediterraneo occidentale. Essi si preparavano alla resistenza, se non all'offensiva in Grecia nella persona di Marco Giunio Bruto, mentre Gaio Cassio si trovava in Oriente. In tale caotico stato di cose stava emergendo il diciannovenne nipote di Cesare: Ottavio, adottato come figlio nel testamento dello zio: ecco affacciarsi sul teatro della storia Gaio Giulio Cesare Ottaviano, il futuro Augusto. La sua giovane età non gli impedì di agire con estrema lungimiranza e abilità politica: prudente, lucido, deciso, egli riuscì a far riconoscere dal Senato la legittimità della propria posizione, a imporre ad Antonio e a Lepido il peso della sua presenza sulla scena politica. Il secondo triumvirato non fu un semplice accordo privato, ma una vera e propria magistratura (*Triumviri Rei Publicae constituendae*: così erano chiamati i tre membri) tendente a dare una nuova costituzione allo Stato romano. Investiti di questo potere essi mossero contro Bruto e Cassio, i quali furono annientati a Filippi (42 a.C.)[18]. Mentre Ottaviano ebbe l'accortezza di restare a Roma per affrontare il problema dei rapporti tra l'autorità senatoriale e civile da una parte e il potere militare, sempre più aggressivo e debordante dall'altra. Antonio si era recato in Oriente, dove intendeva portare a compimento il programma cesariano di conquista dell'Impero partico e sistemare le terre già conquistate in una serie di Stati vassalli retti alla maniera greco orientale da dinasti locali, anziché organizzarli sulla base di province dipendenti direttamente da Roma, caratterizzate da un tipo di amministrazione più vicina al diritto romano. Lui stesso si proponeva a quelle popolazioni secondo le modalità dei sovrani ellenistici: si atteggiava a supremo monarca, si lasciava venerare come un dio

---

[18] Ambedue le forze opposte ammontavano a circa 100.000 uomini, con un leggero scarto inferiore dei repubblicani. I due eserciti si fronteggiarono in due combattimenti che seguirono a una ventina di giorni d'intervallo. Nel primo assalto Cassio, battuto da Antonio si uccise, mentre Bruto sconfiggeva Ottaviano e s'impadroniva del suo campo. Nel secondo Bruto, mal consigliato dai suoi, attaccò gli avversari riuscendo a prevalere con l'ala destra; la sinistra invece, cedendo, permise l'aggiramento delle truppe e la disfatta. Bruto riuscì a salvare quattro legioni, ma quando queste si rifiutarono di continuare la lotta si diede la morte.

egizio. In tale quadro bene si situava il ruolo ricoperto da Cleopatra, della quale Antonio si era invaghito alla follia, nonché quello dei figli di lei: quello avuto da Giulio Cesare: Cesarione e i tre nati dalle nozze con Antonio: Alessandro Helios, Tolomeo e Cleopatra Selene. Al contrario di Cesare, il quale non si fece mai dominare da Cleopatra, Antonio era diventato uno strumento nelle mani della regina d'Egitto: evidentemente perché la sua statura politica non era tale da poter stare alla pari con quella di Cleopatra. Antonio e Cleopatra erano due mondi a confronto: nel caso in specie l'Oriente rischiava di avere il sopravvento sull'Occidente[19]. Tale compromesso non poteva essere accettato da Ottaviano, sicuro di poter avere partita vinta soltanto facendo leva sul Senato e propugnando una politica di ferma opposizione a tutto ciò che l'Oriente simboleggiava: lusso, corruzione, vizio, rituali misteriosi. Nella civiltà dell'Occidente Ottaviano additava la sana tradizione dei padri, la ripresa dei costumi aviti, il ritorno alla laboriosità e alla frugalità della gente latina, l'unità dello Stato, lo spirito di sacrificio nel servizio della cosa pubblica, la ricostruzione della famiglia con l'abolizione del divorzio e tutte quelle provvidenze che tutelavano il rispetto delle leggi, il ripristino della pace dopo tanti decenni di lotte fratricide. Questo sarebbe stato entro breve tempo il contenuto del programma augusteo, che avrebbe cominciato a essere attuato dopo la battaglia di Azio (31 a.C.).

Con il trionfo di Augusto una volta divenuta colonia romana Filippi assunse la denominazione di *colonia Augusta Iulia Philippensis*[20]; essendo stato inviato colà un secondo nutrito gruppo di coloni romani, la popolazione di lingua latina raggiunse un'alta percentuale, rispetto sia ai macedoni ormai ellenizzati (a suo tempo Filippo II aveva provveduto a stabilirvi un buon numero di connazionali), sia rispetto ai greci. In qualità di colonia imperiale la città — diversamente dai territori situati sotto la

---

[19] Quanto a Lepido egli fu messo fuori gioco da Ottaviano, il quale lo confinò nell'ambito marginale del Pontificato Massimo (il Pontefice Massimo presiedeva al culto, ma tale carica aveva scarsa importanza nel governo dello Stato: era più che altro onorifica).
[20] "The *colonia* was granted the *ius Italicum* (Dig. 50,15,8,8)" (R.M. ERRINGTON, "Philippi", *BNP*, XI, 23).

Lettera ai Filippesi

sua giurisdizione — dipendeva direttamente da Roma e usufruiva di esenzioni assai ambite in materia di tassazione, nonché di autonomia amministrativa[21]. Durante il governo dell'Imperatore Claudio (41-54 d.C.) la Tracia fu ridotta a provincia romana sotto un procuratore di ordine equestre e vi fu costituito un κοινόν di città traciche per l'adorazione dei Cesari: tra esse è presumibile la presenza di Filippi[22].

Paolo insieme con Sila (cfr. At 15,40) e con Timoteo (cfr. At 16,13) si sarebbe recato in Macedonia, mosso da una richiesta d'aiuto avuta in sogno (cfr. At 16,9) e interpretata come segno celeste (cfr. At 16,10). Una tra le motivazioni plausibili della sua scelta può essere stata la considerazione che a Filippi, in quanto soggetta alla giurisdizione romana (notoriamente aperta e tollerante nei riguardi dei vari culti e costumanze locali o straniere), Paolo avrebbe trovato una certa agibilità nella sua opera di evangelizzazione. Inoltre egli godeva del privilegio della doppia cittadinanza: quella di Tarso e quella romana; conosceva e parlava perfettamente il greco, ma era anche ebreo di stirpe (cfr. Fil 3,5)[23]. Con l'arrivo a Filippi (ca. 50) si inaugura la fase europea dell'attività evangelizzatrice dell'Apostolo, il quale raggiunse la meta via mare approdando a Neapolis (oggi Cavála), distante approssimativamente una dozzina di km da Filippi. L'incontro "ufficiale" con la comunità giudaica avvenne di sabato, fuori della Porta cittadina, presso il fiume che scorreva a poca distanza dall'insediamento[24]. Il fatto che i nuovi arrivati abbiano intavolato il discorso con un gruppo di donne non deve stupire, non solo perché questo primo

---

[21] Che la città fosse fiorente e politicamente appetibile è storicamente provato, non solo dalla presenza di cospicui resti archeologici, ma anche dall'esistenza di miniere di ferro e di giacimenti diamantiferi, in attività ancora nel basso medioevo (testimonianza del vescovo Marbodo di Rennes, secc. XI-XII).

[22] "Although the urban district of P. now stretched from what originally had been a single settlement on the Acropolis (App. Civ. 4,105) into the plain where the (now excavated) forum and its associated official buildings were located, the city remained largely agricultural in character, with the population living in dispersed village settlements across the land (15 *vici* are recorded by name)" (R.M. ERRINGTON, "Philippi", *BNP*, XI, 24).

[23] In quanto tale egli aveva ricevuto il nome di Σαῦλος; come *civis romanus* aveva tre nomi, di cui soltanto uno ci è noto: Παῦλος, cosicché egli poteva essere designato Σαῦλος ὁ καὶ Παῦλος (Saul detto anche Paolo). Saul (שאול = richiesto al Signore), figlio di Kis della tribù di Beniamino, fu unto dal profeta Samuele primo re d'Israele; egli regnò dal 1020 al 1000 a.C. circa.

[24] A. SACCHI, *Lettere Paoline e alte lettere*, 136, precisa trattarsi del fiume Gangite. In realtà nelle cartine geografiche odierne la grafia è "Angitis". Cfr. ERODOTO, *Storie* VII, 113.

contatto ha tutta l'aria di una presentazione "informale", al di fuori di una struttura specifica a ciò deputata; ma anche perché l'elemento femminile poteva fungere da tramite, da mediatore per ulteriori passi più decisivi. Presso i corsi d'acqua le donne del tempo passato (e ancora oggi in alcuni paesi) erano solite recarsi per certi lavori domestici, come il lavaggio della biancheria. È naturale che i pubblici lavatoi divenissero luogo d'incontro e di conversazione e quindi anche di preghiera. È possibile che i gruppi femminili cogliessero l'occasione per ritagliarsi uno spazio di socialità[25]. Una tra le presenti, Lidia di nome (commerciante di porpora proveniente da Tiatira[26], probabilmente la meno inserita nel discorso della comunità giudaica), si dimostrò propensa ad abbracciare la nuova fede. Una volta battezzata — lei con la sua famiglia — offrì generosamente ospitalità a Paolo e ai suoi nella propria abitazione (cfr. At 16,15). Quanto l'arrivo a Filippi aveva avuto luogo sotto i migliori auspici, altrettanto drammatica fu la partenza dalla città. Il successo della predicazione del missionario di Tarso fra i filippesi suscitò le rimostranze e addirittura le ire di alcuni, al punto che l'Apostolo e i suoi collaboratori furono denunciati all'autorità e imprigionati[27]. L'ambiente carcerario si prestava più che mai all'opera di proselitismo, tanto che lo stesso carceriere fu conquistato dalla parola e dall'esempio di Paolo. In considerazione che quest'ultimo era cittadino romano i magistrati decisero di evitare complicazioni presso il potere centrale, mandando libero lui e i suoi, a condizione che lasciassero il territorio.

Da dove scrive Paolo la Lettera ai Filippesi? L'Apostolo dichiara apertamente il suo travaglio di uomo ridotto in ceppi (la parola "catene" ricorre per tre volte: Fil 1,7.13.17), con la prospettiva di una detenzione che

---

[25] Cfr. le pagine evangeliche in cui Gesù si ferma e rivolge la parola presso fontane, dove le donne si recano ad attingere acqua. Il racconto più famoso si trova in Gv 4, dove Gesù e la donna samaritana si trovano presso il pozzo di Giacobbe.

[26] "In the Roman Imperial Period, T. was thriving thanks to its textile industry [3. 619 f.] along with the neighbouring wool centre Laodicea [4]. The earthquake damage of 25 BC was alleviated by Augustus (Suet. Tib. 8). [...] In the Ist century AD, T. was home to a Jewish community (Acts 16:4 sic) and to one of the oldest Christian communities of Asia Minor (Acts 1:11; 2:18; 2:24)" (H. KALETSCH, "Thyatira," BNP, XIV, 643).

[27] Per quanto concerne la narrazione vedi At 16,16-40. Per ulteriori notizie vedi K.H. SCHELKLE, Paolo, 126-127; A. SACCHI, Lettere Paoline e altre lettere, 135-137.

potrebbe preludere a una condanna a morte (cfr. 2,17)[28]. Stanti gli scarsi elementi reperibili nel testo, non si riesce a dedurre con certezza la località in cui egli avrebbe stilato la lettera. L'accenno al "pretorio" (1,13) e "a quelli della casa del Cesare" (4,22) ha fatto pensare a Roma. Tuttavia, nonostante tale ipotesi sia corroborata da un'antica tradizione e dai prologhi marcioniti (risalenti al II secolo d.C.)[29], la distanza geografica dell'Urbe da Filippi è tale da rendere improbabile la possibilità di una veloce comunicazione tra le due città e di conseguenza l'assiduo rapporto di scambio tra Paolo e i filippesi (cfr. 1,30 e 4,15-16). D'altronde i progetti nutriti da Paolo di lasciare l'oriente per dedicarsi all'evangelizzazione dell'occidente e in particolare della Spagna (cfr. Rm 15,24-28) si scontrano con la sua dichiarata intenzione di visitare Filippi una volta liberato (cfr. Fil 2,24). Qualunque sia il peso da attribuire a quanto esposto, la data di stesura della missiva risalirebbe ai primi anni sessanta (61-63)[30]. Le ipotesi degli studiosi confortate da notizie provenienti da altre fonti (cfr. At 23,23-25; 28,16-30) si sono appuntate anche su Cesarea Marittima, su Efeso, su Corinto. Nel primo caso la presenza di un pretorio in quella città (presenza comunque usuale in tutte le sedi dei procuratori provinciali nominati da Roma[31]) e il lungo periodo di detenzione subito da Paolo (cfr. At 24,27), durante il quale potrebbero essere stati effettuati ripetuti contatti con i filippesi, non riescono però a eliminare l'ostacolo della distanza intercorrente fra la Palestina e la Macedonia, anche se per mare il viaggio poteva risultare meno difficoltoso e temporalmente più breve. Per quanto concerne la collocazione cronologica, questa slitterebbe verso la fine degli anni cinquanta (58-60). L'eventualità che la lettera abbia visto la luce a Efeso (dove pure sorgeva il pretorio), l'ipotesi di Paolo prigioniero, con-

---

[28] A. Sacchi fa notare che — secondo la legislazione allora vigente nei territori dell'impero — Paolo, come cittadino romano, in caso di condanna capitale sarebbe dovuto essere deferito a Roma, ma non esclude la possibilità di eccezioni alla suddetta legge. Vedi ID., *Lettere paoline e altre lettere*, 139.
[29] Vedi G.F. HAWTHORNE, "Philippians", *DPL*, 709-710; trad. italiana, "Filippesi", *DPL*, 636; K.H. SCHELKLE, *Paolo*, 130.
[30] Questa ipotesi tradizionale viene difesa nella tesi recente di M. BYRNES. Per una discussione dettagliata del problema vedi ID., *Conformation to the Death of Christ and Hope of Resurrection. An Exegetical-Theological Study of 2Corinthians 4,7-15 and Philippians 3,7-11*, TG.T 99, Roma 2003, 133-139.
[31] Vedi "il pretorio di Erode" (At 23,35).

fortata anch'essa da un'antica tradizione e dal prologo marcionita relativo alla Lettera ai Colossesi[32], riceverebbe impulso dalla favorevole ubicazione di Efeso — ricca e vivace città della Lidia situata sulla costa dell'Asia Minore — rispetto alla posizione di Filippi non lontana dallo scalo portuale di Neapolis, ben conosciuto da Paolo e dai suoi collaboratori (cfr. At 16,11-12). Tra l'altro che Timoteo si trovasse vicino a Paolo (cfr. Fil 1,1) è confermato dagli Atti (cfr. 19,22); ugualmente che i rapporti sul piano economico e commerciale tra la regione di Lidia e Filippi fossero frequenti e non superficiali lo si può ricavare dalla narrazione del primo approccio di Paolo con gli abitanti di Filippi, in cui Paolo viene a contatto con la donna di Tiatira, commerciante di porpora e sicuramente benestante. È lecito immaginare che essa non fosse l'unica cittadina proveniente dalla Lidia e residente stabilmente a Filippi. È verosimile che il contrasto tra l'insegnamento di Paolo e quello dei predicatori malevoli (cfr. Fil 1,15) abbia a che fare in qualche modo con la diffusa narrazione del lungo soggiorno di Paolo a Efeso (cfr. At 19,2-9). Non mancano invero le obiezioni tendenti a mettere in dubbio la scelta di Efeso, ma è opportuno far presente che si tratta generalmente di argomentazioni *ex silentio*, basate cioè sull'assenza della prova in contrario. In conclusione la Lettera ai Filippesi sarebbe stata scritta nel triennio 54-57[33]. Un'altra famosa città: Corinto, felicemente affacciata sul mare mediante due porti (Lecheo e Cencre), sede di un proconsole romano (Corinto era capitale della provincia d'Acaia) è la più favorita di tutte rispetto alla distanza da Filippi. Si potrebbero aggiungere nel punteggio a suo favore le enormi difficoltà frapposte dall'intellettualità di Corinto alla predicazione di Paolo, il quale venne addirittura arrestato e minacciato di morte (cfr. At 18,6.12). Nella Lettera ai Filippesi non si parla esplicitamente delle polemiche tra Paolo e i giudeo-cristiani venuti da Gerusalemme per parte di Giacomo (cfr. Gal 2,12): eppure esse costituivano un cruccio non secondario nella vita dell'Apostolo. Allo scopo di far convergere la scelta su Corinto si potrebbe retrodatare la Lettera ai Filippesi intorno al 50[34]. Data l'oscillazione

---

[32] Vedi K.H. SCHELKLE, *Paolo*, 131 e nota 11.
[33] Nel 56 secondo R.E. BROWN, *Introduction to the New Testament*, 484.
[34] Per ulteriori informazioni e conseguenti deduzioni vedi G.F. HAWTHORNE, "Philippians", *DPL*, 710; trad. italiana, "Filippesi", *DPL*, 637.

Lettera ai Filippesi

e l'incertezza tra località diverse sarebbe preferibile vedere Efeso come il luogo dove l'Apostolo scrisse l'epistola, a causa della sua favorevole ubicazione e delle testimonianze di un lungo soggiorno di Paolo nella provincia d'Asia. Certamente la lettera fu scritta prima delle due Lettere ai Corinzi: probabilmente nel 56 ca.

C. *Contenuto*

1. Critica letteraria

Mentre le coordinate spazio-tempo continuano a rappresentare un problema aperto, attualmente, dopo un periodo degno di nota unicamente sotto il profilo storico, in cui la paternità paolina della lettera era stata messa in forse[35], gli studiosi ne ammettono l'autenticità. Essi ritornano così alla posizione originaria della Chiesa dei primi secoli, i cui massimi esponenti (Policarpo di Smirne, Ireneo, Clemente Alessandrino, Tertulliano) non avevano trovato alcuna difficoltà ad annoverarla tra le epistole autentiche. Nondimeno rimane aperto il dibattito sull'unitarietà o meno della composizione. Lo spunto per tale disputa sembra sia da attribuire all'inattesa asprezza di tono registrata all'inizio del capitolo terzo, dove Paolo mette in guardia i filippesi dai falsi maestri. Tale durezza di atteggiamento (contemporaneamente con il cambiamento di scenario, protraentesi fino al v. 4,3) confrontata con lo stile estremamente affettuoso e conciliante delle altre parti dello scritto, nelle quali Paolo manifesta sentimenti di amore e di gratitudine verso i filippesi, hanno fatto pensare all'esistenza di almeno due lettere, successivamente fuse o comunque riunite a formarne una sola. Tale posizione critica ha trovato facile appoggio nella testimonianza di san Policarpo, vescovo di Smirne, il quale all'inizio del II secolo parlava di "lettere" ai filippesi, anziché di "lettera". In realtà l'espressione di Policarpo potrebbe essere una maniera generica e nient'affatto cogente. Quanto al brusco mutamento di argomento esso depone a favore della genuinità della stesura, avvenuta di getto e quindi non necessariamente rispettosa dei passaggi da un tema all'altro. Circa la frattura sul piano stilistico dobbiamo concedere al carattere impetuoso

---

[35] Per un quadro sintetico generale vedi G.F. HAWTHORNE, "Philippians", *DPL*, 708-709; trad. italiana, "Filippesi", *DPL*, 634-635.

di Paolo proprio questi improvvisi "sbalzi d'umore", che — a nostro parere — testimoniano ancora una volta sulla spontaneità della scrittura paolina. Ciò premesso preferiamo attenerci al testo quale esso ci è pervenuto, allo scopo di individuarne in qualche modo la trama e — all'occorrenza — le tematiche di ordine dottrinale.

2. Composizione

La Lettera ai Filippesi consta di quattro capitoli. Il prescritto (cfr. 1,1) è interessante per l'indirizzo di saluto, esteso agli "episcopi" (ispettori, sorveglianti, sovrintendenti) e ai "diaconi" (servitori, ministri): indizio di una costituzione ecclesiale in fieri. Nel primo capitolo Paolo si profonde in parole d'affetto verso i filippesi; interpreta la prigionia del momento in cui scrive come un contributo alla causa del Vangelo; esorta i destinatari alla perseveranza. Nel secondo capitolo Cristo Gesù viene additato come criterio di partecipazione unitaria e solidale dei filippesi rispetto a un medesimo pensare, amare, sentire (cfr. 2,2), e come sublime esempio di umiltà (cfr. 2,6-8). Segue una calda esortazione alla santificazione: traguardo tanto più difficile da raggiungere, in quanto i filippesi si trovano a vivere in un contesto generazionale corrotto e perverso (cfr. 2,12-15). Il capitolo termina con l'annuncio dell'arrivo di Timoteo e di Epafrodito. Nel terzo capitolo l'Apostolo, dopo aver messo in guardia i destinatari dai falsi maestri e aver polemizzato aspramente contro la circoncisione, ripercorre la sua storia personale di ebreo fariseo, che con piena convinzione si è votato alla causa di Cristo, paragonando il proprio cammino a una gara, il cui premio è la suprema chiamata di Dio in Cristo Gesù (cfr. 3,14). Il quarto capitolo verte su raccomandazioni varie: alcune *ad personam* (a Evodia e Sintiche, esortate alla concordia [cfr. 4,2], ma nel contempo lodate come intrepide combattenti per l'affermazione del Vangelo [cfr. 4,3]); altre, rivolte ai membri della comunità in generale, affinché attraverso la preghiera non vengano loro mai meno la gioia, la fiducia in Dio, la riconoscenza verso di lui, apportatore di pace nei cuori. Degno di attenzione e di riflessione il contenuto del v. 4,8, in cui Paolo suggerisce ai filippesi di pensare in positivo, come pegno di riuscita di tutti i loro buoni propositi, e quello del v. 4,9, dove Paolo stesso, proponendosi a modello da imitare, dimostra la consapevolezza della propria missione di pastore. Lo scritto continua con accenti di gratitudine per la liberalità dei filippesi, i quali a più riprese con i fatti hanno dimostrato la loro disponibilità a inviare aiuti. La lettera termina con i saluti, ristretti nel breve spazio di tre succinti versetti.

2.1 Schema epistolare

1. Prescritto: 1,1-2
2. Ringraziamento: 1,3-11
3. Corpo: 1,12–4,20: mescolanza della situazione carceraria di Paolo con esortazioni, avvertimento contro i falsi dottori, gratitudine verso i filippesi
4. "Post-scritto": 4,21-23

2.2 Divisione secondo i contenuti[36]

1,1-11:   Indirizzo/saluto e ringraziamento
1,12-26:   Situazione di Paolo in carcere e suo atteggiamento verso la morte
1,27–2,16: Esortazione basata sull'esempio di Cristo (inno cristologico)
2,17–3,1a: Interesse di Paolo nei confronti dei filippesi e sue missioni progettate presso di loro
3,1b–4,1:   Avvertimento contro i falsi dottori; comportamento personale di Paolo
4,2-9:   Esortazione ad Evodia e Sintiche: unità, gioia; a tutti: porre mente alle cose più nobili
4,10-20:   Situazione di Paolo e doni generosi dei filippesi
4,21-23:   Saluto finale, benedizione.

3. Teologia

Nonostante sia dettata in carcere la Lettera ai Filippesi è permeata di gioia e lascia ammirati per la forza d'animo che l'Autore dimostra e cerca di trasfondere nei destinatari, unitamente al proprio compiacimento a causa delle buone prove da essi offerte fino a quel momento. La strepitosa, rivoluzionaria "scoperta" di Paolo sta proprio in questa sua compenetrazione, in questo suo intimo rapporto con Gesù Cristo e — tramite il

---

[36] Per questo schema vedi R.E. Brown, *Introduction to the New Testament*, 484.

Signore — con Dio. L'eroismo e l'abnegazione dell'Apostolo sono diretta conseguenza del dono totale di sé alla causa del Vangelo e, di conseguenza, a Dio. In tale sublimità di porsi, la persona di Paolo supera l'ostacolo fisico delle catene e si espande intorno fino ad abbracciare idealmente tutti coloro che condividono con lui la medesima fede in Cristo: i fratelli e sorelle di Filippi. Con un linguaggio che attinge alla sfera dei sentimenti più puri e con uno sforzo mentale non comune Paolo riversa nella lettera tutto se stesso. Le sue parole sono specchio di come un essere umano possa assurgere alle più alte vette della propria realizzazione, facendo leva sulla parte spirituale di sé e superando così gli ostacoli frapposti dall'obiettiva condizione fisica nel suo caso particolare oltremodo critica. Questa "compartecipazione nello Spirito" (κοινωνία πνεύματος)[37] (2,1) con i filippesi si può attuare solo a un livello superiore: quello del comune amore in Cristo, dove la grazia (χάρις)[38] divina supplisce alle carenze umane, potenzia le facoltà degli individui che si affidano ad essa, vivificandoli, colmando i loro cuori di gioia (χαρά)[39] e di amore (ἀγάπη)[40] in cui si stempera e si annulla ogni difficoltà; nutrendo le loro menti di intelligenza e di capacità di discernimento; rendendoli veicoli di energie positive, benefiche per sé e per il prossimo. Tutta questa ricchezza spirituale troviamo concentrata nel cosiddetto "ringraziamento" (1,3-11), definito da Vanni "un piccolo gioiello della letteratura paolina"[41]. L'analisi che Paolo fa della propria situazione di uomo privato della libertà, lungi dal provocargli abbattimento e sconforto lo stimola a trovare intorno e dentro di sé inaspettate risorse spirituali, a guardare la realtà in chiave ottimistica, in un'ottica provvidenziale. La sua opera di proselitismo presso i soldati di stanza nel Pretorio e presso i guardiani, oltre che fra gli schiavi e i liberti addetti alla "casa del Cesare" (4,22) rendono una pallida idea dell'irresi-

---

[37] Cfr. κοινωνία (1,5; 2,1; 3,10) — "compagnia", "amicizia", "fratellanza", "comunione tra fratelli e sorelle"; "compartecipazione"; "associazione"; "contributo", "dono"; πνεῦμα (1,19.27; 2,1; 3,3) — "Spirito" (Santo), (4,23) — "spirito".

[38] Cfr. χάρις (1,2.7; 4,23); εὐχαριστία (4,6) — "preghiera di ringraziamento"; εὐχαριστέω (1,3) — "essere grato", "ringraziare".

[39] Ci sono 14 ricorrenze di due termini diversi di questo grappolo semantico nella Fil. Cfr. χαρά (1,4.25; 2,2.29; 4.1) — "gioia"; χαίρω (1,18.18; 2,17.18.28; 3,1; 4,4.4.10) — "rallegrarsi".

[40] Cfr. ἀγάπη (1,9.16; 2,1.2) — "amore", "affezione".

[41] Vedi U. VANNI, "Filippesi", NDTB, 555.

Lettera ai Filippesi

stibile personalità di Paolo, instancabile missionario, anche nei frangenti più difficili e pericolosi (cfr. 1,13; 4,22). Analoghe considerazioni si possono estendere al seguito del capitolo I (cfr. 1,12-30) e a buona parte del capitolo II (cfr. 2,1-18), dove risaltano il suo dispiacere, la sua sofferenza, per essere impedito di esercitare la sua missione di evangelizzatore. Le mura del carcere lo costringono a interrompere la realizzazione dei suoi programmi di contatto diretto con le chiese da lui fondate e di diffusione della "parola del Signore" (1Ts 1,18) in altri paesi non ancora raggiunti dal messaggio di Cristo. La preoccupazione che le sue fatiche possano essere vanificate qualora le comunità si credessero abbandonate, e proprio nella fase in cui stanno muovendo i primi passi sulla via della vita cristiana, lungi dal provocare in lui frustrazione, centuplica le sue forze, alimenta la sua sollecitudine di pastore, che non per propria volontà è privato della gioia di guidare i fratelli e le sorelle, di consigliarli, stimolarli, confortarli con la propria presenza. Anche il senso d'impotenza di fronte alla sottile perfidia di predicatori malevoli, i quali approfittano della sua assenza forzata per sparlare di lui e metterlo in cattiva luce lo rattrista molto, perché non può difendersi, né controbattere alle loro accuse. Tuttavia molto generosamente egli si rallegra per il fatto che il Vangelo venga comunque annunciato. Forte delle sue rette intenzioni egli sa che alla fine la verità riguardo al suo comportamento è destinata a trionfare e che i nemici verranno confusi e sconfitti. In questa prima sezione della lettera al tema della prigionia utile al Vangelo (cfr. 1,12-26) tiene dietro l'articolata esortazione alla carità e all'umiltà (cfr. 1,27–2,18). L'improvviso inalberarsi della persona di Paolo interrompe il clima disteso, di cui partecipano anche Timoteo e Epafrodito. L'Apostolo usa parole taglienti e sarcastiche contro gli avversari, marchiandoli con l'appellativo di "cani" (3,2) e con definizioni offensive[42]. Appassionante per noi è il dibattito sull'individuazione di questi gruppi che sostengono la necessità di seguire le usanze giudaiche (per esempio la circoncisione), considerate criterio dirimente per il raggiungimento della salvezza eterna (cfr. 3,2)[43].

---

[42] È questo un tratto che accomuna Paolo con molti autori della letteratura greca (specificamente poeti, oratori), in cui l'insulto fa parte dello stile cosiddetto "giambico".

[43] Per ulteriori approfondimenti e distinzioni cfr. A. Sacchi, *Lettere paoline e altre lettere*, 143-145; G.F. HAWTHORNE, "Philippians", *DPL*, 711; trad. italiana, "Filippesi", *DPL*, 639; F. BIANCHINI, *L'elogio di sé in Cristo*, 180-198.

Tra le caratteristiche salienti del testo ve n'è una di ordine stilistico-storico-dottrinale, a metà strada tra l'ambito esegetico e quello teologico, meritevole di essere sottolineata. Il tratto della Fil 2,6-11 viene individuato come brano di alto valore religioso e culturale, interessante per la ricerca innologica nella liturgia dei primi tempi della Chiesa[44]. Esso si segnala oltre che per la sua arcaicità, per la sua solennità, aleggiante in tutta la composizione strofica ritmica. Il taglio, il lessico sono inusuali nello stile di Paolo: è legittimo immaginare che egli abbia ripreso — parafrasandolo — un testo preesistente, che affonderebbe le sue radici nel più remoto cristianesimo. Forse un inno a Cristo, tra i primi di cui si ha memoria. Probabilmente nell'andatura e forse anche nell'impianto melodico esso ricalca, o per lo meno risente di echi provenienti da inni sacri cantati nei culti anteriori all'annuncio cristiano. Nulla ci impedisce di ipotizzare anche un'ascendenza analogica con apporti compositivi di vario genere, derivati da canti corali o monodici dell'Antico Testamento. Alcuni biblisti (per esempio Bultmann) hanno creduto di ravvisare certi spunti dell'inno a Cristo nello sfondo del mito gnostico del "redentore redento", ovvero nella concezione di una "persona luce", che appare in forma umana, sottomettendosi ai dolori e alle miserie di questa vita, fintantoché essa ritorna nella sua sede originaria, cioè il mondo della luce. Altri (Dunn) hanno cercato punti di confronto nell'Antico Testamento, riprendendo il tema di Adamo (il primo Adamo e il secondo Adamo, cioè il Cristo; cfr. 1Cor 15,45; Rm 5,12-21). Nella vasta serie delle interpretazioni figura una nutrita schiera di esegeti, la quale preferisce cercare (e trovare) la fonte dell'inno nel Nuovo Testamento e in particolare nel quarto Vangelo[45]. Come elemento unificante delle varie posizioni dei commentatori può essere assunto il motivo della "discesa-ascesa", suggerito da Hawthorne[46]. Particolarmente ricca di risvolti la lettura del sostantivo ἁρπαγμόν[47], per cui l'interpretazione teologica della figura di Cristo a livello trinitario risulterebbe di uno spessore notevolmente accresciuto, data la

---

[44] Per ulteriori notizie vedi G.F. Hawthorne, "Philippians", *DPL*, 711-712; trad. italiana, "Filippesi", *DPL*, 639-640.

[45] Cfr. soprattutto Gv 13,1-17; facendo il lavoro di uno schiavo Gesù lavò i piedi dei suoi discepoli.

[46] Vedi G.F. Hawthorne, "Philippians", *DPL*, 712; trad. italiana, "Filippesi", *DPL*, 640.

[47] Accusativo maschile singolare di ἁρπαγμός, -οῦ (ὁ) = "ratto", "ladrocinio", "rapina"; "preda". Cfr. Fil 2,6.

Lettera ai Filippesi

densità delle implicazioni insite nel vocabolo e la molteplicità dei punti di vista e dei sensi che ne scaturiscono. Paolo avrebbe intuito, o forse addirittura compreso appieno, ciò che nei secoli successivi sarebbe stato oggetto di meditazione e di studio di elaborate, faticose discussioni destinate a sfociare nelle risposte rese note dai vari concili ecumenici. Da porre in evidenza anche il tema antitetico dell'umiliazione-esaltazione di Cristo, al quale i credenti si devono conformare. La Lettera ai Filippesi viene annoverata fra gli scritti paolini in cui la parenesi occupa uno spazio rilevante. Il vincolo di reciproca, sincera amicizia che lega l'Apostolo e i filippesi, fa sì che il primo — con fine sensibilità — sappia far vibrare all'unisono e in sintonia le corde più nobili dell'animo suo con quello dei suoi interlocutori, annullando le distanze, sia spaziali, sia di condizione umana, che lo vedono ristretto in carcere. Nessuna catena può impedirgli di stabilire questo meraviglioso rapporto, questa corrispondenza di sentimenti, la quale gli consente di dialogare con i filippesi in stato di gioiosa libertà di spirito. L'entusiasmo dell'uno conduce alla persuasione degli altri: molto efficacemente e opportunamente si è parlato di "crescita cristiana" e di "teologia della gioia": il grande segreto del fascino di Paolo consiste nel sapersi posizionare sulla giusta lunghezza d'onda, nel saper trasmettere agli altri l'irresistibile e ottimistico dinamismo del proprio essere, tutto proteso verso l'alto, verso un futuro illuminato da luce escatologica e da gloria futura, verso il bene e l'indefesso operare sulla terra. Nessuna chiusa sembra maggiormente opportuna delle parole con cui egli suggella il suo infiammato discorso sulla corsa cristiana:

> [20]Quanto a noi la nostra cittadinanza è nei cieli, da dove aspettiamo anche come Salvatore il Signore Gesù Cristo, [21]che trasformerà il corpo della nostra umiliazione, rendendolo conforme al corpo della sua gloria, mediante il potere che egli ha di sottomettere a sé ogni cosa. [1]Perciò, fratelli miei carissimi e tanto desiderati, mia gioia e mia corona, rimanete saldi nel Signore così come avete imparato, carissimi! (Fil 3,20–4,1)

II. Contatto diretto col testo biblico: Fil 2,6-11

Elogio di Cristo (inno cristologico)

⁵ Abbiate fra di voi gli stessi sentimenti che furono in Cristo Gesù:

⁶ il quale, pur essendo in condizione di Dio, non considerò l'essere alla pari di Dio come qualcosa di geloso, ⁷ ma svuotò se stesso, assumendo la condizione di schiavo, diventando simile agli uomini; ⁸ e trovato nell'aspetto come uomo, umiliò sé stesso, diventando obbediente fino alla morte, (fino) alla morte di croce. ⁹ Proprio per questo Dio lo esaltò oltre misura e gli diede il nome (che è) al di sopra di ogni nome, ¹⁰ affinché nel nome di Gesù ogni ginocchio si pieghi nei cieli, sulla terra e sotto terra, ¹¹ e ogni lingua proclami che Signore (è) Gesù Cristo, per la gloria di Dio Padre.

Sviluppo letterario

Fil 2,6-11 rappresenta il *locus classicus* della cristologia paolina. Dai Padri della Chiesa fino ai teologi odierni, i cristologi di ogni epoca hanno trovato nei sei versetti summenzionati moltissimi spunti teologici sul Signore Gesù Cristo[48]. Il carattere unico del suggestivo passo — carattere ritmico, uso di parallelismi (similmente ai Salmi e ad altre sezioni poetiche dell'AT), presenza di termini rari e linguaggio atipico di Paolo — ha indotto molti studiosi contemporanei a credere che l'Apostolo delle genti citi un inno cristiano preesistente. Con tale inserimento egli mette in risalto la sua esortazione ai filippesi, richiamandoli alla concordia e alla generosità e proponendo Gesù come esempio perfetto da seguire.

La tesi[49] secondo la quale si tratterebbe di un testo prepaolino ha dominato l'opinione scientifica fino a poco tempo fa e rimane la posizione at-

---

[48] "No passage in Phil has had more use in appointed readings at church services over the centuries than 2:5-11, as 'the Epistle for Palmarum,' Passion Sunday, in the *Ordo* for all three years: a theological vision for Holy Week, with the light of Easter at the end of the tunnel. Its imagery appears in hymns (cf. Minear 1990; Kreitzer/Rooke). What the Philippians wrote to proclaim Christ in their Roman world has continued to shape preaching, hymnody, Christology, and Christian life" (J. REUMANN, *Philippians*, 377).

[49] Vedi E. LOHMEYER, *Kyrios Jesus. Eine Untersuchung zu Philipperbrief 2,5-11*, SHAWPH 1927-28.4, Heidelberg 1928. La monografia a suo tempo conobbe un periodo di grande notorietà.

Lettera ai Filippesi

tuale della maggioranza degli interpreti[50]. Coloro i quali considerano l'inno come dato di culto del cristianesimo delle origini (*Sitz im Leben*) non concordano per quanto riguarda le conseguenze del loro assunto: esso si concretizzerebbe o nella celebrazione eucaristica[51] o nella liturgia battesimale[52]. Allo stato dei fatti le divergenze nel dibattito che prende le mosse dall'origine prepaolina dovrebbe invitare a riflettere sulla validità indiscutibile di quella premessa. Non è escluso che — fermo restando l'impianto prepaolino dell'inno — esso sia stato interpretato da Paolo alla luce dello sviluppo ulteriore del pensiero e della liturgia cristiana, sulla scorta di una naturale e legittima attualizzazione, di cui l'Apostolo sentì il bisogno nei suoi vari spostamenti e nelle sue esperienze interne alle comunità. È possibile che egli abbia perfezionato e arricchito il tessuto primitivo con personali adeguamenti e ritocchi originali — rispettosi sempre dello spirito informatore del testo — anche con integrazioni e precisazioni che ottenevano l'effetto di valorizzare l'insieme. Per esempio l'anadiplosi della parola θανάτου ("morte", v. 8b.c) con la quale si ottiene il rafforzamento tematico nonché ritmico (dato che possibilmente si trattava di una preghiera cantata): rafforzamento che raggiunge il culmine nel termine σταυροῦ ("croce", v. 8c). Di recente però è cresciuto il numero dei biblisti che sostengono l'origine paolina di 2,6-11[53]. Inno preesistente non paolino successivamente sviluppato e arricchito da Paolo, inno preesistente composto dall'Apostolo stesso e successivamente inserito durante la stesura della lettera o testo cristologico non preesistente e quindi composto durante la stesura della lettera proprio per la sua occasione[54]? Il dibattito fra i biblisti ferve tutt'ora.

---

[50] "Most (exegetes) think that Paul wrote but did not create these lines; they are probably a prePauline hymn that the Philippians knew and that Paul may have taught them at the time of his first visit" (R.E. BROWN, *Introduction to the New Testament*, 491).

[51] Vedi E. LOHMEYER, *Kyrios Jesus*; L. CERFAUX, "L'hymne au Christ-Serviteur de Dieu (Phil 2,6-11 = Is 52,13/53,12)" in *Recueil Lucien Cerfaux*, Gembloux 1954, II, 425-437.

[52] Vedi J. JERVELL, *Imago Dei*, Göttingen 1960; M. MASINI, *Filippesi, Colossesi, Efesini, Filemone*, LoB 2.9, Brescia 1987.

[53] Vedi J.-N. ALETTI, *Épître aux Philippiens*, 143; G. BARBAGLIO, *La Teologia di Paolo*, 359; F. BIANCHINI, *L'elogio di sé in Cristo*, 230-231; G.D. FEE, *Paul's Letter to the Philippians*, 44-45; R. FABRIS, *Lettera ai Filippesi – Lettera a Filemone*, 101.

[54] "Essentially there are three alternatives as regards the authorship of 2:6-11, verses with a noticeable hymnlike quality to them. These verses might originally have been composed as a

Non c'è consenso nemmeno sulla composizione del testo: oggi infatti gli esegeti propongono tre schemi diversi. È opportuno uno sguardo panoramico alle tre prospettive prima di tornare al piano esegetico.

I. Sei strofe di uguale lunghezza (tre stichi ciascuna) escluso il sintagma θανάτου δὲ σταυροῦ (possibile inserto paolino). Composizione bipartita: le prime tre strofe descrivono il tema dell'autoumiliazione di Cristo (vv. 6-8); le altre tre quello della sua esaltazione per opera di Dio (vv. 9-11) (Lohmeyer[55] e molti altri sulle sue orme: Käsemann[56], Beare[57], Benoît, Héring, Beare, Bonnard, Lamarche, la Hooker[58], Byrne[59], Bockmuehl[60], ecc.).

I   6 ὃς ἐν μορφῇ θεοῦ ὑπάρχων
      οὐχ ἁρπαγμὸν ἡγήσατο
      τὸ εἶναι ἴσα θεῷ,

II   7 ἀλλὰ ἑαυτὸν ἐκένωσεν
      μορφὴν δούλου λαβών,
      ἐν ὁμοιώματι ἀνθρώπων γενόμενος·

III   8 καὶ σχήματι εὑρεθεὶς ὡς ἄνθρωπος
      ἐταπείνωσεν ἑαυτὸν
      γενόμενος ὑπήκοος μέχρι θανάτου,
      θανάτου δὲ σταυροῦ.

IV   9 διὸ καὶ ὁ θεὸς αὐτὸν ὑπερύψωσεν
      καὶ ἐχαρίσατο αὐτῷ τὸ ὄνομα
      τὸ ὑπὲρ πᾶν ὄνομα,

---

hymn to Christ by an author now unknown. Or Paul himself might have composed these verses previously, perhaps for liturgical use. Third, these verses might not have preexisted but rather could have been beautifully crafted by Paul at the time of the letter as he sought ways to delineate the sovereignty of Christ for his friends at Philippi" (R.J. CASSIDY, *Paul in Chains*, 179).

[55] Vedi E. LOHMEYER, *Kyrios Jesus. Eine Untersuchung zu Philipperbrief 2,5-11*, Heidelberg 1928.
[56] Vedi E. KÄSEMANN, "Kritische Analyse von Phil 2.5-11", *ZThK* 47 (1950) 313 ss.
[57] Vedi F.W. BEARE, *The Epistle to the Philippians*, BNTC, London 1959, 1973³, 73-75.
[58] Vedi M.D. HOOKER, "Philippians 2:6-11", in E.E. ELLIS – E. GRÄSSER, ed., *Jesus und Paulus. Festschrift für Werner Georg Kümmel zum 70. Geburtstag*, Göttingen 1978, 158ss = *From Adam to Christ*, Cambridge 1991.
[59] Per un'ottima presentazione di quest'ipotesi consultare l'articolo di B. BYRNE, "The Letter to the Philippians," *NJBC*, 794 (cfr. la trad. italiana in *NGCB*).
[60] Vedi M. BOCKMUEHL, *The Epistle to the Philippians*, 125-126.

V ¹⁰ ἵνα ἐν τῷ ὀνόματι Ἰησοῦ
πᾶν γόνυ κάμψῃ
ἐπουρανίων καὶ ἐπιγείων καὶ καταχθονίων
VI ¹¹ καὶ πᾶσα γλῶσσα ἐξομολογήσηται
ὅτι κύριος Ἰησοῦς Χριστὸς
εἰς δόξαν θεοῦ πατρός.

II. Tre strofe di uguale lunghezza (quattro stichi ciascuna), corrispondenti alle tre condizioni di Gesù: la sua preesistenza (vv. 6-7a), la sua vita terrena (vv. 7b-8), la sua vita celeste (vv. 9-11) (Jeremias[61] e altri sulle sue orme: Deichgräber, Coppens, Friedrich, Michel, Martin, Murphy-O'Connor[62], ecc.).

I ⁶ ὃς ἐν μορφῇ θεοῦ ὑπάρχων
οὐχ ἁρπαγμὸν ἡγήσατο
τὸ εἶναι ἴσα θεῷ,
⁷ ἀλλὰ ἑαυτὸν ἐκένωσεν
II μορφὴν δούλου λαβών,
ἐν ὁμοιώματι ἀνθρώπων γενόμενος·
καὶ σχήματι εὑρεθεὶς ὡς ἄνθρωπος
⁸ ἐταπείνωσεν ἑαυτὸν γενόμενος ὑπήκοος μέχρι θανάτου, θανάτου δὲ σταυροῦ.
III ⁹ διὸ καὶ ὁ θεὸς αὐτὸν ὑπερύψωσεν
καὶ ἐχαρίσατο αὐτῷ τὸ ὄνομα τὸ ὑπὲρ πᾶν ὄνομα,
¹⁰ ἵνα ἐν τῷ ὀνόματι Ἰησοῦ πᾶν γόνυ κάμψῃ ἐπουρανίων καὶ ἐπιγείων
καὶ καταχθονίων
¹¹ καὶ πᾶσα γλῶσσα ἐξομολογήσηται ὅτι κύριος Ἰησοῦς Χριστὸς εἰς δόξαν
θεοῦ πατρός.

III. Composizione bipartita: due strofe (vv. 6-8 e 9-11) (Feuillet[63], Strecker[64]) oppure quattro strofe (I. A. vv. 6-7a; B. 7b-8b; II. A. 9-10a; B. 10b-11b e

---

[61] Vedi J. JEREMIAS, "Zu Phil II,7", *NT* 6 (1963) 182-188.
[62] Vedi J. MURPHY-O'CONNOR, "Christological Anthropology in Phil 2,6-11", *RB* 83 (1976) 25-50.
[63] Vedi A. FEUILLET, « L'hymne christologique de l'épître aux Philippiens », *RB* 72 (1975) 352-380.481-507.
[64] Vedi G. STRECKER, "Redaktion und Tradition in Christushymnus Phil 2,6-11", *ZNW* 55 (1964) 63-78.

"les deux temps forts": vv. 8c; 11c) (Collange[65]) di uguale lunghezza; due unità letterarie (anziché strofe perché non si tratta di un inno) consistenti in un periodo ciascuna (Fee[66], Barbaglio[67], Fabris[68], Bittasi[69], Aletti[70], Bianchini[71], Fowl[72], Reumann[73]).

I   ⁶ ὃς ἐν μορφῇ θεοῦ ὑπάρχων οὐχ ἁρπαγμὸν ἡγήσατο τὸ εἶναι ἴσα θεῷ, ⁷ ἀλλὰ ἑαυτὸν ἐκένωσεν μορφὴν δούλου λαβών, ἐν ὁμοιώματι ἀνθρώπων γενόμενος· καὶ σχήματι εὑρεθεὶς ὡς ἄνθρωπος ⁸ ἐταπείνωσεν ἑαυτὸν γενόμενος ὑπήκοος μέχρι θανάτου, θανάτου δὲ σταυροῦ.

II ⁹ διὸ καὶ ὁ θεὸς αὐτὸν ὑπερύψωσεν καὶ ἐχαρίσατο αὐτῷ τὸ ὄνομα τὸ ὑπὲρ πᾶν ὄνομα, ¹⁰ ἵνα ἐν τῷ ὀνόματι Ἰησοῦ πᾶν γόνυ κάμψῃ ἐπουρανίων καὶ ἐπιγείων καὶ καταχθονίων ¹¹ καὶ πᾶσα γλῶσσα ἐξομολογήσηται ὅτι κύριος Ἰησοῦς Χριστὸς εἰς δόξαν θεοῦ πατρός.

La proposta di Lohmeyer sulla composizione del testo sembra risultare la più convincente, ma non la sua ipotesi sulla preesistenza del così detto inno. Crediamo invece che il missionario di Tarso abbia scritto questi versetti durante la stesura della sua lettera personale per motivi *ad hoc*. A nostro parere non esiste un inno preesistente, paolino o non paolino, ma solo il testo dell'Apostolo scritto appunto per i filippesi, versetti consistendo in due microunità letterarie (vv. 6-8.9-11) che mettono in rilievo il ruolo centrale e fondamentale della croce di Cristo Gesù nel contesto del suo itinerario paradossale. Tuttavia l'ipotesi di Lohmeyer sulla forma di 2,6-11 comproverebbe la possibilità di lettura secondo lo schema di una composizione concentrica, che abbiamo la soddisfazione di presentare per la prima volta nel panorama dei commenti al brano in questione.

---

[65] Vedi J.-F. COLLANGE, « L'épître de Saint Paul aux Philippiens », Neuchâtel 1973, 76-79.
[66] Vedi G.D. FEE, *Paul's Letter to the Philippians*, Grand Rapids 1995, 192-193.
[67] Vedi G. BARBAGLIO, *La teologia di Paolo. Abbozzi in forma epistolare*, Bologna 1999, 359-360.
[68] Vedi R. FABRIS, *Lettera ai Filippesi – Lettera a Filemone. Introduzione, versione, commento*, Bologna 2001, 96-99.
[69] Vedi S. BITTASI, *Gli esempi necessari per discernere*, Roma 2003, 66-67.
[70] Vedi J.-N. ALETTI, *Épître aux Philippiens*, 143-147.
[71] Vedi F. BIANCHINI, *L'elogio di sé in Cristo*, 231-234.
[72] Vedi S.E. FOWL, *Philippians*, 108-113.
[73] "We regard 2:6-11 as one composition, but hardly a smooth unity—staccato phrases in two (vv 6-8, 9-11) or three segments (6-7b; 7c-8; 9-11)" (J. REUMANN, *Philippians*, 362).

A. Equiparazione di Cristo a Dio (persona divina preesistente, v. 6)
   B. Schiavitù di Cristo in forma d'uomo (incarnazione, v.7a-c)
      C. Abbassamento e degradazione estrema (morte, v. 7d-8b)
         D. Morte infamante (scandalo della croce, v. 8c)
      C'. Esaltazione oltre misura (risurrezione, ascensione v. 9)
   B'. Subordinazione dell'uomo in Cristo (universalità del culto cristiano, v. 10)
A'. Equiparazione di Cristo a Dio (persona divina in gloria eterna: il Signore, v. 11)

In più lo schema del motivo della discesa/umiliazione – ascesa/esaltazione di Cristo Gesù in Fil 2,6-11[74] può facilitare il nostro apprezzamento dello snodarsi del pensiero di Paolo sul tema "elogio di Cristo".

status divino/pre-esistenza (v. 6) || *status* di Signore/esaltazione (vv. 9-11)

abbassamento
iniziale

innalzamento
finale

status di schiavo/*kenosi* (vv. 7-8)

Concludendo è meglio interpretare questo straordinario testo cristologico in senso etico-paradigmatico: in questi versetti l'Apostolo presenta

---

[74] "Nell'evidenziare la progressione e il contrasto tra le due parti del testo risiede la possibilità di cogliere il significato di Fil 2,6-11. L'itinerario in due tappe crea un'antitesi tra la dinamica d'abbassamento e quella d'innalzamento, tra lo *status* di schiavo e quello di Signore. Come ben sottolinea Heriban, l'idea di *status* è la falsariga sulla quale si sviluppa il testo, infatti lo *status* particolare di Cristo è il tema portante della prima (dall'uguaglianza con Dio ad essere schiavo) e della seconda parte (la signoria suprema ed universale). Alla fine emerge il paradosso che è sotteso a questo passaggio: Cristo viene esaltato da Dio, ricevendo la suprema dignità di Κύριος, ed è da riconoscere in quanto tale, proprio perché non ha voluto trarre vantaggio dal suo *status* divino, ma ha abbassato se stesso, come uno schiavo, sino alla morte di croce. L'elogio di Fil 2,6-11 si rivela dunque come un elogio paradossale che celebra quanto di più lontano potrebbe esserci dall'oggetto della lode umana e, al contrario, mostra il vero vanto cristiano, pienamente conforme all'agire di Dio che esalta chi si umilia" (F. BIANCHINI, *L'elogio di sé in Cristo*, 234).

Cristo Gesù come un *exemplum*[75] da imitare (cfr. Rm 15,3-7; 2Cor 1,11)[76]. Con questa ricchissima pericope Paolo spiega e sviluppa la sua esortazione iniziale (cfr. 2,1-4). Il Messia offre sì un esempio di servizio umile e altruista per i destinatari (*status* di schiavo), ma anche un esempio eroico e onorevole (*status* di Signore). Il Signore è quindi degno di obbedienza e di adorazione da parte di tutte le creature, ma particolarmente da "tutti i santi in Cristo Gesù che sono a Philippi" (Fil 1,1).

Lettura dettagliata

2,6

ὃς ἐν μορφῇ θεοῦ ὑπάρχων
il quale, pur essendo in condizione di Dio,

Il versetto si apre in chiave cristologica: il pronome relativo ὅς si riferisce a "Cristo Gesù" (v. 5). ὅς è nominativo, quindi soggetto della frase che costituisce la prima unità del testo (vv. 6-8). L'Autore dichiara che Cristo Gesù è ἐν μορφῇ θεοῦ, "in condizione di Dio". Come interpretare il termine μορφή in tale contesto? Nel linguaggio filosofico può significare "figura", "sembianza", "forma"[77], indicando i tratti di una persona[78]. Molti esegeti, mettendo in risalto l'importanza di interpretare un termine nel

---

[75] "L'*exemplum* è una sfera più finita (§82,1) del *simile* (§ 400) e consiste in un fatto fissato storicamente (o mitologicamente o letterariamente), che viene messo a confronto con il pensiero vero e proprio [...] Per la funzione etica degli *exempla*, cfr. Plat. Gorg. p. 525 b, 2; Cinna 2, 1, 385" (H. LAUSBERG, *Elementi di retorica*, §§ 404-406).

[76] "Partant de l'hypothèse hymnique, les commentateurs ont, jusque récemment, peu travaillé la fonction rhétorique du passage, qui est de fonder et d'expliciter l'exhortation de Ph 2,1-4. Ces versets constitue un *exemplum* (en grec, παράδειγμα) qui tient de l'éloge (ἐγκώμιον)" (J.-N. ALETTI, *Épître aux Philippiens*, 147).

[77] Il significato del termine μορφή suppone i concetti di "natura" (φύσις) e "essenza" (οὐσία) e fluttua tra i concetti di "immagine" (εἰκων), "aspetto" (ἰδέα/εἶδος) e "apparenza" (σχῆμα). Vedi R. PENNA, "Dalla forma di Dio alla forma di schiavo: due categorie culturali sullo fondo di Fil 2,6-7", in S. GRASSO – E. MANICARDI, ed., *"Generati da una parola di verità" (Gc 1,18). Scritti in onore di Rinaldo Fabris nel suo 70° compleanno*, SRB 47, Bologna 2006, 279-280.

[78] "Il termine, cioè, non esprime propriamente la dimensione dell'essere, ma quella di un modo di essere, di una condizione esistenziale, certo corrispondente alla natura del referente; in sostanza, si tratta di una essenza manifestata" (R. PENNA, "Dalla forma di Dio alla forma di schiavo: due categorie culturali sullo fondo di Fil 2,6-7", in S. GRASSO – E. MANICARDI, ed., *"Generati da una parola di verità" (Gc 1,18). Scritti in onore di Rinaldo Fabris nel suo 70° compleanno*, SRB 47, Bologna 2006, 280).

Lettera ai Filippesi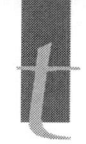

suo ambito, notano il parallelismo antitetico tra μορφῇ θεοῦ e μορφὴν δούλου (v. 7b). Fin dall'inizio del passo si stabilisce un paradosso[79], figura logica così cara all'Apostolo e strumento utilissimo per poter svelare misteri divini. Poiché la parola μορφή indica la relazione di Gesù con Dio (v. 6a) e quella con gli uomini (v. 7b), la traduzione più idonea parrebbe "condizione". Heriban la definisce come "il modo in cui un essere esiste e si manifesta concretamente"[80]. La condizione di Dio comporta grandezza e potenza, maestà e autorità, gloria e splendore[81]: nel suo stato preesistente quindi Cristo godeva pienamente di questo *status* divino, di questa dignità divina come di un privilegio che gli apparteneva fin dalle origini[82]. Il suo essere preesistente in "condizione di Dio" è continuato anche dopo il momento dell'umiliarsi (letteralmente "dello svuotare se stesso": del v. 7a). L'incarnazione di Cristo, Verbo preesistente, non ha in nessun modo reso vuoto né la sua natura divina né il suo rapporto con Dio Padre.

οὐχ ἁρπαγμὸν ἡγήσατο τὸ εἶναι ἴσα θεῷ,
non considerò l'essere alla pari di Dio come qualcosa di geloso (letteralmente "oggetto di rapina"),

Il v. 6b offre una descrizione tanto breve quanto essenziale del modo come Cristo Gesù ha vissuto il suo *status* divino, il suo essere in condizione di Dio. Il termine ἁρπαγμός è inconsueto e nella storia dell'esegesi si presenta come una vera *crux interpretum*: si tratta di un *hapax legomenon* nel Nuovo Testamento, è completamente assente nella LXX e si trova sporadicamente nei Padri al di fuori di loro commenti su questo versetto. Nella lingua greca il sostantivo ἁρπαγμός può avere senso attivo (in lat. *interceptio/rapina/raptus*) per designare il furto o l'usurpazione, cioè l'azione di rubare qualcosa (con connotazione di frode o di violenza); op-

---

[79] "Il paradosso è una figura logica consistente in un'affermazione in apparenza assurda e contraria al buon senso" (A. MARCHESE, *Dizionario di retorica e di stilistica*, 231).

[80] Vedi J. HERIBAN, "Inno cristologico", in A. SACCHI, ed., *Lettere paoline e altre lettere*, 388.

[81] "Tua, Signore, è la grandezza, la potenza, la gloria, la maestà e lo splendore, tutto, nei cieli e sulla terra, è tuo. Tuo è il regno, Signore; tu ti innalzi sovrano su ogni cosa. Da te provengono ricchezza e gloria; tu domini tutto; nella tua mano c'è forza e potenza; dalla tua mano ogni grandezza e potere. Per questo, nostro Dio, ti ringraziamo e lodiamo il tuo nome glorioso" (1Cr 29,11-13).

[82] Il participio presente appositivo ὑπάρχων va interpretato come proposizione concessiva implicita: "pur essendo", significativa nella sua stringatezza e sinteticità.

pure senso passivo (in lat. *res rapienda/res rapta*), cioè quello di un oggetto rapito o da rapirsi. Nella prima possibilità (senso attivo) Cristo appare in stato di tentazione come Adamo nel giardino dell'Eden. Invece molti biblisti odierni (per esempio Barbaglio) preferiscono interpretare ἁρπαγμόν in senso passivo, nel senso cioè che Cristo non ha conservato gelosamente come un bene rapito la sua posseduta uguaglianza con Dio. Forse (secondo Heriban e altri) sarebbe il caso di tornare al contesto per capire questo termine così complesso, ricorrendo all'espressione idiomatica ἁρπαγμὸν ἡγεῖσθαι[83]: "considerare qualcosa come preda o come oggetto di rapina", "approfittare di qualcosa", "usare qualcosa per se stesso". Cristo non ha usato il suo *status* divino per motivi egoistici, ma si è dimostrato umile, aperto, generoso. Non ha voluto approfittarsi di τὸ εἶναι ἴσα θεῷ (l'"essere alla pari di Dio"), cioè con l'usufruire in modo egoistico dell'autorità propria di Dio: pur rimanendo in un rapporto privilegiato con Dio, non ha voluto avvantaggiarsene ingiustamente davanti agli uomini.

2,7

ἀλλὰ ἑαυτὸν ἐκένωσεν
ma svuotò se stesso,

Invece di usare la propria condizione a proprio vantaggio, Cristo fece il contrario. La congiunzione ἀλλά, "ma," "però", introduce un forte contrasto nel discorso: esempio della figura di antitesi[84]. Il verbo ἐκένωσεν, "svuotò", "annientò", ci offre un altro esempio di *crux interpretum*: è un termine di difficile interpretazione. Alcuni teologi hanno visto nel v. 7a la base per elaborare la cosiddetta "teoria kenotica". La kenosi o kenotismo afferma il paradosso secondo il quale il Verbo divino nel momento dell'incarnazione avrebbe abbandonato gli attributi divini, incompatibili con la sua condizione umana. Non è il caso di sviluppare qui questo argomento il quale fa parte della storia della cristologia del novecento; nella proposizione ἑαυτὸν ἐκένωσεν, "svuotò se stesso", Cristo rimane soggetto

---

[83] Aoristo indicativo medio di ἡγέομαι. Il verbo ha due significati: 1) "guido", "conduco", "governo"; 2) "considero", "ritengo", "giudico", "credo", "stimo". Il secondo sembra più adatto al contesto.

[84] "Figura di carattere logico che consiste nell'accostamento di due parole o frasi di senso opposto (processo di antonimia: *bianco-nero, caldo-freddo, buono-cattivo* ecc.)" (A. MARCHESE, *Dizionario di retorica e di stilistica*, 24).

dell'azione, cioè è lui che agisce liberamente nell'atto di svuotare: nessuno lo forza a farlo. Volontariamente, in termini assoluti egli rinunciò ai privilegi del suo *status* divino, della sua condizione come Dio. Forse lontana allusione sul piano concettuale al servo di Dio di Is 53,12: "Perciò io gli darò la sua parte fra i grandi, egli dividerà il bottino con i potenti, perché ha dato se stesso alla morte (παρεδόθη εἰς θάνατον ἡ ψυχὴ αὐτοῦ) ed è stato contato fra i malfattori; perché egli ha portato i peccati di molti e ha interceduto per i colpevoli." Benché sia verosimile un legame fra questi due testi, il verbo παραδίδωμι (Is 53,12) e il verbo κενόω hanno significato differente: tale soluzione creerebbe più difficoltà di quante non ne elimini.

μορφὴν δούλου λαβών,
assumendo la condizione di schiavo,

La prima proposizione participiale del v. 7b μορφὴν δούλου λαβών spiega il significato di "svuotò se stesso". Troviamo λαβών, il participio aoristo di λαμβάνω ("prendo", "prendo su di me", "assumo"). La parola chiave: δούλου ("schiavo") riassume il senso della prima unità del testo (vv. 6-8). Notare il contrasto tra quanto l'Autore ha appena affermato (v. 6): cioè che Cristo è in condizione di Dio (stato preesistente del Verbo) e ciò che egli affermerà nella seconda unità del testo (vv. 9.11), cioè che Cristo godrà del nome e della dignità di κύριος nel suo stato glorioso. L'Autore mette a confronto i termini "schiavo" e "Signore" nella descrizione di Cristo Gesù (figura di antitesi), ponendo in rilievo l'aspetto paradossale della condizione del Salvatore. Durante il suo ministero fra gli uomini Gesù ha scelto di comportarsi come servo degli uomini e non com'è in verità, cioè un essere divino e perciò degno di servizio e di culto da parte di essi. Abbandonata liberamente la sua dignità divina egli ha scelto di divenire schiavo dei suoi fratelli e sorelle, dedicandosi totalmente al servizio degli altri, soprattutto dei più poveri, dei più miseri e dei più emarginati. Cfr. Gv 13,1-20, la lavanda dei piedi dei discepoli.

ἐν ὁμοιώματι ἀνθρώπων γενόμενος·
diventando simile agli uomini;

La rinuncia libera e volontaria di Cristo, ovvero l'incarnazione del verbo di Dio, viene descritta con tre proposizioni implicite tese a sottolineare l'aspetto e le circostanze storiche della persona e della missione di

Gesù. Nella prima il participio aoristo λαβών consente di guardare l'evento sotto molteplici aspetti: quello modale, quello strumentale (assumendo, con l'assumere), quello temporale (avendo assunto, dopo avere assunto). Nella seconda proposizione participiale: ἐν ὁμοιώματι ἀνθρώπων γενόμενος[85], se trasceglimo il significato del "nascere": in tal caso il valore del participio deponente γενόμενος risulterebbe quello di aoristo ingressivo, cioè di inizio d'azione, di "ingresso" appunto da parte di Cristo nel teatro della storia umana ("nascendo simile agli uomini"). Qualora privilegiamo il significato di "essere", di "esistere" ("diventando simile agli uomini") potremmo cogliere seppure nebulosamente — data la limitatezza della nostra capacità intellettiva — la grandiosità del mistero di Cristo, il quale, nonostante sia nato in un momento storicamente determinato, preesisteva con Dio Padre *ab aeterno*: saremmo quindi di fronte a un aoristo di tempo zero. Il sostantivo ὁμοιώματι[86] è molto significativo. La somiglianza di Cristo con gli uomini è totale: egli non si trova più nel suo stato preesistente, ma ormai si situa nell'asse spazio-tempo come chiunque altro. Per riprendere l'espressione paolina, Gesù di Nazaret è "nato da donna, nato sotto la legge" (Gal 4,4b). L'essere umano di nome Gesù fa parte ormai dell'umanità, condivide in pieno la condizione e la sorte di ogni essere umano. L'Autore della Lettera agli Ebrei descrive questa condizione in modo simile: "Infatti non abbiamo un sommo sacerdote che non possa simpatizzare con noi nelle nostre debolezze, poiché egli è stato tentato come noi in ogni cosa, senza commettere peccato" (Eb 4,15).

καὶ σχήματι εὑρεθεὶς ὡς ἄνθρωπος
e trovato nell'aspetto come uomo,

Con la terza proposizione participiale costruita analogamente alle precedenti si mette in risalto la mutata realtà, la nuova condizione di Gesù Cristo, cioè la sua natura umana. Il participio aoristo εὑρεθείς[87] sottolinea la passività del Figlio di Dio: egli si lascia scoprire dagli uomini che lo cercano, condividendo totalmente il loro stesso aspetto. Con questa scelta lessicale l'Autore mette in rilievo la condizione umana di Gesù: non sol-

---

[85] γενόμενος — participio aoristo di γίνομαι ("nascere"; "diventare").

[86] ὁμοιώματι — dativo singolare di ὁμοίωμα (n.) con due significati: 1) "immagine" (cfr. Rm 1,23); 2) "somiglianza", "similitudine", "forma".

[87] εὑρεθείς — participio aoristo passivo del verbo εὑρίσκω ("trovo").

Lettera ai Filippesi

tanto Gesù era simile agli uomini, ma fu veramente un essere umano. La sua venuta sulla terra segnò per gli uomini una discriminante: prima d'allora la conoscenza e l'incontro con Dio erano un atto di fede nel Dio di Israele mediante la Sacra Scrittura (a cui era necessario appoggiarsi) così efficacemente e appassionatamente espresse dalle parole del Pentateuco, dei Profeti e degli Scritti. Con l'avvento di Gesù l'attesa del Messia diviene un fatto incontrovertibile, che attesta il compimento delle promesse divine (cfr. Rm 1,2-3), la realizzazione di ciò che è essenziale affinché gli uomini (sia ebrei sia gentili) si sentano veramente figli di Dio, fratelli di Gesù, fratelli fra di loro, compartecipi del destino di eternità che loro spetta come legittimi eredi. Il termine σχήματι[88] non si riferisce alla qualità essenziale di qualche cosa, ma piuttosto ai suoi aspetti esteriori, a ciò che è riconoscibile da altri. Cristo è apparso nel mondo e la sua umanità era chiaramente riconoscibile dagli uomini[89]. Se nel v. 6 Cristo Gesù era alla pari con Dio, nel v. 7 è anche alla pari con gli uomini. Ancora una volta la Lettera agli Ebrei ci torna d'aiuto: "Nei giorni della sua carne (ὃς ἐν ταῖς ἡμέραις τῆς σαρκὸς αὐτοῦ), con alte grida e con lacrime egli offrì preghiere e suppliche a colui che poteva salvarlo dalla morte ed è stato esaudito per la sua pietà" (Eb 5,7). Durante la vita terrena Gesù fu veramente uomo e fu riconosciuto come tale dagli uomini.

2,8

ἐταπείνωσεν ἑαυτὸν
umiliò sé stesso,

Continua l'abbassamento, la discesa di Cristo Gesù già iniziata con la sua incarnazione (v. 7). Il verbo ἐταπείνωσεν[90] è un termine caro a Paolo, del quale egli fa uso per spiegare il suo rapporto sia con gli uomini sia con Dio. In un altro punto della medesima lettera (4,12) l'Apostolo usa il verbo ταπεινόω per manifestare la propria indifferenza e la propria libertà interiore di fronte alle vicende della vita:

---

[88] Dativo singolare di σχῆμα complemento di limitazione. Vedi F. BLASS - A. DEBRUNNER, *Grammatica del greco del NT*, § 197.
[89] "... he appeared in a way that was clearly recognizable as human" (G.D. FEE, *Paul's Letter to the Philippians*, 215).
[90] ἐταπείνωσεν — indicativo aoristo debole di ταπεινόω, verbo denominativo derivato dall'aggettivo ταπεινός = "umile", "sottomesso", "di bassa condizione", "povero" ecc. In italiano si è conservato la voce "tapino" = "misero", "infelice", "tribolato", "povero in senso metaforico".

¹⁰ Ho avuto una grande gioia nel Signore, perché finalmente avete rinnovato le vostre cure per me; ci pensavate sì, ma vi mancava l'opportunità. ¹¹ Non lo dico perché mi trovi nel bisogno, poiché ho imparato ad accontentarmi dello stato in cui mi trovo. ¹² So vivere nella povertà (ταπεινοῦσθαι) e anche nell'abbondanza; in tutto e per tutto ho imparato a essere saziato e ad aver fame; a essere nell'abbondanza e nell'indigenza. ¹³ Io posso ogni cosa in colui che mi fortifica (Fil 4,10-13).

Paolo ha insistito spesso sul suo rapporto umile con Dio:

e che al mio arrivo il mio Dio abbia di nuovo a umiliarmi davanti a voi (τὰ πεινώσῃ με ὁ θεός μου πρὸς ὑμᾶς), e io debba piangere per molti di quelli che hanno peccato precedentemente, e non si sono ravveduti dell'impurità, della fornicazione e della dissolutezza a cui si erano dati (2Cor 12,21).

Grazie a questi esempi è possibile individuare un tema importantissimo per l'Apostolo: l'imitazione di Cristo. "Fatevi miei imitatori come io lo sono di Cristo" (1Cor 11,1; cfr. 1Cor 4,16; Ef 5,1; 1Ts 1,6; 2;14): se Paolo e gli altri fratelli devono vivere in spirito di umiltà, è perché Cristo stesso lo ha fatto per primo. Cristo "umiliò se stesso", cioè rifiutò nel modo più assoluto il potere, la vanagloria e l'ambizione degli uomini per poter vivere in tutta semplicità la sua missione di Figlio di Dio. "Prendete su di voi il mio giogo e imparate da me, perché io sono mansueto e umile di cuore; e troverete riposo alle anime vostre" (Mt 11,29). È proprio questa mitezza e umiltà di Cristo a servire come modello per i credenti nella parenesi dell'Apostolo: "Io, Paolo, vi esorto per la mansuetudine e la mitezza di Cristo, io, che quando sono presente tra di voi sono umile, ma quando sono assente sono ardito nei vostri confronti" (2Cor 10,1).

γενόμενος ὑπήκοος μέχρι θανάτου,
diventando obbediente fino alla morte,

Quarta proposizione participiale del brano. Il processo di svilimento di Cristo continua nel v. 8b, dove trova il suo termine e punto estremo, cioè la morte di Gesù. L'aggettivo ὑπήκοος denota un atteggiamento costante e abituale di Cristo che Heriban definisce come "fedeltà totale alla volontà di Dio"[91]. Il fatto che il mittente ha composto questi suggestivi

---

[91] Vedi J. HERIBAN, "Inno cristologico", 390.

versetti cristologici e li ha messi in questa parte della lettera (o che ha voluto inserire l'inno cristologico preesistente subito dopo le esortazioni dei vv. 1-4) è indicazione del carattere parenetico, ovvero etico-paradigmatico, dei vv. 5-11. Come Cristo Gesù fu obbediente a Dio, anche i filippesi devono comportarsi di conseguenza[92]. In altra occasione l'Apostolo esorta i destinatari con queste parole: "Così, miei cari, voi che foste sempre ubbidienti (ὑπηκούσατε), non solo come quand'ero presente, ma molto più adesso che sono assente, adoperatevi al compimento della vostra salvezza con timore e tremore" (Fil 2,12). Interpretato in senso temporale il sintagma μέχρι θανάτου ("fino alla morte") significa che Gesù è rimasto obbediente fino all'ultimo momento della sua vita, fino al momento di abbandonare la sua anima nelle mani di Dio. Heriban propone opportunamente di integrare con un senso traslato di ordine qualitativo: "un'obbedienza che non cede davanti a nessun sacrificio personale, compreso anche quello supremo della propria vita"[93].

θανάτου δὲ σταυροῦ.
(fino) alla morte di croce.

Siamo giunti al culmine dei vv. 6-8, il sintagma centrale della pericope. Notare la figura retorica di anadiplosi[94], una variante delle figure della ripetizione: μέχρι θανάτου, θανάτου δὲ σταυροῦ. Molti esegeti (per esempio Lohmeyer) considerano θανάτου δὲ σταυροῦ un'espressione aggiunta dall'Apostolo all'inno preesistente per sottolineare la sua *theologia crucis*.

---

[92] "Paul presents the content of Phil 2.6-8 as a paradigm of a selfless mindset, which the Philippians are exhorted to adopt. Here we propose that the mindset and actions of Christ in 2.6-8 form, in essence, a paradigm of submission in the Epistle to the Philippians. While ὑποτάσσομαι does not occur in Phil 2.6-11, scholars have, nevertheless, in passing, described the actions of Christ as that of submission" (M.S. PARK, *Submission*, 118).

[93] Vedi J. HERIBAN, "Inno cristologico", 390.

[94] "L'anadiplosi (*reduplicatio*; ἀναδίπλωσις, ἐπαναδίπλωσις, ἐπαναστροφή) consiste nella ripetizione dell'ultimo membro di un gruppo di parole (sintattico o metrico) (§ 240) all'inizio del successivo (sintattico o metrico) gruppo di parole (§ 243). Il tipo della figura è quindi … x / x …" (H. LAUSBERG, *Elementi di retorica*, § 250). "La indipendenza sintattica dei due gruppi di parole (§ 253) presenta semanticamente una continuazione indipendente del pensiero, nel secondo gruppo di parole. La figura è, quindi, il modello dalla *gradatio* (§ 256). L'anadiplosi si trova […] 3) In prosa: Gen. 1,1-2; Ioh. 14,21; 16,27-28" (*Ibid.*, § 255).

L'umiliazione estrema sofferta da Gesù viene messa in rilievo tramite il carattere crudele, raccapricciante e ignominioso della sua morte[95]. Nel mondo romano la pena capitale della crocifissione come forma di esecuzione era riservata agli schiavi e ai ribelli[96]. Ovviamente conosciuta dai destinatari della lettera, essa rappresentava per gli uomini del primo secolo il limite estremo dell'umiliazione: "il colmo dell'abiezione" (Heriban). La crocifissione di Gesù fu motivo di scandalo per i primi cristiani,

---

[95] Vedi R. PENNA, *L'ambiente storico-culturale delle origini cristiane*, Bologna 1984, 1991³, 103-108. "Qui di seguito diamo più in disteso i passi di due autori, che ce ne fanno intravedere tutta la crudeltà (in particolare quello di Luciano, tra il serio e il faceto, impiega quasi l'intera terminologia in materia). 52. La pena della crocifissione (da Seneca e Luciano) [Senecca, *Ep.* 101,10.12.13.14.15] *(10) Colui che vive ciascun giorno come se esso fosse tutta la sua vita è sereno; a chi invece vive nella speranza, il tempo presente gli sfugge di mano e subentrano l'avidità e quel timore della morte, che è miserando e rende triste ogni cosa. Di qui proviene quella vergognosissima invocazione di Mecenate* [amico e ministro di Augusto, protettore di artisti e poeti tra cui Orazio] ... *(12) che pur di vivere chiedeva anche il prolungamento di un supplizio. Ma giudicherei spregevolissimo chi volesse vivere anche fino alla croce* (usque ad crucem): *"Tu però", egli dice, "rendimi pure infermo, purché nel corpo disfatto e inservibile resti la vita; puoi anche deformarmi, purché al mio corpo mostruoso e deformato si aggiunga un po' di tempo da vivere; appendimi pure ad croce o mettimela sotto anche se è acuminata, purché mi ci si possa sedere* (suffigas licet et acutam sessuro crucem subdas)". *Val proprio la pena di aggravare la ferita e di penzolare disteso sul patibolo* (et patibulo pendere districtum), *pur di rinviare ciò che nei mali è la cosa migliore, cioè la fine del supplizio? ... (13) ... Ma che vita è morire poco a poco? (14) Si trova forse qualcuno che voglia struggersi fra i tormenti e morire membro a membro ed emettere l'anima goccia a goccia, piuttosto che esalarla tutta in una volta? Si trova forse qualcuno che, confitto a quel tristo legno* (adactus ad illud infelix lignum), *già esausto* (iam debilis), *già deforme* (iam pravus) *e fiaccato da turpi protuberanze nel dorso e nel petto* (et in foedum scapularum ac pectoris tuber elisus), *voglia trascinare la vita in mezzo a tante sofferenze, mentre aveva avuto molte cause di morte anche prima della croce?* [Luciano, *Promet.* 1-2 (dialogo tra gli dèi Ermes ed Efesto, che cercano sul Caucaso un luogo per suppliziare Prometeo)] *(1) Ecco il Caucaso, dove questo povero Titano dovrà essere inchiodato* (προσηλῶσθαι) ... *appeso in modo visibile a tutti* (ἅπασι περιφανὴς εἴη κρεμάμενος); ... *non bisogna che sia crocifisso* (ἐσταυρῶσθαι) *né troppo in basso, per timore che vengano ad aiutarlo, né troppo in alto, perché non sarebbe visibile a quelli che stanno sotto; ... va crocifisso con le mani distese* (ἀνεσταυρώσω ἐκπετασθεὶς τὼ χείρε) *da una roccia all'altra ... (2) ... O Prometeo, se disobbediamo all'ordine veniamo impalati noi al tuo posto* (ἀντί σου ἀνασκολοπισθῆναι) ... *Ma stendi la destra; e tu, Efesto, tienilo fermo e inchiodalo* (προσήλου) *e tira giù con forza il calcagno; dammi anche l'altra mano, e assicuriamo bene anche questa* [Le mani potevano anche essere legate: cf. Cicerone, *Pro Rab.* 13; così certamente anche Erodoto, 7,194]" (*Ibid.*, 106-107).

[96] Vedi J.B. GREEN, "Crucifixion", *DPL*, 197-199; trad. italiana, "Crocifissione", *DPL*, 406-408. L'Autore sottolinea tre osservazioni generali indicate dalle prove letterarie: 1) l'atto della crocifissione era orrendamente crudele (la causa principale della morte era il soffocamento); 2) era un evento pubblico con la vittima nuda e esposta alla derisione ostile della gente; 3) non esisteva una forma standard (il modo esatto era soggetto ai capricci dei militari [cfr. Giuseppe FLAVIO, *Bello Iudaico*, V, 449-451]).

dal momento che il Figlio preesistente di Dio aveva conosciuto una morte così atroce[97]. Gesù dunque è rimasto fedele alla sua condizione di schiavo fino alla fine. Paolo tocca l'argomento relativo allo scandalo della croce e al suo significato inserendolo nel discorso sul contrasto tra la follia di Dio e la saggezza degli uomini:

> [20b] Non ha forse Dio reso pazza la sapienza di questo mondo? [21] Poiché il mondo non ha conosciuto Dio mediante la propria sapienza, è piaciuto a Dio, nella sua sapienza, di salvare i credenti con la pazzia della predicazione. [22] I Giudei infatti chiedono miracoli e i Greci cercano sapienza, [23] ma noi predichiamo Cristo crocifisso, che per i Giudei è scandalo, e per i Greci pazzia; [24] ma per quelli che sono chiamati, tanto Giudei quanto Greci, predichiamo Cristo, potenza di Dio e sapienza di Dio; [25] poiché la pazzia di Dio è più saggia degli uomini e la debolezza di Dio è più forte degli uomini. (1Cor 1,20b-25)

2,9

διὸ καὶ ὁ θεὸς αὐτὸν ὑπερύψωσεν
Proprio per questo Dio lo esaltò oltre misura

La funzione epanalettica della congiunzione rafforzata διὸ καί obbedisce allo scopo di istituire uno stretto collegamento dei contenuti della prima unità del testo con il capovolgimento operato di Dio nella condizione di Gesù Cristo nella seconda (cfr. 1Cor 1,20-21). Il brusco cambio di soggetto è spia del repentino mutamento di scena: fino a quel momento era stato Gesù attore principale della propria *deminutio*; da ora in poi ὁ θεός (Dio) diventa attore esclusivo dell'innalzamento. È Dio che risponde a Cristo, arrestando la progressione nello svilimento del Figlio, per poterlo esaltare. Con il verbo composto ὑπερύψωσεν[98] si glorifica l'opera meravigliosa e stupefacente compiuta da Dio in favore di Cristo. Generalmente nel Nuovo Testamento il verbo semplice ὑψόω denota l'azione di Dio in favore dei poveri, delle persone semplici, modeste,

---

[97] Per un ottimo studio sul significato della croce nel mondo greco-romano, vedi M. Hengel, *Crocifissione ed espiazione*, 31-129.

[98] ὑπερύψωσεν = indicativo aoristo debole di ὑπερυψόω, composto dal preverbio ὑπέρ- (lat. *supra*) = "sopra", "oltre" e dal verbo ὑψόω = "esalto", "nnalzo", verbo denominativo derivato dal sostantivo ὕψος = "altezza", "sublimità". Il verbo è *hapax legomenon* nel NT.

schive. Nel Magnificat leggiamo, "ha detronizzato i potenti, e ha innalzato (ὕψωσεν) gli umili" (Lc 1,52). Nei Sinottici Gesù stesso, nella sua parenesi ai discepoli, insegna che "Chiunque si innalzerà (ὑψώσει) sarà abbassato e chiunque si abbasserà sarà innalzato" (Mt 23,12). Nel quarto Vangelo in cui si presenta la morte di Cristo in croce, implicante la sua risurrezione e ascensione, parlando di se stesso Gesù dichiara che "come Mosé innalzò (ὕψωσεν) il serpente nel deserto, così bisogna che il Figlio dell'uomo sia innalzato (ὑψωθῆναι)" (Gv 3,14; cfr. Gv 8,28; 12,32.34).

καὶ ἐχαρίσατο αὐτῷ τὸ ὄνομα τὸ ὑπὲρ πᾶν ὄνομα,
e gli diede il nome (che è) al di sopra di ogni nome,

L'Autore sacro corona la magnificenza di questa esaltazione con il verbo ἐχαρίσατο[99]. Contro chi afferma che "Questo è l'unico passo nel NT in cui si parla di 'grazia' (χάρις) concessa a Cristo"[100] — si oppone una qualsiasi pur frettolosa considerazione sulla cristologia dell'Apostolo. Paolo usa spesso questo verbo per descrivere l'azione divina in rapporto ai peccatori; pertanto il primo significato del termine ("essere benevolo verso", "concedere il suo favore a", "perdonare", "usare misericordia") sembra più confacente in altre occasioni: "Perché a voi è stata concessa la grazia (ἐχαρίσθη) non solo di credere in Cristo, ma anche di soffrire per lui" (Fil 1,29; cfr. 1Cor 2,12; Gal 3,18; Rm 8,32; Fm 22). Nella fattispecie il secondo significato ha tutta l'aria di prevalere: Dio, di fronte all'offerta totale del proprio Figlio per la salvezza degli uomini, concede benevolmente a Cristo τὸ ὄνομα ("il nome")[101], cioè un nuovo *status*, un nuovo ufficio tra gli uomini. Il sostantivo ὄνομα compare tre volte ai vv. 9-10: le ricorrenze evidenziano l'importanza del termine per l'Autore. Non è in gioco un cambiamento della natura di Cristo, ma piuttosto il suo nuovo *status* di κύριος sopra tutte le creature. Prima della risurrezione Gesù era stato conosciuto dagli uomini come uno che nulla possiede, cioè come schiavo; dopo il suo

---

[99] ἐχαρίσατο = aoristo debole indicativo del verbo deponente χαρίζομαι. Intransitivo: "essere benevolo a", "concedere il suo favore a", "perdonare", "usare misericordia"; oppure transitivo: "dare", "concedere benevolmente". Verbo denominativo derivante dal sostantivo χάρις = "grazia", "favore", "beneficio", "rispetto", "venerazione", "segno di venerazione".

[100] Vedi J. HERIBAN, "Inno cristologico", 392.

[101] Secondo l'uso ebraico ὄνομα sta anche per "potenza", "autorità", "divinità" e talora per "persona". Nella lingua greca ὄνομα significa "fame", "reputazione", "gloria" (oltre naturalmente a "nome").

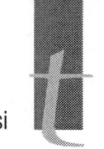

Lettera ai Filippesi

innalzamento egli è riconosciuto come il Signore, il quale gode della sovranità assoluta su tutto ciò che esiste[102].

2,10

ἵνα ἐν τῷ ὀνόματι Ἰησοῦ
affinché nel nome di Gesù

L'esaltazione di Cristo si prolunga con l'aggiunta di elementi chiarificatori tendenti a disegnare con maggior precisione la visione cristologica della Chiesa dei primi anni dalla sua nascita: visione che Paolo ha il merito di avere conservato e perfezionato con uno stile degno dell'argomento. La congiunzione subordinante ἵνα ("affinché") introduce lo scopo dell'azione divina. L'espressione ἐν τῷ ὀνόματι Ἰησοῦ ("nel nome di Gesù")[103] indica la sua signoria suprema e universale come Salvatore: potere che ormai gli appartiene per sempre, perché viene da Dio stesso. Tramite il nome di Gesù tutti gli uomini della terra riceveranno da Dio la salvezza gratuita. La predicazione del nome di Gesù rappresenta lo scopo missionario dell'Apostolo nel suo ministero presso i gentili: "Per mezzo di lui (Cristo Gesù) abbiamo ricevuto la grazia dell'apostolato per ottenere l'obbedienza alla fede da parte di tutte le genti per il suo nome" (Rm 1,5); "Infatti chiunque invocherà il nome del Signore sarà salvato" (Rm 10,13). Oltre a concedere la salvezza Dio purifica, santifica e giustifica i credenti tramite il nome del Figlio. "E tali eravate alcuni di voi; ma siete stati lavati, siete stati santificati, siete stati giustificati nel nome del Signore Gesù Cristo e mediante lo Spirito del nostro Dio" (1Cor 6,11). Dio comunica le conseguenze dell'evento Cristo (la giustificazione, la salvezza, la riconciliazione, l'espiazione, la redenzione, la libertà, la santificazione, la trasformazione, la nuova creazione, la glorificazione)[104] agli

---

[102] "E Gesù, avvicinatosi, parlò loro, dicendo: "Ogni potere mi è stato dato in cielo e sulla terra" (Mt 28,18).

[103] Esempio di genitivo possessivo.

[104] "... each of these images expresses a distinctive aspect of the mystery of Christ and his work. If the Christ-event be conceived of as a decahedron, a 10-sided solid figure, one can understand how Paul, gazing at one panel of it, would use one image to express an effect of it, whereas he would use another image when gazing at another panel. Each one expresses an aspect of the whole. The multiple images have been derived from his Hellenistic or Jewish backgrounds and have been applied by him to that Christ-event at its effects. In each case one has

uomini, chiamando tutti a credere in Gesù, l'unico Salvatore. In ebraico il nome Gesù significa "Dio aiuta", "Dio è salvezza" (Ἰησοῦς è la traduzione greca di יְהוֹשׁוּעַ (*jᵉhôšaᶜ*) e della più tarda forma del nome יֵשׁוּעַ (*jēšûaᶜ*). Ne abbiamo conferma nei vangeli: "Essa partorirà un figlio e tu lo chiamerai Gesù: egli infatti salverà il suo popolo dai loro peccati" (Mt 1,21)[105].

πᾶν γόνυ κάμψῃ ἐπουρανίων καὶ ἐπιγείων καὶ καταχθονίων
ogni ginocchio si pieghi nei cieli, sulla terra e sotto terra,

2,11

καὶ πᾶσα γλῶσσα ἐξομολογήσηται
e ogni lingua proclami

Notare due esempi raddoppiati della figura retorica della sineddoche[106]: πᾶν γόνυ [...] πᾶσα γλῶσσα ("ogni ginocchio [...] ogni lingua"). Il singolare mette in rilievo più la categoria collettiva che la quantità numerica dei fedeli[107], accentuando la comunione e l'unità della Chiesa; le membra del corpo (ginocchio per la parte inferiore e lingua per quella superiore) evidenziano il coinvolgimento di tutto l'uomo nel culto cristiano[108]. Ecco il segno dell'adorazione dovuta a Gesù, Signore di tutte le creature da parte da tutto il creato: "Per me stesso io l'ho giurato; è uscita dalla mia bocca una parola di giustizia, e non sarà revocata: Ogni ginocchio si piegherà davanti a me, ogni lingua mi presterà giuramento" (Is 45,23 LXX). Dopo la sua risurrezione i discepoli di Cristo interpretarono questo passo in chiave cristologica: la "parola di giustizia" è riferita a Gesù Cristo, il Verbo divino che ha salvato il mondo. L'immagine "piegare il ginocchio"

---

to consider its (1) origin or background, (2) meaning for Paul, and (3) occurrences" (J.A. FITZMYER, "Pauline Theology", *NJBC*, 82:67). Per una descrizione dettagliata di queste metafore che descrivono le conseguenze dell'evento Cristo vedi *Ibid.*, 82:68-80.

[105] "Ecco concepirai un figlio, lo darai alla luce e lo chiamerai Gesù. Sarà grande e chiamato Figlio dell'Altissimo; il Signore Dio gli darà il trono di Davide suo padre e regnerà per sempre sulla casa di Giacobbe e il suo regno non avrà fine" (Lc 1,31-33).

[106] Vedi H. LAUSBERG, *Elementi di retorica*, § 192.

[107] Esempio di *singularis pro plurali* (il singolare per il plurale). Vedi H. LAUSBERG, *Elementi di retorica*, § 201.

[108] Esempio di *pars pro toto* (la parte per il tutto). Vedi H. LAUSBERG, *Elementi di retorica*, § 200. "Gesù s'incamminò con loro; ormai non si trovava più molto lontano dalla casa, quando il centurione mandò degli amici a dirgli: 'Signore, non darti quest'incomodo, perché io non sono degno che tu entri sotto il mio tetto'" (Lc 7,6).

Lettera ai Filippesi

ha significato simbolico[109], in pieno accordo con la mentalità orientale, passata nella società ellenistica di matrice non prettamente greca[110], ad indicare l'atteggiamento di massimo rispetto e deferenza; di adorazione al cospetto della Suprema Maestà.

¹ Venite, cantiamo con gioia al Signore, acclamiamo alla rocca della nostra salvezza! ² Presentiamoci a lui con lodi, celebriamolo con salmi! ³ Poiché il Signore è un Dio grande, un gran Re[111] sopra tutti gli dèi. ⁴ Nelle sue mani sono le profondità della terra, e le altezze dei monti sono sue. ⁵ Suo è il mare, perché egli l'ha fatto, e le sue mani hanno plasmato la terra asciutta. ⁶ Venite, adoriamo e inchiniamoci, *inginocchiamoci* davanti al Signore[112], che ci ha fatti. ⁷ Poiché egli è il nostro Dio, e noi siamo il popolo di cui ha cura, e il gregge che la sua mano conduce (Sal 95,1-7).

Nei Vangeli sinottici l'evangelista Luca ha applicato questo gesto di omaggio a Gesù: "Simon Pietro, veduto ciò, si gettò ai piedi di Gesù, dicendo: 'Signore, allontanati da me, perché sono un peccatore'" (Lc 5,8).

---

[109] "One of the simplest and most basic actions connected with worship is that of 'bowing down.' Various forms of bowing, whether bending forward at the waist with eyes downcast, kneeling, or prostration, are all symbolic actions which indicate subjection or subservience, i.e., the inferior status of the one who bows in comparison with the one to whom one bows. The ritual expressions of superior/ inferior status, such as bowing, are often identical with social expressions of such status. Further, bowing gives behavioral expression to the experience of religious awe. [...] The role of 'bending the knee' in the Christian embedded in Phil 2:5-11 suggests that this ritual mode of acknowledging the Lordship of Christ was practiced in at least some of the Pauline churches. Early Christians accepted both standing and kneeling as acceptable postures of prayer (Acts 7:60; 9:40; 20:36; 21:5; Eph 3:14; the only reference to standing, however, is Mark 11:25)" (D.E. AUNE, "Worship, Early Christian", *AncBD*, VI, 987).

[110] Si tratta della positura della προσκύνησις, che i greci conoscevano verosimilmente fin dal V secolo a.C., ma riservavano esclusivamente alla divinità. Nel IV secolo a.C. Alessandro Magno in seguito alle campagne vittoriose in Oriente aveva cercato di imporla, in riferimento alla sua persona, anche ai macedoni e agli altri greci del suo seguito, suscitando proteste e malcontento. I persiani invece la praticavano nei riguardi del re, dei satrapi, dei potenti in genere. Erodoto (*Storie*, VII, 136) narra che gli inviati dei lacedemoni, ammessi alla presenza del re dei medi Idarne, "nonostante che, usando anche la violenza, i lancieri imponessero loro di adorare il Re prosternandosi, opposero un deciso rifiuto, anche se li avessero cacciati con la testa in giù: giacché non era loro costume adorare un uomo [...] respinsero questa imposizione".

[111] Gran Re: appellativo del re dei persiani. Vedi J. WIESEHÖFER, "Great King", *BNP*, V, 999.

[112] Cfr. ERODOTO, *Storie*, I, 134: προσπίπτων προσκυνέει τὸν ἕτερον (si prostra e adora l'altro) a proposito delle consuetudine persiane relativamente al saluto reso dal personaggio di rango inferiore.

Cristo Gesù è degno di culto alla pari di Dio. Il valore chiaramente esortativo della forma verbale κάμψῃ[113] e della forma verbale ἐξομολογήσηται[114] indica che tutte le creature devono adorare Cristo Gesù e annunciare che egli "è Signore." L'aspetto aoristico del congiuntivo esortativo riveste un significato di portata enorme: l'esortazione è rivolta non soltanto al presente, ma anche al futuro: prescinde dal concetto di tempo. È enunciata come un dovere morale perennemente valido e conforme alla norma, che assurge quasi a imperativo categorico, come una verità di fede. È il dovere principale della Chiesa evangelizzatrice e militante, la cui missione è di annunciare con coraggio e con audacia il vero culto del Signore risorto agli esseri umani. I credenti possono confessare Gesù come Messia e Salvatore solo in virtù dello Spirito Santo, dono primario a coloro che abbiano fiducia in Gesù e ricevano il battesimo (cfr. Gal 4,6). Per mettere in rilievo il carattere universale dell'adorazione da parte del creato[115] l'Autore si serve di tre genitivi plurali ἐπουρανίων καὶ ἐπιγείων καὶ καταχθονίων, il cui genere può essere sia maschile[116], sia femminile, sia neutro: gli esseri della creazione (in ordine dall'alto in basso: un richiamo del movimento discendente dei vv. 6-8) vi sono compresi nella loro totalità e varietà di forme di vita[117]. L'universo intero partecipa al coro gioioso in onore di Cristo Gesù. I cieli sono il luogo degli spiriti, delle potenze e dei corpi celesti[118]; la terra, la sede dei viventi: esseri umani, animali, vegetali, minerali: tutto è vita e la scienza oggi ce l'ha dimostrato[119]; sotto terra: l'espressione

---

[113] κάμψῃ = congiuntivo aoristo di κάμπτω, "piego", "fletto".

[114] ἐξομολογήσηται = congiuntivo aoristo debole (diatesi media) di ἐξομολογέω, "consento", "prometto" (diatesi media). Nella diatesi media il coinvolgimento del soggetto nell'azione (medio dinamico) allarga l'arena semantica giungendo ad abbracciare i seguenti significati: "confesso", "riconosco" (una colpa), "celebro", "ringrazio", "inneggio".

[115] "Benedite, opere tutte del Signore, il Signore, lodatelo ed esaltatelo nei secoli" (Dn 3,57). Vedi il cantico dei tre giovani in Dn 3,52-90 per una lista dettagliata di tutte le creature in questione.

[116] Se il genere è maschile (cfr. BDAG terza edizione), ἐπουρανίων = "degli esseri celesti", ἐπιγείων = "degli esseri terrestri", καταχθονίων = "degli esseri sotterranei".

[117] La terminazione del genitivo plurale -ίων che ricorre per tre volte è esempio della figura di assonanza: essa crea una corrispondenza armonica di suoni. Vedi R. FABRIS, *Lettera ai Filippesi*, 98.

[118] "Il *cielo* è abitato dalle stelle, che formano delle costellazioni [...] Gli astri sono, nella Bibbia, divinizzati e ridotti a semplici creature di Dio (cf. Gen 1)" (A. BONORA, "Cosmo", *NDTB*, 323-324).

[119] "I babilonesi immaginavano la terra come un disco al cui centro era Babilonia, così gli ebrei si rappresentavano la terra come una superficie al cui centro era Gerusalemme [...] Gerusalemme è l'ombelico, cioè il centro della terra (Ex 38,12; cf. Gdc 9,37). Per i greci, Atene (o altre

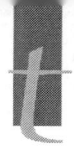

Lettera ai Filippesi

è simbolica e allude alle entità dei defunti (*šeʾol*),[120] o meglio a tutto quel mondo infinitamente più grande che costituisce il nostro destino di credenti dopo il nostro passaggio sulla terra.

ὅτι κύριος Ἰησοῦς Χριστός
che Signore (è) Gesù Cristo,

Le tre designazioni (κύριος Ἰησοῦς Χριστός) della professione di fede di tutte le creature: il Signore dell'universo è Gesù Cristo. Notare che il titolo κύριος è in posizione enfatica. La sua signoria — già da ora reale, attivo e valido — sarà proclamata solennemente e riconosciuta pienamente da tutto il creato nel giorno del Signore, al momento della parusia quando Gesù verrà nella sua gloria per giudicare i vivi e i morti. Il nome del Signore d'Israel (יְהוָה) è riferito al Figlio suo, Gesù Cristo: il santissimo e ineffabile nome di Dio[121] ora diventa un titolo del Messia. In attesa del suo presentarsi alla fine dei tempi è missione della Chiesa proclamare senza sosta questa verità sulla terra[122]. Luca negli Atti riassume ineccepibilmente il concetto: "Sappia dunque con certezza tutta la casa d'Israele che Dio ha costituito Signore e Cristo quel Gesù che voi avete crocifisso" (At 2,36). Il termine κύριος (Signore), vera parola chiave della seconda unità del testo, è agli antipodi del termine δοῦλος ("schiavo"), centro te-

---

città) era l'ombelico del mondo; per gli egizi, Tebe — sede del culto del dio Amon — era il centro della terra; per i romani, Roma era *umbelicus orbis*. La centralità di Gerusalemme non era pensato solo in termini geografici, ma anche teologici: essa sorge sul monte più alto, da essa proviene la parola del Signore, ad essa affluiranno tutte le genti (Is 2, 1-5; Mi 4,1-3): la capitale è simbolo del popolo di Dio, luce e modello per tutti i popoli" (A. BONORA, "Cosmo", *NDTB*, 325).

[120] "Il *mondo sotterraneo* è generalmente connesso con la morte. Infatti la morte era pensato, perlomeno in vari passi dell'AT, come un passaggio dalla terra — luogo dei viventi — allo *šeʾol*, soggiorno dei morti. Lo *šeʾol* è la 'terra' dell'oblio, delle tenebre e del silenzio, delle ombre. Là non c'è vita, come nel deserto. Lo *šeʾol* è nel più profondo della terra (Dt 32,22), al di là dell'abisso sotterraneo (Gb 26,5; 38,16-17). Non si dice mai che Dio abbia creato lo *šeʾol*. Esso è il limite estremo dell'universo: 'Se si apriranno un varco nello *šeʾol*, di laggiù la mia mano li afferrerà' (Am 9,2). Dio dunque agisce sovranamente anche nello *šeʾol*" (A. BONORA, "Cosmo", *NDTB*, 325).

[121] "Benedetto sei tu, Signore, Dio dei padri nostri, degno di lode e di gloria nei secoli. Benedetto il tuo nome glorioso e santo, degno di lode e di gloria nei secoli" (Dn 3,52).

[122] "... non un riconoscimento di cuore, ma una sottomissione imposta, non confessione di lui come *proprio* Signore, esclusiva dei credenti (cf. Rm 10,9), ma ammissione che egli è il Signore del mondo" (G. BARBAGLIO, *La Teologia di Paolo*, 362). Verità rivelata che sia i biblisti e i teologi sia i pastori ed i responsabili della Chiesa non possono dimenticare nelle loro discussioni interreligiose.

305

matico della prima microunità. Colui che ha conosciuto l'umiliazione più assoluta nella sua morte in croce ora viene innalzato e proclamato Signore di tutto e di tutti. Questa dichiarazione universale confessa la fede nella Signoria di Gesù Cristo e nella salvezza che egli realizza[123]: Gesù agisce a posto e per ordine di Dio[124]: il titolo Χριστός significa "l'unto", "il Messia". Con queste parole l'Autore dà importanza al valore salvifico dell'evento Cristo e le sue conseguenze efficaci per l'universo intero.

εἰς δόξαν θεοῦ πατρός.
per la gloria di Dio Padre.

La dossologia finale del v. 11c evidenzia viepiù il tono teologico dei vv. 9-11. Il termine δόξα per Paolo manifesta l'essenza stessa di Dio rivelata nel Figlio suo, Gesù[125]. "Cristo è stato risuscitato dai morti mediante la gloria del Padre" (Rm 6,4). La δόξα, l'essenza di Dio, ora viene riconosciuta dagli uomini in modo cristologico. "Perché il Dio che disse: 'Splenda la luce fra le tenebre', è quello che risplendé nei nostri cuori per far brillare la luce della conoscenza della gloria di Dio che rifulge nel volto di Gesù Cristo" (2Cor 4,6). La gloria di Dio rivelato nel Signore Gesù viene comunicata agli uomini per mezzo dello Spirito di Cristo presente e attivo nella Chiesa[126]. Nel versetto conclusivo Dio, agente e causa principale della salvezza, da nominativo θεός (v. 9) passa a ricoprire la funzione di genitivo: θεοῦ (v. 11). La ricorrenza poliptotica del termine

---

[123] Cfr. Rm 10,9: "Poiché se confesserai con la tua bocca che Gesù è il Signore, e crederai con il tuo cuore che Dio l'ha risuscitato dai morti, sarai salvato"; 1Cor 12,3: "Gesù è Signore".

[124] Vedi O. BETZ, "Nome, Imposizione del nome", *GEIB*, 456.

[125] "Poiché la gloria storico-finale di Dio è, nella sua profondità, potenza d'amore, la fede può già fin d'ora gloriarsi di essa (*Rom*. 8,30: ἐδόξασεν; cfr. vv. 37-39) e rendere a Dio il riconoscimento della sua gloria: torna a gloria di Dio che Cristo ha accolto noi peccatori, che è stato innalzato al di sopra di tutto, che l'apostolo nel suo ministero magnifica la grazia di Cristo, che i credenti, in una vita d'amore, portano i frutti della giustizia (*Rom*. 15,7; *2Cor*. 4,15; *Fil*. 2,11; 1,9-11)" (H. HEGERMANN, "δόξα", *DENT*, I, 921).

[126] "Non già che siamo da noi stessi capaci di pensare qualcosa come se venisse da noi; ma la nostra capacità viene da Dio. Egli ci ha anche resi idonei a essere ministri di un nuovo patto, non di lettera, ma di Spirito; perché la lettera uccide, ma lo Spirito vivifica. Or se il ministero della morte, scolpito in lettere su pietre, fu glorioso, al punto che i figli d'Israele non potevano fissare lo sguardo sul volto di Mosé a motivo della gloria, che pur svaniva, del volto di lui, quanto più sarà *glorioso* (ἐν δόξῃ) il ministero dello Spirito? Se, infatti, il ministero della condanna fu glorioso, molto più abbonda in gloria il ministero della giustizia" (2Cor 3,5-9).

Lettera ai Filippesi

crea un'ardita *inclusio* che contribuisce a saldare il nesso tra il v. 9 e il v. 11. Dal punto di vista strettamente grammaticale un sottile filo conduttore è rappresentato dalla congiunzione coordinante reiterata per ben cinque volte: καὶ [...] καὶ [...] (v. 9); καὶ [...] καὶ [...] (v. 10); καὶ (v. 11). Naturalmente il ruolo primario è ricoperto dal termine θεός (v. 9) θεοῦ (v. 11): il caso nominativo denota il soggetto "attore", causa determinante dell'azione espressa dai predicati verbali ὑπερύψωσεν e ἐχαρίσατο (v. 9); il caso genitivo (ovvero "generativo") significa nella fattispecie generatore di gloria. Gli elementi citati conferiscono alla chiusa del testo un'andatura trionfale, simile alla musica di un'orchestra in cui suonino a pieno volume tutti gli strumenti uniti insieme, come si conviene ai momenti finali di un'esibizione. A ulteriore conferma di tale conclusione osserviamo anche l'uso rafforzativo di ὑπέρ ora come preverbio: ὑπερύψωσεν, ora come preposizione ὑπὲρ πᾶν ὄνομα (v. 9). Da questa gloria immensa che emana da Dio Padre è investito Gesù Cristo nel suo perenne "divenire", "muoversi" verso e in seno al Padre, come efficacemente indicato dalla preposizione εἰς, che in età ellenistica estende il suo significato aggiungendo a quello di moto a luogo anche quello di stato in luogo. Non c'è affatto concorrenza tra Cristo e Dio: la professione della Signoria di Cristo torna a gloria di Dio. C'è un solo Dio e un solo Signore: "tuttavia per noi c'è un solo Dio, il Padre, dal quale sono tutte le cose, e noi viviamo per lui, e un solo Signore, Gesù Cristo, mediante il quale sono tutte le cose, e mediante il quale anche noi siamo" (1Cor 8,6). Il monoteismo di Paolo rimane salvo. L'aggiunta della parola πατρός, "padre" è molto significativa. Allude al rapporto intimo e personale tra Dio Padre e Gesù Cristo, rapporto già esistente prima dell'incarnazione del Figlio e che continua tuttora (cfr. Gal 4,4-7). Grazie all'evento Cristo anche i cristiani possono chiamare Dio "Padre": "perché siate irreprensibili e integri, figli di Dio senza biasimo in mezzo a una generazione corrotta e perversa, nella quale risplendete come astri nel mondo" (Fil 2,15). Al v. 9 domina il cielo nella sua onnipotenza e magnificenza; al v. 11 la terra in tutte le sue varie espressioni umane (etniche, di linguaggio) ha il suo giusto spazio. Il fine ultimo è additato nella proclamazione indicata dalla proposizione dichiarativa introdotta dalla congiunzione ὅτι (2,11) che per sua natura intrinseca esprime un fatto o un concetto obiettivamente reale: quasi una constatazione. Sul versante auditivo in virtù dell'elemento comune ὅ (ὅ + τι) essa rieccheggia parzialmente e quindi rimanda alla precedente congiunzione conclusiva (2,9) composta διό (διά + ὅ). Qualunque sia il modo di esprimersi di qualsiasi creatura o elemento del cosmo esso si traduce in armonia che permea l'universo, corrisponde a un canto di gloria rivolto al Creatore. Dio è suono, è armonia. Anche la luce — e "Dio è luce e in lui non ci sono tenebre" (1Gv 1,5b) — con i suoi vividi movimenti si risolve in suono: è armonia. Il singolare dell'aggettivo indefinito πᾶσα in posizione predicativa vuol significare la totalità ridotta a unità, pur persistendo la distinzione di qualità e la varietà di tante creature, di tutte le creature. In questo concerto di lingue, di suoni è da includere ogni essere vivente, ognuno per la sua parte: animali, forze naturali come il mare, il vento ecc. "nei cieli, sulla terra e sotto terra" (Fil 2,10). È vero che l'universo tutto, in mirabile armonia per chi lo sa ascoltare — e solo Dio ne è capace veramente — è un inno perenne alla gloria di Dio. In che cosa consiste la creazione se non un cantico di lode a colui che l'ha resa consapevole di essere tale per merito del Signore Gesù Cristo[127]? Il libro della Genesi aveva dichiarato mirabilmente: "Dio disse: 'Sia la luce!'. E la luce fu" (Gen 1,3). Il suono della parola, la sua vibrazione nell'etere di cui però la creatura non era cosciente. L'avvento del Figlio di Dio, la sua di-

---

[127] Vedi il cantico delle creature di san Francesco d'Assisi, testo stabilito da V. Branca, *Il Cantico di Frate Sole*, Firenze 1950:

1. Altissimo, onnipotente, bon Signore,
   tue so le laude, la gloria e l'onore e onne benedizione.
2. A te solo, Altissimo, se confano
   e nullo omo è digno te mentovare.
3. Laudato sie, mi Signore, cun tutte le tue creature,
   spezialmente messer lo frate Sole,
   lo quale è iorno, e allumini noi per lui.
4. Ed ello è bello e radiante cun grande splendore:
   da te, Altissimo, porta significazione.
5. Laudato si, mi Signore, per sora Luna e le Stelle:
   in cielo l'hai formate clarite e preziose e belle.
6. Laudato si, mi Signore, per frate Vento,
   e per Aere e Nubilo e Sereno e onne tempo,
   per lo quale a le tue creature dai sostentamento.
7. Laudato si, mi Signore, per sor Aqua,
   la quale è molto utile e umile e preziosa e casta.

Lettera ai Filippesi

scesa fino alla morte di croce e la sua ascesa fino alla destra del Padre[128], ha permesso il miracolo: ecco perché la gratitudine per questo meraviglioso accadimento deve essere perenne.

---

[8] Laudato si, mi Signore, per frate Foco,
 per la quale enn'allumini la nocte:
 ed ello è bello e iocondo e robustoso e forte.
[9] Laudato si, mi Signore, per sora nostra matre Terra,
 la quale ne sostenta e governa,
 e produce diversi fructi con coloriti fiori ed erba.
[10] Laudato si, mi Signore, per quelli che perdonano
 per lo tuo amore
 e sostengo infirmitate e tribolazione.
[11] Beati quelli che 'l sosterrano in pace,
 ca da te, Altissimo, sirano incoronati.
[12] Laudato si, mi Signore, per sora nostra Morte corporale,
 da la quale nullo omo vivente po' scampare.
[13] Guai a quelli che morranno ne le peccata mortali!
[14] Beati quelli che troverà ne le tue santissime voluntati,
 ca la morte seconda no li farrà male.
[15] Laudate e benedicite mi Signore,
 e rengraziate e serviteli cun grande umiltate.

[128] Cfr. Rm 8,34; Ef 1,20; Col 3,1; Eb 1,3.13; 8,1; 10,12; 12,2.

Capitolo VI

LETTERA A FILEMONE

I. Notizie sulla Lettera a Filemone

A. *La Lettera nella liturgia*

Lezionario (liturgia romana)

Nel lezionario festivo leggiamo i vv. 9-10.12-17 come seconda lettura della 23ª domenica del Tempo Ordinario (anno C); nel lezionario feriale i vv. 7-20 vengono letti il giovedì della 32ª settimana, anno pari.

B. *Occasione, destinatari, luogo e data di composizione*

Secondo l'opinione degli studiosi che seguono la lettura tradizionale si tratterebbe di una lettera di raccomandazione in favore di uno schiavo fuggitivo[1]. Di diverso avviso altri biblisti, quali Knox e Winter e — con sfumature interpretative di ordine giuridico — Lampe[2]. Secondo Patzia Onesimo non sarebbe necessariamente un *servus fugitivus*, ma uno schiavo consapevole di certi suoi diritti e tutele, il quale ricorre a Paolo, acciocché quest'ultimo adoperi i suoi buoni uffici per lui, facendosene

---

[1] Per un tipo di corrispondenza siffatta vedi A. Sacchi, *Lettere paoline*, 153-154. A p. 152 il medesimo avanza il dubbio se il caso di Onesimo rientri in questa categoria. U. Vanni invece accetta l'ipotesi tradizionale: "Come appare da tutto l'insieme, Onesimo era uno schiavo di Filemone ed era fuggito lontano dal padrone. Già questo fatto lo metteva in contrasto con la legge romana" (Id., *L'ebbrezza nello Spirito*, 204). Nel suo commentario sulla Lettera a Filemone J.A. Fitzmyer presenta una lista degli interpreti moderni che accettano l'ipotesi del *servus fugitivus*, elenco che costituisce la posizione della maggioranza: Barclay, Caird, Collange, Fitzmyer, Getty Sullivan, Harrison, Llewelyn, Lightfoot, Michaelis, Martin, Nordling, O'Brien, Peretto, Petersen, Robertson, Saunders, Soards, Stuhlmacher, Suhl. Vedi Id., *The Letter to Philemon*, 17. A nostro parere questa ipotesi è ancora la più ragionevole.

[2] Per un'attenta e minuziosa disamina sull'argomento vedi A. Patzia, "Filemone, Lettera a", *DPL*, 629-632 (con corredo di ricca bibliografia).

garante presso Filemone. Potremmo leggere in tale prospettiva i vv. 18-19, dove Paolo scende a trattare questioni eminentemente pratiche di rapporti interpersonali tra schiavo e padrone. Nella Lettera a Filemone però la mediazione è accompagnata e sostenuta dalla fede comune, in nome della quale l'accordo è sempre pacifico e possibile (cfr. v. 20); anzi: certo e felicemente concluso (cfr. v. 21). Quanto al luogo di redazione una parte dei commentatori si pronuncia per la città di Roma, dove Paolo, ristretto in prigione, avrebbe scritto la missiva. La Lettera a Filemone risulterebbe quindi databile approssimativamente tra il 61 e il 63 d.C. Tale ipotesi avrebbe dalla sua l'allusione all'età anagrafica dell'Apostolo, il quale si qualifica πρεσβύτης (vecchio, anziano) (v. 9), e il fatto che tale sia anche la posizione della tesi tradizionale[3]. Altri[4] vorrebbero proporre la città di Efeso e datare di conseguenza al 54-57 ca.; oppure Cesarea Maritima (non lontano dall'odierna Tel Aviv[5]) tra il 58 e il 60, ma senza alcun elemento decisivo nelle varie ricostruzioni, talvolta anche ingegnose e suggestive. In definitiva la data di composizione rimane incerta e oscillante. A puro titolo di osservazione: se lo schiavo Onesimo in seguito affrancato è identificabile con l'omonimo vescovo di Efeso (di cui parla Ignazio di Antiochia nella sua Lettera agli Efesini), la conservazione e l'inclusione nel canone di questa breve e succosa lettera personale potrebbero essere ricondotte a chi era stato protagonista della vicenda. I mittenti oltre a Paolo sono Timoteo, altrove conosciuto[6] e Epafra, proveniente da Colosse[7], compagno di prigionia di Paolo, il quale lo associa nei saluti finali, insieme con quattro collaboratori dell'Apostolo: Marco, Aristarco, Dema, Luca (vv. 23-24). Fra i destinatari oltre a Filemone vengono citati Appia, con l'apposizione di "sorella" e Archippo, altrove nominato e elogiato

---

[3] "Paul wrote his letter to the Roman Christians, including Rom 13:1-7, before he was ever subjected to the experience of Roman chains that is reflected in Philemon. After writing Romans, Paul then had Roman chains placed on him. He endured this custody at least long enough for him to become the spiritual father of Onesimus. And it was in this context that he wrote to Philemon" (R.J. CASSIDY, *Paul in Chains*, 84).

[4] Vedi R.E. BROWN, *Introduction to the New Testament*, 503, il quale propende per il 56; J.A. FITZMYER, *The Letter to Philemon*, 10-11, il quale preferisce tra il 55 e il 57; D.H. HARRINGTON, *Paul's Prison Letters*, il quale punta sul 55.

[5] Vedi K.H. SCHELKLE, *Paolo. Vita, lettere, teologia*, 133; A. SACCHI, *Lettere paoline*, 153 e nota 16.

[6] Cfr. Fil 1,1.

[7] Cfr. Col 1,7; 4,12: in Fm 23 Paolo lo definisce compagno di servizio, a lui molto caro.

Lettera a Filemone

da Paolo[8], nonché gli appartenenti alla *domus ecclesia* ospitata da Filemone. La coincidenza di Colosse per quanto si riferisce a Epafra, Archippo e allo stesso Onesimo[9] oggetto e motivo della Lettera ha fatto pensare a Colosse come luogo di residenza di Filemone e dei suoi[10]. L'ipotesi che Archippo sia stato il proprietario dello schiavo Onesimo è stata avanzata da J. Knox in una relazione che a suo tempo destò scalpore per l'eccentricità della ricostruzione, la quale, sebbene non bastantemente suffragata da prove certe, resta tuttavia interessante[11]. Dato che la Lettera a Filemone si incentra sulla difesa di Onesimo non sembra peregrina la supposizione che Appia e Archippo fossero uniti a Filemone da parentela: ciò servirebbe a giustificare il motivo per cui Paolo ha avvertito l'opportunità di riservare una menzione particolare a persone appartenenti alla medesima cerchia familiare, in modo da risvegliare nel destinatario quella mozione degli affetti, che dispone favorevolmente all'ascolto (vv. 1-2)[12].

Invito all'approfondimento

Schiavi e il loro padroni nel mondo greco-romano
Vedi R. PENNA, ***L'Ambiente storico-culturale delle origini cristiane***, **Bologna 1984, 1991³, 103-104.**
Lo schiavo in balìa dei suoi padroni (da Plauto e da Giovenale)

[PLAUTO, *Anfitrione* 167-169.173.175] Il servo di un ricco è l'uomo più infelice: / di giorno e di notte quello trova sempre qualche pretesto / qualcosa da fare o da dire, perché non ti possa riposare / [...] Non gli importa se ciò che comanda è giusto o iniquo (*nec aequom anne iniquom imperet cogitabit*) / [...] Questo peso va tenuto e portato con fatica (*habendum et ferundum hoc onust cum labore*).

---

[8] Cfr. Col 4,17.
[9] Cfr. Col 4,9.
[10] Cfr. A. SACCHI, *Lettere paoline*, 152; U. VANNI, "Filemone, Lettera a", *NDTB*, 552; K.H. SCHELKLE, *Paolo. Vita, lettere, teologia*, 132-133; A. PATZIA, "Filemone, Lettera a", *DPL*, 626-627.
[11] Vedi A. PATZIA, "Filemone, Lettera a", *DPL*, 627-628.
[12] Uguale ragionamento anche per i collaboratori di Paolo che si associano ai saluti: forse quest'ultimo vuol suggerire a Filemone che molte persone a lui care sono interessate al buon esito della richiesta.

[GIOVENALE, *Satyrai* 6,219-223] "Crocifiggi questo schiavo (*pone crucem servo*)!" – "Cosa hai fatto per meritare / il supplizio? chi sono i testimoni? chi l'ha denunciato? ascolta; / c'è sempre tempo per uccidere un uomo". / — "Sciocco! Forse che uno schiavo è un uomo (*demens, ita servus homo est*)? Anche se non ha fatto nulla, / io lo voglio e comando, e la mia volontà è ragione sufficiente (*sit pro ratione voluntas*)!".

Vedi A.A. RUPPRECHT, "Schiavo, schiavitù", *DPL***, 1416-1417.**
Schiavi e schiavitù nel mondo greco romano

Al tempo di Paolo il sistema schiavistico greco-romano era parte integrante di ogni aspetto della vita. Si calcola che nel I e II sec. d.C. l'85-90% degli abitanti di Roma e della penisola italica fossero schiavi o tale fosse la loro origine. Per le province, la situazione e le cifre sono incomplete rispetto a quelle dell'Italia, ma le testimonianze esistenti indicano una percentuale simile (cfr. Patterson 105-131).

Per la legge, gli schiavi erano ciò che Aristotele chiamava "gli strumenti umani". Tuttavia, nel I sec. furono concessi loro molti diritti. Potevano partecipare al culto come membri della famiglia allargata del loro padrone. Potevano sposarsi; ma tali matrimoni erano chiamati *contubernium* piuttosto che *matrimonium*. Ciò significa che i figli degli schiavi divenivano proprietà del padrone. Questa, dunque, può essere stata la maggiore fonte di schiavi all'epoca del primo impero. Durante la tarda repubblica, gli schiavi erano di solito prigionieri di guerra. Solo in tempi più antichi nella storia di Roma la schiavitù fu la conseguenza di debiti. Agli schiavi era concesso anche di accumulare denaro del padrone, il *peculium*, che spesso poteva essere usato per acquistare la libertà o per iniziare un lavoro una volta affrancati, cioè una volta liberati dai loro padroni.

Oltre che agricoltori o operai semispecializzati, gli schiavi erano anche artigiani, lavoranti specializzati, architetti, fisici, amministratori, filosofi, grammatici, scrittori e insegnanti (vedi Fabbricazione di tende). Spesso lavoravano per corporazioni industriali o edili, per una paga giornaliera che in parte (circa i due terzi) veniva pagata ai loro padroni. Talvolta gli schiavi lavoravano accanto a liberti e a lavoratori nati liberi. Tale concorrenza fece abbassare i prezzi ed eliminò l'inflazione del IV sec. a.C. alla fine del I sec. d.C.

Lettera a Filemone

I liberti, cioè gli schiavi affrancati, svolgevano un ruolo importante nella società, se non altro perché dall'inizio del I sec. il loro numero era aumentato drammaticamente. Di conseguenza Cesare Augusto badò a che fossero approvate leggi per regolare il numero e l'età degli schiavi che potevano legittimamente essere liberati (Bartchy in *ISBE* 4.545; *ABD*). Spesso questi schiavi liberati entravano in società d'affari con i loro antichi padroni. Di solito tali società erano negoziate senza formalità tra le due parti al momento della manomissione degli schiavi. Dice Cicerone che uno schiavo poteva aspettarsi la libertà dopo sette anni, ma in ogni caso, per la legge romana, le persone in stato di schiavitù potevano aspettarsi di essere liberate almeno al momento in cui raggiungevano i trent'anni.

A causa della rivolta degli schiavi germani capeggiata da Spartaco nel 73 a.C., i Romani mostrarono una decisa preferenza per schiavi di origine orientale. Agli schiavi provenienti dal nord e dall'ovest furono affidati i compiti più difficili. Erano gli agricoltori che di giorno lavoravano alla catena e di notte erano alloggiati negli *ergastula* (case di lavoro). L'uso dell'*ergastulum* era un aspetto particolarmente odioso della vita romana: si trattava di una struttura piatta, solida, costruita abbastanza bassa rispetto al suolo, così che gli schiavi non potevano starvi in piedi. Gli schiavi di origine orientale, d'altra parte, godevano di grande popolarità a Roma. Erano domestici fidati, insegnanti, bibliotecari, contabili e amministratori. Furono liberati a migliaia nella tarda repubblica e nel primo impero. Uno dei motivi fu una netta diminuzione della popolazione libera in questi periodi. Ci furono senza dubbio schiavi e padroni in molte Chiese paoline (cfr. Filemone; 1Cor 7,21; Ef 6,5-9; Col 3,22–4,1; 1Tm 6,1-2; anche 1Pt 2,18-21; *vedi* Codici domestici; Sociologia delle Chiese missionarie). "Spesso non si presta attenzione agli schiavi a cui si fa riferimento con frasi come 'quelli della casa di …' (Rm 16,10-11), "la gente di Cloe' (1Cor 1,11) e 'la famiglia di Stefana' (1Cor 1,16; cfr. At 11,14). Queste espressioni indicano lo stesso tipo di famiglia allargata, detta in latino *familia*" (Bartchy in *ISBE* 4.544-545). Schiavi giudei furono portati a Roma a decine di migliaia dall'epoca della conquista di Pompeo fino alla distruzione di Gerusalemme nel 70 d.C.

C. Contenuto

1. Critica letteraria

La Lettera a Filemone, la più breve (335 parole nel testo greco) fra le lettere del *corpus paulinum* a noi pervenute, è unica nel suo genere di missiva per così dire "privata". La questione se si tratti propriamente di lettera privata o pubblica non può essere risolta con una risposta netta, ma piuttosto sfaccettando la realtà nei suoi multiformi aspetti. Bene a proposito è stato osservato da Lohse, citando Wickert, che "nel corpo di Cristo le questioni personali non sono più private"[13]. La definizione di "privata" non è condivisa da un grande numero di commentatori per molti motivi, tra i quali 1) l'estensione dei saluti a una chiesa domestica, 2) la terminologia parzialmente simile a quella di un atto pubblico, 3) la designazione di certi personaggi mediante titoli (cfr. vv. 1-2) che sembrerebbero rimandare a incarichi nella comunità[14]. Le referenze degli autori antichi sulla sua autenticità sono autorevoli[15]. Il silenzio sulla lettera da parte di scrittori ecclesiastici potrebbe essere imputato allo scarso peso relativo attribuitole nelle dispute sui contenuti dottrinali. Non è escluso che la sua assenza anche nel ms. $\mathfrak{P}^{46}$ (inizio III secolo)[16] derivi dalla caduta degli ultimi fogli del codice[17], dove forse essa era stata ricopiata. Appartengono a un'epoca ormai lontana e sorpassata le teorie critiche tendenti a svalutare la convinzione che la lettera fosse attribuibile a Paolo[18]. Oggi la maggioranza degli studiosi che seguono il metodo storico-critico si trova d'accordo su una risposta di autenticità.

---

[13] Vedi E. LOHSE, *Lettera ai Colossesi e a Filemone*, 187 nota 9.

[14] Per ulteriori approfondimenti vedi A. PATZIA, "Philemon, Letter to", in *Dictionary of Paul and His Letters*, 706; trad. italiana, "Filemone, Lettera a" in *Dizionario di Paolo e delle sue lettere*, 630.

[15] Marcione (II secolo). Ne è testimone Tertulliano il quale nel suo "Apostolikon" la annoverava al 15° posto nella lista delle lettere di Paolo; il Frammento Muratoriano — così chiamato dal nome dello scopritore Ludovico Antonio Muratori (1672-1750), sacerdote e storico insigne — importante per la ricostruzione del processo di raccolta e di riconoscimento delle Lettere di Paolo, include nell'elenco la Fil.

[16] Noto altresì come Codice Chester Beatty.

[17] Dei 104 fogli ne sono rimasti 86.

[18] Per ulteriori approfondimenti vedi A. PATZIA, "Filemone, Lettera a", *DPL*, 626; A. SACCHI, *Lettere Paoline*, 153 e nota 13.

Lettera a Filemone

La Lettera a Filemone presenta caratteristiche di non comune originalità, sia per quanto riguarda il taglio stilistico, sia per la composizione, che la fa assomigliare a un bozzetto[19] drammatico[20], cioè una breve, movimentata pièce teatrale — quasi uno sketch[21] — artisticamente riuscita, simile a un gioiello cesellato da un raffinato orafo. Il testo è stato analizzato con successo da esperti e valenti studiosi, i quali ne hanno riconosciuto il valore squisitamente letterario, ma non ne hanno tratto alcuna conseguenza (oltre a quella di riconoscerne il merito artistico)[22], che andasse a scavare nelle cause di questa inattesa levità di tono della scrittura. Come se l'imprevedibile Paolo in un momento di pausa, durante le lunghe e defatiganti giornate di carcere, pur sapendo di accingersi all'esame di un problema quanto mai serio, decisivo e importante, avesse preferito optare di risolverlo in chiave di divertissement, movimentandolo con giochi linguistici, arguzie, alla maniera dei poeti ellenistici, fecondi creatori di brevi composizioni epigrammatiche, in cui contano la vivacità di presentazione, la sorpresa dell'imprevista battuta spiritosa[23]: composizioni ravvicinabili a una riuscita istantanea fotografica[24]. Parte della critica moderna è rimasta perplessa di fronte a questo inedito aspetto della Lettera, immaginando che le motivazioni della missiva fossero più teoriche e dimostrative che ad hoc, riferite cioè a una situazione reale e contingente[25]. In certi casi ci si è limitati a prendere atto delle finezze linguistiche, a elencarle puntualmente, a registrare accuratamente tutte le particolarità offerte dal testo, ma non si è ritenuto di cercare di comprendere, di giustificare in

---

[19] Bozzetto: a) "Piccola e vivace composizione figurativa, di spunto generalmente realistico, di forma rapida e spontanea; b) specie di novella breve, che ritrae situazioni o personaggi tratti dalla vita quotidiana". Vedi N. ZINGARELLI, *Vocabolario della lingua italiana*, ed. Zanichelli 1999, 255.

[20] Bozzetto drammatico: "atto unico, di contenuto realistico, sviluppato con rapida concentrazione". Vedi N. ZINGARELLI, *Vocabolario della lingua italiana*, ed. Zanichelli 1999, 255.

[21] Sketch: "Breve numero comico parlato, o parlato e cantato, eseguito da uno o più attori nel teatro di varietà". Vedi N. ZINGARELLI, *Vocabolario della lingua italiana*, ed. Zanichelli 1999, 1713.

[22] Vedi A. SACCHI, *Lettere paoline*, 149.

[23] Il cosiddetto ἀπροσδόκητον.

[24] L'Antologia Palatina ne ha conservati moltissimi e — nella Roma dell'età di G. Cesare (I secolo a.C.) ne ha fornito esempi di alta qualità il poeta Valerio Catullo.

[25] Per esempio F.C. Baur la giudicava un "romanzo fittizio", un pretesto per trattare il problema della schiavitù nelle comunità paoline. Vedi A. PATZIA, "Filemone, Lettera a", *DPL*, 626.

funzione di quale idea il testo fosse stato elaborato in quei precisi termini[26]. Autenticità, unità e integrità della Lettera a Filemone non sono dibattute in modo convincente dai biblisti odierni.

2. Composizione
La forma epistolare della Lettera a Filemone sarebbe la seguente:
1. prescritto (vv. 1-3)
2. ringraziamento (vv. 4-10)
3. corpo (vv. 11-22)
4. "post-scritto" (vv. 23-25)

Paolo si esprime dapprima con parole suadenti: ecco la *captatio benevolentiae* (vv. 4-9) con cui prepara il terreno prima di formulare i propri *desiderata*. Egli ricorre agli strumenti della retorica classica, al fine di convincimento[27]. I sentimenti evocati[28]: amore, amicizia, benevolenza, commozione, generosità rientrano nel capace alveo dell'*ethos*[29] e del *pathos*[30] (dove l'Autore si rivolge alla emozionalità di chi ascolta o legge). Naturalmente rimane salva la considerazione dovuta all'oggetto, costituente il corpo centrale del discorso, il *docere*[31] (dove l'Autore si rivolge all'intelletto): senza dubbio però esso avrà presa se l'animo sarà stato opportunamente

---

[26] A. SACCHI, *Lettere paoline*, 149 nota 1 cita l'acuto e intelligente lavoro di P.-L. COUCHOUD, "Le Style rythmé dans l'épître de Saint Paul à Philémon", *RHR* 96 (1927), il quale vi ha scoperto otto strofe di lunghezza uguale, ciascuna di otto linee, nelle quali la poesia greca si fonde con lo stile ebraico. E tuttavia l'esempio rimane senza seguito.

[27] Per questo parere vedi F.F. CHURCH, "Rhetorical Structure and Design in Paul's Letter to Philemon", *HTR* 71 (1978) 17-33.

[28] Questi e altri fattori, quali per esempio le costruzioni asimmetriche e concitate, l'introduzione di figure retoriche finalizzate all'enfasi, l'utilizzo di effetti ritmici e paramusicali, tendenti a stupire, a dilettare, a trascinare, costituiscono i requisiti dello stile "asiano", facente capo — nel I secolo d.C. — a Teodoro di Gádara (Palestina) e diffuso soprattutto in Asia Minore.

[29] Vedi H. LAUSBERG, *Elementi di retorica*, § 69: "il grado di emozione più moderata che assume un tono durevole e può venir interpretato anche come carattere si chiama éthos (*affectus mites atque composti*)".

[30] Vedi H. LAUSBERG, *Elementi di retorica*, § 70: "il grado di emozione più violenta".

[31] Vedi H. LAUSBERG, *Elementi di retorica*, § 67: "Chi cerca servendosi di mezzi intellettuali (§ 65) di persuadere l'arbitro della situazione della giustezza del punto di vista dell'oratore, parte dal presupposto che la persuasione intellettuale sia un importante impulso d'azione, forse sufficiente dall'oratore, dipendente dall'arbitro della situazione (§5). L'influenza intellettuale sull'arbitro della situazione, che l'oratore intende esercitare, si chiama docere (διδάσκειν). Conosce

preparato, dimodoché sarà possibile la persuasione[32]. Di tutto ciò l'Apostolo era consapevole: per questo motivo egli dedica uno spazio tanto esteso sia ai preliminari dell'esordio, sia alla perorazione (sette versetti per la prima sottounità, quattro versetti per la seconda), rispetto all'esposizione delle motivazioni (otto versetti). La suddivisione sarebbe la seguente.

	prescritto	vv. 1-3	(3 vv.)
A.	esordio	vv. 4-10	(7 vv.) *ethos* (ἦθος, *mores*)
B.	oggetto	vv. 11-18	(8 vv.) *docere* (διδάσκειν)
C.	perorazione	vv. 19-22	(4 vv.) *pathos* (πάθος, *affectus concitati*)
	"post-scritto"	vv. 23-25	(3 vv.)

L'*ethos* (A) rappresenta il primo grado di intensità emozionale, mentre il *pathos* (A') il secondo; fra questi due si trova l'appello all'intelletto, il *docere* (B): si presenta in questo modo la realizzazione emozionale e intellettuale della *persuasio* la cui composizione è concentrica.

	prescritto	vv. 1-3		affettività (saluto iniziale)
A.	esordio	vv. 4-10	*ethos*	emozione più moderata
B.	oggetto	vv. 11-18	*docere*	intelletto
A.'	perorazione	vv. 19-22	*pathos*	emozione più violenta
	"post-scritto"	vv. 23-25		affettività (chiusa)

L'atmosfera di calore umano che si respira nel cuore del testo viene esaltata dalle parti che ne costituiscono per così dire la cornice. I versetti, sia quelli relativi al saluto iniziale (vv. 1-3), sia alla chiusa (vv. 23-25) non sono zone marginali, secondarie. Filemone si trova circondato, abbracciato da un'aura di

---

due gradi di intensità: 1) La comunicazione (dato informativo), per esempio nella *propositio* e nella *narratio* (§ 43,2). 2) La prova (con la funzione di *probare*), per esempio nella *argumentatio* (§ 43,2). Il sussegursi della comunicazione e della prova indica i due tipi di successione della *subiectio rationis* del conseguente conclusivo *enthymema* (§ 372). Il centro di gravità del campo di applicazione del *docere* sta nel *genus subtile* (§ 466)".

[32] Vedi H. LAUSBERG, *Elementi di retorica*, § 65: "La parzialità (*utilitas causae*) del discorso cerca di influenzare l'arbitro della situazione nel senso della propria opinione partigiana e contro l'opinione della parte contraria, perché l'arbitro della situazione trasformi la situazione a vantaggio della parte dell'oratore (§ 5). La piena conquista dell'arbitro della situazione a favore della opinione della parte rappresentata dall'oratore si chiama *persuadere* (πείθειν), *persuasio*, (πειθώ)". Vedi v. 21a per l'unica ricorrenza del vocabolo nella lettera: "Fiducioso (πεποιθώς) nella tua docilità ti scrivo".

profondo e avvolgente affettività. Tutti i personaggi fanno corona intorno ai tre attori principali (Paolo, Onesimo, Filemone) formando la parte corale di ciò che Paolo — interpretando voce, pensieri, reazioni emotive di Onesimo — esprime in prima persona. L'assurdo della realtà sociale dell'epoca storica di Paolo è che Onesimo, parte direttamente e strettamente interessata al messaggio, non ha voce in capitolo[33]. Egli infatti è privo di personalità giuridica e perciò anche del diritto di parola. Paolo capovolge il rapporto tra i ruoli, conferendo massima importanza al personaggio più derelitto e disprezzato, ponendolo al centro dell'interesse, come si conviene al protagonista.

Composizione concentrica della Lettera a Filemone
(Notare la centralità del vocabolo "**Vangelo**")

A. Prescritto: vv. 1-3
  B. Esordio: vv. 4-10
    Oggetto: (vv. 11-18)
    C. Onesimo (schiavo) vv. 11-12
      D. ὃν ἐγὼ ἐβουλόμην πρὸς ἐμαυτὸν κατέχειν, ἵνα ὑπὲρ σοῦ μοι διακονῇ ἐν τοῖς δεσμοῖς τοῦ **εὐαγγελίου**, v. 13
    C'. Onesimo (non più schiavo ma liberto) vv. 14-18
  B'. Perorazione: vv. 19-22
A'. Post-scritto: vv. 23-25

Composizione retorico-letteraria della Lettera a Filemone[34]
praescriptum (vv. 1-3)
exordium (vv. 4-10)

---

[33] Nel sistema recitativo della tragedia greca egli, anziché essere πρωταγωνιστής (= attore principale) verrebbe catalogato come κωφὸν πρόσωπον (= personaggio muto). Oggi lo chiameremmo "comparsa".

[34] Cfr. A. Pitta, "Come si persuade un uomo? Analisi retorico-letteraria della lettera a Filemone", in C. Marcheselli-Casale, ed., *Oltre il racconto. Esegesi ed ermeneutica: alla ricerca del senso*, Napoli 1994, 93-108; A. Sacchi, "La lettera a Filemone", in Id., ed., *Lettere paoline e altre lettere*, L. CSB 6, Torino 1995, 149-156. Ecco la composizione retorico-letteraria della Lettera a Filemone secondo Pitta (cfr. *Ibid.*, 97-106): il *praescriptum* (vv. 1-3); l'*exordium* (vv. 4-9); la tesi (v. 10); le "prove" (vv. 11-18): a) l'utilità di Onesimo per Filemone (v. 11), b) l'utilità di Onesimo per Paolo (vv. 12-14), c) la nuova condizione di Onesimo (vv. 15-16), d) l'auto-garanzia paolina (vv. 17-18); la *peroratio* (vv. 19-22); il *postscriptum* (vv. 23-25).

1. *captatio benevolentiae* (vv. 4-7)
2. *insinuatio* (vv. 8-9)
3. *propositio* (v. 10) tesi, cioè la supplica per Onesimo
probatio (vv. 11-18)
   1. utilità di Onesimo per Filemone (v. 11)
   2. utilità di Onesimo per Paolo (vv. 12-14)
   3. nuova condizione di Onesimo: fratello carissimo nel Signore (vv. 15-18)
peroratio (vv. 19-22)
postscriptum (vv. 23-25)

Divisione secondo i contenuti (e composizione retorica)[35]

1-3:   Indirizzo, saluto
4-7:   Ringraziamento che serve da esordio, teso a ottenere la benevolenza di Filemone per mezzo di un elogio
8-16:   Appello che propone a Filemone le motivazioni a favore di Onesimo (*confirmatio*)
17-22: Reiterazione e sviluppo dell'appello (*peroratio*)
23-25: Saluti finali, benedizione

3. Teologia

La Lettera a Filemone può essere considerata un testo importante per capire il pensiero di Paolo sul problema della schiavitù e sulla maniera di affrontarlo nella realtà dell'esistenza. Egli scrive mentre si trova in carcere: è privo dell'agibilità relativa alla persona fisica, ma non della libertà del proprio mondo spirituale. Nonostante la sua condizione critica egli partecipa da una posizione di serenità e d'equilibrio alla sofferenza di Onesimo, il quale supporta a fatica il peso del proprio stato di uomo, schiacciato — per via di legge umana — all'arbitrio di un altro uomo. Onesimo non riesce a comprendere il motivo di tale iniqua relazione sociale tra individui, e a prima vista potrebbe destare meraviglia il fatto che abbia chiesto aiuto a un uomo anziano, rinchiuso in carcere: si tratta evidentemente di un essere eccezionale, immerso in una dimensione su-

---

[35] Per questo schema vedi R.E. BROWN, *Introduction to the New Testament*, 503.

periore, dal quale emana un fascino particolare, e forse Onesimo inconsciamente se ne rende conto. L'energia spirituale consente a Paolo di dominare non solo la propria difficile situazione, ma anche quella del suo protetto, dimenticando se stesso, superando cioè il proprio egoismo, che lo porterebbe a privilegiare le pratiche per ottenere la propria liberazione piuttosto che l'emancipazione del giovane amico. Che la prigione non sia un carico lieve per Paolo è ovvio, ma nella fattispecie del nostro testo ciò risulta evidente dall'insistenza con cui ricorrono i concetti relativi alla carcerazione[36]. E tuttavia Paolo non per sé, ma per venire in aiuto all'altro, supera — senza infrangerle — le leggi della società della quale si trova a subire le restrizioni più severe: attinge a un codice ben più accreditato e duraturo, con cui è possibile realizzare una *manumissio* sublimata, una liberazione, un'emancipazione spirituale, che è l'adozione a figli in senso cristiano: la υἱοθεσία[37]. Ecco il paradosso: pur essendo in catene l'Apostolo Paolo — uomo libero[38] per eccellenza — ha reso libero Onesimo, generandolo sul piano spirituale come figlio, nuovo adepto in Cristo loro Redentore (cfr. v. 10). Deduciamo che Onesimo è stato battezzato da Paolo: in virtù del lavacro rigeneratore è nato un uomo nuovo[39], con un nome rinnovato, ricco di promesse per tutti. Questo è un miracolo che solo lo Spirito di Dio può operare[40]. Paolo distingue nettamente tra pri-

---

[36] Cfr. δέσμιος Χριστοῦ Ἰησοῦ (vv. 1.9); ἐν τοῖς δεσμοῖς (v. 10.13); συναιχμάλωτος (v. 23). Notare la figura retorica della paronomasia: δέσμιος (prigioniero) e δέσμος (catena). δέσμιος Χριστοῦ Ἰησοῦ esprime o la sua esperienza del carcere ("prigioniero per Cristo Gesù", genetivo oggettivo) o la sua soggezione a Cristo Gesù ("prigioniero di Cristo Gesù", genetivo soggettivo). ἐν τοῖς δεσμοῖς può descrivere o la detenzione in carcere a causa del Vangelo (senso letterale) o la sua soggezione al Signore e al Vangelo (senso figurato). Cfr. "Non ho certo raggiunto la meta, non sono arrivato alla perfezione; ma mi sforzo di correre per conquistarla, perché anch'io sono stato conquistato da Gesù Cristo" (Fil 3,12).

[37] Cfr. Gal 4,5.

[38] Cfr. vv. 8-9 dove il missionario di Tarso descrive la sua "molta franchezza in Cristo" (πολλὴν ἐν Χριστῷ παρρησίαν). "La franchezza-*parrēsia* è una conseguenza, quasi un'espressione esterna della libertà che Paolo vive dal di dentro. E tale libertà interiore non è per lui un'equidistanza indifferente davanti a diverse scelte possibili, ma è la capacità seguire l'imperativo dell'amore. Dovunque si apre uno spazio di realizzazione di amore, Paolo v'intravede un impegno di libertà" (U. VANNI, *L'ebbrezza nello Spirito*, 200).

[39] "Non è infatti la circoncisione che conta, né la non circoncisione, ma l'essere nuova creatura" (Gal 6,15); "Quindi se uno è in Cristo, è una creatura nuova; le cose vecchie sono passate, ecco ne sono nate di nuove" (2Cor 5,17). Cfr. Ef 2,15; 4,24; Col 3,10.

[40] "Colui che dunque vi concede lo Spirito e opera portenti in mezzo a voi, lo fa grazie alle opere della legge o perché avete creduto alla predicazione?" (Gal 3,5).

Lettera a Filemone

vazione temporanea — anche se prolungata — della libertà fisica a causa di Cristo e assenza di libertà che degrada l'uomo a strumento di altri uomini, senza concedere neppure uno spiraglio al di fuori della sopravvivenza animale. Nella sua personale esperienza le catene vengono riscattate, acquistando una valenza speciale, di forte risonanza nella vita dello Spirito[41]. Il peso della sofferenza terrena viene spostato su Cristo e sul suo messaggio[42]; il carcere assurge a simbolo delle pastoie che vorrebbero trattenere l'uomo dallo spiccare il volo verso l'alto, ma appunto in virtù della compartecipazione (κοινωνία) con Cristo sofferente e di adesione al suo messaggio, esso carcere viene trasceso e diventa motivo di partecipazione al piano divino di salvezza, nonché garanzia di superamento del male e del dolore del mondo. Solo così l'uomo Paolo può vincere l'imperfezione, correggere il difetto, neutralizzare il negativo e non esserne travolto. Dall'esame ravvicinato del testo ci accorgiamo come l'animo di Paolo sia talmente convinto della causa cristiana che le catene, di per sé simbolo disonorevole, detestabile, da fuggire, vengono anch'esse trasformate in simbolo per così dire sacralizzato. I complementi di specificazione relativi a Gesù Cristo e al Vangelo sono così strettamente collegati con il concetto di prigionia da costituire sintagmi carichi di sfumature, ma di non facile traduzione letterale, e tuttavia di comprensibilità raggiungibile esclusivamente con un salto logico. Nei momenti in cui è impegnato a stendere la missiva indirizzata a Filemone Paolo non avverte né gli stimoli della fame, né della sete, né il dispiacere di essere costretto fra quattro mura: a tal punto il suo spirito evade e prevale sulle esigenze fisiche. Ciò è edificante per chi gli sta intorno e anche per noi, che a distanza di tanti secoli leggiamo e rievochiamo le sue parole. La lingua è specchio e visione non manipolabile della realtà conscia e inconscia che la sottende. Il vocabolo δοῦλος (schiavo) ne è un esempio. In esso si indica il soggiogamento dell'individuo nella sua totalità, a prescindere da qualsivoglia motivazione che non sia quella dell'egoismo. È un vocabolo che ispira orrore a causa dell'enorme delitto perpetrato da uomini su altri uomini. Paolo conscio del suo terribile significato, come se lo ad-

---

[41] Cfr. δέσμιος Χριστοῦ Ἰησοῦ (vv. 1.9); ἐν τοῖς δεσμοῖς τοῦ εὐαγγελίου (v. 13); ὁ συναιχμάλωτός μου ἐν Χριστῷ Ἰησοῦ (v. 23).
[42] Cfr. Gal 2,20.

ditasse all'esecrazione, lo enuncia per due volte scandendo le sillabe nella loro nudità[43]: una parola da cui stare lontani. La prima volta δοῦλος è preceduto da un avverbio che lo nega οὐκέτι (= non più) e la seconda volta da una preposizione che lo supera (ὑπέρ = al di là). Segue una pausa, quasi a riprendere fiato in seguito a tale ammissione, ma immediatamente ecco giungere la parola piena d'amore che vince ogni ostacolo: ἀδελφόν (fratello) accompagnato da un aggettivo verbale pieno d'amore: ἀγαπητόν (amato). La parola ἀδελφός risuona consolatrice fin dall'inizio della lettera a confortare le ore di prigionia di Paolo (cfr. vv. 1.7.16.20)[44]; riceve la sua esaltazione nel v. 16, dove questo ideale, associato a complementi di grande spessore quali (καὶ) ἐν σαρκί (nella carne) sul piano umano, (καὶ) ἐν Κυρίῳ (nel Signore) fornisce al cristiano Filemone e a tutti noi la guida bipolare entro la quale esso ideale può essere realizzato. Paolo è consapevole della forza trascinatrice del vincolo di fratellanza, e se ne avvale quando nella perorazione si appella a Filemone (cfr. v. 20). Con ogni verosimiglianza il sostantivo ἀδελφός costituisce il *Leitmotiv*[45] dell'intera lettera. Il concetto di fratellanza è basilare per la dottrina cristiana. Lo schiavo Onesimo, da creatura sola e sperduta che era, misera foglia trascinata dal turbine delle tempeste autunnali, destinata a perire, si trova inserito a pieno titolo nella famiglia cristiana (redenzione-giustificazione-riconciliazione), i cui componenti sulla terra sono rappresentati dal padre amoroso Paolo[46], dal fratello altrettanto benevolo Filemone e da molti altri membri della *domus ecclesia* a Colosse, i quali saranno altrettanto ben disposti verso il neo-battezzato. Quello che più importa, d'ora in poi Onesimo entra a far parte di una comunità e di un mondo ben più vasto, che comprende idealmente tutti i seguaci del Vangelo appartenenti a tutte le chiese, vivi e trapassati e prossimi a venire al mondo: egli è

---

[43] Cfr. v. 16a: οὐκέτι ὡς δοῦλον ἀλλ᾽ ὑπὲρ δοῦλον, ἀδελφὸν ἀγαπητόν.

[44] Nel v. 1 la coppia Timoteo e Paolo; nel v. 7 Filemone e Paolo; nel v. 16 Onesimo e Filemone; nel v. 20 Filemone e Paolo. Notare che nel testo il rapporto tra Paolo e Onesimo è quello di padre-figlio (v. 10) e non primariamente quello di amici.

[45] "Leitmotiv: Motivo ricorrente e fondamentale di un'opera. Etim.: dal tedesco *leiten* = guidare, dirigere, *Motiv* = motivo" (A. MARCHESE, *Dizionario di retorica e di stilistica*, 163).

[46] Per altri esempi quando Paolo si riferisce come padre in rapporto ai suoi neo-convertiti, cfr. 1Cor 4,14-15.17; Gal 4,19.

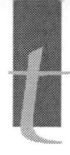

Lettera a Filemone

ormai a tutti gli effetti figlio di Dio in Cristo tramite lo Spirito Santo. Tale consapevolezza investe Onesimo con un respiro che lo alleggerisce dall'angoscia esistenziale di sentirsi schiavo, gli allarga i polmoni con un'aura vivificatrice, che lo rende capace di vivere da uomo finalmente e in grado di sperare nel futuro: ora egli cammina secondo lo Spirito e non più secondo la carne (cfr. Rm 8,5-13). Questo è stato il grande miracolo di Paolo: con il battesimo la creatura derelitta e reietta si è riappropriata dell'uso della parola libertà, divenendo individuo responsabile (cfr. Gal 5,1). È necessario immedesimarsi nella situazione dello schiavo Onesimo, confinato irrimediabilmente nella privazione di qualsiasi diritto, schiacciato dall'ingiustizia delle istituzioni umane dell'impero: immaginiamo con quanta gioia egli sarà corso verso l'abitazione del suo padrone e fratello stringendo al petto lo scritto, la "parola-Parola[47]" che rappresenta per lui il simbolo della libertà in Cristo già sperimentata e dell'affrancamento così a lungo sperato e desiderato, della emersione alla vera vita dei figli di Dio, annunzio del suo ingresso in una società apparentemente minuscola quale la *domus ecclesia* di Filemone, ma nel contempo preludio e simbolo di una società ben più vasta. Quella di tutti i credenti in Gesù Liberatore: la Chiesa di Dio. Perciò la missiva di cui Onesimo è latore significa per lui la caparra (ἀρραβῶν) della promessa di salvezza eterna[48]. Il personaggio Onesimo non è solamente il protagonista di una vicenda limitata alla sua esperienza individuale: egli è anche figura di un contesto più ampio. Egli è, da un lato punto d'incontro e di contatto fra Paolo e Filemone, dall'altro discriminante fra due concezioni della vita. Con il "caso Onesimo" Filemone viene messo alla prova nel suo agire da cristiano. Paolo lo sente, lo sa: infatti dopo averlo elogiato per il suo amore e la sua fede in Gesù (cfr. v. 5), prega il Signore che le buone intenzioni si traducano in pratica di vita. Paolo dal canto suo per quanto possibile ha fatto la sua parte; adesso spetta a Filemone completare l'opera. Onesimo quindi è la pietra di paragone, lo spartiacque, la

---

[47] La missiva è alla volta parola dell'Apostolo Paolo e Parola di Dio.
[48] Cfr. "egli (Dio) ci ha pure segnati con il proprio sigillo e ha messo la *caparra* dello Spirito nei nostri cuori (2Cor 1,22); "È Dio che ci ha fatti per questo e ci ha dato la *caparra* dello Spirito!" (2Cor 5,5); "il quale (lo Spirito Santo) è *pegno* della nostra eredità fino alla piena redenzione di quelli che Dio si è acquistati a lode della sua gloria" (Ef 1,14).

linea divisoria tra due mondi, tra due opposti modi di pensare: quello secondo la carne, cioè chiuso e egoista del secolo, che privilegia la modalità dell'"avere"[49], e quello secondo lo Spirito, cioè altruista e aperto, animato dallo Spirito di amore, anticipatore della comunità celeste, che valuta le cose secondo la categoria dell'"essere", dove c'è posto e libertà per tutti. Colpiscono per la loro allusività le parole usate all'inizio (cfr. v. 3), dove Paolo invoca Dio "Padre" e il "Signore" Gesù Cristo. Presentimento e preannuncio di un padre spirituale quale si dichiarerà Paolo nei confronti di Onesimo, da lui condotto alla fede e avvertimento a Filemone "padrone", "signore" dello schiavo Onesimo? L'Apostolo voleva forse ammonire il suo destinatario dichiarando che uno solo, Cristo, può dirsi Signore[50] e Padrone degli uomini? Si può proprio affermare che sul contrappunto schiavitù-libertà è condotto il monologo di Paolo, dall'inizio alla fine. Anche la decisione di Filemone deriverà da un atto di libera scelta di lui. L'Apostolo insiste a più riprese su questo punto importante (cfr. vv. 9.14): la responsabilità dell'uomo è un punto fermo della sua teologia morale. Molto acutamente è stato osservato che nella Lettera a Filemone è opportuno parlare di "teologia implicita"[51]. Il taglio della scrittura è modellato chiaramente sulla traccia di un discorso assolutamente informale; non a caso la lettera è stata qualificata come "privata"[52], ma non per questo essa è meno sostanziata di profonde intuizioni di natura teologica. Una teologia a misura dell'uomo comune, meno avvertito, quale poteva essere uno schiavo, ma degna d'ascolto anche da parte di persone più acculturate, come potremmo essere noi oggi. Nel testo sono infatti individuabili alcune parole chiave, mediante le quali si può rin-

---

[49] Per un approfondimento sulla questione sul piano psicologico, vedi E. FROMM, *To Have or To Be?* WP 50, New York 1976; *Avere o essere?*, Milano 1977.

[50] Cfr. "per noi c'è un solo Dio, il Padre, dal quale tutto proviene e noi siamo per lui; e un solo Signore Gesù Cristo, in virtù del quale esistono tutte le cose e noi esistiamo per lui" (1Cor 8,6); "Nessuno di noi, infatti, vive per se stesso e nessuno muore per se stesso, perché se noi viviamo, viviamo per il Signore, se noi moriamo, moriamo per il Signore. Sia che viviamo, sia che moriamo, siamo dunque del Signore. Per questo infatti Cristo è morto ed è ritornato alla vita: per essere il Signore dei morti e dei vivi" (Rm 14,7-9); "un solo Signore, una sola fede, un solo battesimo" (Ef 4,5).

[51] Vedi U. VANNI, "Filemone", *NDTB*, 553.

[52] "La lettera a Filemone è l'unica lettera privata dell'apostolo Paolo che ci è stata conservata" (K.H. SCHELKLE, *Paolo. Vita, lettere, teologia*, 132).

tracciare il filo sotterraneo altamente dottrinario e perciò edificante, che percorre l'intera lettera. In stretta connessione con l'ideale di fratellanza cogliamo il sostantivo κοινωνία[53] (v. 6) e il sostantivo κοινωνόν[54] (v. 17). In nome di siffatta comunanza Paolo rivolgendosi a Filemone lo prega di accogliere Onesimo come se si trattasse di lui in persona. La κοινωνία incarna uno dei segreti meravigliosi dell'annuncio cristiano che — se accolto nella sua genuina valenza — permette all'uomo di travalicare tempo e spazio, attingendo la vera realtà: attraverso quel sentimento l'individuo si mette in sintonia con l'insieme, comprendente l'umanità e tutto quanto le ruota intorno, a un livello che solo nell'intimo può essere percepito. Ciò che la singola creatura sperimenta in tale immedesimazione-compartecipazione è un barlume della presenza del divino che alberga in ciascuno di noi. Insieme con la compartecipazione, quasi in interazione con essa si pone l'irresistibile potenza della preghiera, ravvivata dal ricordo[55]. L'alternanza tra i pronomi personali di prima e seconda persona singolare inaugurata al v. 4 (σου...μου) viene mutata in anafora nei versetti successivi con un ritmo martellante: v. 6 (σου), v. 7 (σου...σοῦ), dove il finale rivela la grande capacità oratoria di Paolo: infatti l'accento circonflesso imposto sul pronome personale ne prolunga il tempo di pronuncia e gli conferisce quella musicalità che è spia di benevolenza e di atteggiamento affettuoso. Inoltre tale pronome è accostato al vocativo ἀδελφέ in cui la voce, grazie all'accentazione acuta si eleva a sigillo e conferma dell'atteggiamento di Paolo, quasi che egli voglia ritenersi sicuro che l'amico Filemone non lo deluderà nelle aspettative. Lo scambio tra i pronomi (io-tu) avviene secondo un gioco retorico che risulta persuasivo perché visualizza graficamente questo ininterrotto rapporto fra mittente e destinatario (cfr. v. 4). In tal modo il canale della comunicazione (un canale che potremmo chiamare "telepatico") rimane sempre aperto e operante a dispetto della distanza geografica e della prigione che costringe

---

[53] κοινωνία = "comunione", "collaborazione", "cooperazione", "partecipazione", "solidarietà". Cfr. Fil 1,5.7.
[54] κοινωνόν = accusativo maschile singolare del sostantivo κοινωνός = "compagno", "partecipante", "partecipe", "compartecipe", "partner". κοινωνός può essere anche agg. qualificativo = "comune", "partecipe".
[55] V. 4: "Io ringrazio continuamente il mio Dio, ricordandomi di te nelle mie preghiere" (Εὐχαριστῶ τῷ θεῷ μου πάντοτε μνείαν σου ποιούμενος ἐπὶ τῶν προσευχῶν μου).

Paolo, addirittura tramutando quest'ultima da impedimento in esaltazione della vicinanza spirituale. È talmente forte e salda la fiducia di Paolo nell'efficacia della preghiera, che egli programma il suo futuro, nella certezza di essere presto liberato dai ceppi. Della preghiera l'Apostolo nutre incessantemente il proprio spirito: significativa a questo proposito la presenza dell'avverbio πάντοτε ("continuamente") (v. 4). Fortemente evocativa e ricca d'implicazioni la voce sostantiva παράκλησιν[56] (v. 7), la quale rimanda a παρακαλῶ[57] (vv. 9-10). La voce verbale viene ripetuta anaforicamente per due volte di seguito (μᾶλλον παρὰ λαλῶ, παρακαλῶ) con un abile mutamento semantico chiamato diafora[58]. Sembra che Paolo nell'usare il sostantivo abbia voluto preparare psicologicamente il suo interlocutore alla "supplica" che egli si appresta a presentargli (cfr. vv. 10-22), quale avvocato e difensore di Onesimo[59], visto come simbolo e figura dell'uomo antecedente al suo ingresso nella famiglia cristiana. Al v. 20 il nome di Onesimo ritorna in forma allusiva, celato in mezzo a una successione di vocaboli che sintetizzano mirabilmente la vicenda: ναὶ ἀδελφέ, ἐγώ σου ὀναίμην ἐν κυρίῳ· ἀνάπαυσόν μου τὰ σπλάγχνα ἐν Χριστῷ. "Sì, fratello, possa io essere felice di te nel Signore" (oppure "Sì, fratello, io vorrei che tu mi fossi utile nel Signore; oppure "Sì, fratello, io mi auguro di poter ottenere da te questo favore nel Signore"; oppure "Sì, fratello, volesse il cielo che io ottenessi da te questo favore nel Signore"; oppure "Sì, fratello, magari io potessi ottenere da te questo favore); rasserena le mie viscere in Cristo" (v. 20). L'avverbio di affermazione "sì", seguito dal vocativo "fratello", quasi a voler suggerire a Filemone il tenore della risposta. Tale assenso verrà da lui liberamente, in virtù del vincolo di fratellanza cristiana. Tale vincolo di stretta vicinanza è visualizzato graficamente dalla contiguità dei due pronomi personali di prima e seconda persona, uniti come non mai essendo il secondo

---

[56] παράκλησιν — accusativo femminile singolare di παράκλησις = "chiamata in aiuto", "supplica", "consolazione".

[57] παρακαλῶ = "consolare", "pregare", "fare appello".

[58] Diafora (διαφορά, *distinctio*) in cui si ripete una parola già impiegata, conferendole una nuova sfumatura di senso.

[59] Avvocato e consolatore: il termine con cui la dottrina designa lo Spirito Santo è παράκλητος, anch'esso appartenente alla famiglia linguistica di παρακαλῶ/παράκλησις. Questo accostamento può essere una conferma della intelligente definizione di "teologia implicita", teologia *in nuce*.

cioè σου enclitica del primo, ragione per cui i due elementi formano una coppia inscindibile, si pronunciano come un'unica parola. Nella voce verbale ὀναίμην[60] — esempio di rara concentrazione concettuale — viene espresso sinteticamente un complesso di sentimenti: il desiderio, l'aspirazione[61], che Paolo, fortemente coinvolto[62] esprime attraverso un vocabolo (ὀναίμην) appartenente alla medesima famiglia linguistica del nome proprio Onesimo (Ὀνήσιμος), nel quale egli, Paolo si è totalmente identificato[63]: forse si aspettava di trovare un altro gioco di parole sempre con il significato di utilità (poliptoto[64]), invece Ὀνήσιμος - ὀναίμην è esempio della figura di parola detta paronomasia[65]: colui che è *Utile* (v. 11) per Paolo e per il suo padrone ormai diventa causa di *felicità* e di gioia per ambedue (cfr. v. 20). L'uomo libero per eccellenza diventa prigioniero[66]-schiavo[67] per liberare lo schiavo diventato figlio[68]-fratello[69]. In questo

---

[60] ὀναίμην — aoristo ottativo medio prima persona singolare da ὀνίνημι. Nella diatesi media ὀνίναμαι significa "rallegrarsi", "essere felice"; è usato in modo convenzionale: "possa io essere felice" con il genitivo di ciò per cui si ha gioia: "possa io essere felice di te nel Signore".

[61] "Ottativo" equivale a "desiderativo", dal latino *optare*.

[62] La diatesi è media: esempio di medio d'interesse.

[63] Il verbo è coniugato alla prima persona singolare. Per l'identificazione di cui si fa cenno cfr. v. 17: "Se dunque tu mi consideri in comunione con te, accoglilo come me stesso".

[64] "Il *polyptoton (figura ex pluribus casibus, variatio, declinatio, derivatio*; πολύπτωτον, μεταβολή, μετάκλισις, παρηγμένον) viene spesso attribuito, dal punto di vista terminologico, alla *annominatio* (παρονομασία) (§ 277) e consiste nel mutamento di flessione del corpo della parola, che si distingue dal mutamento che crea parole (§ 279), in quanto esso non provoca un mutamento del vero significato della parola, ma soltanto un mutamento della prospettiva sintattica (§ 276, 1). Esempi: Od. 1, 3 πολλῶν...πολλά...; 1, 313 οἷα φίλοι ξεῖνοι ξείνοισι διδοῦσιν; Soph. Aiax 467 μόνος μόνοις (ibid. 1238; Eur. Med. 513; Ter. Hec. 350 *sola soli);* Cic. Deiot. 4, 12 *quantum nomen eius fuerit, quantae opes, quanta...gloria, quanti honores;* du Bellay, Ant. de Rome 6 Rome seule pouvait à Rome ressembler, / Rome seule pouvait Rome faire trembler; Bér. 1, 2, 32 puisqu'il faut partir, partons sans lui déplaire ; 3, 1, 736; 1, 5, 313 sans l'attendre et sans être attendue ; RJ 4, 1, 125 Love give me strength! And strength shall help afford (§ 255); 4, 5, 45 confusion's cure lives not / in these confusions; MSt 3, 3, 2190 wenn Hass dem Hass begegnet; 3, 6, 2576 Verwegner Dienst belohnt sich auch verwegen; Sch., Carlos 5, 3, 4723 das hat ein Freund für seinen Freund getan" (H. LAUSBERG, *Elementi di retorica,* § 280).

[65] Nel nostro caso si tratta di mutamento inorganico. Cfr. H. LAUSBERG, *Elementi di Retorica,* § 278.

[66] Cfr. Fm 1.9.10.13.23.

[67] Cfr. Rm 1,1; 1Cor 7,22 (2 volte); Gal 1,10; Tt 1,1.

[68] Cfr. Fm 10.

[69] Cfr. Fm 16.

gesto di sacrifico, di umiltà e di amore l'Apostolo segue l'esempio del Redentore che si è fatto uomo per noi e ha scelto la morte di uno schiavo (cfr. Fil 2,8). Il fatto che si tratti di un aoristo di tempo zero, immediatamente seguito da un'espressione di pregnante, alta religiosità quale ἐν κυρίῳ ("nel Signore"), conferisce alla voce verbale ὀναίμην una dimensione eterna e un carattere sacrale di grande impatto emotivo. Il sintagma ἐν κυρίῳ suggella le quattro parole precedenti, così importanti ai fini del nucleo della vicenda[70]. Nel v. 20 i tre personaggi dello sketch si trovano insieme con Cristo sullo stesso palcoscenico: Paolo, Filemone, Onesimo e il Signore[71]. La vera realtà dei personaggi di questo bozzetto drammatico si rivela pienamente: tutti e tre protagonisti sono infatti schiavi dello stesso Signore, Cristo Gesù, e quindi tutti e tre si scoprono fratelli liberi e responsabili, uniti fra di loro da colui che visse e morì da schiavo per la loro redenzione. Del coinvolgimento integrale da parte di Paolo, anche a livello fisico, oltre che spirituale abbiamo indizio rivelatore nell'uso del termine τὰ σπλάγχνα (viscere[72]), ripetuto per tre volte (Fm 7.12.20)[73]. Nella prima occorrenza (cfr. v. 7) "le viscere dei santi" per opera di Filemone sono state consolate: evidentemente l'approvazione da parte di Paolo per il precedente comportamento dell'amico verso i confratelli della comunità viene assunto come dato di fatto, ormai assodato. Paolo ne trae motivo di "grande gioia e consolazione (χαρὰν γὰρ πολλὴν ἔσχον καὶ παράκλησιν)"; nel secondo caso (cfr. v. 12) l'Apostolo prega vivamente Fi-

---

[70] Consideriamo l'enclitica μου facente corpo unico con la parola precedente su cui cade l'accento d'enclisi e analogamente la proclitica ἐν rispetto al nome successivo al quale essa si appoggia.

[71] "Paolo, Filemone e Onesimo costituiscono come i tre vertici di un triangolo cristiano in mezzo al quale sta il Signore Gesù. Da tutto questo possiamo trarre un'indicazione fondamentale: a Paolo non basta la libertà sociale. Egli sa — e l'ha detto esplicitamente in Gal 3,28 — che la novità di Cristo supera tutto e porta a una nuova situazione, a un nuovo rapporto tra le persone, a un superamento definitivo degli schemi antichi. A Paolo interessa impiantare Cristo. Ha impiantato Cristo nella casa e nel cuore di Filemone, lo ha impiantato nel cuore di Onesimo, dopo aver accolto Cristo in se stesso. Adesso tutto si muove — potremmo dire — portato dal dinamismo di Cristo e va nella direzione di quella libertà che è un esercizio di amore" (U. VANNI, *L'ebbrezza nello Spirito*, 207).

[72] σπλάγχνα = sostantivo neutro plurale da τὸ σπλάγχνον = "viscere", ovvero "ogni organo interno racchiuso specialmente nella cavità toracica e addominale" (N. ZINGARELLI, *Vocabolario della lingua italiana*, 2026).

[73] Cfr. 2Cor 7,15; Fil 2,1; Col 3,12.

lemone di accettare Onesimo e di trattarlo come se fosse Paolo in persona, il che equivale a considerare Onesimo alla pari di un cittadino rispettato che gode di pieni diritti, nonché come individuo legato a lui da vincoli d'amicizia e d'affetto. Nel terzo punto (cfr. v. 20) Paolo ribadisce la propria richiesta a Filemone e la suggella solennemente con la formula ἐν Χριστῷ ("in Cristo"). Indubbiamente la terza volta il rapporto risulta ulteriormente rafforzato dalla contiguità con il complemento ἐν Χριστῷ. Il significato del vocabolo σπλάγχνα è totalizzante: oltre che sul piano fisico esso è inteso in senso traslato, cioè come sede d'affetto, sede dei sentimenti e delle passioni; esso significa amore, speranza, commozione, compassione, conforto, gioia, soddisfazione, felicità, altruismo, spirito di sacrificio e tutti quei sentimenti positivi che si muovono nell'intimo della creatura umana, specialmente del padre o della madre, i quali in momenti di particolare commozione possono apostrofare il proprio o i propri figli così: "Viscere mie!". Nella precedente letteratura greca tragica, sia nella LXX che nel Nuovo Testamento è inteso specialmente come compassione, amore. L'espressione "rasserena le mie viscere in Cristo" (v. 20) rappresenta il culmine dell'identificazione dell'Apostolo con il figlio spirituale Onesimo[74] e pertanto quest'ultimo è la vivente dimostrazione dell'esperienza spirituale di un Paolo che si è realizzato quale perfetto cristiano. Crediamo che a conclusione nessun commento possa valere più delle parole dell'Apostolo stesso: "Non c'è qui né giudeo né greco; non c'è né schiavo né libero; non c'è né maschio né femmina; perché voi tutti siete uno in Cristo Gesù" (Gal 3,28).

---

[74] "L'amore porta Paolo a un interessamento talmente personale da sentirsi inquieto, a disagio interiore per le difficoltà che Onesimo sta incontrando. Il modo con cui Filemone accoglierà Onesimo, quello che farà per suggerimento di Paolo, ma soprattutto per sua iniziativa, darà finalmente pace a Paolo. È veramente un vertice d'amore cristiano che, impegnando tutta la persona fino a farla soffrire per i problemi degli altri, si rivela squisitamente umano" (U. VANNI, *L'ebbrezza nello Spirito*, 201).

II. Contatto diretto col testo biblico: Fm 10b-11

nomen omen: il nome è un presagio

Lettura dettagliata

Ὀνήσιμον,
τόν ποτέ σοι ἄχρηστον
νυνὶ δὲ [καὶ] σοὶ καὶ ἐμοὶ εὔχρηστον,
Onesimo,
lui che un giorno ti fu inutile,
ma ora è utile a te e a me,

Intorno a Onesimo si muove un simpatico girotondo di sinonimi che gareggiano sul concetto di utilità. Di conseguenza si determinerebbe lo scambio giocoso delle seguenti voci: Onesimo[75] (ovvero: Utile), il quale un tempo era inutile[76], era un "servo inservibile"[77], di cui non si poteva fare uso; adesso invece è bene-utile[78], rettamente utile, utile in positivo: è utile di nome e di fatto, doppiamente utile quindi a Paolo e a Filemone; quindi utile utile, ovvero utilissimo, tanto più a se stesso: egli è l'utilità in persona[79]: è riuscito a cavarsela in maniera brillante e provvidenziale dall'impiccio in cui si era venuto a trovare (senza contravvenire a nes-

---

[75] Ὀνήσιμος (ὁ) – della famiglia di ὀνίνημι = "giovare", "recare guadagno", "essere utile": aggettivo qualificativo e nome proprio = "utile", "vantaggioso", "benefico", "fruttuoso".

[76] ἄχρηστος – appartenente alla famiglia di χράομαι = "usare", "utilizzare": aggettivo qualificativo, composto da ἀ- (prefisso privativo) e χρηστός (= "onesto", "utile"): ἄχρηστος = "di cui non si può fare uso", "inutile", "inservibile". *Hapax legomenon* nel NT.

[77] Con l'accostamento di due vocaboli di significato opposto si tenta di costruire un ossimoro (ὀξύμωρον, *oximora verba*: sorta di unione paradossale, per cui "uno dei due componenti esprime una predicazione contraria o contraddittoria rispetto al senso dell'altro, mentre costituisce con questo una funzione sintattica" (B. MORTARA GARAVELLI, *Manuale di retorica*, 245). Cfr. H. LAUSBERG, *Elementi di retorica*, § 383,3. Nel nostro caso si tratta dell'associazione sostantivo (o meglio: aggettivo sostantivato) e attributo.

[78] εὔχρηστος – appartenente alla famiglia di χράομαι = "usare". Aggettivo qualificativo, composto da εὖ (avverbio di modo) = "bene", "rettamente", "giustamente", "felicemente" e χρηστός (= "onesto", "utile"). εὔχρηστος = "di buon uso", "utile", "fruttuoso". Cfr. 2Tm 2,21; 4,11.

[79] La figura corrispondente è chiamata προσωποποιία (lat. *prosopopoèia, fictio personae*) = "prosopopea", "personificazione". "Consiste nel raffigurare come persone esseri animati o entità astratte" (B. MORTARA GARAVELLI, *Manuale di retorica*, Bompiani 1997, 264). Cfr. H. LAUSBERG, *Elementi di retorica*, § 425.

Lettera a Filemone

suna legge né umana, né divina)[80]. È opportuno notare che in base alla pronuncia itacistica o reuchliniana[81], verosimilmente invalsa nell'uso parlato del tardo ellenismo, gli aggettivi ἄχρηστος, εὔχρηστος si pronuncerebbero con un gioco fonico di paronomasia[82], rendendo palese l'allusione al nome di Cristo. D'ora in poi sia Paolo sia Filemone faranno buon uso di Onesimo-Utile; egli sarà coerente con il proprio nome: *nomen omen*: il nome è un presagio[83]. E ancora: *nomina sunt consequentia rerum*: i nomi sono corrispondenti alle cose[84]. Onesimo, un tempo "senza Cristo"

---

[80] Per altri esempi di giochi di parole sul significato di un nome cfr. AESCHYLUS, *Agamemno* 671; *Prometheus Vinctus* 85-86; SOPHOCLES, *Aiax* 430-431.

[81] Dal nome del filologo tedesco Giovanni Reuchlin (1445-1552). Tale corrente (conforme a quella bizantina) prevalsa a lungo nelle scuole fino oltre la metà dell'Ottocento, accettava la pronuncia neo-greca, la quale aveva segnato lo sviluppo di un processo di deviazione dall'uso classico e di semplificazione, avente origine antica nell'uso popolare. Caratteristica essenziale ne è l'iotacismo o itacismo cioè la riduzione a ι ("iota") dei seguenti suoni vocalici: ι, υ, η, οι, ει. Di contro si poneva la pronuncia detta erasmiana, da Erasmo da Rotterdam (1465-1536), il quale sosteneva la legittimità della pronuncia classica, oggi prevalente nella cultura occidentale. Essa conserva il suono e lungo aperto di η ("eta") e perciò è detta "etacismo".

[82] "La 'paronomasia' (*annominatio, afflictio, denominatio, supparile, levis immutatio*; παρονομασία, παρήχησις) è un gioco di parole (§ 276) che riguarda il significato della parola, che nasce per mezzo di un mutamento di una parte del corpo della parola in cui spesso a un quasi impercettibile mutamento del corpo della parola corrisponde un mutamento sorprendente (straniamento: § 276), 'paradossale' del significato della parola. I mutamenti del corpo della parola possono essere inorganici (§§ 276, 2; 278) oppure organici (§§ 276, 1; 279) (cfr. § 146)" (H. LAUSBERG, *Elementi di retorica*, § 277). "Il mutamento organico (§ 277) del corpo della parola per mezzo di fenomeni che formano parole serve, come paronomasia, a produrre un mutamento significato della parola, anche se affine. Possono qui venire accentuate: 1) La differenza di significato: Thuc. 2, 62, 3 μὴ φρονήματι μόνον, ἀλλὰ καὶ καταφρονήματι. Rhet. Her. 4, 21, 29 *hic sibi posset temperare, si amori mallet obtemperare*; Quint. 9, 3, 71 *hanc rei publicae pestem paulisper reprimi, non in perpetuum comprimi posse*; Cid 2, 2, 418 Ton bras est vaincu, mais non pas invincible ; Bér, 2, 26 d'un voile d'amitié j'ai couvert mon amour ; 4, 243-244 (amitié/amour); RJ 4, 5, 75 in this love, you love your child so ill (§ 291)" (*Ibid.*, § 279).

[83] "Questa frase latina che deve la propria fortuna a un facile gioco paronomastico è tuttora comunemente usata ad indicare una quasi magica corrispondenza fra nome ed essere, e, in particolare, fra il nome di una persona e le sue azioni e le sue vicende" (R. TOSI, *Dizionario delle sentenze latine e greche*, Milano 1997[12], § 98). Tale locuzione — a proposito dei nomi di persona — è impiegata già nel III secolo a.C. da Plauto, commediografo latino, profondo conoscitore della lingua e della letteratura greca, specialmente in relazione ai testi della Commedia Nuova, e nel I secolo a.C. da Cicerone, anch'egli cultore esimio della lingua, della letteratura e della filosofia greca, di cui si fece traduttore esperto e abile presso i suoi concittadini.

[84] Tale frase afferma la "effettiva corrispondenza e consequenzialità fra i nomi e gli oggetti che essi designano" (R. TOSI, *Dizionario delle sentenze latine e greche*", Milano 1997[12], § 100). La fonte

(ἄχρηστος), è divenuto qualcuno che ha a che fare con il "bene" e Cristo (εὔχρηστος). In base a tali acquisizioni è ragionevole affermare che Paolo non si è limitato al livello morfologico dell'antitesi individuata nel v. 11, ma si sarebbe addentrato anche in quello fonetico, avente riscontro a livello orale. Con tale scambio di ricco polisenso Paolo passa dal piano denotativo (cioè dei contenuti) a quello connotativo (cioè del senso da attribuire ai concetti), elevando l'esperimento di azione teatrale a quello di creazione di realtà teatrale. Dal teatro al metateatro (cioè al di là del teatro), dove gli attori non assumono — come di consueto — una maschera, né recitano un copione fisso, preventivamente approntato e scritto da altri, ma interpretano, vivono la loro vita, in pieno e totale coinvolgimento, su una scena che si va creando insieme con loro durante la recita. Da questo momento in poi Onesimo non sarà più κωφὸν πρόσωπον, personaggio muto, come si presentava da schiavo tradizionale privo di qualsiasi diritto, compreso quello all'esistenza. Da maschera (πρόσωπον, latino *persona*) a uomo in carne ed ossa, accanto ai cittadini Paolo e Filemone[85]; anzi: addirittura primo attore, dato che tutto ruota intorno al suo caso[86].

è un passo delle *Institutiones* di Giustiniano (2,7,3); è citata da Dante nella "Vita Nuova" (13,4); sarà ripresa e sviluppata nel pensiero filosofico medievale dalla Scolastica, prendendo spunto da un passo dell'"Isagoge" di Porfirio alla Logica Aristotelica. Per quanto rilevato dobbiamo arguire che Paolo fosse al corrente delle discussioni sul valore dei nomi, tanto più che la stessa religione ebraica si era posta il problema del nome a proposito di Dio. Riteniamo che il background di Paolo in materia di nomi fosse ben più ampio di quello che riusciamo a immaginare, e tale da fargli scrivere il v. 11 con chiara cognizione di causa.

[85] "... the young Sophocles increased the number of speakers to three (→ *tritagōnistēs*), which then remained the obligatory number; only extras (as a rule, boys [11] whom the *choregos* paid separately) could be used in excess thereof. Development of the comedy took a different course. As a play being improvised on the spot, it was not subject to any regulations; later the number of speaking roles was limited to four (only Aristoph. Ach. required five) [12]. New Comedy pushed strict observance of form and, following tragedy, allowed only three" (H. BLOEDHORN, "Theatre", *BNP*, XIV, 394).

[86] "Actors enjoyed general esteem, including a → *métoikos* like Mynniscus as well as dependent tritagonists like, in his youth, the orator → Aeschenes [2]. The protagonist did, however, far surpass his two subordinate helpers in importance; these two did not compete against him but instead supported him in his leading part, thus contributing to his victory [13]. They had to master their parts in the dialogue of a tetralogy as a threesome: the protagonist secured for himself the leading part and any other brilliant passages, to the two others went an abundance of disparate male and female roles requiring a rapid change of masks. The style of performance was marked not by psychological insight and natural rendering but rather control of voice in declamation and song, as well as gesture and movement appropriate to the dimension of the theatre" (H. BLOEDHORN, "Theatre", *BNP*, XIV, 395).

Lettera a Filemone

Perché non considerare Paolo come il caposcuola, l'antesignano, il precursore di un filone letterario — purtroppo poco valorizzato — di ἱλαροτραγῳδία[87], ovvero tragicommedia di sana ambienzazione cristiano-popolare? Poiché nella prosa di Paolo nulla è immotivato o dovuto al caso, siamo portati a pensare che anche questa schermaglia verbale abbia lo scopo di instaurare fra lui e il suo interlocutore un'atmosfera serena e rilassata di innocente e bonaria allegria, adatta a favorire il benevolo ascolto da parte dell'amico. A chi sentisse lo scrupolo di un qualsiasi atteggiamento di mancanza di rispetto, seppur remoto e indiretto verso il nome di Cristo, viene spontaneo rispondere con la citazione πάντα καθαρὰ τοῖς καθαροῖς ("tutto è puro per i puri") tratta da una delle Lettere Pastorali (cfr. Tt 1,15), che controbatte all'obiezione meglio di qualunque altro commento.

È stupefacente constatare con quale naturalezza Paolo nel breve spazio di venticinque versetti sia riuscito a costruire un capolavoro dal percorso psicologico così coinvolgente. Egli invita il suo interlocutore a rinunciare a qualunque rivalsa su Onesimo perdonandolo, condonandogli ogni torto. Un altro tratto umanissimo della personalità di Paolo si rivela anche nel suo rapporto con Filemone. L'Apostolo delle genti evidenzia l'opportunità di non imporre la propria volontà, ma di ottenere con preghiere il desideratum attraverso atti di clemenza del destinatario convinti e autentici (cfr. vv. 8.9.14). Egli è sensibile anche ai problemi pratici di chi, cristiano fervente, è sì, ma anche proprietario probabilmente di un certo numero di schiavi, i quali — di fronte al suo atteggiamento generoso verso Onesimo — potrebbero avanzare a loro volta richieste simili. E dunque la decisione di Filemone dovrà essere ponderata e sostenuta da equanimità ed equilibrio, affinché la pace dell'intera *familia* (cioè il complesso degli individui sottoposti al *pater*: moglie, figli, servi) non venga compromessa. Che genere di persona è in ultima analisi Filemone? Ne conosciamo l'esistenza soltanto da questa lettera; dal momento però che egli era in grado di ospitare a casa sua le riunioni di una comunità cristiana, evidentemente godeva di una solida condizione economica: era un benestante. In accordo con l'estesa diffusione della cultura nella classe

---

[87] Sappiamo che il drammaturgo Rintone di Siracusa (IV-III secolo a.C.) diede dignità di forma artistica alla farsa fliacica, la quale si trasformò in "fabula rhintonica" o "ilarotragedia" (tragedia volta al buffo).

media della società ellenistica lo immaginiamo anche fornito di una discreta istruzione e — prendendo spunto dall'inconsueta verve sfoderata da Paolo — gli vorremmo prestare un carattere aperto e cordiale, capace di apprezzare certe arguzie del linguaggio, quali le preterizioni con sottofondo allusivo (cfr. v. 19)[88] e amante dei motti di spirito.

Se Paolo usa il registro della finezza (cfr. v. 8-9a)[89], del paradosso (cfr. vv. 9-10)[90]; se egli carica sapientemente il peso delle parole (cfr. v. 16)[91]; se anch'egli, come già osservato a proposito dell'oratoria di stile asiano si avvale dell'espediente degli effetti ritmici e musicali, evidentemente è uomo del suo tempo, che colloquia con un uomo del suo tempo e quest'atteggiamento ce lo fa amare di più, ce lo fa sentire ancor più vicino alla nostra povera umanità che — troppo preoccupata di apparire seriosa — ha disimparato a sorridere e anche a ridere. Certamente la Lettera a Filemone scopre un lato inaspettato del temperamento di Paolo. Siamo stati abituati a conoscerlo come uomo di lotta, di polemica, occupato in problemi gravi e seri, relativi alle chiese da lui fondate[92], per i quali occorre mettere in campo altrettanta gravità e serietà di parole e di comportamento. Nel caso di Onesimo però occorreva sdrammatizzare la situazione di fronte a Filemone, e Paolo l'ha fatto adottando la strategia esplicitamente dichiarata come efficacissima per entrare in sintonia con

---

[88] Preterizione = παράλειψις (lat. *praeteritio*). Figura la quale "consiste nel dichiarare che si tralascerà di parlare di un dato argomento che intanto viene nominato e brevemente indicato nei tratti essenziali" (B. MORTARA GARAVELLI, *Manuale di retorica*, Bompiani 1997, 253); cfr. H. LAUSBERG, *Elementi di retorica*, § 410.

[89] Notare la distinzione tra ἐπιτάσσω = "comandare" e παρακαλῶ = "fare appello", "chiedere pregando".

[90] Nel vecchio o anziano che genera un figlio è lecito individuare la figura dell'adynaton, ovvero della cosa impossibile, a carattere paradossale. Vedi H. LAUSBERG, *Elementi di retorica*, § 189,3b. Del resto Paolo è uomo dei paradossi: "Ma questo dichiaro, fratelli e sorelle: che il tempo è ormai abbreviato; da ora in poi, anche quelli che hanno moglie, siano come se non l'avessero; quelli che piangono, come se non piangessero; quelli che si rallegrano, come se non si rallegrassero; quelli che comprano, come se non possedessero; quelli che usano di questo mondo, come se non ne usassero, perché la figura di questo mondo passa" (1Cor 7,29-31).

[91] L'antitesi prolungata si avvale della coppia schiavo-fratello e dei pronomi personali di I e II persona, unitamente all'utilizzo poliptotico dell'avverbio di quantità in anticlimax o *gradatio* discendente. Vedi H. LAUSBERG, *Elementi di retorica*, § 256-258.

[92] Cfr. per esempio la polemica nella Lettera ai Galati sulla giustificazione secondo la fede in Cristo e non secondo le opere della legge mosaica.

l'altro. Lui, carattere multiforme, intelletto agilissimo, capace di mangiare con chi mangia e di digiunare con chi digiuna (cfr. Fil 4,12), assume la posa tutta alessandrina di giostrare con il linguaggio. Paolo probabilmente conosceva i testi letterari della Commedia Nuova, fiorita a cominciare dal IV secolo a.C.[93]. I tipi umani più frequenti di quel teatro, muoventisi nel reticolo delle invenzioni e della trama erano naturalmente il padre, il figlio, il fratello, il padrone, lo schiavo: quest'ultimo spesso — anche se non sempre — ridotto a figura stereotipata di *servus currens* incaricato di recapitare le missive, i biglietti, le notizie da un luogo a un altro, da una casa all'altra[94]. Tuttavia, anche quando lo so toglieva dal ruolo di messaggero-comparsa lo si dipingeva con tratti per lo più deteriori, come astuto, furbo, bugiardo, ingannatore, malfidato. Il nostro testo è determinante per capire la concezione di Paolo sull'argomento schiavitù: l'Apostolo capovolge lo stereotipo. Egli interviene in difesa di Onesimo con accenti umanissimi, apre il suo cuore a Filemone, toccando tutte le corde del sentimento. Ogni versetto mette in luce l'animo generoso e altruista dell'Apostolo, il quale si appella all'amico in nome della comune fede e della sperimentata amicizia, affinché quest'ultimo, già benemerito

---

[93] I principali esponenti della Commedia Nuova sono i poeti Filemone, Difilo e soprattutto Menandro. In 1Cor 15,33 troviamo citato un verso di Menandro: "Le cattive compagnie corrompono i buoni costumi". Delle opere di Filemone (368/360-267/263 a.C.) rimangono 198 frammenti. Cfr. H.-G. NESSELRATH, "Philemon", *BNP*, XI, 14-16. Significativo il messaggio morale del frammento 22 (KASSEL – AUSTIN): "uno schiavo è un essere umano". Sembra che Paolo nello scrivere al suo amico Filemone a proposito di uno suo schiavo faccia riferimento al testo dell'artista Filemone e ne imiti addirittura lo stile. L'Apostolo quindi s'impersona in Filemone per poter convincere Filemone!

[94] *Le tre dracme* (*Trinummus*) di Plauto (la sua traduzione della commedia *Il tesoro* di Filemone di Siracusa) offre un ottimo esempio di una tale figura nel personaggio Stàsimo, lo schiavo astuto e furbo di Lesbonìco, il figlio prodigo della commedia. Cfr. E. LEFÈVRE, "Plautus", *BNP*, XI, 361-366. "Current scholarship attributes 21 comedies to P., commonly known as the *fabulae Varronianae* (cf. VII below). Not a single play by P. can be dated with certainty in the 3rd cent. BC ([18]; possible exceptions are the *Miles gloriosus* and *Cistellaria*). P. apparently emerged as a 'literary' poet only in his later years. The *Stichus* was first performed in 200 BC, the *Pseudolus* in 191. Their models belong consistently to Greek New Comedy (→ Comedy I.H.). Knowledge of Old Comedy is ill-evidenced as is the attribution of various originals to Middle Comedy (sometimes guessed for the *Amphitruo*, *Persa*, and *Poenulus*). The *Casina* (*Klēroúmenoi*) and *Rudens* (*Epitropḗ*?) are traced back to → Diphilus [5]; the *Bacchides* (*Dís exapatôn*), *Cistellaria* (*Synaristôsai*) and parts of the *Stichus* (*Adelphoí*) to → Menander [4]; and the *Mercator* (*Émporos*) and *Trinummus* (*Thēsaurós*) to → Philemon [2]. All other attributions are uncertain" (*Ibid.*, 362).

in passato come cristiano, istituisca con Onesimo una relazione non più da padrone a schiavo, bensì da fratello a fratello, soprattutto perché ormai Onesimo ha abbracciato il Vangelo, è divenuto oltremodo caro a Paolo (cfr. vv. 9-16). È importante quanto Paolo dichiara "te lo rimando (con questa lettera[95]), lui che amo come le mie viscere[96]" (v. 12)[97]. Qui c'è non solo altruismo, magnanimità, ma grande apertura mentale per la totale fiducia riposta in Onesimo, al punto da renderlo responsabile in prima persona del proprio ritorno, del proprio agire da individuo autonomo. La Lettera a Filemone non è semplicemente una lettera di raccomandazione in favore di uno schiavo, ma è molto di più, per questa profonda intuizione dell'opportunità del rischio, nel senso di avere il coraggio di credere negli altri. L'atto di fiducia che Paolo dimostra si traduce in una presa di coscienza da parte di Onesimo, lasciato libero nelle sue scelte. L'Apostolo tende a sdrammatizzare i fatti parlando di separazione anziché di fuga (cfr. v. 15) e presenta il ritorno di Onesimo quasi come quello di un "figliol prodigo" che rientra nella casa paterna[98]. Mentre però nella parabola narrata da Luca, il figlio si presenta come uno sconfitto, un vinto, umiliato e timoroso per le conseguenze del suo fallimento, al contrario il cuore di Onesimo è pieno di gioia e di speranza al pensiero dell'incontro con colui che — per merito dell'Apostolo — è a un tempo padrone, ex padrone, fratello, amico. In quanto legalmente ancora schiavo egli è l'intermediario, il *trait d'union* tra mittente e destinatario: il postino, ma è anche tutt'uno con la lettera che deve essere da lui recapitata a Filemone. Onesimo è l'argomento, l'oggetto, la sostanza del messaggio. In quanto cristiano redento-liberato-riconciliato da Paolo in nome del Signore, egli annuncerà a Filemone la buona novella della propria conversione e del proprio rientro a casa[99], come uomo nuovo, pieno d'amore e di buona volontà, intenzionato a iniziare una vita nuova, una vita tutta diversa: da schiavo fuggi-

---

[95] ἀνέπεμψα — l'aoristo dello stile epistolare. Cfr. BD § 334. Cfr. ἔγραψα (v. 19).
[96] In antichità la sede dei sentimenti. Cfr. Lc 1,78 (di Dio); il verbo si trova 12 volte nei Sinottici per descrivere i sentimenti di Gesù.
[97] Il versetto offre un valido esempio di *posita in affectibus*. Vedi R. BARTHES, *La retorica antica*, 94.
[98] Per la parabola del "figliol prodigo", chiamata anche del "padre misericordioso", vedi Lc 15,11-32.
[99] Per la ricostruzione proposta da Winter di un Onesimo messaggero inviato a Paolo dalla comunità di Colosse, vedi A. PATZIA, "Filemone, Lettera a", *DPL*, 629.

Lettera a Filemone

tivo a ἄγγελος ("messaggero", "araldo") inviato da Paolo. Onesimo è la lettera in carne e ossa[100], la quale miracolosamente inaspettata giunge a Filemone, carica di benedizioni e di attestazioni d'amore e di fratellanza. Filemone — è presumibile — non si attendeva il ritorno dello schiavo, né poteva immaginare che il recapito della corrispondenza comprendesse anche l'invio di una lettera vivente, di un nuovo affetto: quello di un fratello in Cristo, pieno di gratitudine e desideroso di altrettanta "corrispondenza" di sentimenti. Oggi dopo l'invenzione della radio e del telefono e l'avvento della televisione e dell'Internet è facile trasmettere a distanza le immagini con sottofondo sonoro: ormai esistono piccole telecamere, webcam, telefoni cellulari, mediante i quali due amici lontani possono comunicare e perfino vedersi. Paolo ha genialmente realizzato tutto ciò tanti secoli fa con un lampo di intelligenza, inviando una lettera "in carne e ossa"[101] simile a un libro illustrato da immagini corredate da didascalie. Sicuramente sul viso di Onesimo sarà stato possibile scorgere il sorriso e in Filemone la lieta sorpresa di quanto stava accadendo. Tutto ciò è un miracolo da ascrivere all'opera evangelizzatrice di Paolo, frutto dell'amore di cui la Lettera a Filemone è permeata (cfr. vv. 5.7.9.12.16.18.20)[102]. "L'amore è il movente di Paolo libero"[103]: la fede dell'Apostolo diventa amore e lo preme senza sosta a diventare sempre più veicolo e ministro dell'amore del Redentore, l'unica fonte della libertà vera e perenne[104]. All'inizio della *peroratio* la tensione raggiunge l'acme con quest'affermazione: "Se dunque tu mi consideri in comunione/compartecipe (κοινωνόν; cfr. v. 6) con te, accoglilo come me stesso"

---

[100] Si potrebbe parlare ancora una volta di prosopopea. Vedi sopra.

[101] "La nostra lettera siete voi, lettera scritta nei nostri cuori, conosciuta e letta da tutti gli uomini. È noto infatti che voi siete una lettera di Cristo composta da noi, scritta non con inchiostro, ma con lo Spirito di Dio vivente, non su tavole di pietra, ma sulle tavole di carne dei vostri cuori" (2Cor 3,2-3).

[102] Il vocabolo ἀγάπη ("amore") e il suo derivato ἀγαπητός ("amato") appaiono 5 volte nella Lettera (ἀγάπη nei vv. 5.7.9 e ἀγαπητός nei vv. 1.16). Quanto ai vv. 12.18.20 il contenuto è simile ma ancora più intenso e pregnante.

[103] U. VANNI, *L'ebbrezza nello Spirito*, 200.

[104] "Paolo si muove tutto in un'orbita di amore. Questo giro di amore, praticato con un coinvolgimento radicale e totale di tutto se stesso, è per lui l'espressione più alta della sua libertà" (U. VANNI, *L'ebbrezza nello Spirito*, 201-202).

(v. 17)[105]. Subito dopo il tono del discorso cambia: il lessico diventa "settoriale", nel senso che sembra preferire la terminologia del linguaggio giuridico commerciale (cfr. v. 18)[106], in cui i contraenti pattuiscono con precise formule notarili (cfr. v. 19)[107], ma senza ufficializzare il documento, fidandosi della loro reciproca lealtà. Tale consuetudine persiste tuttora nelle zone agricole italiane, dove il mediatore in occasione per esempio delle fiere di bestiame combina il negozio sanzionandolo sulla base di una stretta di mano, convalidata dalla sua autorevole presenza attiva e confermativa, dopo ché la stima del valore in oggetto è stata da lui pronunciata e accettata dagli interessati. In certi paesi della Penisola vige ancora l'uso di stilare "carte private" (senza l'intervento ufficiale del notaio) per contratti di compravendita, preventivi di lavori edili, prestiti di somme di denaro, o altro. Tali scritture vengono garantite dalla buona fede dei contraenti, i quali vi appongono in calce le rispettive firme. Molto spontaneo l'atteggiamento di Paolo, tipico di chi non dà peso al denaro (cfr. vv. 18-19). Sembra che l'Apostolo dica a Filemone: non preoccuparti, stai tranquillo, metti tutto sul mio conto, pagherò io fino all'ultimo centesimo, me ne faccio garante con la mia firma; non sarà per questo che discuteremo sul prezzo. E subito dopo, con una punta di bonaria malizia, percepibile nella sospensione del discorso[108]: non parliamo troppo di denaro, non parliamo di debiti. È meglio soprassedere, perché fra te e me, forse io ti sono creditore. A metà strada tra il serio e il faceto fa capolino uno spiraglio di tono rilassato e disteso, arguto e genuino,

---

[105] Nella terminologia retorica si parla di *Spannung*. "Termine tedesco che significa 'tensione' e che è usato per indicare il momento cruciale di una narrazione, la situazione di massima tensione dalla quale poi si volge verso la soluzione finale del racconto" (G. BARBERI SQUAROTTI, *Dizionario di retorica e stilistica*, 403).

[106] A cominciare dal verbo ὀφείλω ("essere debitore") nel v. 18a, continuando con il verbo ἐλλογάω ("mettere in conto") nel v. 19b, attestato anche nei papiri, e quindi di uso comune.

[107] Il v. 19a (ἐγὼ Παῦλος ἔγραψα τῇ ἐμῇ χειρί, ἐγὼ ἀποτίσω) è una vera e propria autenticazione autografa di un titolo di credito, quasi una cambiale. Ci troviamo davanti a un chiaro trasferimento debitorio (con tanto di garanzia). Sul piano artistico abbiamo un'originale σφραγίς: un sigillo di proprietà letteraria.

[108] Nel v. 19b la proposizione finale introdotta dalla congiunzione subordinante di natura finale ἵνα è preceduta da un'impercettibile pausa. È questo un caso di ἀποσιώπησις (lat. *reticentia*) = reticenza, talvolta segnalata mediante i puntini di sospensione. Vedi H. LAUSBERG, *Elementi di retorica*, § 411.

Lettera a Filemone

dai risvolti simpaticamente confidenziali, condito di scherzosi ammiccamenti, da sane innocenti risate, tipico delle conversazioni non formali tra amici. Tutte manifestazioni che contribuiscono a cementare il rapporto sincero, a renderlo più saldo e a scaldare il cuore di chi ne è il fortunato fruitore. Nelle altre lettere paoline questo lato della personalità dell'Apostolo non è percepibile per ovvie ragioni, trattandosi di questioni dottrinali ufficiali di interesse prevalentemente generale, relative a categorie o gruppi di persone. Il caso fortuito della Lettera a Filemone ci offre l'occasione per scandagliare territori inconsueti di tipo psicologico, ma non per questo meno proficui ai fini della ricerca. La prassi seguita da Paolo circa l'emancipazione di Onesimo — secondo quanto ci risulta dalla composizione della lettera — non è del tutto avulsa dalle consuetudini, quali fin dall'età augustea si erano andate affermando. Tra i vari sistemi escogitati era invalsa nell'uso l'affrancamento (*manumissio*) non ufficiale, come accordo privato, in base al quale il *dominus* faceva l'annuncio orale sulla pubblica via, cosicché lo schiavo dichiarato libero poteva citare testimoni a suo favore, nell'eventualità che il padrone, ritornando sulle proprie decisioni, mancasse alla parola data. In tal modo l'individuo continuava a essere considerato schiavo dal punto di vista legale di fronte alle istituzioni, ma — senza pagare alcuna tassa allo Stato — di fatto era libero. Successivamente con la *lex Iunia*[109] fu riconosciuto questo status di semilibertà — anche per quanto concerneva i diritti della discendenza — in materia giuridica ed economica. Essa rimase in vigore per molto tempo e fu abolita nel VI secolo dall'imperatore Giustiniano[110]. Per quanto si riferisce alle analogie della *manumissio* considerata dal punto di vista simbolico reperibili nella Lettera a Filemone, se volgiamo uno sguardo panoramico ai personaggi per così dire secondari (cfr. vv. 1-3.23-25) che figurano sia al fianco di Paolo sia dalla parte di Filemone, non crediamo si tratti di semplici elementi d'ausilio o di mediazione portati da Paolo a scopo persuasivo. La loro chiamata in causa potrebbe signifi-

---

[109] Di questo provvedimento non conosciamo né l'epoca, né l'Autore. È stata avanzata l'ipotesi che esso rientri nel quadro delle iniziative intraprese dal programma di politica sociale di Augusto. Vedi *Storia del mondo antico*, Garzanti, VIII, 239-243.

[110] Giustiniano, imperatore romano d'Oriente salì al trono nel 527 e lo tenne fino al 565, anno della sua morte.

care ciò che nel caso della *manumissio* non ufficiale era la funzione di chi, trovandosi casualmente o volutamente sulla pubblica via fosse stato testimone o semplice spettatore di un annuncio del genere. Riteniamo che Paolo, chiamando a raccolta gli amici a lui vicini e quelli vicini a Filemone, abbia voluto realizzare una *manumissio* sui generis: la *manumissio* a distanza, la "*telemanumissio*" in virtù di un modo di concepire i rapporti umani alla luce dello Spirito di Cristo, modo che esula dalla dimensione consueta, soggetta alle leggi del mondo. "Poiché la legge dello Spirito che dà vita in Cristo Gesù ti ha liberato dalla legge del peccato e della morte" (Rm 8,2). L'Apostolo delle genti termina la sua arringa mostrandosi fiducioso in un atto di buona volontà da parte di Filemone (cfr. v. 21a) e aggiunge "sapendo che farai anche di più di quello che ti chiedo" (v. 21b)[111]. Che cosa intendeva dire? Che Filemone in un empito di generosità si sarebbe deciso a liberare altri schiavi? Oppure che avrebbe provveduto a regolarizzare anche ufficialmente la posizione giuridica di Onesimo? Anche che si sarebbe impegnato a perfezionare l'atto di emancipazione promuovendo l'eventuale *contubernium* di Onesimo a vero e proprio *matrimonium*, così da regolarizzare in senso spirituale cristiano la posizione della moglie e dei figli che fossero già nati, o che sarebbero potuto nascere? Non è dato sapere, ma indubbiamente la Lettera termina con parole di speranza e di fiducia. In sostanza la Lettera a Filemone ci ricorda che la fede cristiana diventa sia occasione di "amore" (vv. 5.7.9) sia causa di "grande gioia e consolazione" (v. 7) nel felice esito della storia di ogni essere umano che, generato di nuovo (cfr. v. 10), diviene figlio e erede di Dio.

---

[111] "… the 'good deed' that should be 'voluntary and not something forced' is manumission and/or granting Paul domestic authority over Onesimus. 'Perhaps for this reason [Onesimus] was separated [or, 'went away'] from you for a while, so that you might have him back forever, no longer as a slave but more than a slave, a beloved brother—especially to me but how much more to you, both in the flesh and in the Lord ' (Phlm 16). The phrases 'more than a slave' and a brother 'in the flesh and in the Lord' may imply that Paul hopes to secure the manumission of Onesimus, a possibility that Paul's ending the letter with a note of confidence supports somewhat: 'knowing that you will do even more than I say' (Phlm 21). Paul first denies the validity of Onesimus's prior slave relationship with Philemon ('no longer a slave') and then substitutes a fraternal bond in its place ('a beloved brother'). Paul wants Philemon to accept Onesimus in accordance with the apostle's terms, making the slaveholder acknowledge Paul's mastery over Philemon's domestic affairs. By calling himself a 'father' of Onesimus, Paul asserts rhetorical authority over Philemon's legal right to determine the future of his slave Onesimus" (J.A. HARRILL, *Slaves in the New Testament*, 14).

Lettera a Filemone

Invito all'approfondimento

PLAUTO, *Le tre dracme*, atto secondo, scena quarta[112]

In sintonia con lo stile giocoso e vivace adoperato da Paolo nella nostra epistola concludiamo questo capitolo in chiave di divertissement. *Le tre dracme*, nota commedia plautina coniuga in modo piacevole e spiritoso i temi dell'amicizia, della solidarietà e del denaro, argomenti sviluppati anche dall'Apostolo dei gentili nella Lettera a Filemone. In questa scena comica Plauto riduce i personaggi Lesbonìco, Stàsimo e Filtone[113] a figure stereotipate: il giovane prodigo e imprudente viene preso in giro dal suo schiavo furbo e astuto in presenza del padre dell'amico. La trama della pièce verte sull'argomento della dote della sorella di Lesbonìco (la vendita del suo campo servirebbe per ciò) ed esalta i valori civili e sociali della vecchia Roma. Ma che contrasto dopo la nostra considerazione del nuovo rapporto di fiducia, di carità e di fratellanza fra Paolo ("prigioniero di Cristo Gesù", vv. 1a.9b), il padrone Filemone ("nostro caro collaboratore", v. 1b) e il suo schiavo Onesimo ("non più però come schiavo, ma molto di più che schiavo, come un fratello carissimo", v. 16)! Nel Signore Gesù tutte le vicende di questo mondo si aprono a nuovi orizzonti: i credenti ormai vivono solo "per Cristo" (v. 6), unico e sommo bene.

LESBONICUS, STASIMUS, PHILTO	LESBONÌCO, STÀSIMO, FILTONE
ADULESCENS, SERVUS, SENEX	GIOVANE, SCHIAVO, VECCHIO

LESBONICUS
Minus quindecim dies sunt, quom pro hisce aedibus
Minas quadraginta accepisti a Callicle.
Estne hoc quo dico, Stasime?

STASIMUS
                Quom considero,
405 Meminisse videor fieri.

LESBONÌCO (*senza scorgere Filtone*)
Non son nemmeno quindici giorni che per questa casa hai ricevuto quaranta mine da Callicle. È così come dico, Stasimo?

STÀSIMO
A pensarci bene, mi par di ricordare che è così.

---

[112] Vedi PLAUTO, *Le tre dracme*, prefazione di C. QUESTA, introduzione di G. PETRONE, traduzione di M. SCÀNDOLA, testo latino a fronte, BUR classici greci e latini, Milano 1992, 2000³, 138-155.

[113] I tre protagonisti di questa scena: Lesbonìco (figlio di Càrmide e amico di Lisìtele), Stàsimo (schiavo di Lesbonìco), Filtone (padre di Lisìtele).

Il cuore di Paolo è il cuore di Cristo

LESBONICUS
Quid factumst eo?

STASIMUS
Comessum, expotum, exu(nc)tum, elotum in
balineis; Piscator, pistor apstulit, lanii, coqui,
Holitores, myropolae, aucupes: confit cito;
Non hercle minus divorse distrahitur cito,
410 Quam si tu obicias formicis papaverem.

LESBONICUS
Minus hercle in istis rebus sumptumst sex minis.

STASIMUS
Quid, quod dedisti scortis?

LESBONICUS
       Ibidem una traho.

STASIMUS
Quid, quod ego defrudavi?

LESBONICUS
      Em, istaec ratio maxumast.

STASIMUS
Non tibi illud apparere, si sumas, potest,
415 Nisi tu inmortale rere esse argentum tibi.

PHILTO
Sero atque stulte, prius quod cautum oportuit,
Postquam comedit rem, post rationem putat.

LESBONICUS
Nequaquam argenti ratio conparet tamen.

STASIMUS
Ratio quidem hercle apparet; argentum οἴχεται.
420 Minas quadraginta accepisti a Callicle,
Et ille aedis mancipio aps te accepit?

LESBONICUS
       Admodum.

PHILTO
Pol, opino, adfinis noster aedis vendidit.
Pater quom peregre veniet, in portast locus,

LESBONICO
Che ne è stato di quel denaro?

STÀSIMO
Mangiato, bevuto, volatilizzato in profumi, ripulito nei bagni. Se lo son preso il pescatore e il mugnaio, i beccai, i cuochi, gli erbivendoli, i profumieri, gli uccellatori; s'esaurisce alla svelta. Per Ercole! piglia tu che piglio io, sparisce più alla svelta che se gettassi del papavero alle formiche.

LESBONÌCO
Per Ercole! si saran spese per questa roba meno di sei mine!

STÀSIMO
E quello che hai dato alle sgualdrine?

LESBONÌCO
Lo metto nello stesso conto.

STÀSIMO
E ... quello che ho arraffato io?

LESBONÌCO
Ecco, questa è la perdita più grossa.

STÀSIMO
Non può saltar fuori quel denaro, se lo spendi; a meno che tu non creda che sia inesauribile.

FILTONE (*a parte*)
Troppi tardi e da sciocco! prima avrebbe dovuto prendere queste precauzioni; dopo aver divorato le sue sostanze, si mette a fare i conti!

LESBONÌCO
Malgrado ciò, i conti non tornano affatto.

STÀSIMO
Ma sì che tornano, per Ercole! il denaro s'è squagliato. Tu hai ricevuto quaranta mine da Callicle, e lui ha acquistato da te i diritti sulla casa?

LESBONÌCO
Precisamente.

FILTONE (*a parte*)
Per Polluce! il nostro futuro parente, suppongo, s'è venduta la casa. Quando suo padre tornerà dall'estero,

Lettera a Filemone

Nisi forte in ventrem filio conrepserit.

425 STASIMUS
Tarpezitae mille drachumarum Olympico,
Quas de ratione dehibuisti, redditae.

427a LESBONICUS
Nempe quas spopondi.
STASIMUS
                Immo «quas dependi» inquito,
427b Quas sponsione pronuper tu exactus es,
Pro illo adulescente quem tu esse aibas divitem.

LESBONICUS
Factum.
STASIMUS
                Ut quidem illud perierit.
LESBONICUS
                Factum id quoque est.
430 Nam nunc eum vidi miserum et me eiius
                miseritumst.

STASIMUS
Miseret te aliorum, tui nec miseret nec pudet.

PHILTO
Tempust adeundi.
LESBONICUS
                Estne hic Philto qui advenit?
Is herclest ipsus.
STASIMUS
                Edepol ne ego istum velim
Meum fieri servum cum suo peculio.
435 (PHILTO)
Erum atque servom plurumum Philto iubet
Salvere, Lesbonicum et Stasimum.
LESBONICUS
                Di duint
Tibi, Philto, quaequomque optes! Quid agit filius?

ci sarà un posto per lui alla porta della città, a meno che non voglia rifugiarsi nel ventre del suo figlio.

STÀSIMO
Al banchiere Olimpico sono state pagate quelle mille dracme di cui, in base al conto, gli eri debitore
…

LESBONÌCO
Vuoi dire quelle per le quali mi sono impegnato?
STÀSIMO
Di' Piuttosto "quelle che *ho* impegnato"! Quelle che recentemente, in base al tuo impegno, sei stato costretto a versare per quel giovane che pretendevi fosse tanto ricco.

LESBONÌCO
È vero …
STÀSIMO
Sì, che quel denaro è perduto!
LESBONÌCO
È vero anche questo. Il fatto è che l'ho visto in condizioni pietose e no ho avuto pietà.

STÀSIMO
Tu hai pietà degli altri; ma di te non hai né pietà né vergogna.

FILTONE (*a parte*)
È tempo d'abbordarlo.
LESBONÌCO (*a Stasimo*)
Non è Filtone quelle che sta venendo qua? Sì, per Ercole! è lui.
STÀSIMO
Per Polluce! vorrei proprio che costui diventasse mio schiavo, col suo peculio!
FILTONE
Al padrone e allo schiavo, a Lesbonico e a Satsimo, Filtone porge un cordialissimo saluto.
LESBONÌCO
Gli dèi esaudiscano tutti i tuoi desideri, Filtone! Che fa tuo figlio?

345

PHILTO
Bene vult tibi:
LESBONICUS
                    Edepol mutuum mecum facit.
STASIMUS
Nequam illud verbumst «bene volt», nisi qui bene facit.
440 Ego quoque volo esse liber, nequiquam volo.
Hic postulet frugi esse, nugas postulet.

PHILTO
Meus gnatus me ad te misit, inter te atque nos
Adfinitatem ut conciliarem et gratiam.
Tuam volt sororem ducere uxorem; et mihi
445 Sententia eademst et volo.
LESBONICUS
                    Hau nosco tuom;
Bonis tuis rebus meas res inrides malas.
PHILTO
Homo ego sum, homo tu es. Ita me amabit Iuppiter,
Neque te derisum veni neque dignum puto.
Verum hoc quod dixi: meus me oravit filius,
450 Ut tuam sororem poscerem uxorem sibi.
LESBONICUS
Mearum me rerum novisse aequomst ordinem.
Cum vestra nostra non est aequa factio.
Adfinitatem vobis aliam quaerite.
STASIMUS
Satin tu's sanus mentis aut animi tui,
455 Qui condicionem hanc repudies? Nam illum tibi
Ferentarium esse amicum inventum intellego.
LESBONICUS
Abin hinc dierecte?
STASIMUS
                    Si hercle ire occipiam, votes.

FILTONE
Ti vuol bene.
LESBONÌCO
Per Polluce! ne è contraccambiato da me.
STÀSIMO
"Vuol bene" è un'espressione priva di senso, se il bene non lo si fa. Anch'io voglio essere libero, ma è inutile che lo voglia. E lui (*indica Lesbonico*), se pretendesse d'essere una persona per bene, pretenderebbe l'impossibile.

FILTONE (*a Lesbonico*)
Mio figlio mi ha mandato da te, perché i stabilissi tra te e noi dei vincoli di parentela e d'amicizia. Vuole prendere in moglie tua sorella; io sono d'accordo con lui e acconsento.
LESBONÌCO
Non ti riconosco; nella tua buona sorte, ti prendi giuoco della mia cattiva sorte!
FILTONE
Uomo son io, e uomo sei tu. Che Giove mi protegga, com'è vero che non son venuto a farmi giuoco di te! Né tu te lo meriti. È vero quel che ho detto: mio figlio mi ha pregato di chiederti la mano di tua sorella.
LESBONÌCO
È giusto ch'io riconosca la mia situazione: il nostro grado sociale non è all'altezza del vostro. Cercatevi un altro parentado.
STÀSIMO
Sei ben sano di spirito e di mente, che rifiuti un simile partito? Perché nel tuo amico m'accorgo che hai trovato un aiuto prezioso.

LESBONÌCO
Vuoi andartene sulla forca?
STÀSIMO
Per Ercole! se facessi l'atto d'andarci, me l'impediresti.

Lettera a Filemone

LESBONICUS
Nisi quid me aliud vis, Philto, respondi tibi.

PHILTO
Benigniorem, Lesbonice, te mihi
460 Quam nunc experior esse confido fore;
Nam et stulte facere et stulte fabularier,
Utrumque, Lesbonice, in aetate hau bonumst.
STASIMUS
Verum hercle hic dicit.
LESBONICUS
      Oculum ego ecfodiam tibi,
Si verbum addideris,
STASIMUS
      Hercle qui dicam tamen;
465 Nam si sic non licebit, luscus dixero.
(PHILTO)
Ita tu nunc dicis non esse aequiperabilis
Vostras cum nostris factiones atque opes?
LESBONICUS
Dico.
PHILTO
Qui nunc? si in aedem ad cenam veneris
Atque ibi opulentus tibi par forte obvenerit —
470 Adposita cena sit popularem quam vocant —
Si illi congestae sint epulae a cluentibus,
Siquid tibi placeat quod illi congestum siet,
Edisne an incenatus cum opulento accubes?

LESBONICUS
Edim, nisi si ille votet.
STASIMUS
      At pol ego, etsi votet,
475 Edim atque ambabus malis expletis vorem
Et quod illi placeat, praeripiam potissumum;
Neque illi concedam quicquam de vita mea.

LESBONÌCO
Se non vuoi altro da me, Filtone, io t'ho dato la mia risposta.

FILTONE
Spero che un giorno, Lesbonico, sarai con me più affabile di quanto non ti trovi adesso; perché agire da sciocchi e parlare da sciocchi non va niente bene nella vita, Lesbonico.
STÀSIMO
È vero ciò ch'egli dice, per Ercole!
LESBONÌCO
Ti caverò un occhio, se aggiungerai una sola parola.
STÀSIMO
E io — per Ercole — parlerò lo stesso. Se non potrò farlo così come sono, anche orbo parlerò!
FILTONE (*a Lesbonico*)
Così dunque tu dici che il vostro grado, i vostri mezzi non sono paragonabili coi nostri?
LESBONÌCO
Sì.
FILTONE
Ebbene, supponi di andare a un banchetto nel tempio, e che per caso ti sia toccato come vicino di tavola un riccone — è stato imbandito uno di quei banchetti che chiamano popolari; — se davanti al tuo vicino si fossero ammucchiate le vivande offerte dai suoi clienti, e a te venisse voglia d'una di quelle vivande che sono state ammucchiate per lui, mangeresti o rimarresti sdraiato a pancia vuota col riccone?

LESBONÌCO
Mangerei, purché quello non me l'impedisse.
STÀSIMO
Io invece — per Polluce! — anche se me l'impedisse, mangerei, sbaferei riempiendomi tutt'e due le ganasce, e i suoi piatti preferiti glieli soffierei prima degli altri: a lui non lascerei niente di quelle che mi

347

Verecundari neminem apud mensam decet,
Nam ibi de divinis atque humanis cernitur.
   480 Philto
Rem fabulare.
   Stasimus
                    Non tibi dicam dolo:
Decedam ego illi de via, de semita,
De honore populi; verum quod ad ventrem attinet,
Non hercle hoc longe, nisi me pugnis vicerit.
Cena hac annonast sine sacris hereditas.

   485 (Philto)
Semper tu hoc facito, Lesbonice, cogites,
Id optumum esse tute uti sis optumus;
Si id nequeas, saltern ut optumis sis proxumus.
Nunc condicionem hanc, quam ego fero et quam
                                   aps te peto,
Dare atque accipere, Lesbonice, te volo.
490 Di divites sunt, deos decent opulentiae
Et factiones; verum nos homunculi
Satillum animai qui quom exemplo emisimus,
Aequo mendicus atque ille opulentissumus
Censetur censu ad Accheruntem mortuus.
   495 (Stasimus)
Mirum quin tu illo tecum divitias feras.
Ubi mortuus sis, ita sis ut nomen cluet.

   (Philto)
Nunc ut scias hic factiones atque opes
Non esse neque nos tuam neglegere gratiam,
Sine dote posco tuam sororem filio.
   500 Quae res bene vortat. Habeon pactam? quid
                                       taces?
   Stasimus
Pro di inmortales, condicionem quoius modi!
   Philto
Quin fabulare «di bene vorta(n)t; spondeo»?

fa campare. Non si deve aver riguardo per nessuno, a tavola: là si combatte per la vita e per la morte!
Filtone
Ben detto!
Stàsimo
Ti parlerò sinceramente: gli cederò il passo sulla carreggiata, sul marciapiede, nelle cariche pubbliche; ma di quel che tocca alla mia pancia, non gli cederò tanto così, per Ercole! a meno che non abbia ragione di me a forza di pugni. Un pranzo, coi prezzi che corrono, è come un'eredità esente da sacri gravami.
Filtone
Cerca di tener sempre presente, Lesbonico, che la cosa migliore per te è d'essere tra gli ottimati, o se non ti è possibile, di avvicinarti almeno agli ottimati più che puoi. Ora quest'accordo ch'io ti propongo e che sollecito da te, desidero che lo concluda e che lo accetti, Lesbonico. I veri ricchi sono gli dèi, agli dèi si convengono dovizie e onori; ma noi, miseri omuncoli, non appena abbiamo fatto uscire quel briciolino di fiato che ci anima, una volta morti, pitocchi e ricchi sfondati, siamo iscritti nello stesso registro giù all'Acheronte.
Stàsimo
Che strano che tu non possa portarti là le tue ricchezze! Una volta morto, sii morto nel vero senso della parola!
Filtone (a Lesbonico)
Ora, perché tu sappia che qui non si fa questione di rango e di ricchezza, e che noi non teniamo in scarso conto la tua amicizia, ti chiedo per mio figlio la mano di tua sorella, senza dote. Sia questa un'unione felice! Ho la tua parola? Perché taci?
Stàsimo
Per gli dèi immortali! un partito simile!
Filtone (c. s.)
Su, di': "Gli dèi rendano quest'unione felice! M'impegno".

Lettera a Filemone

STASIMUS
Eheu, ubi usus nil erat dicto «spondeo»
Dicebat. Nunc hic, quom opus est, non quit
dicere.
505 LESBONICUS
Quom adfinitate vestra me arbitramini
Dignum, habeo vobis, Philto, magnam gratiam.
Sed si haec res graviter cecidit stultitia mea,
Philto, est ager sub urbe hic nobis; eum dabo
Dotem sorori, nam is de stultitiis meis
510 Solus superfit praeter vitam relicuus.

PHILTO
Profecto dotem nil moror.
LESBONICUS
                    Certumst dare.
STASIMUS
Nostramne, ere, vis nutricem, quae nos educat,
Abalienare a nobis? Cave sis feceris.
Quid edemus nosmet postea?

LESBONICUS
                    Etiam tu taces?
515 Tibi ego rationem reddam?
STASIMUS
                    Plane peri(i)mus,
Nisi quid ego conminiscor. Philto, te volo.
PHILTO
Siquid vis, Stasime.
STASIMUS
                    Huc concede aliquantum.
PHILTO
                    Licet.
(STASIMUS)
Arcano tibi ego hoc dico, ne ille ex te sciat
Neve alius quisquam.
PHILTO
                    Crede audacter quidlubet.

STÀSIMO
Ah! quando non avrebbe dovuto dire "m'impegno", lo diceva, adesso che dovrebbe dirlo, non ne è capace!
LESBONÌCO
Vi sono oltremodo grato, Filtone, d'avermi ritenuto degno d'imparentarmi con voi. Ma se il mio patrimonio è andato a rotoli per la mia insensataggine, Filtone, ci rimane una terra nei pressi della città; la darò in dote a mia sorella: perché, per colpa del mio insensato modo d'agire, è l'unica cosa che mi rimanga, oltre alla vita.

FILTONE
Alla dote non ci tengo affatto, te l'assicuro.
LESBONÌCO
Ho deciso di darla.
STÀSIMO
E così, padrone, vuoi che ci priviamo della nostra nutrice, di colei che ci tiene in vita. Guàrdati dal fare una cosa simile, ti prego. Che mangeremo noi, dopo?

LESBONÌCO
Vuoi dunque tacere? Devo render conto a te delle mie azioni?
STÀSIMO (*tra sé*)
Siamo perduti del tutto, se non escogito qualcosa! (*Forte*) Filtone, vorrei parlarti.
FILTONE
Sono a tua disposizione, Stasimo.
STÀSIMO
Fàtti un po' in qua.
FILTONE
Bene. (*Si tira in disparte con Stasimo.*)
STÀSIMO
Questa è una cosa ch'io ti dico in segreto: né lui né alcun altro devono saperne nulla da te.
FILTONE
Confidami senza timore tutto quel che vuoi.

349

520 (STASIMUS)
Per deos atque homines dico, ne tu illunc agrum
Tuom siris umquam fieri neque gnati tui.
Ei rei argumenta dicam.
   PHILTO
              Audire edepol lubet.
   STASIMUS
Primum omnium olim terra cum proscinditur,
In quincto quoque sulco moriuntur boves.
525 PHILTO
Apage.
   STASIMUS
              Accheruntis ostium in nostrost agro.
Tum vinum prius quam coctumst pendet putidum.

(LESBONICUS)
Consuadet homini, credo. Etsi scelestus est,
At mi infidelis non est.
   STASIMUS
              Audi cetera.
Postid, frumenti quom alibi messis maximast,
530 Tribus tantis illic minus redit quam obseveris.
   PHILTO
Em istic oportet opseri mores malos,
Si in opserendo possint interfieri.
   (STASIMUS)
Neque umquam quisquamst quoius ille ager fuit,
Quin pessume ei res vorterit. Quoium fuit
535 Alii exulatum abierunt, alii emortui,
Alii se suspendere. Em nunc, hic quoius est
Ut ad incitas redactust!

   PHILTO
              Apage a me istum agrum.
   STASIMUS
Magis «apage» dicas, si omnia ex me audiveris.
Nam fulguritae sunt alternae l arbores;
540 Sues moriuntur angina (m)accerrumae;

STÀSIMO
Te lo dico in nome degli dèi e degli uomini: non permettere che quel campo divenga mai tuo né di tuo figlio. Te ne esporrò i motivi.
   FILTONE
Ho voglia di sentirli, per Polluce!
   STÀSIMO
Innanzi tutto, allorché si ara la terra, ogni cinque solchi i buoi muoiono.
   FILTONE
Alla larga!
   STÀSIMO
C'è l'imboccatura dell'Acheronte nel nostro campo! Inoltre l'uva, prima che sia matura, pende infradicita.
   LESBONÌCO (*a parte*)
Tenta di convincerlo, credo. Benché sia un furfante, tuttavia mi è devoto.

   STÀSIMO (*a Filtone*)
Senti il resto. Dopo, quando dalle altre parti il raccolto del grano è copiosissimo, là se ne ricava tre volte meno di quanto se n'è seminato.
   FILTONE
Ecco! vi si dovrebbero seminare i cattivi costumi: chissà che a seminarli là non si possa distruggerli!
   STÀSIMO
Non c'è mai stato nessuno, tra i proprietari di quel campo, che non ci abbia fatto dei pessimi affari. Di quelli ai quali è appartenuto, alcuni sono andati in esilio, altri sono morti, altri si sono impiccati. To', guarda il suo attuale proprietario, come è stato messo alle strette!
   FILTONE
Alla larga da codesto campo!
   STÀSIMO
Avresti maggior ragione ancora di dire *alla larga*, se sapessi tutto da me. Un albero sì e uno no son colpiti dalla folgore; le scrofe muoiono d'angina, magre

Lettera a Filemone

Oves scabrae sunt, tarn glabrae, em, quam haec est
                                                    manus,
Tum autem Surorum, genus quod patientissumumst
Hominum, nemo exstat qui ibi sex menses vixerit;
Ita cuncti solstitiali morbo decidunt.
  545 PHILTO
Credo ego istuc, Stasime, ita esse; sed Campans
                                                    genus
Multo Surorum iam antidit patientia.
Sed istest ager profecto, ut te audivi loqui,
Malos in quem omnis publice mitti decet.
Sicut fortunatorum memorant insulas,
550 Quo cuncti qui aetatem egerint caste suam
Conveniant; contra istoc detrudi maleficos
Aequom videtur, qui quidem istius sit modi.
  STASIMUS
Hospitium est calamitatis; quid verbis opust?
Quamvis malam rem quaeras, illic reperias.
  555 PHILTO
At tu hercle et illi et alibi.
  STASIMUS
                            Cave sis dixeris
Me tibi dixisse hoc.
  PHILTO
                            Dixisti arcano satis.
  STASIMUS
Quin hicquidem cupit illum ab se abalienarier,
Siquem reperire possit, cui os sublinat.
  PHILTO
Meus quidem hercle numquam fiet.
  STASIMUS
                            Si sapies quidem.
560 Lepide hercle de agro ego hunc senem deterrui;
Nam qui vivamus nil est, si illum amiserit.

  (PHILTO)
Redeo ad te, Lesbonice.

come stecchi; le pecore sono scabbiose, tanto pelate ... to', quanto lo è questa mano. Per di più tra i Siri, che è la razza più resistente che ci sia al mondo, non ce n'è uno che là sia riuscito a campare sei mesi; sì, crepano tutti quanti d'insolazione!
  FILTONE
Ti credo, Stasimo; però la razza campana, adesso, batte di molto quella siriana, quanto a resistenza. Ma codesto, per quel che ho sentito, da te, è proprio il campo dove bisognerebbe relegare in nome dello stato tutti i delinquenti. Come si parla delle isole dei beati, dove tutti coloro che sono vissuti onestamente si riunirebbero un giorno, in quel vostro campo, viceversa, bisognerebbe ficcarci tutti i malfattori, sempreché sia tal quale tu lo descrivi.
  STÀSIMO
È l'albergo della sventura. Per farla breve, qualunque disgrazia tu cerchi puoi trovarla là.
  FILTONE
Tu invece — per Ercole! — puoi trovarla là e altrove.
  STÀSIMO
Bada, ti prego, di non dirgli che te n'ho parlato.
  FILTONE
Tu hai parlato a uno che sa tener bene un segreto.
  STÀSIMO
Insomma, non vede l'ora di sbarazzarsene, se gli riesce di trovare uno da menare per il naso.
  FILTONE
Mio non lo sarà mai di certo, per Ercole!
  STÀSIMO
Sì, se avrai un briciolo di cervello. (*Tra sé*) Per Ercole! gli ho fatto bellamente perder la voglia di avere quel campo, al nostro vecchio; perché non ci resta niente per tirare avanti, se il padrone perde anche quello.
  FILTONE
Torna a te, Lesbonico.

351

LESBONICUS
                    Dic sodes mihi,
Quid hic est locutus tecum?
    PHILTO
                    Quid censes? homost;
Vult fieri liber, verum quod det non habet.
565 LESBONICUS
Et ego esse locuples, verum nequiquam volo.

    STASIMUS
Licitumst, si velles; nunc, quom nil est, non licet.

    LESBONICUS
Quid tecum, Stasime?
    STASIMUS
                    De istoc quod dixti modo;
Si ante voluisses, esses; nunc sero cupis.
    PHILTO
De dote mecum convenire nil potes(t);
570 Quid tibi lubet, tute agito cum nato meo.
Nunc tuam sororem filio posco meo;
            Quae res bene vortat! Quid nunc? Etiam
                                    consu(l)is?
    LESBONICUS
Quid istic? quando ita vis, di bene vortant!
                                    Spondeo.
    (STASIMUS)
Numquam edepol quoiquam (tam) expectatus
                                    filius
575 Natus quam illuc est «spondeo» natum mihi.
Di fortunabunt vostra consilia.
    PHILTO
                    Ita volo.
    LESBONICUS
Sed, Stasime, abi huc ad meam sororem ad
                                    Calliclem;
Dic hoc negoti quo modo actumst.

LESBONICO
Dimmi, ti prego: di che ha parlato con te?

FILTONE
Di che vuoi che abbia parlato? È un uomo: vorrebbe essere liberato, ma non ha di che pagare.
LESBONICO
E io vorrei essere ricco, ma non mi serve a niente volerlo.
STÀSIMO (*tra sé*)
Sarebbe stato possibile, se tu avessi voluto. Ora che non ti resta niente, non è più possibile.
LESBONICO
Di che stai parlando fra di te, Stasimo?
STÀSIMO
Di quello che hai appena detto. Prima, se tu avessi voluto, ricco lo saresti stato. Troppo tardi lo desideri.
FILTONE
Per la dote, non c'è alcuna possibilità che tu t'intenda con me; ne discuterai a tuo piacere con mio figlio. Per il momento ti chiedo per lui la mano di tua sorella. Sia un'unione felice! Ebbene? rifletti ancora?

LESBONICO
Che vuoi che ti dica? Poiché lo desideri, gli dèi rendano quest'unione felice! M'impegno.

STÀSIMO
Per Polluce! mai nessuno ha atteso tanto la nascita di un figlio, quanto io la nascita di questo *m'impegno*. Gli dèi seconderanno i vostri progetti.

FILTONE
È quanto desidero.
LESBONICO
Ma, Stasimo, va' qua da mia sorella, in casa di Callicle; dille come sono andate le trattative.

Lettera a Filemone

STASIMUS	STÀSIMO
Ibitur.	Si andrà.
LESBONICUS	LESBONICO
Et gratulator meae sorori.	E fàlle le congratulazioni, a mia sorella.
STASIMUS	STÀSIMO
Scilicet.	S'intende.
580 PHILTO	FILTONE
I hac, Lesbonice, mecum, ut coram nuptiis	Vieni con me, Lesbonico, per fissare con Lisitele il
Dies constituatur; eadem haec confirmabimus	giorno delle nozze. Nello stesso tempo sistemeremo l'altra questione.
(LESBONICUS)	LESBONICO (a Stasimo)
Tu istuc cura quod iussi; ego iam hic ero.	Tu òccupati di quel che t'ho detto; io verrò subito.
(STASIMUS)	STÀSIMO
I modo.)	Va' adesso.
(LESBONICUS)	LESBONICO
Dic Callicli me ut conveniat.	Di' a Callicle di venirmi a trovare ...
STASIMUS	STÀSIMO
Quin tu i modo.	Sì, ma va' adesso!
(LESBONICUS)	LESBONICO
De dote ut videat quid (o)pus sit facto.	Ch'egli veda cosa bisogna fare per la dote ...
STASIMUS	STÀSIMO
I modo.	Va adesso!
585 (LESBONICUS)	LESBONICO
Nam certumst sine dote ha(u)d dare.	Perché sono deciso a non maritarla senza dote ...
STASIMUS	STÀSIMO
Quin tu i modo.	Sì, ma va' adesso!
LESBONICUS	LESBONICO
Neque enim illi damno umquam esse patiar...	E non sopporterei mai ch'essa dovesse essere danneggiata ...
STASIMUS	STÀSIMO
Abi modo.	Va via adesso!
(LESBONICUS)	LESBONICO
Meam neglegentiam.	... per cola della mia incuria.
STASIMUS	STÀSIMO
I modo.	Va' adesso!
(LESBONICUS	LESBONICO
Nullo modo)	
Aequom videtur quin quod peccarim...	Non mi pare affatto giusto che delle mie colpe ...

Il cuore di Paolo è il cuore di Cristo

STASIMUS
I modo.
LESBONICUS
Potissimum mihi id opsit.
STASIMUS
                               I modo.
LESBONICUS
                             O pater,
Enumquam aspiciam te?
STASIMUS
                     I modo, i modo, i modo!
Tandem impetravi abiret. Di, vostram fidem!
Edepol re gesta pessume gestam probe,
Si quidem ager nobis salvus est; etsi admodum
In ambiguo est etiam nunc quid ea re fuat.
Sed [id] si alienatur, actumst de collo meo;
Gestandust peregre clupeus, galea, sarcina.
Effugiet ex urbe, ubi erunt factae nuptiae;
Ibit † istac aliquo in maximam malam crucem
Latrocinatum, aut in Asiam aut in Ciliciam.
   Ibo huc quo mini imperatumst, etsi odi hanc
                                    domum,
Postquam exturbavit hic nos [ex] nostris aedibus.

STÀSIMO
Va' adesso!
LESBONÌCO
… non sia io soprattutto a fare le spese.
STÀSIMO
Va' adesso!
LESBONÌCO
O padre mio, ti rivedrò mai io?
STÀSIMO
Va' adesso, va' adesso, va adesso! (*Lesbonico e Filtone entrano in casa*). Finalmente ho ottenuto che se ne andasse. Aiutatemi, o dèi! Per Polluce! tra tanti pessimi affari eccone uno fatto bene, se ci riesce di salvare il nostro campo. Quantunque, ancora adesso, non sia affatto sicuro come andrà a finire. Ma se lo si perde, è finita per la mia schiena! Mi toccherà andare all'estero a portare scudo, elmo e zaino. Egli lascerà la città, non appena celebrate le nozze; se ne andrà da qualche parte, alla gran malora, a fare il mercenario, in Asia o in Cilicia … Andrò qua dove m'è stato ordinato, quantunque questa casa mi sia odiosa, da quando quest'altro ci ha messi alla porta. (*Entra nella casa di Callicle.*)

ELENCO BIBLIOGRAFICO

ADAMS, S.A.
"Paul the Roman Citizen. Roman Citizenship in the Ancient World and its Importance for Understanding Acts 22:22-29", in S.E. PORTER, ed., *Paul: Jew, Greek and Roman*, PS 5, Leiden – Boston 2008, 309-326.
"Paul's Letter Opening and Greek Epistolography", in S.E. PORTER – S.A. ADAMS, ed., *Paul and the Ancient Letter Form*, PS 6, Leiden – Boston 2010, 33-55.

AGOSTINO D'IPPONA
Le confessioni, a cura di G. VIGINI, Cinisello Balsamo (MI) 2001.

ALBERTO HURTADO
Un fuoco che brucia altri fuochi,
http://padrealbertohurtado.cl/italiano/index.php?pp=legado&qq=publicaciones&rr=publ_01_43;
orig. español, *Un fuego que enciende otros fuegos*, Santiago del Chile 2004, 2005[7].
"Una visita de Dio in Cile" (breve biografia di Alberto Hurtado), http://padrealbertohurtado.cl/italiano/index.php?pp=san_alberto

ALETTI, J.-N.
Saint Paul Épître aux Colossiens. Introduction, traduction et commentaire, EB.NS 20, Paris 1993.
"Où en sont les études sur Saint Paul ? Enjeux et propositions", *RSR* 90/3 (2002) 329-351.
Saint Paul Épître aux Philippiens. Introduction, traduction et commentaire, EB.NS 55, Paris 2005.

ALETTI, J.-N. – GILBERT, M. – SKA, J.-L. – DE VULPILLIÈRES, S.
Vocabulaire raisonné de l'exégèse biblique. Les mots, les approches, les auteurs, Paris 2005 ; trad. italiana, *Lessico ragionato dell'esegesi biblica. Le parole, gli approcci, gli autori*, Brescia 2006; trad. española, *Vocabulario razonado de*

la exégesis bíblica. Los términos, las aproximaciones, los autores, IEB 15, Estella 2007.

ALEXANDER, L.C.A.
"Hellenistic Letter-Forms and the Structure of Philippians", *JSNT* 37 (1989) 87-101.
"Chronology of Paul", *DPL*, 115-123; trad. italiana, "Cronologia di Paolo", *DPL*, 408-421.

ANNAS, J.
"Cleanthes", *OCD*, 343.

"Atti di Paolo", in L. MORALDI, ed., *Apocrifi del Nuovo Testamento. II. Atti degli apostoli*, Casale Monferrato (AL) 1994, 163-210.

ARTZ-GRABNER, P.
"Paul's Letter Thanksgiving", in S.E. PORTER – S.A. ADAMS, ed., *Paul and the Ancient Letter Form*, PS 6, Leiden – Boston 2010, 129-158.

AUNE, D.E.
"Worship, Early Christian", *AncBD*, VI, 973-989.

AUSTEN, J.
Pride and Prejudice, 1813; PEL, London 1972; PC, London 1985.

BALZ, H.
"γάλα, ακτός τό", *DENT*, I, 612-613.

BARBAGLIO, G.
Le lettere di Paolo, I-III, Roma 1980.
Paolo di Tarso e le origini cristiane, Assisi 1985, 1989².
La Teologia di Paolo. Abbozzi in forma epistolare, BS 9, Bologna 1999.

BARBERI SQUAROTTI, G.
Dizionario di retorica e stilistica, TEA, Torino 1995.

Elenco bibliografico

BARCLAY, J.M.G.
Colossians and Philemon, London – New York 2004.

BARTHE, M. – BLANKE, H.
The Letter to Philemon, Grand Rapids 2000.

BARTHES, R.
L'ancienne rhétorique, Paris 1970; trad. italiana, *La retorica antica. Alle origini del linguaggio letterario e delle tecniche di comunicazione*, Milano 1994.

BAUCKHAM, R.J.
"Apocryphal Pauline Literature", *DPL*, 35-37; trad. italiana, "Letteratura paolina apocrifa", *DPL*, 946-951.

BAUR, F.C.
„Die Christuspartei in der Korinthischen Gemeinde", *TZT* [1831] 61-206.

BEARE, F.W.
The Epistle to the Philippians, BNTC, London 1959, 1973[3].

BENEDETTO XVI
XII Assemblea generale ordinaria del sinodo dei vescovi, *Meditazione del Santo Padre Benedetto XVI nel corso della prima congregazione generale*, Aula del sinodo, lunedì mattina, 6 ottobre 2008.
Paolo. I suoi collaboratori e le sue comunità, Benedetto XVI 15, Città del Vaticano 2009.
Saint Paul. General Audiences July 2, 2008 - February 4, 2009, San Francisco 2009.
San Giovanni Eudes e la formazione del clero. Udienza generale mercoledì, 19 agosto 2009.

BERGER, A. – LINTOTT, A.W.
"Prison", *OCD*, 1248.

BERNARDINO DA SIENA
"Discorso 49, sul glorioso nome di Gesù Cristo", cap. 2; *opera omnia*, 4, 505-506.

BETZ, H.D.
"The Literary Composition and Function of Paul's Letter to the Galatians", *NTS* 21 (1975) 353-387.
A Commentary on Paul's Letter to the Churches in Galatia, Philadelphia 1979.

BETZ, O.
"Nome, Imposizione del nome", *GEIB*, II, 454-457.

BIANCHINI, F.
L'elogio di sé in Cristo. L'utilizzo della περιαυτολογία nel contesto di Filippesi 3,1–4,1, AnBib 164, Roma 2006.
"Alla ricerca dell'identità dell'apostolo Paolo", *RivB* 57 (2009) 43-69.
Lettera ai Galati, NT – CES, Roma 2009.

BICKERMAN, E.
Der Gott der Makkabäer, Berlin 1937; English trans., *The God of the Maccabees. Studies in the Origin and Meaning of the Maccabean Revolt*, Leiden 1979.

BIEBERSTEIN, K.
"Jerusalem", *BNP*, VI, 1169-1178.

BIETENHARD, H.
"Angelo, messaggero", *GEIB*, I, 57.

BIGUZZI, G.
Paolo, comunicatore. Tra interculturalità e globalizzazione, FC 5, Milano 1999.

BIRLEY, A.R.
"Constitutio Antoniniana", *BNP*, III, 726.
"C. Messius Quintus Traianus Decius", *BNP*, IV, 153-154.

Elenco bibliografico

BITTASI, S.
Gli esempi necessari per discernere. Il significato argomentativo della struttura della lettera di Paolo ai Filippesi, AnBib 153, Roma 2003.

BLOEDHORN, H.
"Theatre", *BNP*, XIV, 378-399.

BOCCACCINI, G.
Il Medio Giudaismo. Per una storia del pensiero giudaico tra il terzo secolo a.e.v. e il secondo secolo e.v., Genova 1993.

BOCKMUEHL, M.
The Epistle to the Philippians, London 1998.

BONNARD, P.E.
L'Épître de Saint Paul aux Galates, CNT 9, Neuchâtel 1972.

BONORA, A.
"Cosmo", *NDTB*, 322-340.

BORSE, U.
Der Brief an die Galater. Übersetzt und erklärt, RNT, Regensburg 1984; trad. italiana, *La lettera ai Galati. Tradotta e commentata*, tr. S. Faini, NTC, Brescia 2000.

BOSETTI, E.
Prima lettera di Pietro. Introduzione e commento, D-L-P.LDP, Padova 2004.

BRADY, P.J.
The Process of Sanctification in the Christian Life. An Exegetical-Theological Study of 1 Thess 4,1-8 and Rom 6,15-23, TG.T 166, Roma 2008.

BRODEUR, S.
The Holy Spirit's Agency in the Resurrection of the Dead. An Exegetico-Theological Study of 1 Corinthians 15,44b-49 and Romans 8,9-13, TG.T 14, Roma 1996.

BROWN, R.E.
An Introduction to the New Testament, New York 1997; trad. française, *Que sait-on du Nouveau Testament?* Paris 2000 ; trad. italiana, *Introduzione al Nuovo Testamento*, Brescia 2001; trad. española, *Introducción al Nuevo Testamento*, Madrid 2002 ; trad. portuguesa, *Introdução ao Novo Testamento*, São Paulo 2004.

BRUCE, F.F.
The Epistle to the Galatians. A Commentary on the Greek Text, NIGTC, Grand Rapids 1982.

BURTON, E. de Witt
A Critical and Exegetical Commentary on the Epistle to the Galatians, New York 1920.

BUSCEMI, A.M.
"Libertà e huiothesia. Studio esegetico di Gal 4,1-7", *SBFLA* 30 (1980) 93-136.
Lettera ai Galati. Commentario esegetico, SBF 63, Jerusalem 2004.

BYRNE, B.
"The Letter to the Philippians", *NJBC*, § 48, 791-797; trad. italiana, "La Lettera ai Filippesi", *NGCB*, § 48, 1034-1042.

BYRNES, M.
Conformation to the Death of Christ. An Exegetico-Theological Study of 2 Corinthians 4,7-15 and Philippians 3,7-11, TG.T 99, Roma 2003.

CAIRD, G.B.
Paul's Letters from Prison. Ephesians, Philippians, Colossians, Philemon, in the Revised Standard Version. Introduction and Commentary, NClarB.NT Oxford 1976.

CASSIDY, R.J.
Paul in Chains. Roman Imprisonment and the Letters of St. Paul, New York 2001.

Elenco bibliografico

CERFAUX, L.
"L'hymne au Christ-Serviteur de Dieu (Phil 2,6-11 = Is 52,13/53,12)", *Recueil*, Gembloux 1954, II, 425-437.

CHRISTES, J.
"Education", *BNP*, IV, 815-825.

CHURCH, F.F.
"Rhetorical Structure and Design in Paul's Letter to Philemon", *HTR* 71 (1978) 17-33.

CIRILLO, L.
"L'antipaolinismo nelle Pseudoclementine", in R. PENNA, ed., *Antipaolinismo: reazioni a Paolo tra il I e il II secolo. Atti del II convegno nazionale di studi neotestamentari (Bressanone, 10-12 settembre 1987)*, RSB 1,2 (1989) 121-137.

CLEANTE
"Fr. 537. L'Inno a Zeus", in G. PADUANO, ed., *L'ellenismo da Alessandro Magno a Giustiniano. Antologia della letteratura greca*, Vol. e, 2320-2323.

COHN-SHERBOK, D.
"Pellegrinaggio, feste di", in ID., *Ebraismo*, ed. italiana a cura di E. LOEWENTHAL, Cinisello Balsamo (MI) 2000, 426-427; English orig., *The Blackwell Dictionary of Judaica*, Oxford 1992.

COLLANGE, J.-F.
L'épître de Saint Paul aux Philippiens, CNT 10a, Neuchâtel 1973.
L'épître de Saint Paul à Philémon, CNT 2/11c, Genève 1987.

COLLINS, J.J.
Between Athens and Jerusalem. Jewish Identity in the Hellenistic Diaspora, Grand Rapids 1985, 2000².

COLLINS, R.F.
"A Significant Decade: The Trajectory of the Hellenistic Epistolary

Thanksgiving", in S.E. PORTER – S.A. ADAMS, ed., *Paul and the Ancient Letter Form*, PS 6, Leiden – Boston 2010, 159-184.

CORLEY, B.
"Interpreting Paul's Conversion", in R.N. LONGENECKER, ed., *The Road from Damascus. The Impact of Paul's Conversion on his Life, Thought and Ministry*, Grand Rapids 1997, 1-17.

CORNEILLE, P.
Polyeucte, édition présentée, annotée e commentée per C. POISSON, Classiques Larousse, Paris 1991.

CORSANI, B.
Lettera ai Galati, CSEANT.NT 9, Genova 1990.

COUCHOUD, P.-L.
"Le Style rythmé dans l'épître de Saint Paul à Philémon", *RHR* 96 (1927) 129-146 ; 97 (1928) 189-191.

DEISSMANN, A.
Licht vom Osten. Das Neue Testament und die neuentdeckten Texte der hellenistisch-römischen Welt, Tübingen 1909, 1923[4]; English trans., *Light from the Ancient Near East. The New Testament Illustrated by Recently Discovered Texts of the Graeco-Roman World*, tr. L.R.M. Strachan, New York 1927.

DEWAILLY, L.-M. – RIGAUX, B.
Les épîtres de saint Paul aux Thessaloniciens, SBTF, Paris 1954, 1969[3].

DION, P.E.
"Aramaic Letters", *AncBD*, IV, 285-290.

DOMENICO DI GUZMÁN
«Storia dell'Ordine dei Predicatori», in *Libellus de Principiis O.P.; Acta canoniz. sancti Dominici*; Monumenta O.P. Mist. 16, Romae 1935.

DONALDSON, T.L.
"Introduction to the Pauline Corpus", *OBC*, 1062-1083.

DONFRIED, K.P.
"Chronology: the Apostolic and Pauline Period", in ID., ed., *Paul, Thessalonica, and Early Christianity*, Grand Rapids 2002, 99-117.
"The Theology of 1 Thessalonians," in ID. – I.H. MARSHALL, ed., *The Theology of the Shorter Pauline Letters*, NTT, Cambridge 1993, 1-79.

DOTY, W.D.
Letters in Primitive Christianity, NTS.GBS, Philadelphia 1973.

DUNN, J.D.G.
The Epistle to the Galatians, BNTC, London 1993.
The Theology of Paul the Apostle, Edinburgh 1998.
The Cambridge Companion to St Paul, CCR, Cambridge 2003.

ECK, W.
"L.I. Gallio Annaeanus", *BNP*, VI, 1101.

EDER, W.
"Prison sentence", *BNP*, XI, 875.

ELLIS, E.E.
"Coworkers, Paul and His", *DPL*, 183-189; trad. italiana, "Collaboratori, Paolo e i suoi", *DPL*, 256-266.
"Pastoral Letters", *DPL*, 658-666; trad. italiana, "Lettere Pastorali", *DPL*, 955-968.

ERRINGTON, R.M.
"Philippi", *BNP*, XI, 23.
"Thessalonica," *BNP*, XIV, 575-576.

EVERTS, J.M.
"Conversion and Call of Paul", *DPL*, 156-163; trad. italiana, "Conversione e chiamata di Paolo", *DPL*, 285-298.

FABRIS, R.
"Figura e ruolo di Giacomo nell'antipaolinismo", in R. PENNA, ed., *Antipaolinismo: reazioni a Paolo tra il I e il II secolo. Atti del II convegno nazionale di studi neotestamentari (Bressanone, 10-12 settembre 1987)*, RSB 1,2 (1989) 77-92.
Paolo. L'apostolo delle genti, DUS 6, Milano 1997; trad. española, *Pablo, el apóstol de las gentes*, Caminos 7, Madrid 1997.
Lettera ai Filippesi – Lettera a Filemone. Introduzione, versione, commento, SOCr 11, Bologna 2001.

FABRIS, R. – ROMANELLO, S.
Introduzione alla lettura di Paolo, Roma 2006.

FALLETTA, N.
Il libro dei paradossi, TEA DUE 1994.

FEE, G.D.
Paul's Letter to the Philippians, NICNT, Grand Rapids – Cambridge 1995.
Pauline Christology. An Exegetical-Theological Study, Peabody 2007.
The First and Second Letters to the Thessalonians, NICNT, Grand Rapids – Cambridge 2009.

FENDRICH, H.
"καταβαίνω", *DENT*, I, 1921-1924.

FEUILLET, A.
"L'hymne christologique de l'épître aux Philippiens", *RB* 72 (1975) 352-380.481-507.

FIRMAGE, E.
"Zoology (Animal Profiles)", *AncBD*, VI, 1119-1151.

FISCHER, K.M.
Das Urchristentum, Berlin 1985.

FITZMYER, J.A.
"κύριος", *DENT*, II, 129-138.
"Introduction to the New Testament Epistles", *NJBC*, § 45, 768-771; trad. italiana, "Introduzione alle epistole del Nuovo Testamento", *NGCB*, 1004-1008.
"Paul", *NJBC*, § 79, 1329-1337; trad. italiana, "Paolo", *NGCB*, § 79, 1747-1758.
"Pauline Theology", *NJBC*, § 82, 1382-1416; trad. italiana, "Teologia paolina", *NGCB*, § 82, 1817-1862.
The Acts of the Apostles. A New Translation with Introduction and Commentary, AncB 31, New York 1998.
The Letter to Philemon. A New Translation with Introduction and Commentary, AncB 34C, New York 2000.

FLOR SERRANO, G.
Diccionario de la ciencia bíblica, IEB 5, Estella (Navarra) 2000; trad. italiana, *Dizionario della scienza biblica*, Città del Vaticano 2002.

FOWL, S.E.
Philippians, THNTC, Grand Rapids – Cambridge 2005.

FRANCESCO D'ASSISI
Il Cantico di Frate Sole, testo stabilito da V. BRANCA, Firenze 1950.

FROMM, E.
To Have or To Be?, WP 50, New York 1976; trad. italiana, *Avere o essere?*, Milano 1977.

FUNG, R.Y.K.
The Epistle to the Galatians, NICNT, Grand Rapids 1988.

GAVENTA, B.R.
From Darkness to Light. Aspects of Conversion in the New Testament, OBT 20, Philadelphia 1986.

GETTY-SULLIVAN, M.A.
Philippians and Philemon, NTM 14, Wilmington 1980.

GIOVANNI CRISOSTOMO
Omelie 2. Panegirico di san Paolo, PG 50.
In Epistolam ad Romanos, TLG 155.60.680; PG 61.

GISLON, M. – PALAZZI, R.
"Anabasi", *DMAC*, 24.
"*cursus honōrum*", *DMAC*, 121-122.

GIUSEPPE FLAVIO (JOSEPHUS FLAVIUS)
Antichità giudaiche, a cura di L. MORALDI, I-II, UTET, Torino 1998.

GNILKA, J.
Paulus von Tarsus Apostel und Zeuge, HTKNT.S 6, Freiburg 1996; trad. italiana, *Paolo di Tarso. Apostolo e testimone*, CTNT 6, Brescia 1998; trad. española, *Pablo de Tarso. Apóstol y testigo*, BH, Barcelona 1998.

GORMAN, M.J.
Apostle of the Crucified Lord. A Theological Introduction to Paul and His Letters, Grand Rapids – Cambridge 2004.

GREEN, J.B.
"Crucifixion", *DPL*, 197-199; trad. italiana, "Crocifissione", *DPL*, 406-408.

GUTHRIE, D.
Galatians, NCBC, Grand Rapids 1984.

HAFEMANN, S.J.
"Corinthians, Letters to the", *DPL*, 164-179; trad. italiana, "Corinzi, lettere ai", *DPL*, 298-324.

HARRILL, J.A.
Slaves in the New Testament. Literary, Social, and Moral Dimensions, Minneapolis 2006.

Harrington, D.H.
Paul's Prison Letters. Spiritual Commentaries on Paul's Letters to Philemon, the Philippians, and the Colossians, SC, Hyde Park 1997.

Harrison, P.N.
"Onesimus and Philemon", *ATR* 32 (1950) 268-294.

Hawthorne, G.F.
"Philippians", *DPL*, 707-713; trad. italiana, "Filippesi", *DPL*, 632-642.

Hegermann, H.
"δόξα", *DENT*, I, 914-923.

Hengel, M.
Judentum und Hellenismus. Studien zu ihrer Begegnung unter besonderer Berücks, Tübingen 1973; English trans., *Judaism and Hellenism. Studies of their Encounter in Palestine during the Early Hellenistic Period*, I-II, Philadelphia 1974; trad. italiana, *Giudaismo ed ellenismo. Studi sul loro incontro, con particolare riguardo per la Palestina fino alla metà del II secolo a.C.*, BSSTB 14, Brescia 2001.
Crucifixion in the Ancient World and the Folly of the Message of the Cross, Philadelphia 1977; trad. italiana, *Crocifissione ed espiazione*, BCR 52, Brescia 1988.
'Der vorchristliche Paulus', in M. Hengel and U. Heckel, ed., *Paulus and das antike Judentum*, WUNT 58, Tübingen 1991, 177-291; English trans., *The Pre-Christian Paul*, London – Philadelphia 1991; trad. italiana, *Il Paolo precristiano*, Brescia 1992.

Heriban, J.
"Inno cristologico", in A. Sacchi – al., ed., *Lettere paoline e altre lettere*, L.CSB 6, Leumann (TO) 1996, 381-395.

Hild, F.
"Tarsus", *BNP*, XIV, 155-156.

Hock, R.F.
"The Problem of Paul's Social Class: Further Reflections", in S.E. Porter, ed., in *Paul's World*, PS 4, Leiden – Boston 2008, 7-18.

Höcker, C.
"Forum", *BNP*, V, 510-512.

Holmes, M.W.
"Clement of Rome", *DLNTD*, 233-238.

Hooker, M.D.
"Philippians 2:6-11", in E.E. Ellis – E. Grässer, ed., *Jesus und Paulus. Festschrift für Werner Georg Kümmel zum 70. Geburtstag*, Göttingen 1978, 158ss = *From Adam to Christ*, Cambridge 1991.
Paul. A Short Introduction, Oxford 2003.

Hughes, F.W.
"The Rhetoric of 1 Thessalonians," in R.F. Collins, ed., *The Thessalonian Correspondence*, BETL 87, Leuven 1990, 94-116.

Hurtado, L.W.
"Convert, Apostate or Apostle to the Nations. The 'Conversion' of Paul in Recent Scholarship", *SR* 22 (1993) 273-284.

Inwood, B.
"Cleanthes", *BNP*, III, 413-414.

Iovino, P.
La prima lettera ai Tessalonicesi. Introduzione, versione, commento, SOCr 13, Bologna 1992.

Jeremias, J.
"Abba", *TLZ* 79 (1954) 213-214.
Unbekannte Jesusworte, Gütersloh 1963.
"Zu Phil II,7", *NT* 6 (1963) 182-188.

JERVELL, J.
Imago Dei. Gen 1 26 f. im Spatiumdentum, in der Gnosis und paulinischen Breifen, Göttingen 1960.

JEWETT, R.
The Thessalonian Correspondence. Pauline Rhetoric and Millenarian Piety, FF.NT, Philadelphia 1986.
"Romans as an Ambassadorial Letter", *Int* 36 (1982) 5-20.

JONES, F.S.
"Clementines, Pseudo-", *AncBD*, I, 1061-1062.

KALETSCH, H.
"Thyatira," *BNP*, XIV, 643.

KÄSEMANN, E.
"Kritische Analyse von Phil 2.5-11", *ZThK* 47 (1950) 313ss.

KEARNS, E.
"Elysium", *OCD*, 521.

KENNEDY, G.A.
New Testament Interpretation through Rhetorical Criticism, SR, Chapel Hill – London 1984; trad. italiana, *Nuovo Testamento e critica retorica*, tr. D. Zoroddu, SB 151, Brescia 2006.

KERN, P.H.
Rhetoric and Galatians. Assessing an Approach to Paul's Epistle, SNTSMS 101, Cambridge 1998.

KESSLER, K.
"Melitene", *BNP*, VIII, 638-639.

KLAUCK, H.J.
Die Antike Briefliteratur und das Neue Testament. Ein Lehr- und Arbeitsbuch, UTB, Stuttgart 1998; English trans., *Ancient Letters and the New Testament. A Guide to Context and Exegesis*, Waco 2006.

KUULA, K.
The Law, the Covenant and God's Plan. I. *Paul's Polemical Treatment of the Law in Galatians*, PFES 72, Göttingen 1999.

LAGRANGE, M.-J.
Saint Paul. Épître aux Galates, EB, Paris 1926.

LAUSBERG, H.
Handbuch der literarischen Rhetorik. Eine Grundlegung der Literaturwissenschaft, I-II, München 1960; English trans., *Handbook of Literary Rhetoric. A Foundation for Literary Study*, tr. M.T. Bliss, A. Jansen, D.E. Orton, Leiden – Boston 1998; trad. española, *Manual de retórica literaria. Fundamentos de una ciencia de la literatura*, tr. J.P. Riesco, BRH.III.M 15, I-III, Madrid 1991-1999.
Elemente der literarischen Rhetorik. Eine Einführung für Studierende del klassischen, romanischen, englischen und deutschen Philologie, Ismaning 1963, 1990[10]; trad. española, *Elementos de retórica literaria. Introducción al estudio de la filología clásica, románica, inglesa y alemana*, tr. M.M. Casero, BRH.III.M 36, Madrid 1993; trad. italiana, *Elementi di retorica*, CTS:LCT, Bologna 1969.

LEFÈVRE, E.
"Plautus", *BNP*, XI, 361-366.

LÉGASSE, S.
Paul Apôtre. Essai de biographie critique, Paris 1991, 2000[2]; trad. italiana, *Paolo apostolo. Biografia critica*, tr. G. Casoli, Roma 1994.
Les Épîtres de Paul aux Thessaloniciens, LD 7, Paris 1999.
L'Épître de Paul aux Galates, LD 9, Paris 2000.

LEVINE, L.I.
Judaism and Hellenism in Antiquity. Conflict or Confluence? Seattle – London 1998.

LIGHTFOOT, J.B.
St. Paul's Epistles to the Colossians and to Philemon, London – New York 1875.
St. Paul's Epistle to the Galatians, London – New York 1876.

LIMBECK, M.
"θέλω", *DENT*, I, 1607-1609.

LLEWELYN, S.R.
"The Crucifixion of a Slave" and "The Government's Pursuit of Runaway Slaves", *NDIEC* 8 (1997-1998) 1-3.9-46.

LOHFINK, G.
Die Himmelfahrt Jesu - Erfindung oder Erfahrung, KRB 18, München 1971.

LOHMEYER, E.
Kyrios Jesus. Eine Untersuchung zu Philipperbrief 2,5-11, SHAWPH 1927-28.4, Heidelberg 1928.

LÖHR, G.
"1 Thess 4,15-17: Das "Herrenwort", *ZNW* 71 (1980) 269-273.

LOHSE, E.
Die Briefe an die Kolosser und an Philemon. Übersetzt und erklärt, KEKNT 2/14, Göttingen 1968; English trans., *Colossians and Philemon. A Commentary on the Epistles to the Colossians and to Philemon*, tr. W.R. Poehlmann – R.J. Karris, Herm, Philadelphia 1971; trad. italiana, *Lettera ai Colossesi e a Filemone*, CTNT 1/1, Brescia 1979.

LONGENECKER, R.N.
Galatians, WBC 41, Dallas 1990.
"A Realized Hope, a New Commitment, and a Developed Proclamation: Paul and Jesus", in ID., ed., *The Road From Damascus. The Impact of Paul's Conversion on His Life, Thought and Ministry*, Grand Rapids – Cambridge 1997, 18-41.

MACCHIA, G.
"Corneille", *L'enciclopedia della letteratura*, Novara 1997, 245-247.

MALHERBE, A.J.
Ancient Epistolary Theorists, SBLSBS 19, Atlanta 1988.

The Letters to the Thessalonians. A New Translation with Introduction and Commentary, AncB 32B, New York 2000.

MANCINI, A.
Grammatica della lingua greca, Milano 1944.

MARCHELL, W.
Abba, père!, Rome 1963.

MARCHESE, A.
Dizionario di retorica e di stilistica. Arte e artificio nell'uso delle parole retorica, stilistica, metrica, teoria della letteratura, Milano 1984.

MARCHESELLI-CASALE, C.
Le Lettere pastorali. Le due Lettere a Timoteo e la Lettera a Tito. Introduzione, versione e commento, SOCr 15, Bologna 1995.

MARTIN, R.P.
Colossians and Philemon, NCBC, London – Grand Rapids 1973.

MARTIN, T.W.
"Investigating the Pauline Letter Body: Issues, Methods, and Approaches", in S.E. PORTER – S.A. ADAMS, ed., *Paul and the Ancient Letter Form*, PS 6, Leiden – Boston 2010, 185-212.

MARTINI, C.M.
Il Vangelo di Paolo, Le Ancore, Milano 2007.

"Martirio di san Paolo Apostolo", in L. MORALDI, ed., *Apocrifi del Nuovo Testamento. II. Atti degli apostoli*, Casale Monferrato (AL) 1994, 205-210.

MARTYN, J.L.
Galatians, AncB 33A, New York 1998.

MASINI, M.
Filippesi, Colossesi, Efesini, Filemone, LoB 2.9, Brescia 1987.

MATERA, F.J.
Galatians, SP 9, Collegeville 1992.

MCDONALD, L.M.
"Thessalonica", *NIDB*, V, 579.

METZGER, B.M.
A Textual Commentary on the Greek New Testament. A Companion Volume to the United Bible Societies' Greek New Testament (Fourth Revised Edition), Stuttgart – New York 1975, 1994².
Il testo del Nuovo Testamento. Trasmissione, corruzione e restituzione, a cura di D. ZORODDU, ISB.S 1, Brescia 1996.

METZGER, B.M. – EHRMAN, B.D.
The Text of the New Testament. Its Transmission, Corruption, and Restoration, New York 1964, 2005⁴.

MICHAELIS, W.
Einleitung in das Neue Testament. Die Entstehung, Sammlung und Überlieferung der Schriften des Neuen Testaments, Bern 1954.

MICHAELS, J.R.
"Paul in Early Church Tradition", *DPL*, 692-695; trad. italiana, "Paolo nella tradizione della Chiesa primitiva", *DPL*, 1152-1157.

MOFFATT, J.
An Introduction to the Literature of the New Testament, Edinburgh 1920.

MORALDI, L.
ed., "Martirio di san Paolo Apostolo", in *Apocrifi del Nuovo Testamento*, Vol. II, *Atti degli apostoli*, Casale Monferrato (AL) 1994, 205-210.

MORRIS, L.
"Redemption", *DPL*, 784-786; trad. italiana, *DPL*, 1286-1289.

MORTARA GARAVELLI, B.
Manuale di retorica, Milano 1988, 1993[7].

MOUNCE, R.H.
"Preaching, Kerygma", *DPL*, 735-737; trad. italiana, "Predicazione, kerigma", *DPL*, 1188-1192.

MUIR, J.V.
"Education, Roman", *OCD*, 509-510.

MUNCK, J.
Paulus und die Heilsgeschichte, TS 6, Kobenhavn 1954; English trans., *Paul and the Salvation of Mankind*, London 1959.

MURPHY-O'CONNOR, J.
"Christological Anthropology in Phil 2,6-11", *RB* 83 (1976) 25-50.
Paul, the Letter-Writer. His World, his Opinion, his Skills, GNS 41, Collegeville 1995.
Paul et l'art épistolaire. Contexte et structure littéraires, tr. J. Prignaud, Paris 1994; English orig., *The Pauline Letters, Literary Context and Structure*.
Paul. A Critical Life, Oxford 1996; trad. italiana, *Vita di Paolo*, tr. A. Fracchia, ISB.S 13, Brescia 2003.
St. Paul's Corinth. Texts and Archaeology, Collegeville 1983, 2002[3].
Paul. His Story, Oxford 2004; trad. portuguesa, *Paulo de Tarso. História de um apóstolo*, São Paulo 2008.

MUSSNER, F.
Der Galaterbrief, HTKNT 9, Freiburg 1981; trad. italiana, *La lettera ai Galati. Testo greco e traduzione*, CTNT 9, Brescia 1987.

NESSELRATH, H.-G.
"Philemon", *BNP*, XI, 14-16.

NORDLING, J.G.
Philemon, CC, St. Louis 2004.

O'Brien, P.T.
Colossians, Philemon, WBC 44, Waco 1982.
"Colossians, Letter to the", *DPL*, 147-153; trad. italiana, "Colossesi, Lettera ai", *DPL*, 273-283.
"Letters, Letter Forms", *DPL*, 550-553; trad. italiana, "Lettere, forme epistolari", *DPL*, 951-955.

Pao, D.W.
"Gospel within the Constraints of an Epistolary Form: Pauline Introductory Thanksgivings and Paul's Theology of Thanksgiving", in S.E. Porter – S.A. Adams, ed., *Paul and the Ancient Letter Form*, PS 6, Leiden – Boston 2010, 101-127.

Pardee, D.
"Hebrew Letters", *AncBD*, IV, 282-285.

Park, M.S.
Submission within the Godhead and the Church in the Epistle to the Philippians. An Exegetical and Theological Examination of the Concept of Submission in Philippians 2 and 3, LNTS 361, London – New York 2007.

Patzia, A.
"Philemon, Letter to", *DPL*, 703-707; trad. italiana, "Filemone, Lettera a", *DPL*, 626-632.

PCB
L'interpretazione della Bibbia nella Chiesa, Documenti Vaticani, Città del Vaticano 1993.

Penna, R.
Lo Spirito di Cristo. Cristologia e pneumatologia secondo un'originale formulazione paolina, SRB, Brescia 1976.
"Colossesi, Lettera ai", *NDTB*, 282-289.
L'ambiente storico-culturale delle origini cristiane. Una documentazione ragionata, BS, Bologna 1984, 1991³.
ed., *Antipaolinismo: reazioni a Paolo tra il I e il II secolo. Atti del II convegno*

nazionale di studi neotestamentari (Bressanone, 10-12 settembre 1987), RSB 1,2 (1989).
Paolo di Tarso. Un cristianesimo possibile, UT 2, Cinisello Balsamo (MI) 1992, 2000³.
Lettera agli Efesini. Introduzione, versione, commento, SOCr 10, Bologna 1998.
"Un fariseo del Secolo I. Paolo di Tarso", *RSB* 11,2 (1999) 65-88.
"Dalla forma di Dio alla forma di schiavo: due categorie culturali sullo fondo di Fil 2,6-7", in S. GRASSO – E. MANICARDI, ed., *"Generati da una parola di verità" (Gc 1,18). Scritti in onore di Rinaldo Fabris nel suo 70° compleanno*, SRB 47, Bologna 2006, 279-280.
"Paolo", *DBV*, 657-661.

PERETTO, E.
Lettere dalla prigionia. Filippesi – Colossesi – Efesini – Filemone, NVBTO 41, Roma 1972.

PETERSEN, N.R.
"Philemon", in J.L. MAYS, ed., *HBC*, 1245-1248.

PITTA, A.
"Come si persuade un uomo? Analisi retorico-letteraria della lettera a Filemone", in C. MARCHESELLI-CASALE, ed., *Oltre il racconto. Esegesi ed ermeneutica: alla ricerca del senso*, Napoli 1994, 93-108.
Sinossi paolina, Cinisello Balsamo (MI) 1994.
Lettera ai Galati. Introduzione, versione e commento, SOCr 9, Bologna 1996.
Paolo. La vita, le lettere, il suo vangelo, BNM, Cinisello Balsamo (Mi) 1997.
"Paolo", *GEIB*, III, 23-35.
"Retorica biblica", *DO*, 1361.
"Paolo e il giudaismo farisaico", in R. PENNA, ed., *Fariseismo e origini cristiane. Atti del VII Convegno di Studi Neotestamentari (Rocca di Papa, 12-15 Settembre 1997)*, RSB 11,2 (1999) 89-106.
La Seconda Lettera ai Corinzi, Commenti biblici, Roma 2006.
Paolo, la Scrittura e la Legge. Antiche e nuove prospettive, SB, Bologna 2008.

PITTS, A.W.
"Philosophical and Epistolary Contexts for Pauline Paraenesis", in S.E.

PORTER – S.A. ADAMS, ed., *Paul and the Ancient Letter Form*, PS 6, Leiden – Boston 2010, 269-306.

PLAUTO
Le tre dracme, prefazione di C. QUESTA, introduzione di G. PETRONE, traduzione di M. SCÀNDOLA, testo latino a fronte, BUR classici greci e latini, Milano 1992, 2000³.

PODANY, A.H.
Brotherhood of Kings. How International Relations Shaped the Ancient Near East, New York 2010.

POWERS, W.
Hamlet's BlackBerry. A Practical Philosophy for Building a Good Life in the Digital Age, New York 2010.

PLEVNIK, J.
Paul and the Parousia. An Exegetical and Theological Investigation, Peabody 1997.

RADL, W.
"παρουσία", *DENT*, II, 819-822.

RÄISÄNEN, H.
"Paul's Call Experience and His Later View of the Law", in ID., ed., *Jesus, Paul and Torah. Collected Essays*, JSNT.S 43, Sheffield 1993, 15-47.

RAMSEY, W.M.
A Historical Commentary on St. Paul's Epistle to the Galatians, London 1900.

RATHMANN, M.
"Via Egnatia", *BNP*, XV, 370-371.

REUMANN, J.
Philippians. A New Translation with Introduction and Commentary, AncYB 33B, New Haven – London 2008.

Riesner, R.
Die Frühzeit des Apostels Paulus. Studien zur Chronologie, Missionsstrategie und Theologie, Tübingen 1994.

Rigaux, B.
Saint Paul et ses lettres. État de la question, SN.S 21, Paris – Philadelphia 1962.

Robertson, A.T.
"Philemon and Onesimus: Master and Slave", *Expos* 8/19 (1920) 29-48.

Roetzel, C.J.
Paul. The Man and the Myth, Minneapolis 1999.
The World that Shaped the New Testament, Louisville 1985, 2002².

Ropes, J.H.
The Singular Problem of the Letter to the Galatians, Cambridge, MA 1929.

Rossano, P.
ed., *Lettere di San Paolo*, Cinisello Balsamo (MI) 1985, 1998⁷.

Ruprecht, A.A.
"Slave, Slavery", *DPL*, 881-883; trad. italiana, "Schiavo, schiavitù", *DPL*, 1416-1419.

Rutherford, I.C.
"Pilgrimage", *BNP*, XI, 249-254.

Sacchi, A. – al.
Lettere paoline e altre lettere, L.CSB 6, Leumann (TO) 1996.

Sánchez Bosch, J.
Escritos paulinos, IntEB 7, Estalla (Navarra) 1998, 2007⁴; trad. italiana, *Scritti paolini*, ISB 7, Brescia 2001.
Maestro de los pueblos. Una teología de Pablo, el apóstol, Estella (Navarra) 2007.

SAUNDERS, E.W.
1 Thessalonians, 2 Thessalonians, Philippians, Philemon, KPG, Atlanta 1981.

SCHELKLE, K.H.
Paulus. Leben-Briefe-Theologie, EF 152, Darmstadt 1981; trad. italiana, *Paolo. Vita, lettere, teologia*, BCR 56, Brescia 1990.

SCHENKE, H.-M.
Einleitung in die Schriften des Neuen Testaments, Berlin 1978.

SCHLIER, H.
Der Brief an die Galater, KEKNT 7, Göttingen 1949; trad. italiana, *Lettera ai Galati*, tr. M. Bellincioni, BSB 3, Brescia 1966.

SCHMITHALS, W.
Paulus und die Gnostiker, Hamburg – Bergstadt 1965; English trans., *Paul and the Gnostics*, tr. J.E. Steely, Nashville 1972.
"ἀγνοέω", *DENT*, I, 54-56.

SCHNEIDER, G.
"'Ιησοῦς, οῦ", *DENT*, I, 1717-1729.

SCHNELLE, U.
Paulus. Leben und Denken, DGL, Berlin 2003; English trans., *Apostle Paul. His Life and Theology*, Grand Rapids 2005.

SCHOON-JANßEN, J.
"On the Use of Elements of Ancient Epistolography in 1 Thessalonians", in K.P. DONFRIED – J. BEUTLER, ed., *The Thessalonians Debate. Methodological Discard or Methodological Synthesis?*, Grand Rapids – Cambridge 2000, 179-193.

SEGAL, A.F.
Paul the Convert. The Apostolate and Apostasy of Saul the Pharisee, New Haven – London 1990.

Sellew, P.
"Paul, Acts of", *AncBD*, V, 202-203.
"Paul, Martyrdom of", *AncBD*, V, 204-205.

Shakespeare, W.
Giulio Cesare, Introduzione, traduzione e note di G. Baldini, Lo Shakespeare della BUR. Tragedie 36, Milano 1981, 1994^8, 164-173.

Sivieri, A. – Vivian, P.
Grammatica greca, Firenze 1985^2.

Soards, M.L.
"Some Neglected Theological Dimensions of Paul's Letter to Philemon", *PRS* 17 (1990) 209-219.

Stirewalt, Jr., M.L.
Paul, the Letter Writer, Grand Rapids – Cambridge 2003.
"The Form and Function of the Greek Letter-Essay", in K. Donfried, ed., *The Romans Debate. Revised and Expanded Edition*, Edinburgh 1977, 1991^2, 147-171.

Storia del mondo antico, I-IX, Garzanti, Milano 1974-1978; English orig., *The Cambridge Ancient History*, I-XVII, Cambridge 1924-1939.

Stowers, S.K.
"Letters (Greek and Latin)", *AncBD*, IV, 290-293.
Letter Writing in Greco-Roman Antiquity, Philadelphia 1989.
"Social Typification and the Classification of Ancient Letters", in J. Neusner – al., ed., *The Social World of Formative Christianity and Judaism*, Fs. H.C. Kee, Philadelphia 1988, 78-90.

Strecker, G.
"Redaktion und Tradition in Christushymnus Phil 2,6-11", *ZNW* 55 (1964) 63-78.

Stuhlmacher, P.
Der Brief an Philemon, EKKNT 18, Einsiedeln – Neukirchen-Vluyn 1975, 1989^3.

Suhl, A.
Der Philemonbrief, ZBNT 13, Zürich 1981.

Talbert, C.
"Paul, Judaism and the Revisionists", *CBQ* 63 (2001) 1-22.

Tanner, T.
"Introduction and Notes", in J. Austen, *Pride and Prejudice*, PC, 7-48.

Tantiono, P.T.
Speaking the Truth in Christ. An Exegetico-Theological Study of Galatians 4,12-20 and Ephesians 4,12-16, TG.T 164, Roma 2008.

Tcherikover, V.
Hellenistic Civilization and the Jews, Philadelphia 1959, Peabody 1999; titolo orig., *Yehudim veha-Yevanim ba-tekufah ha-Helenistit*.

Teresa di Gesù Bambino
Autobiografia, Manuscrits autobiographiques, Lisieux 1957; orig. français, *Histoire d'une ame. Manuscrits autobiographiques*.

Tite, P.L.
"How to Begin, and Why? Diverse Functions of the Pauline Prescript within a Greco-Roman Context", in S.E. Porter – S.A. Adams, ed., *Paul and the Ancient Letter Form*, PS 6, Leiden – Boston 2010, 57-99.

Tolmie, D.F.
Persuading the Galatians. A Text-Centered Rhetorical Analysis of a Pauline Letter, WUNT 2.190, Tübingen 2005.

Tosi, R.
Dizionario delle sentenze latine e greche. 10.000 citazioni dall'antichità al rinascimento nell'originale e in traduzione con commento storico letterario e filologico, BUR, Milano 1991, 1997[12].

Vanhoye, A.
"La mère du Fils di Dieu selon Ga 4,4", *Marianum* 40 (1978) 237-247.

"Mary in Galatians 4:4", *TDig* 28 (1980) 257-259.
"La composition de 1 Thessaloniciens", in R.F. COLLINS, ed., *The Thessalonian Correspondence*, Leuven 1990, 73-86.
"Πίστις Χριστοῦ. Fede in Cristo o affidabilità di Cristo", *Bib* 80 (1999) 1-21.
Lettera ai Galati. Nuova versione, introduzione e commento, LB.NT 8, Milano 2000.

VANNI, U.
Lettere ai Galati e ai Romani, NVBTO 40, Roma 1967, 1995[8].
"Filemone, Lettera a", *NDTB*, 552-554.
"Filippesi, Lettera ai", *NDTB*, 554-560.
"Paolinismo o antipaolinismo nell'Apocalisse?", in R. PENNA, ed., *Antipaolinismo: reazioni a Paolo tra il I e il II secolo. Atti del II convegno nazionale di studi neotestamentari (Bressanone, 10-12 settembre 1987)*, RSB 1,2 (1989) 65-75.
L'ebbrezza nello Spirito (1Cor 12,13; Ef 5,18). Una proposta di spiritualità paolina, BP 38, Roma 2000.

VINANDY, J.
"La conception virginale dans le Nouveau Testament", *NRT* 100 (1978) 706-719.

VINCENZO DE' PAOLI
"Lettera 2546", *Correspondance, entretiens, documents*, Paris 1922-1925.

WALLACE, R. – WILLIAMS, W.
The Three Worlds of Paul of Tarsus, London 1998.

WALTON, F.R. – SCHEID, J.
"Attis", *OCD*, 213.
"Cybele", *OCD*, 416-417.

WEIMA, J.A.D.
"Sincerely, Paul: The Significance of the Pauline Letter Closings", in S.E. PORTER – S.A. ADAMS, ed., *Paul and the Ancient Letter Form*, PS 6, Leiden – Boston 2010, 307-345.

WHANG, Y.C.
"Paul's Letter Paraenesis", in S.E. PORTER – S.A. ADAMS, ed., *Paul and the Ancient Letter Form*, PS 6, Leiden – Boston 2010, 253-268.

WHITE, J.L.
Light from Ancient Letters, Philadelphia 1986.
"Ancient Greek Letters", in D.E. AUNE, ed., *Greco-Roman Literature and the New Testament*, Atlanta 1988, 85-105.

WIESENHÖFER, J.
"Great King", *BNP*, V, 999.

WITHERINGTON III, B.
Grace in Galatia. A Commentary on St. Paul's Letter to the Galatians, Grand Rapids 1998.
The Paul Quest. The Renewed Search for the Jew of Tarsus, Downers Grove – Leicester 1998.

WITHERUP, R.D.
101 Questions and Answers on Paul, New York 2003.

WRIGHT, N.T.
What St. Paul Really Said. Was Paul of Tarsus the Real Founder of Christianity? Oxford 1997; trad. italiana, *Che cosa ha veramente detto Paolo*, PBT 48, Torino 1999.
Christian Origins and the Question of God. III. The Resurrection of the Son of God, Minneapolis 2003.

ZERWICK, M.
Graecitas biblica, Romae 1944, 1960[4]; English trans., *Biblical Greek. Illustrated by Examples*, tr. J. Smith, Rome 1963; trad. italiana, *Il Greco del Nuovo Testamento*, tr. G. Boscolo, Subsidia biblica 38, 2010.

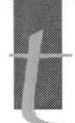

INDICE DEGLI AUTORI

ADAMS 33, 70, 355, 356, 362, 372, 375, 377, 381, 382, 383
AGOSTINO D'IPPONA 16, 45, 47, 355
ALBERTO HURTADO 16, 52, 53, 55, 355
ALETTI 67, 82, 285, 288, 290, 355
ALETTI – GILBERT – SKA – DE VULPILLIÈRES 15, 19, 23, 24, 34, 35, 75, 76, 77, 155, 188, 189, 218, 221, 355
ALEXANDER 21, 223, 356
ANNAS 207, 356
ARISTOFANE 142, 240, 247
ARTZ-GRABNER 35, 356
AUNE 303, 356, 383
AUSTEN 22, 356, 381
BALZ 7, 98, 356
BARBAGLIO 74, 235, 285, 288, 292, 305, 356
BARBERI SQUAROTTI 340, 356
BARCLAY 311, 357
BARTHE – BLANKE 357
BARTHES 338, 357
BAUCKHAM 96, 97, 253, 254, 357
BAUR 86, 167, 317, 357
BEARE 286, 357
BENEDETTO XVI 39, 41, 94, 100, 357
BERGER – LINTOTT 221, 357
BERNARDINO DA SIENA 16, 42, 48, 50, 358
BETZ, H.D. 163, 174, 219, 358
BETZ, O. 306, 358
BIANCHINI 65, 66, 67, 69, 70, 71, 163, 205, 206, 281, 285, 288, 289, 358
BICKERMAN 69, 358
BIEBERSTEIN 144, 358
BIETENHARD 142, 358
BIGUZZI 36, 72, 358
BIRLEY 91, 94, 358
BITTASI 288, 359
BLASS – DEBRUNNER 5, 147, 295
BLOEDHORN 334, 359
BOCCACCINI 67, 359
BOCKMUEHL 286, 359
BONNARD 163, 219, 286, 359
BONORA 304, 305, 359
BORSE 359
BOSETTI 82, 359
BRADY 124, 359
BRODEUR 359
BROWN 59, 61, 66, 79, 85, 123, 125, 128, 163, 167, 170, 174, 176, 276, 279, 285, 312, 321, 360
BROWN – FITZMYER – MURPHY 10
BRUCE 163, 360
BURTON 163, 210, 360
BUSCEMI 163, 210, 213, 360
BYRNE 286, 360
BYRNES 61, 275, 360
CAIRD 311, 360
CASSIDY 286, 312, 360
CERFAUX 12, 285, 361
CHRISTES 190, 361
CHURCH 318, 361
CIRILLO 85, 361
CLEANTE 207, 208, 361
COHN-SHERBOK 148, 361
COLLANGE 288, 311, 361

385

COLLINS, J.J. 69, 361
COLLINS, R.F. 35, 123, 361, 368, 382
CORLEY 61, 362
CORNEILLE 90, 91, 100, 362
CORSANI 362
COUCHOUD 318, 362
DANTE 153, 334
DEISSMANN 21, 67, 72, 362
DEMOSTENE 37, 244
DEWAILLY – RIGAUX 136, 362
DION 29, 362
DOMENICO DI GUZMÁN 16, 47, 48, 362
DONALDSON 63, 363
DONFRIED 79, 124, 130, 363, 380
DONFRIED – BEUTLER 379
DOTY 21, 363
DUNN 64, 124, 163, 192, 219, 282, 363
ECK 78, 363
EDER 250, 363
ELLIS 242, 253, 254, 286, 363, 368
ERODOTO 244, 247, 249, 273, 298, 303
ERRINGTON 120, 259, 272, 273, 363
ESCHILO 130, 152, 225, 244
EURIPIDE 141, 244, 247
EVERTS 64, 363
FABRIS 87, 88, 285, 288, 304, 364
FABRIS – ROMANELLO 61, 62, 79, 364
FALLETTA 185, 364
FEE 116, 122, 126, 136, 140, 142, 285, 288, 295, 364
FENDRICH 149, 364
FEUILLET 287, 364
FIRMAGE 27, 364
FISCHER 123, 364
FITZMYER 34, 61, 66, 79, 82, 136, 201, 202, 302, 311, 312, 365

FLOR SERRANO 365
FOWL 288, 365
FRANCESCO D'ASSISI 42, 47, 308, 365
FROMM 326, 365
FUNG 163, 365
GAVENTA 63, 365
GETTY-SULLIVAN 311, 366
GIOVANNI CRISOSTOMO 15, 16, 42, 45, 366
GISLON – PALAZZI 7, 147, 366
GIUSEPPE FLAVIO 68, 193, 298, 366
GNILKA 366
GORMAN 366
GREEN 298, 366
GUTHRIE 163, 366
HAFEMANN 223, 366
HARRILL 342, 366
HARRINGTON 312, 366
HARRISON 311, 367
HAWTHORNE 275, 276, 277, 281, 282, 367
HEGERMANN 306, 367
HENGEL 58, 69, 299, 367
HENGEL – HECKEL 367
HERIBAN 289, 291, 292, 296, 297, 298, 300, 367
HILD 58, 367
HOCK 69, 368
HÖCKER 202, 368
HOLMES 85, 368
HOOKER 286, 368
HUGHES 123, 368
HURTADO, A. 16, 42, 52, 53, 55, 355
HURTADO, L.W. 62, 64, 368
INWOOD 207, 368
IOVINO 20, 116, 118, 123, 127, 368

Indice degli autori

Jeremias 136, 287, 368
Jervell 285, 369
Jewett 21, 124, 369
Jones 86, 369
Kaletsch 274, 369
Käsemann 286, 369
Kearns 209, 369
Kern 174, 369
Kessler 92, 369
Kuula 165, 370
Lagrange 163, 370
Lausberg 129, 134, 146, 150, 156, 181, 182, 185, 188, 189, 193, 199, 206, 214, 218, 245, 290, 297, 302, 318, 319, 329, 332, 333, 336, 340, 370
Kennedy 174, 369
Klauck 21, 369
Lefèvre 337, 370
Légasse 116, 163, 179, 370
Levine 33, 69, 370
Lightfoot 163, 311, 370
Limbeck 129, 371
Llewelyn 10, 311, 371
Lohfink 153, 371
Lohmeyer 284, 285, 286, 288, 297, 371
Löhr 136, 371
Lohse 316, 371
Longenecker 64, 163, 219, 362, 371
Macchia 91, 371
Malherbe 21, 23, 140, 371
Mancini 147, 372
Marchell 372
Marchese 179, 291, 292, 324, 372
Marcheselli-Casale 82, 320, 372, 376
Martin, R.P. 7, 287, 311, 372
Martin, T.W. 35, 372

Martini 372
Martyn 163, 179, 180, 192, 372
Masini 285, 372
Matera 163, 219, 373
McDonald 120, 373
Metzger 212, 219, 373
Metzger – Ehrman 211, 373
Michaelis 311, 373
Michaels 254, 373
Moffatt 163, 373
Moraldi 97, 98, 356, 366, 372, 373
Morris 201, 373
Mortara Garavelli 146, 150, 181, 193, 245, 332, 336, 374
Mounce 132, 374
Muir 190, 374
Munck 167, 374
Murphy-O'Connor 21, 34, 75, 79, 287, 374
Mussner 163, 374
Nesselrath 337, 374
Nordling 311, 374
O'Brien 34, 242, 311, 375
Omero 130, 142, 149, 197, 244
Pao 35, 375
Pardee 29, 375
Park 297, 375
Patzia 311, 313, 316, 317, 338, 375
PCB 11, 20, 375
Penna 65, 67, 82, 85, 90, 118, 242, 290, 298, 313, 361, 364, 375, 376, 382
Peretto 311, 376
Petersen 311, 376
Pitta 34, 35, 62, 63, 67, 77, 163, 168, 170, 171, 174, 179, 180, 192, 195, 200, 219, 222, 320, 376

Pitts 35, 376
Platone 37, 119, 225, 240, 244, 247
Plauto 313, 333, 337, 343, 377
Plevnik 153, 154, 377
Plutarco 119, 247, 249, 269
Podany 24, 377
Powers 23, 377
Radl 139, 377
Räisänen 62, 377
Ramsey 163, 377
Rathmann 117, 377
Reumann 284, 288, 377
Riesner 122, 378
Rigaux 127, 135, 136, 362, 378
Robertson 311, 378
Roetzel 57, 67, 70, 130, 378
Ropes 167, 378
Rossano 10, 378
Ruprecht 204, 378
Rutherford 148, 378
Sacchi 59, 85, 116, 163, 242, 249, 273, 274, 275, 281, 291, 311, 312, 313, 316, 317, 318, 320, 367, 378
Sánchez Bosch 59, 85, 163, 378
Saunders 311, 379
Schelkle 274, 275, 276, 312, 313, 326, 379
Schenke 123, 379
Schlier 210, 219, 379
Schmithals 129, 167, 379
Schneider 6, 7, 132, 379
Schnelle 70, 379
Schoon-Janßen 122, 379
Segal 61, 379
Segalla 10
Sellew 96, 97, 253, 254, 380

Senofonte 130, 142, 147, 240, 247
Shakespeare 259, 380
Sivieri – Vivian 147, 380
Soards 311, 380
Sofocle 225, 247
Stirewalt 21, 380
Stowers 21, 29, 33, 380
Strecker 287, 380
Stuhlmacher 311, 380
Suhl 311, 381
Talbert 67, 381
Tanner 22, 23, 381
Tantiono 163, 381
Tcherikover 69, 381
Teresa di Gesù Bambino 16, 51, 52, 381
Tite 34, 381
Tolmie 174, 381
Tosi 333, 381
Tucidide 141, 224, 240
Vanhoye 77, 123, 163, 170, 172, 174, 176, 179, 180, 199, 203, 219, 381, 382
Vanni 88, 89, 90, 163, 210, 216, 217, 280, 311, 313, 322, 326, 330, 331, 339, 382
Vinandy 382
Vincenzo de' Paoli 16, 50, 51, 382
Wallace – Williams 67, 382
Walton – Scheid 166, 382
Weima 36, 382
Whang 35, 383
White 21, 383
Witherington III 163, 383
Witherup 383
Wright 126, 161, 383
Zerwick 147, 206, 383

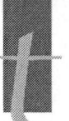

INDICE

Legenda   5

Introduzione   15
1. Studio introduttivo   17
2. Epistolografia   21
    2.1 *Teorie epistolografiche*   21
    2.2 *Lettere bibliche*   23
       2.2.1 Lettere veterotestamentarie   23
       2.2.2 *Lettere paoline*   33
    Invito all'approfondimento
    G. Biguzzi, *Paolo, comunicatore. Tra interculturalità e globalizzazione*   36
3. Attualizzazione del Vangelo:
"I santi sono la vera interpretazione della Sacra Scrittura" Benedetto XVI   39
    3.1 Giovanni Crisostomo, vescovo e dottore della Chiesa (347-407)   42
    3.2 Agostino d'Ippona, vescovo e dottore della Chiesa (354-430)   45
    3.3 Domenico di Guzmán, sacerdote (1170-1221)   47
    3.4 Bernardino da Siena, sacerdote (1380-1444)   48
    3.5 Vincenzo de' Paoli, sacerdote (1581-1660)   50
    3.6 Teresa del Bambin Gesù, vergine (1873-1897)   51
    3.7 Alberto Hurtado, sacerdote (1901-1952)   52

CAP. I. FIGURA DI PAOLO DI TARSO   57

Introduzione   57
I. LA VITA   58
    A. *Cronologia*   58
    B. *La cristofania sulla via di Damasco: conversione, vocazione-rivelazione,*
    trasformazione o conversione-chiamata?   60
    C. *Uomo di tre culture*   67
    D. *Il più grande missionario cristiano*   72
    E. *I rivali di Paolo*   74

II. DOVE TROVIAMO LA FIGURA DI PAOLO NEL NUOVO TESTAMENTO? — 75
A. *Quadro canonico del corpo paolino* — 75
B. *Quadro diacronico delle lettere paoline* — 78
III. PAOLINISMO E ANTIPAOLINISMO — 80
A. *Paolinismo* — 80
    1. *Le Deuteropaoline, le Pastorali, gli Atti degli Apostoli e la Prima Lettera di Pietro* — 80
    2. *Seconda Lettera di Pietro* — 83
B. *Antipaolinismo* — 85

Invito all'approfondimento
Paolo e Poliuto. Il mistero del martirio e la vittoria della grazia — 90
P. Corneille, *Poliuto*, **atto quinto** — 100

CAP. II. PRIMA LETTERA AI TESSALONICESI — 115

I. NOTIZIE SULLA PRIMA LETTERA AI TESSALONICESI — 115
A. *La Lettera nella liturgia* — 115
    1. Lezionario — 115
        a. Liturgia romana — 115
        b. Liturgia bizantina — 115
    2. Liturgia delle ore (liturgia romana) — 116
        a. Ufficio di letture — 116
        b. Lodi, ora media, vespri e compieta — 116
B. *Occasione, destinatari, luogo e data di composizione* — 116

Invito all'approfondimento
Religione in Grecia e a Roma. R. Penna, *L'ambiente storico-culturale delle origini cristiane* — **118**

C. *Contenuto* — 122
    1. Critica letteraria — 122
    2. Composizione — 123
        2.1 *Schema epistolare* — 125
        2.2 *Divisione secondo i contenuti* — 125
    3. Teologia — 125

II. **CONTATTO DIRETTO COL TESTO BIBLICO: 1TS 4,13-18**	128
La parusia del Signore	128
Lettura dettagliata	129
1TS 4,13	129
1TS 4,14	131
1TS 4,15	134
1TS 4,16	141
1TS 4,17	152
1TS 4,18	155
CAP. III. **LETTERA AI GALATI**	157
I. **NOTIZIE SULLA LETTERA AI GALATI**	157
A. *La Lettera nella liturgia*	157
1. Lezionario	157
a. Liturgia romana	157
b. Liturgia bizantina	157
2. Liturgia delle ore (liturgia romana)	158
a. Ufficio di letture	158
b. Lodi, ora media, vespri e compieta	158
Invito all'approfondimento	
Paolo e la missione ai gentili. D.R. D<small>E</small> L<small>ACEY</small>, "Gentili"	159
B. *Occasione, destinatari, luogo e data di composizione*	161
C. *Contenuto*	165
1. Critica letteraria	165
2. Composizione e riassunto	165
3. Teologia	175
3.1 *Cristologia*	175
3.2 *Giustificazione mediante la sola fede*	176
3.3 *Pneumatologia*	178
II. **CONTATTO DIRETTO COL TESTO BIBLICO: GAL 4,1-7**	179
La redenzione e l'adozione a figli	179
Sviluppo letterario	179

Lettura dettagliata	187
GAL 4,1	187
GAL 4,2	189
GAL 4,3	192
GAL 4,4	195
GAL 4,5	201
GAL 4,6	209
GAL 4,7	216
CAP. IV. **LETTERE DALLA PRIGIONIA**	221
Introduzione	221
I. **LETTERA AI FILIPPESI**	225
Invito all'approfondimento	
G. BARBAGLIO, *La teologia di Paolo. Abbozzi in forma epistolare*	235
II. **LETTERA A FILEMONE**	239
III. **LETTERA AI COLOSSESI**	244
IV. **LETTERA AGLI EFESINI**	246
V. **SECONDA LETTERA A TIMOTEO**	250
VI. **CONCLUSIONE**	255
CAP. V. **LETTERA AI FILIPPESI**	257
I. **NOTIZIE SULLA LETTERA AI FILIPPESI**	257
A. *La Lettera nella liturgia*	257
1. Lezionario	257
a. Liturgia romana	257
b. Liturgia bizantina	257
2. Liturgia delle ore (liturgia romana)	258
a. Ufficio di letture	258
b. Lodi, ore media, vespri e compieta	258
B. *Occasione, destinatari, luogo e data di composizione*	258

Introduzione

Invito all'approfondimento
W. Shakespeare, *Giulio Cesare*, atto quinto, scena prima:
    la pianura di Filippi 259
Roma nel primo secolo a.C. 265

C. *Contenuto* 277
    1. Critica letteraria 277
    2. Composizione 278
        2.1 *Schema epistolare* 279
        2.2 *Divisione secondo i contenuti* 279
    3. Teologia 279

II. CONTATTO DIRETTO COL TESTO BIBLICO: FIL 2,6-11 ... 284
Elogio di Cristo (inno cristologico) 284
Sviluppo letterario 284
Lettura dettagliata 290
FIL 2,6 290
FIL 2,7 292
FIL 2,8 295
FIL 2,9 299
FIL 2,10 301
FIL 2,11 302

CAP. VI. LETTERA A FILEMONE 311

I. NOTIZIE SULLA LETTERA A FILEMONE 311
    A. *La Lettera nella liturgia* 311
    B. *Occasione, destinatari, luogo e data di composizione* ... 311
Invito all'approfondimento
Schiavi e il loro padroni nel mondo greco-romano 313
R. Penna, *L'Ambiente storico-culturale delle origini cristiane* ... 313
A. A. Ruprecht, "Schiavo, schiavitù" 314

    C. *Contenuto* 316
        1. Critica letteraria 316
        2. Composizione 318
        3. Teologia 321

II. **CONTATTO DIRETTO COL TESTO BIBLICO: FM 10b-11**
nomen omen: **il nome è un presagio** 332
Lettura dettagliata 332
Invito all'approfondimento
Plauto, *Le tre dracme*, **atto secondo, scena quarta** 343

ELENCO BIBLIOGRAFICO 355

INDICE DEGLI AUTORI 385

 **THEOLOGIA**

2 BRODEUR Scott Normand
   Il cuore di Paolo è il cuore di Cristo
   Studio introduttivo esegetico-teologico
   delle lettere paoline

   2010 • pp. 396
   ISBN 978-88-7839-176-5 • € 33,00

1 BONANNI Paolo Sergio
   L'amore che spera e crede
   Nella traccia della storia, fra antropologia
   e teologia

   2010 • pp. 336
   ISBN 978-88-7839-166-6 • € 27,00

philosophia **PHILOSOPHIA**

2 GILBERT Paul
Le ragioni della sapienza

2010 • pp. 160
ISBN 978-88-7839-165-9 • € 15,00

Le ragioni della sapienza introduce alla filosofia ricordando, a coloro che hanno una certa familiarità con le analisi filosofiche, l'orientamento fondamentale della loro disciplina, l'orizzonte della loro ricerca.

1 SANS Georg
Al crocevia della filosofia contemporanea

2010 • pp. 328
ISBN 978-88-7839-160-4 • € 27,00

Il presente volume racconta la storia della filosofia da Hegel fino ai giorni nostri, seguendo quattro correnti di pensiero che caratterizzano il panorama filosofico contemporaneo: il pensiero puro, della sola ragione: il pensiero scientifico, dei vari positivismi: il pensiero esistenziale, inaugurato da Nietzsche e da Kierkegaard; e il pensiero linguistico, sia della filosofia analitica anglosassone sia dell'ermeneutica filosofica continentale.

Finito di stampare nel mese di ottobre 2010
presso Servizi Grafici Editoriali